面向“中国制造”汽车类专业培养计划
普 通 高 等 教 育 规 划 教 材

汽车实验教程

赵建华 屈 敏 主 编

西安交通大学出版社
XI'AN JIAOTONG UNIVERSITY PRESS

内 容 简 介

本书包括汽车发动机拆装、汽车底盘拆装、汽车发动机性能检测、汽车整车性能检测、汽车零部件维修与故障诊断、汽车服务、汽车改装、汽车设计和新能源汽车结构原理、参数检测等方面的教学实验内容。

本书可作为高等院校汽车类专业主干教材，即《汽车构造》《内燃机原理》《汽车理论》《汽车检测技术》《汽车维修工程》《汽车服务工程》《汽车设计》《新能源汽车技术》等教材的配套实验指导书，也可作为汽车检测、汽车维修与应用行业的从业人员培训用书。

图书在版编目（CIP）数据

汽车实验教程 / 赵建华，屈敏主编. —西安：西安交通大学出版社，2021. 10
ISBN 978-7-5693-1266-9
Ⅰ. ①汽… Ⅱ. ①赵… ②屈… Ⅲ. ①汽车工程—实验—高等学校—教材 Ⅳ. ①U46-33
中国版本图书馆 CIP 数据核字（2019）第 154457 号

书　　名　汽车实验教程
主　　编　赵建华　屈　敏
责任编辑　于睿哲
责任校对　张静静

出版发行　西安交通大学出版社
（西安市兴庆南路 1 号　邮政编码 710048）
网　　址　http://www.xjtupress.com
电　　话　（029）82668357 82667874（发行中心）
（029）82668315（总编办）
传　　真　（029）82668280
印　　刷　陕西奇彩印务有限责任公司

开　　本　787mm×1092mm　1/16　　**印张**　18.75　**字数**　392 千字
版次印次　2021 年 10 月第 1 版　　2021 年 10 月第 1 次印刷
书　　号　ISBN 978-7-5693-1266-9
定　　价　59.50 元

如发现印装质量问题，请与本社发行中心联系调换。
订购热线：（029）82665248　　（029）82665249
投稿热线：（029）82668284

PREFACE 前言

近年来，国内外汽车新技术不断发展并得到应用。为适应时代发展，国内各高校在汽车类专业教学中理论教材推陈出新，但实践类教材更新滞后，系统化较差。为配合各高校汽车类专业实践教学改革与新世纪应用型人才培养的需要，弥补国内各高校汽车类专业实践教材的不足，特编写本书。

本书具有以下特点：

（1）紧密结合高校汽车类专业所有主干理论课程教学内容，配套系统、完整的实验教学内容，优选典型实验教学项目，同时与时俱进地增加新能源汽车类实验教学项目。

（2）书中每个实验项目包括实验目的和要求、实验工具和设备、实验注意事项、实验内容与方法、实验考核五大部分，注重理论与实践一体化的教学过程，强调实验结果的分析与总结。

（3）实验教学内容形式灵活，适用范围广；可根据具体教学情况选择独立开设课程实验或按类别综合开设实验。

虽然本书所述汽车实验设备为非标准设备，但本书编写的实验模块除具体涉及实验设备操作上略有不同之外，其余部分知识点和教学思路相同。本书汽车教学实践经验可以为其他学校或老师在汽车专业实验教学上提供参考与交流。

本书由南京工程学院赵建华高级工程师、屈敏副教授主编，在编写过程中得到南京工程学院车辆工程重点专业建设基金的资助，同时学院的领导和老师也提出很多的宝贵意见，在此谨向这些关心与支持本书编写的人员表示衷心的感谢。

由于编者水平有限，时间仓促，书中存在的不足之处，恳请读者批评指正。

编　者

2020 年 12 月

ONTENTS
目录

模块一

汽车构造篇

实验一　汽车拆装常用工具介绍

一、实验目的和要求

（1）熟悉汽车拆装常用工具的名称、规格与功能，能正确选择合适的工具。

（2）掌握各类汽车拆装常用工具的正确操作方法。

（3）了解使用汽车拆装常用工具的注意事项。

（4）了解汽车拆装常用工具的维护与保管。

二、实验工具和设备

汽车拆装的常用工具有各类扳手、钳子、锤子、锉刀、测量工具、起重工具等。

三、实验注意事项

（1）实验场所的穿戴要求：穿戴工作服、防护鞋，禁止戴各种装饰品及耳机，最好不使用手机。

（2）提前进行工具设备使用方面的安全教育，预防发生安全事故、设备事故及各种灾害。

（3）在实验场所，所有实验人员要严格按安全操作规程进行操作。

（4）实验场所严禁烟火，正确使用汽油等易燃易爆物品，防止火灾事故的发生。

四、实验内容与方法

（一）扳手

扳手是一种常用的安装与拆卸工具，它利用杠杆原理拧转螺栓、螺母等。在汽车拆装维修中常用的有开口扳手、梅花扳手、活动扳手、套筒扳手、扭矩扳手、内六角扳手等。

1. 开口扳手

开口扳手也称呆口扳手，是最常用的扳手，主要适用于套筒扳手、梅花扳手无法工作的位置，或所用紧固力较小的螺栓/螺母。开口扳手的外形如图 1－1 所示，其开口中心线与本体中心线一般成15°角，以便于操作。开口扳手常用 45 号钢、50 号钢锻制，并经过热处理。

图1－1　开口扳手

开口扳手的规格通常用扳手两端的开口宽度（如图 1－1 所示的 S，单位为 mm）表示，常用开口扳手的规格有 8 mm × 10 mm、10 mm × 12 mm、12 mm × 14 mm、14 mm ×17 mm、16 mm ×18 mm、17 mm ×19 mm、19 mm ×22 mm、22 mm ×24 mm、24 mm ×27 mm、27 mm ×32 mm 等。

2. 梅花扳手

梅花扳手的两端呈梅花环状，其结构特点是内孔由两个正六边形相互同心错开 30°角而成。梅花扳手一般适用于紧固位置较狭窄或紧固力较大的螺栓/螺母。与开口扳手相比较，梅花扳手所用的紧固力较大，且操作时不易滑脱，但操作时取拿较为麻烦。

梅花扳手一般都呈弯头状，其旋转部分与手柄部分错开，便于拆装凹陷空间的螺栓和螺母。梅花扳手一般分为 A 型－6°矮颈和 B 型－30°高颈两种，如图 1－2 所示。

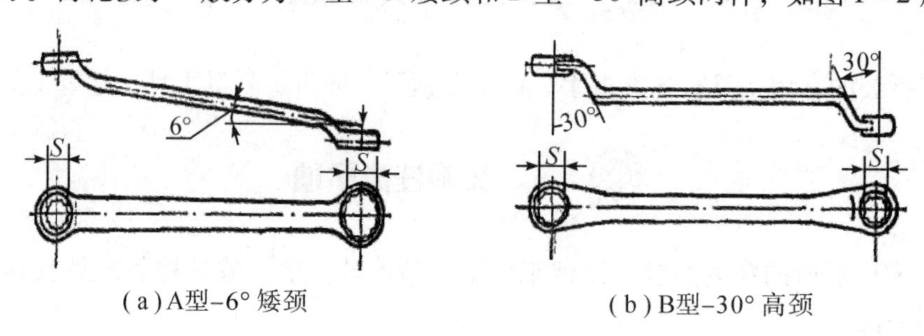

(a) A型–6° 矮颈　　(b) B型–30° 高颈

图1－2　梅花扳手

梅花扳手的规格型号一般用其内六角边的闭口尺寸（如图 1－2 所示的 S，单位为 mm）表示，通常 8 件套的规格型号范围为 5.5 ~27 mm。梅花扳手常用 45 号钢或 40Cr 钢锻制，并经过热处理。

3. 活动扳手

活动扳手如图 1－3 所示，它可以调节开口尺寸。活动扳手可以替代开口扳手使用。活动扳手一般适用于尺寸不规则的螺栓/螺母。活动扳手的开口尺寸在一定范围内可任意调节，使用场合与开口扳手相同，但操作不太方便，其紧固力相对较小。

活动扳手的规格以它的总长度（mm）来表示，常见的规格有 150 mm、300 mm、375 mm 等。活动扳手通常用碳素钢（T）或铬钢（Cr）制造。

活动扳手的注意事项及使用方法，如图 1－3 所示。使用活动扳手时，应将活动钳口调整到合适位置，工作时应使扳手可动部位承受推力，固定部分承受拉力，并且用力应均匀；尽量使用梅花扳手和开口扳手，不得不使用活动扳手时，一定要调整好钳口的尺寸，使其与螺母棱角相配合，以防破坏螺母棱角。如果不能使调节钳口在旋转方向上转动扳手，则压力将作用在调节螺杆上，使活动钳口损坏。

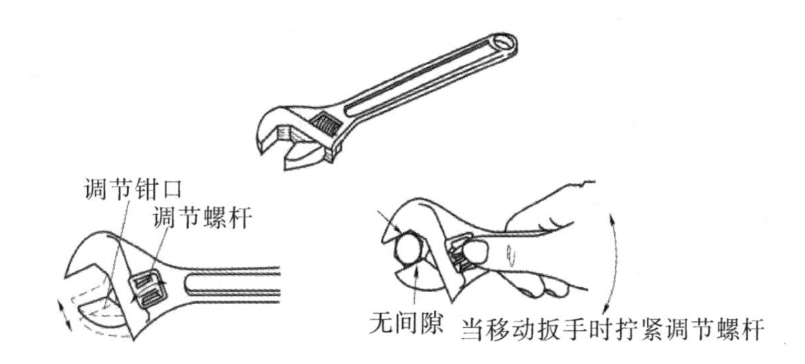

图 1－3 活动扳手及其使用方法

4. 套筒扳手

套筒扳手是汽车拆装维修的常用工具。套筒呈短管状，一端内部呈六角形或十二角形，用来套住螺栓头，另一端有一个方形的内孔，与配套手柄配合，如图 1－4 所示。

套筒的大小规格以内六角的宽度（mm）表示，常用套筒规格为 10 ~ 32 mm，其方孔为 12.5 mm；小型套筒规格为 4 ~ 12 mm，其方孔为 7 mm。

套筒一般需要配套相关零件才能使用，如大小转换接头、加长杆、套筒手柄等。套筒手柄一般有直杆式、弯头式、滑动式、棘轮扳手，还有能显示力矩大小的扭矩扳手等。图 1－5 所示为成套套筒扳手。

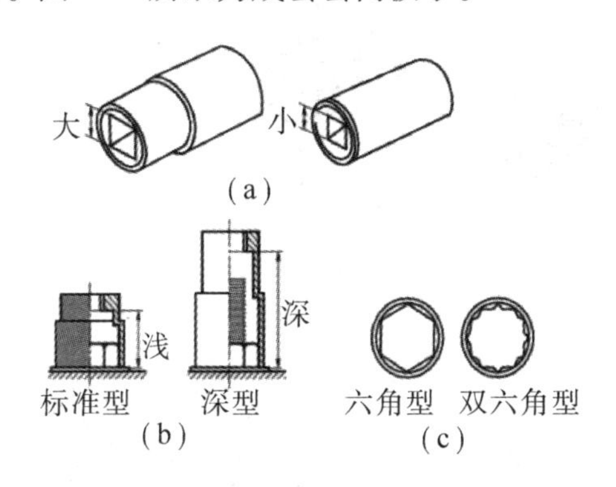

图 1－4 套筒

图 1－5 成套套筒扳手

加长杆：连接套筒与手柄，常分为短接杆和长接杆。使用加长杆可以拆卸连接更深部位的螺栓/螺母，如图 1 -6 所示。

滑动手柄：通过移动手柄上的接头改变套筒在滑杆上的位置，使套筒工作更方便或改变套筒的受力力矩。

棘轮扳手：具有方便、快速的功能，可提高工作效率。在棘轮扳手上有一个开关，可左右拨动，用以改变受力方向、拧紧或拧松螺栓/螺母。棘轮扳手的使用如图 1 -7 所示。

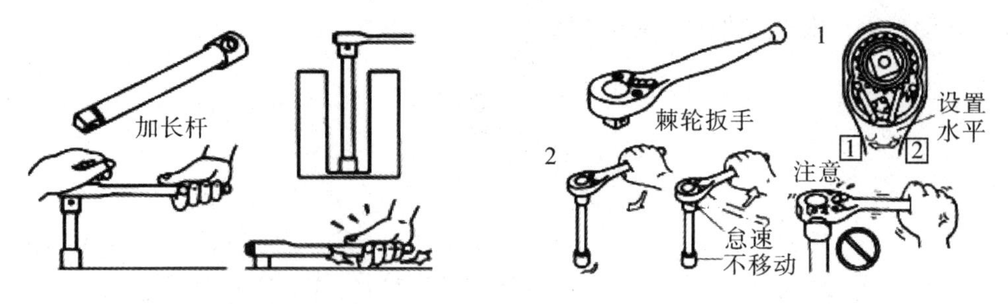

图 1 -6　加长杆的使用　　　图 1 -7　棘轮扳手的使用

5. 扭矩扳手

扭矩扳手是一种用于拧紧螺栓/螺母以达到规定的扭矩并可读出所施扭矩大小的专用工具，除用来控制螺纹件旋紧力矩之外，还可以用来测量旋转件的起动转矩，以检查配合、装配情况。

扭矩扳手可分为板簧式、预置式和表盘式，如图 1 -8 所示。板簧式扭矩扳手是扭矩扳手通过弯曲梁板，借助作用到旋转手柄上的力进行操作，此梁板由钢板弹簧制成，作用力可通过指针和刻度读出，取得规定的扭矩。预置式扭矩扳手通过旋转套筒可预设所要求的扭矩，当螺栓在这些条件下拧紧时，会听到“咔嗒”声，表明已达到规定的扭矩。表盘式扭矩扳手可以从表盘上直接读取扭矩的大小，使用更为方便。

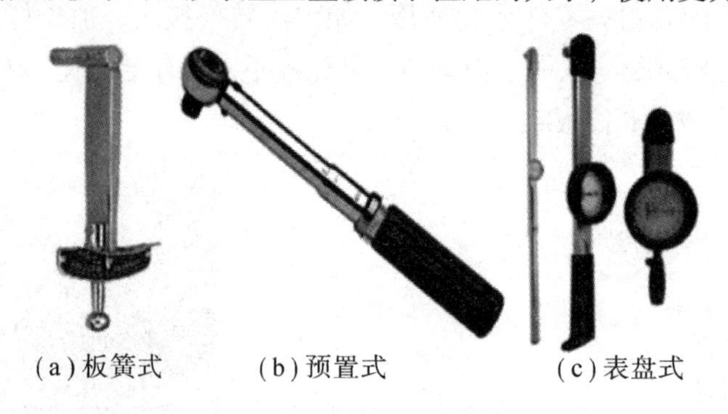

(a) 板簧式　(b) 预置式　(c) 表盘式

图 1 -8　扭矩扳手

6. 内六角扳手

内六角扳手可用来拆卸内六角螺栓，如图 1 -9 所示。其规格一般以内六角对边尺寸（mm）表示，常用的内六角扳手规格为 7 ~ 27 mm。内六角扳手一般一边长一边短，长端尾部通常制成球形，便于在不同角度下进行操作。

图1-9 内六角扳手

（二）钳子

钳子主要用于弯曲较小的金属材料，夹持扇形或圆形零件，切断软的金属丝等。在汽车维修中，常用的钳子有斜口钳、尖嘴钳、钢丝钳、卡簧钳等，如图1-10、图1-11所示。

图1-10 斜口钳、尖嘴钳、钢丝钳

图1-11 各类卡簧钳

斜口钳一般用来切割金属丝或导线，严禁用来切割硬的或粗的金属丝。

尖嘴钳的钳口长而细，特别适合在狭窄空间使用。严禁对尖嘴钳的钳头部位施加过大的压力，否则会使钳口尖部变形。

钢丝钳是最为常用的一种钳子，可用来切断金属丝或夹持零件。其前端主要用来夹持零件，根部的刃口可用来切割导线；其规格通常以钳长表示。

卡簧钳是专门用来拆卸和安装卡簧的工具，分为轴用和孔用两种，每种都有直嘴和弯嘴两种结构形式。轴用卡簧钳可用于将卡簧胀开，孔用卡簧钳可用于将卡簧收缩。

（三）锤子

锤子又称手锤或榔头，属于捶击类工具，主要用于锤击錾子、冲子等工具，或用来敲击工件，使工件变形、产生位移或振动，从而达到校正、整形等目的，如图1-12所示。锤子按锤头形状不同可分为圆头锤、方头锤、钣金锤，按锤头材料不同可分为铁锤、橡胶锤等。铁锤的规格一般用其质量表示，常用的有0.25 kg、0.5 kg和1 kg等。

图1-12 圆头铁锤

（四）锉刀

锉刀是对工件表面进行锉削加工的工具，通过锉削使工件表面达到所要求的尺寸、形状及表面粗糙度。锉刀一般可分为平锉、圆锉、半圆锉、三角锉等，如图 1－13 所示。

图 1－13　各类锉刀

（五）测量工具

1. 直钢尺

直钢尺是一种简单的测量长度并可直接读数的量具，如图 1－14 所示。直钢尺用薄钢板制成，常用来粗测工件的长度、宽度和厚度。常见直钢尺的规格有 150 mm、300 mm、500 mm、1000 mm 等。

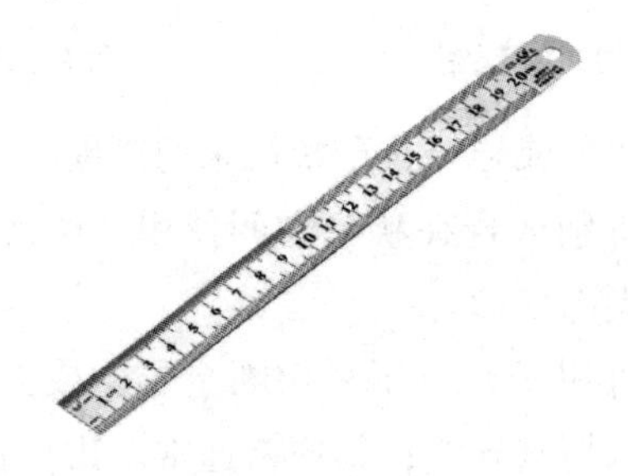

图 1－14　直钢尺

2. 厚薄规

厚薄规又称塞尺（图 1－15），主要用来测量两个平面的间隙。厚薄规由多片不同厚度的钢片组成，每片钢片的表面刻有表示其厚度的尺寸值。厚薄规的规格以长度和每组片数来表示，常见的长度有 100 mm、150 mm、200 mm、300 mm 四种，每组片数有 2 ~17 种。在汽车维修中，厚薄规常用来测量零件的配合间隙，如气门间隙、曲轴轴向间隙等。

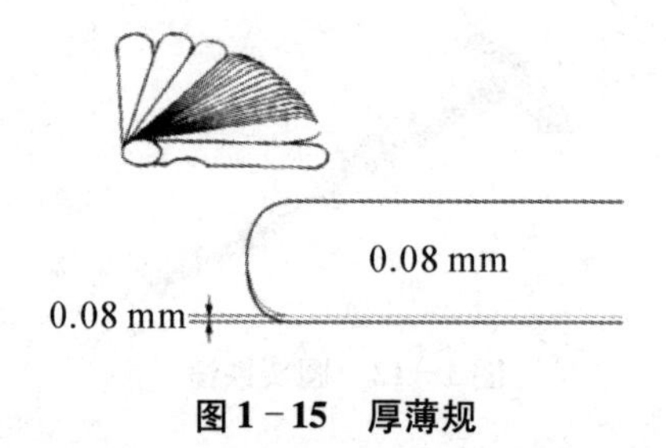

图 1－15　厚薄规

3. 游标卡尺

游标卡尺主要用来测量零件的内外直径和孔（槽）的深度等，是一种较为精密的测量工具。其精度分 0. 10 mm、0. 05 mm、0. 02 mm 三种。测量前，应根据被测零件的测量精度要求选择合适精度的游标卡尺，并擦净卡脚和被测零件的表面。测量时，先将卡脚张开，再慢慢地推动游标，使两卡脚与工件接触，禁止硬卡硬拉。使用完游标卡尺后，要把游标卡尺的卡脚擦净、涂油，然后放入盒中。

游标卡尺由尺身、游标、活动卡脚和固定卡脚等组成。常用精度为 0. 10 mm 的游标卡尺如图 1－16 所示，尺身上每一条刻度线为 1 mm，游标上每一条刻度线表示 0. 10 mm。读数时，先看游标上“0”刻度线对应的尺身刻度线数值，再找出游标上与尺身某 *N* 度线对应最齐的一条刻度线数值，测量的数值为尺身数值加上 0. 1 倍的游标数值。

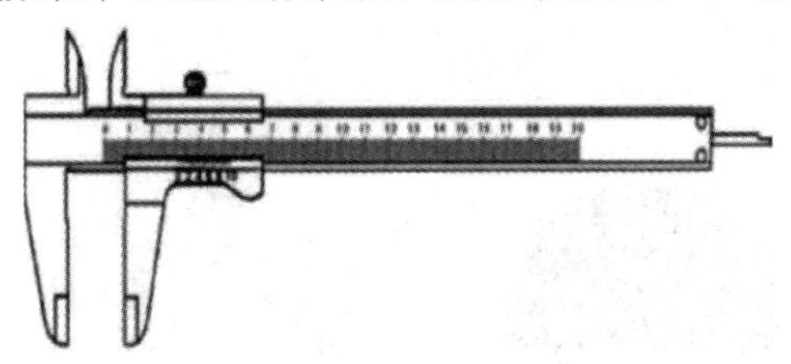

图 1－16　游标卡尺

4. 外径千分尺

外径千分尺是比游标卡尺更精密的量具，其精度为 0. 01 mm。外径千分尺的规格按量程划分，常用的规格有 0～25 mm、25～50 mm、50～75 mm、75～100 mm、100～125 mm 等，使用时应按零件尺寸选择相应规格。外径千分尺的结构如图 1－17 所示。使用外径千分尺前，应检查其精度。检查方法是旋动棘轮，当两个砧座靠拢时，棘轮发出“咔咔”的响声，此时，活动套管的前端应与固定套管的“0”刻度线对齐，同时活动套管的“0”刻度线还应与固定套管的基线对齐，否则需要进行调整。

注意：用外径千分尺测量工件时，应擦净两个砧座和工件表面，旋动砧座接触工件，直至棘轮发出“咔咔”的响声时方可读数。

外径千分尺的读数方法：外径千分尺固定套管上有两组刻度线，两组刻度线之间的横线为基线，基线以上为毫米刻度线，基线以下为 0. 5 mm 刻度线；活动套管上沿圆周方向有 50 条刻度线，每一条刻度线表示 0. 01 mm。读数时，固定套管上的读数与 0. 01 倍的活动套管读数之和，即测量的尺寸，图 1－18 所示的外径千分尺读数为 23. 675 mm。

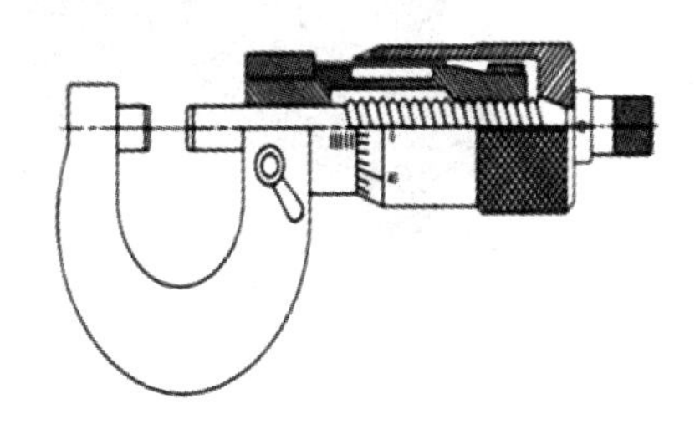

图 1－17　外径千分尺

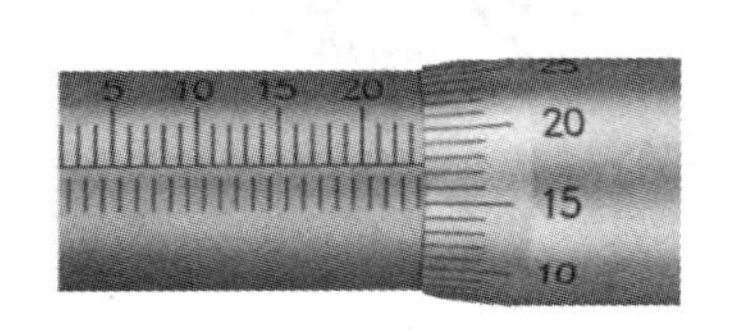

图 1－18　外径千分尺的读数

5. 百分表

百分表利用指针和刻度将心轴移动量放大来表示测量尺寸，主要用于测量零件的形状误差（如曲轴弯曲变形量、轴颈或孔的圆度误差等）或配合间隙（如曲轴轴向间隙）。常见百分表有0～3 mm、0～5 mm和0～10 mm三种规格。百分表的刻度盘一般为100格，大指针转动1格表示0.01 mm，转动1圈为1 mm，小指针可表示大指针转过的圈数。百分表的结构图如图1－19所示。

在使用时，百分表一般固定在表架上，如图1－20所示。用百分表进行测量时，首先必须调整表架，使测杆与零件表面保持垂直接触且有适当的预缩量，并转动表盘使指针对准正表盘上的“0”刻度线；然后按一定方向缓慢移动或转动工件；最后测杆会随零件表面的移动自动伸缩。测杆伸长时，表针顺时针转动，读数为正值；测杆缩短时，表针逆时针转动，读数为负值。

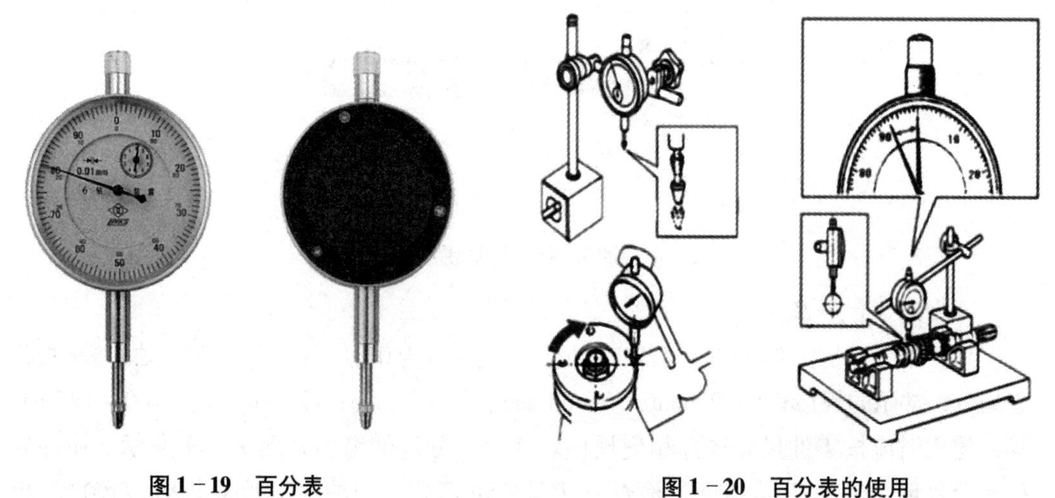

图1－19　百分表　　图1－20　百分表的使用

（六）起重工具

1. 千斤顶

千斤顶（图1－21）是一种常用的起重工具，按照其工作原理可分为机械丝杆式、普通液压式、卧式。千斤顶按照所能顶起的质量可分为3000 kg、5000 kg、9000 kg等多种规格。

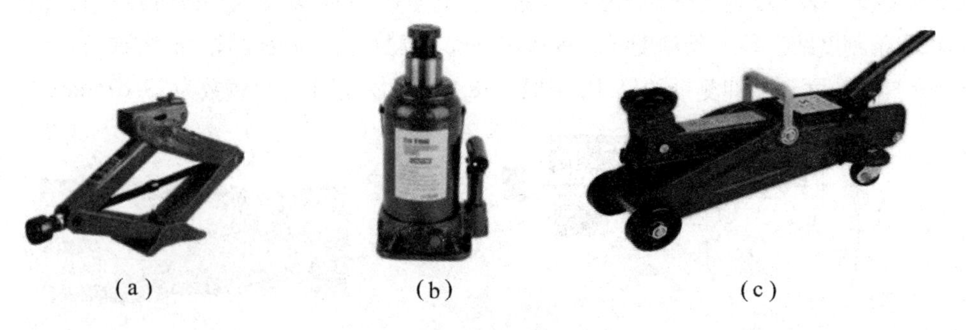

(a)　(b)　(c)

图1－21　千斤顶

(a) 机械丝杆式千斤顶；(b) 普通液压式千斤顶；(c) 卧式千斤顶。

1）千斤顶的使用步骤

（1）准备。在千斤顶举升前，首先要检查修理手册中说明的车辆举升点和马凳的支架支承点，确保马凳调到相同高度；然后将千斤顶放在车辆附近；最后将车轮挡块放在左前轮胎和右前轮胎的前面（如果车辆从后面举升的话）。

（2）举升。举升时，将释放把手拧紧，把修车千斤顶放在规定位置再提升车辆，注意千斤顶所面对的方向，通常从尾部顶起车辆，但顶起顺序会因车型而异。千斤顶适配器用于带有偏置差动齿轮的四轮驱动车辆。切勿将千斤顶放在扭矩梁车桥上举升。注意：第一，须一直在平整的地面上修车，车辆中的所有行李须取出；第二，千斤顶在举升时一定要使用支承架；第三，装好马凳后才可进入车下；第四，一次切勿使用多个修车千斤顶；第五，切勿举升超过千斤顶最大允许荷载的任何车辆；第六，带有空气悬架的车辆因其结构关系需要特别处理，请参考维修手册。

（3）降下。在升降车辆前须进行安全检查，并向其他人发出即将开始作业的信号。在降下车辆前须检查车下是否有东西。慢慢地释放把手并轻轻地放下手柄，当轮胎已完全落地时，使用车轮挡块以防车辆移动。

2）使用要求和注意事项

（1）汽车在举升或下降过程中，禁止在汽车下面进行作业。

（2）汽车下降速度不能过快，应徐徐拧松液压开关，使汽车缓慢下降，否则易发生事故。

（3）在松软路面上使用千斤顶举升汽车时，应在千斤顶底座下加垫一块有较大面积且能承受压力的材料（如木板等），防止千斤顶由于汽车重压而下沉。千斤顶与汽车接触的位置应正确、牢固。

（4）千斤顶把汽车顶起后，当液压开关处于拧紧状态时，若发生自动下降故障，应立即查找原因，及时排除故障后方可继续使用。

（5）发现千斤顶缺油时，应及时补充规定的油液，不能用其他油液或水代替。

（6）千斤顶不能用火烘热，以防皮碗、皮圈损坏。

（7）千斤顶必须垂直放置，避免因油液渗漏而失效。

2. 举升机

汽车举升机可以将车辆抬高，以便维修人员能在车下以舒适的姿势工作。汽车举升机是汽车维修行业的常用设备，其产品性质和质量直接影响维修人员的人身安全。举升机在汽车维修养护中发挥着至关重要的作用，无论整车大修，还是小修、保养，都离不开它。在规模各异的维修养护企业中，无论是维修多种车型的综合类修理厂，还是经营范围单一的街边修车店，几乎都配备举升机。

举升机一般可分为剪式、两柱、四柱三大类，如图 1－22 所示。按照功能可分为四轮定位型和平板式；按照占用空间的不同可分为地上式和地藏式。剪式举升机相比两柱举升机和四柱举升机，最大的优点是不占用空间、方便使用，不足是补油平衡要求很严格，而且需配备控制箱，造价较贵。

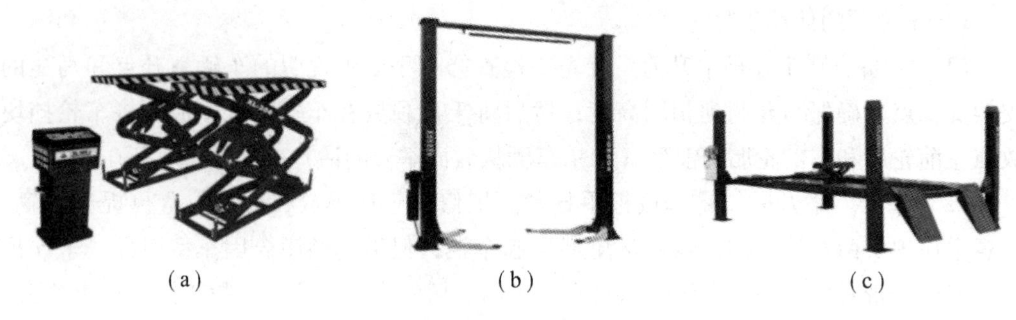

图 1－22　举升机

(a) 剪式举升机；(b) 两柱举升机；(c) 四柱举升机。

1）举升车辆前准备

把车辆置于举升机中心，把举升机的板和臂固定到修理手册所标示的位置。调整支架直到车辆保持水平为止，始终锁住臂，将板提升附件位置对准车辆被支承部位，切勿让板提升附件伸出板外，如图 1－23 和图 1－24 所示。

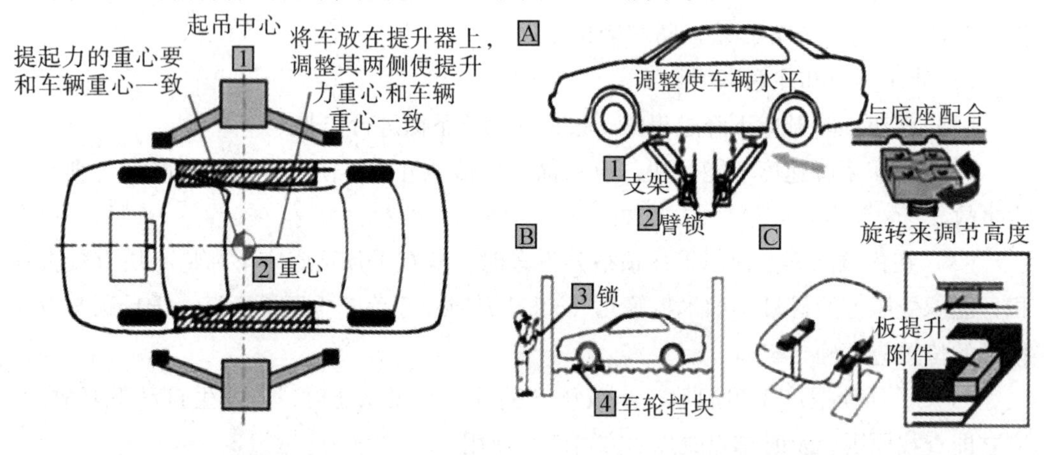

图 1－23　举升车辆前准备一　　　　**图 1－24　举升车辆前准备二**

在举升和降下车辆前要先进行安全检查，并向其他人发出举升机即将起动的信号。一旦车辆轮胎稍离地，即要检查车辆支承是否合适，如图 1－25 所示。

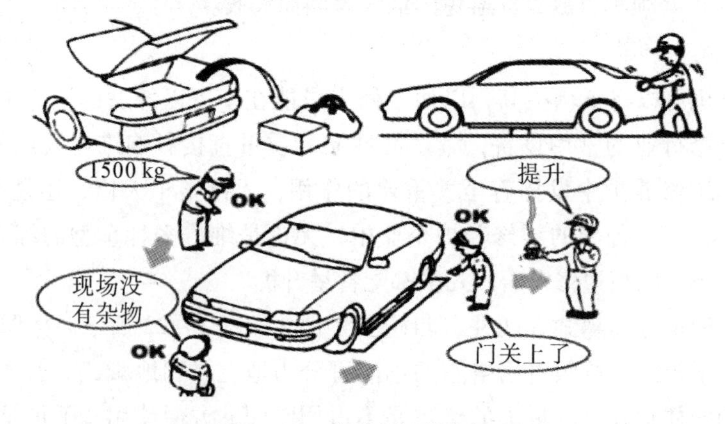

图 1－25　举升车辆前准备三

2）使用要求和注意事项

（1）举升车辆前，要将所有的行李从车上搬出。

（2）检查是否除支承部件之外，没有其他部件在现场。

（3）举升的车辆切勿超过举升机举升极限。

（4）带有空气悬架的车辆因其结构关系需要特别处理，请参考维修手册。

（5）举升车辆时，切勿移动车辆。

（6）拆除和更换大部件时要小心，因为车辆重心可能改变。

（7）举升车辆时，切勿将车门打开。

（8）如果在一段时间内未完成作业，则要把车辆举升高度降低一些。

（七）汽车拆装常用工具选用原则

1. 根据工作的类型选择汽车拆装工具

根据紧固件螺栓、螺母的尺寸与位置，正确选择合适的扳手。为了更换螺栓/螺母或拆下零件，在汽车修理中普遍使用的是成套套筒扳手。如果由于工作空间限制不能使用成套套筒扳手，则可按其顺序选用梅花扳手或开口扳手。根据工作的类型来选择合适的汽车拆装工具，如图 1－26 所示。

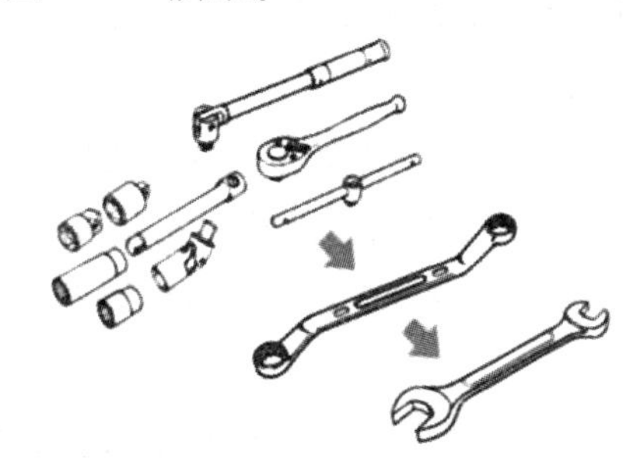

图 1－26　根据工作的类型选择汽车拆装工具

2. 根据工作进行的速度选择工具

套筒扳手的用处在于它能旋转螺栓/螺母且不需要重新调整，这样可以迅速转动螺栓/螺母。套筒扳手可以根据所装的手柄以各种方式工作：棘轮手柄适合在狭窄空间使用，因为棘轮的结构使得它不可能获得很高的扭矩；滑动手柄要求极大的工作空间，但它能提供最快的工作速度；旋转手柄在调整好手柄后可以迅速工作，但此手柄很长，很难在狭窄空间使用。根据工作进行的速度选择汽车拆装工具，如图 1－27 所示。

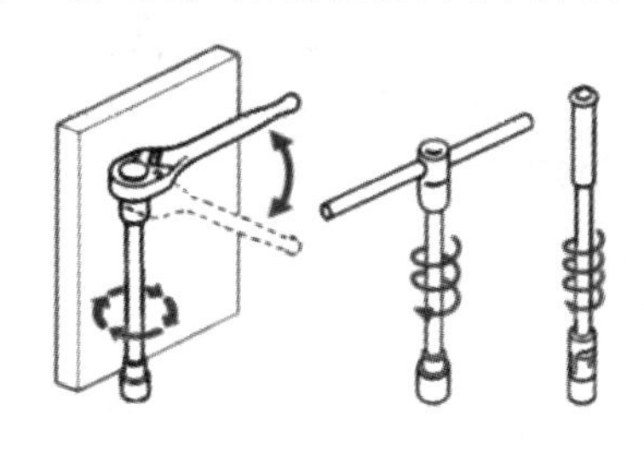

图 1－27　根据工作进行的速度选择汽车拆装工具

3. 根据旋转扭矩的大小选择汽车拆装工具

如果最后拧紧或开始拧松螺栓/螺母需要大扭矩，那么就需要使用允许施加大力的扳手。可以施加力的大小取决于扳手手柄的长度，手柄越长，用较小的力可以得到的扭矩就越大。若使用了超长手柄，则有扭矩过大的危险，螺栓有可能被折断。根据扭矩的大小选用汽车拆装工具，如图1－28所示。

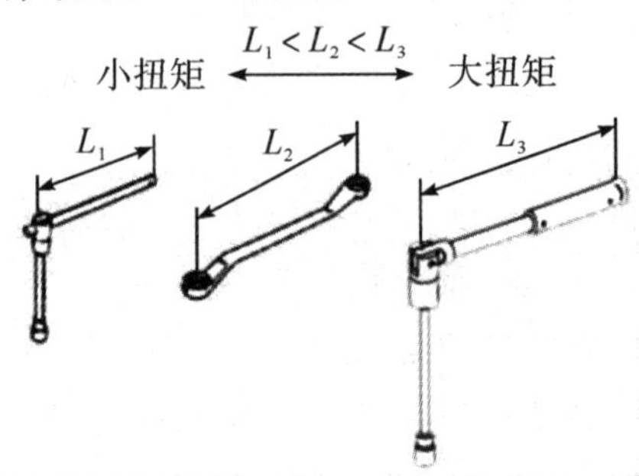

图1－28　根据扭矩的大小选用汽车拆装工具

（八）汽车拆装常用工具操作注意事项

1. 汽车拆装工具的大小和应用

在使用汽车拆装工具时，应确保汽车拆装工具的规格尺寸与螺栓/螺母的头部大小合适，使汽车拆装工具与螺栓/螺母完全配合，严禁用大一号规格的汽车拆装工具拧螺栓/螺母，否则，会导致螺栓/螺母滑口或汽车拆装工具损坏，如图1－29所示。

2. 用力强度

在使用汽车拆装工具时，要始终转动汽车拆装工具，以便拉动它。如果由于空间限制无法拉动汽车拆装工具，则用手掌推它。已经拧得很紧的螺栓/螺母可以通过施加冲击力轻松松开。在拧螺栓/螺母时，应根据螺栓/螺母的大小与强度，选择合适的用力强度，否则会导致螺栓/螺母紧固力不够或螺栓断裂、螺母滑丝损伤。不能使用锤子和管子（用来加长扳手长度）来增加扭矩（图1－30）。

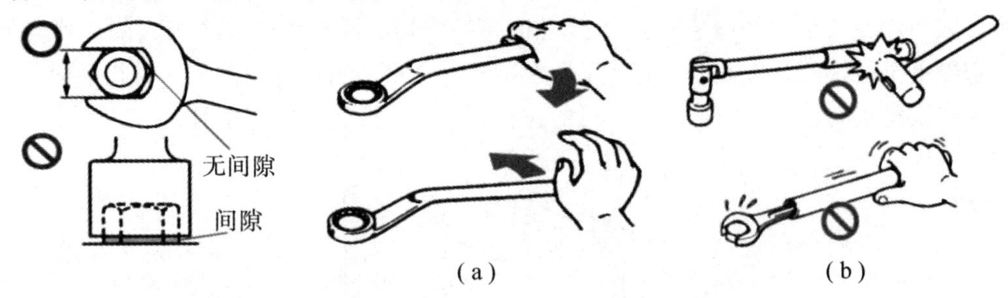

图1－29　汽车拆装工具的大小和应用

图1－30　用力强度

(a) 用力正确；(b) 用力错误。

3. 扭矩扳手的正确使用

在拧较大力矩及有力矩要求的螺栓/螺母时，一般使用扭矩扳手，扭矩扳手上的指针或数字显示正在紧固螺栓/螺母的扭矩的大小。使用扭矩扳手时，扭矩扳手手柄与人胸部并行，左手应压在套筒上面，紧螺丝时右手往里拉，松螺丝时右手往正前推，如图1－31所示。

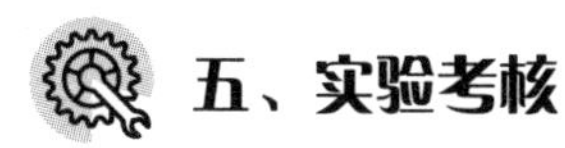

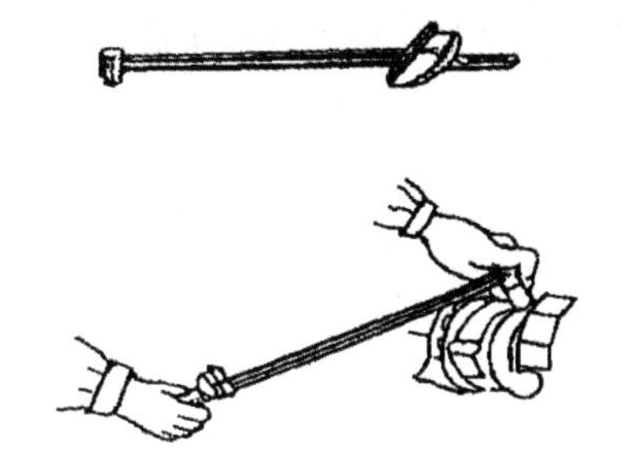

图1－31 扭矩扳手与其使用方法

五、实验考核

1. 实验考核项目与评分方法

汽车拆装常用工具使用的考核项目与评分方法见表1－1。

表1－1 汽车拆装常用工具使用的考核项目与评分方法

序号	考核项目	标准得分	评分标准	考核记录	扣分	得分
1	各类普通扳手的使用	10	操作不当每次扣2分			
2	扭矩扳手的使用	10	操作不当每次扣2分			
3	锉刀的使用	10	操作不当每次扣2分			
4	直钢尺的使用	10	操作不当每次扣2分，读数错误扣5分			
5	游标卡尺的使用	10	操作不当每次扣2分，读数错误扣5分			
6	千分尺的使用	10	操作不当每次扣2分，读数错误扣5分			
7	百分表的使用	10	操作不当每次扣2分，读数错误扣5分			
8	千斤顶的使用	10	操作不当每次扣5分			
9	实验场地安全用电，防火，无人身、设备事故	20	因操作不当发生重大事故，此次实验成绩按0分计			
10	项目总分	100				

2. 实验报告内容要求

（1）说出各种不同的扳手所适用的场合及操作方法。

（2）说出游标卡尺、千分尺及百分表如何进行数据测量与记录。

（3）说出如何使用千斤顶将汽车安全举升与下降。

实验二　汽车总体结构认识实验

一、实验目的和要求

（1）熟悉汽车分类方法。

（2）认识汽车的整体结构及各大组成系统。

（3）熟悉汽车底盘、车身的组成部件。

（4）掌握整车性能参数技术指标。

二、实验工具和设备

（1）轿车整车解剖教具（捷达轿车）1 辆。

（2）吉普车（BJ2020S）1 辆。

（3）小型越野汽车三类底盘（BJ2020S）1 辆。

（4）重型越野汽车三类底盘（解放特种车车型）1 辆。

三、实验注意事项

（1）未经指导老师许可，学生不得驾驶实验车辆。

（2）起动发动机时，注意发动机周围及车辆周围是否安全。

（3）实验场地须遵守安全使用汽油的规定，防止火灾事故的发生。

四、实验内容与方法

（一）汽车分类

1. 按汽车用途分类

依据 GB 7258－2017《机动车运行安全技术条件》，汽车按用途分类可分为载客汽车、载货汽车、专项作业车、气体燃料汽车、两用燃料汽车、双燃料汽车、纯电动汽车、插电式混合动力汽车、燃料电池汽车、教练车及残疾人专用汽车。其中，载客汽车、载货汽车又可细分如下：

载客汽车：乘用车、旅居车、客车（公路客车、旅游客车、专用客车、未设置乘客站立区的公共汽车及设有乘客站立区的客车）、校车。

载货汽车：普通货车、半挂牵引车、低速汽车（三轮汽车和低速货车）。

2. 按汽车动力装置分类

按汽车动力装置分类，汽车可分为内燃机汽车、电动汽车等。

内燃机汽车：活塞式内燃机汽车、燃气轮机汽车。

电动汽车：蓄电池式电动汽车、燃料电池式电动汽车、混合动力汽车。

3. 按汽车行驶道路条件分类

按汽车行驶道路条件分类，汽车可分为公路用车、非公路用车。

4. 按汽车行驶机构的特征分类

按汽车行驶机构特征分类，汽车可分为轮式汽车、其他类型行驶机构的汽车。

（二）国产汽车编号规则及汽车识别代码

国产汽车编号规则如图 1－32 所示，汽车编号中部 4 位数字代号含义见表 1－2。

汽车识别代码也称 VIN 码，从该码中可以识别车辆的生产国家、制造公司或生产厂家、车辆的类型、品牌名称、车型系列、车身形式、发动机型号、年款车型（属于哪年生产的年款车型）、安全防护装置型号、检验数字、装配工厂名称和出厂顺序号码等信息，图1－33为 VIN 码组成图。

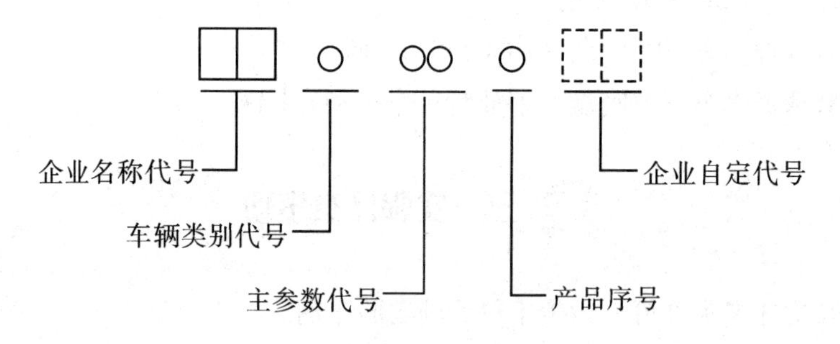

图 1－32　国产汽车编号规则

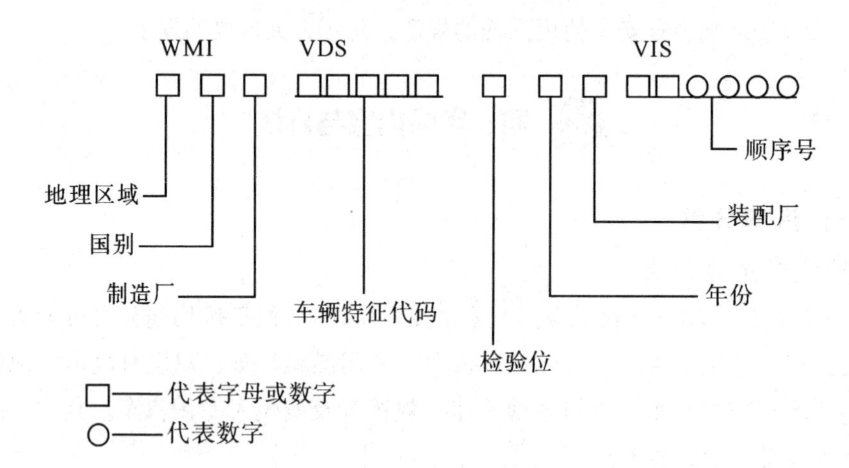

图 1－33　VIN 码组成

表 1－2　汽车编号中部 4 位数字代号含义

<table>
<tr><th colspan="2">首位数字：汽车类型</th><th>中间两位数字：汽车主要特征参数</th><th>末位数字：企业自定产品序号</th></tr>
<tr><td>载货汽车</td><td>1</td><td rowspan="5">表示汽车总质量（单位：t）的数值：
当汽车总质量小于 10 t 时，前面以“0”点位；
当汽车总质量大于 100 t 时，允许用三位数字</td><td rowspan="9">以 0，1，2，3……依次排列</td></tr>
<tr><td>越野汽车</td><td>2</td></tr>
<tr><td>自卸汽车</td><td>3</td></tr>
<tr><td>牵引汽车</td><td>4</td></tr>
<tr><td>专用汽车</td><td>5</td></tr>
<tr><td>客车</td><td>6</td><td>表示汽车总长度（0.1 m）的数值：
当汽车总长度大于 10 m 时，计算单位为 m</td></tr>
<tr><td>轿车</td><td>7</td><td>表示发动机工作容积（0.1 L）的数值</td></tr>
<tr><td>（暂未设定）</td><td>8</td><td>（暂未设定）</td></tr>
<tr><td>半挂车及
专用半挂车</td><td>9</td><td>表示汽车总质量（单位：t）的数值：
当汽车总质量小于 10 t 时，前面以“0”点位；
当汽车总质量大于 100 t 时，允许用三位数字</td></tr>
</table>

（三）汽车总体结构认识

汽车一般由发动机、底盘、车身、电气设备四大系统组成。

1. 汽车发动机结构认识

汽车发动机是汽车产生动力的部件，一般由两大机构、五大系统组成，即曲柄连杆机构、配气机构、燃料供给系统、冷却系统、润滑系统、点火系统、起动系统。

2. 汽车底盘结构认识

汽车底盘的作用是支承、安装汽车发动机及其各部件、总成，形成汽车的整体造型，并接受发动机的动力，使汽车产生运动，保证汽车正常行驶。汽车底盘由传动系统、行驶系统、转向系统和制动系统四部分组成。

传动系统由离合器、变速器、万向传动装置和驱动桥组成；行驶系统由车架、车桥、车轮和悬架组成；转向系统由转向器和转向传动装置组成；制动系统由制动器和制动传动装置组成。

3. 汽车车身结构认识

汽车车身安装在底盘的车架上，用以驾驶员、旅客乘坐或装载货物。轿车、客车的车身一般是整体结构，货车车身一般由驾驶室和货箱两部分组成。

4. 汽车电气设备结构认识

汽车电气设备由电源和用电设备两大部分组成。电源包括蓄电池和发电机；用电设备包括发动机的起动系统、汽油机的点火系统和其他用电装置。

（四）熟悉汽车车身、底盘的组成部件

1. 汽车车身结构部件

汽车的车身、底盘组成汽车的基础结构部件，捷达都市先锋轿车构造如图1－34所

示，承载式轿车车身外形结构如图 1 - 35 所示，货车外形结构如图 1 - 36 所示。

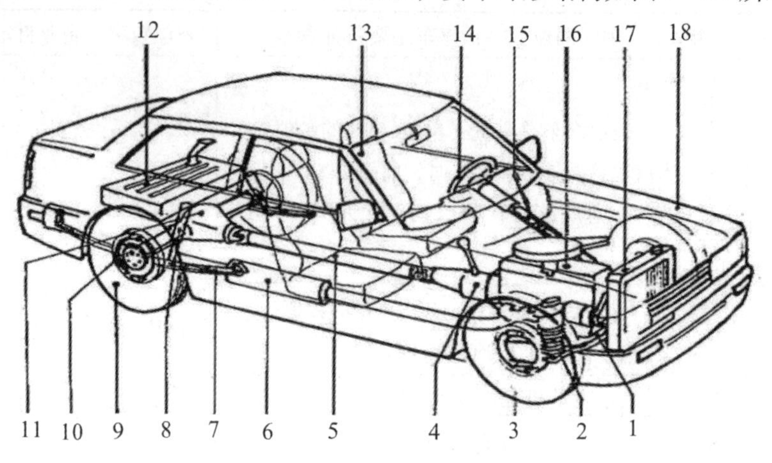

图 1 - 34　捷达都市先锋轿车构造

1—前桥；2—前悬架；3—前车轮；4—变速器；5—传动轴；6—消声器；7—后悬架，钢板弹簧；8—减振器；9—后轮；10—制动器；11—后桥；12—油箱；13—坐椅；14—方向盘；15—转向器；16—发动机；17—散热器；18—车身。

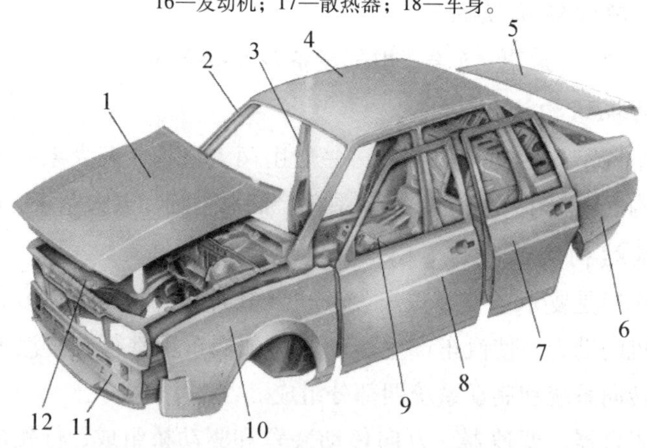

图 1 - 35　承载式轿车车身外形结构

1—发动机罩；2—前柱；3—中柱；4—顶板；5—行李厢盖；6—后翼子板；7—后车门；8—前车门；9—地板；10—前翼子板；11—前围；12—挡泥板和前纵梁。

图 1 - 36　货车的外形结构

认识汽车车身结构部件的具体要求如下：

（1）观察并认识不同汽车的外形结构特点，掌握汽车的车身结构、车身外饰、车灯、品牌标志、车牌等。

（2）认识汽车驾驶室内仪表和操纵装置：转向盘、变速杆、节气门、制动、离合器等操纵机构及其操作方法；各种仪表、指示灯、空调、电器控制开关、音响、安全带、座椅及内饰等。

（3）认识汽车发动机舱内各部件的名称、功能及特点。

2. 多轮驱动底盘

图 1－37 为汽车三类底盘结构示意图。

1）轻型越野汽车三类底盘

图 1－37 为典型的汽车底盘系统教学设备，是选用国内较为普及的 BJ2020 型轻型越野汽车的发动机、变速器、分动器、传动轴、车架、轮胎等实物装配而成。BJ2020 型轻型越野汽车可四轮同时驱动，具有良好的越野性能。它可以在泥泞、沙土、积雪路面上行驶，也可以爬越较陡的坡道；可以装载一定重量的货物，也可以拖带挂车。

2）重型越野汽车三类底盘

选用解放汽车中的特种重型越野车的动力、底盘、车架等系统，有代表性地展示三轴六驱汽车的发动机、离合器、变速器、传动轴、差速器、半轴、车轮等动力传动关系。

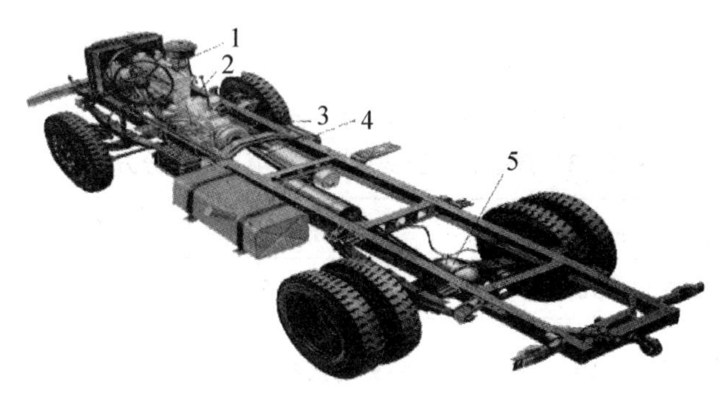

图 1－37　汽车三类底盘

1—发动机；2—离合器；3—变速器；4—传动轴；5—驱动桥。

（五）汽车性能参数说明

（1）整车装备质量（kg）：汽车完全装备的质量，包括润滑油、燃料、随车工具、备胎等所有装置的质量。

（2）最大总质量（kg）：汽车满载时的总质量。

（3）最大装载质量（kg）：汽车在道路上行驶时的最大装载质量。

（4）最大轴载质量（kg）：汽车单轴所承载的最大总质量。

（5）车长（mm）：汽车长度方向两极端点间的距离。

（6）车宽（mm）：汽车宽度方向两极端点间的距离。

（7）车高（mm）：汽车最高点至地面间的距离。

（8）轴距（mm）：汽车前轴中心至后轴中心的距离。

（9）轮距（mm）：同一车桥左右轮胎胎面中心线间的距离。

（10）前悬（mm）：汽车最前端至前轴中心的距离。

（11）后悬（mm）：汽车最后端至后轴中心的距离。

（12）最小离地间隙（mm）：汽车满载时，最低点至地面的距离。

（13）接近角（°）：汽车前端突出点向前轮引的切线与地面的夹角。

（14）离去角（°）：汽车后端突出点向后轮引的切线与地面的夹角。

（15）转弯半径（mm）：汽车转向时，汽车外侧转向轮的中心平面在车辆支承平面上的轨迹圆半径。转向盘转到极限位置时的转弯半径为最小转弯半径。

（16）最高车速（km/h）：汽车在平直道路上行驶时能达到的最大速度。

（17）最大爬坡度（%）：汽车满载时的最大爬坡能力。

（18）平均燃料消耗量（L/100 km）：汽车在道路上行驶时每百千米的平均燃料消耗量。

（19）车轮数和驱动轮数（$n\times m$）：车轮数以轮毂数为计量依据，n 代表汽车的车轮总数，m 代表驱动轮数。

五、实验考核

1. 实验考核项目与评分方法

汽车总体结构认识实验的考核项目与评分方法见表1-3。

表1-3 汽车总体结构认识考核项目与评分方法

序号	考核项目	标准得分	评分标准	考核记录	扣分	得分
1	国产汽车编号规则	10	错一处每次扣5分			
2	指定汽车识别代码各位的含义	10	错一处每次扣5分			
3	轿车车身结构部件认识	20	错一处每次扣5分			
4	三类汽车底盘结构认识	20	错一处每次扣5分			
5	指定汽车性能参数说明	20	缺少一处每次扣2分 性能参数错一处扣2分			
6	实验场地安全用电，防火，无人身、设备事故	20	因操作不当发生重大事故，此次实验成绩按0分计			
7	项目总分	100				

2. 实验报告内容要求

（1）说出汽车的分类。

（2）说出车辆 VIN 码的组成。

（3）说出汽车的一般整体结构及基本组成。

（4）写出具体实车（如捷达轿车/奥迪轿车）的整车性能参数技术指标、VIN 码的含义。

实验三　汽车发动机综合实验

一、实验目的和要求

（1）掌握汽车发动机总成的解体、组装顺序及技术要求。

（2）掌握汽车发动机的曲柄连杆机构的拆装步骤、技术要求，加深理解汽车发动机的曲柄连杆机构的工作原理。

（3）掌握汽车发动机的配气机构的拆装步骤、技术要求，加深理解汽车发动机的配气机构各零件的结构特点。

（4）掌握汽车发动机的冷却系统的拆装步骤、技术要点，加深理解汽车发动机的冷却系统的工作原理。

（5）掌握汽车发动机的润滑系统的拆装步骤、技术要求，加深理解汽车发动机的润滑系统的工作原理。

（6）掌握汽车发动机的点火系统及进排气系统的结构组成。

（7）掌握汽车发动机的常用拆装工具的正确使用方法。

二、实验工具和设备

（1）桑塔纳 2000 系列电喷发动机或北京 492Q 发动机 1 台。

（2）FCFB 发动机翻转架 1 台。

（3）汽车发动机常用拆装维修工具 1 套。

三、实验注意事项

（1）拆装前认真检查所拆汽车发动机的油、水、电及各附件的完整情况，并记录在册。

（2）拆装汽车发动机的各种螺栓/螺母时要正确选用、使用工具，严格按操作规程作业。不可以使用活动扳手、手钳或大一号的套筒来拆装螺栓/螺母，避免损伤螺栓/螺母的棱角。

（3）对汽车发动机重要件的拆卸，首先要熟悉其结构，研究工艺规程后再进行作业。

（4）在对汽车发动机零部件进行锤击时，必须垫上软金属或紫铜棒，不可以用锤子直接敲打零件表面。

（5）拆下的汽车发动机零部件要按指定地点、位置摆放整齐，不得随意叠放，避免与工作发生干扰。

（6）汽车发动机拆装过程须严格遵守实验规则，做好各种安全防护措施，特别是拆装大而重的汽车发动机总成件时，防止出现人身及设备的安全事故。

（7）汽车发动机拆装过程必须确保场地干净，及时清洁洒落在地的各类油料。实验后清扫现场，保持拆装设备及工作场地的清洁。

四、实验内容与方法

1. 汽车发动机总成的解体顺序及技术要求

发动机一般由机体、曲柄连杆机构、配气机构、供给系统、冷却系统、润滑系统、点火系统（柴油机无点火系统）和起动系统等部分组成。

汽车发动机总成的解体顺序如下：

（1）拆下汽车发动机总成上的各附件，如发电机、起动机、喷油泵/汽油泵、气泵、水泵、风扇叶片、皮带、进排气歧管、机油滤清器等。

（2）拆下进气管部线、排气管总成。

（3）拆下气门传动组部件。

（4）松缸盖螺栓（从外到内按要求松螺栓），拆下缸盖总成。

（5）拆下油底壳总成、机油泵总成。

（6）拆下曲轴前端附件。

（7）拆下正时齿轮室盖、凸轮轴。

（8）拆卸活塞连杆组。其拆卸方法：转动曲轴到需拆活塞的下止点；观察连杆、瓦盖装配记号（如无装配记号，在拆前做好相应标记）；拆连杆螺母；用手或木棍（严禁用铁器）捅连杆大头，从下到上抽出该缸活塞连杆组总成。

2. 汽车发动机曲柄连杆机构的组成及拆装技术要求

1）曲柄连杆机构的组成

曲柄连杆机构主要由机体组、活塞连杆组和曲轴飞轮组三部分组成，其中活塞组、连杆组和曲轴飞轮组如图1－38所示。

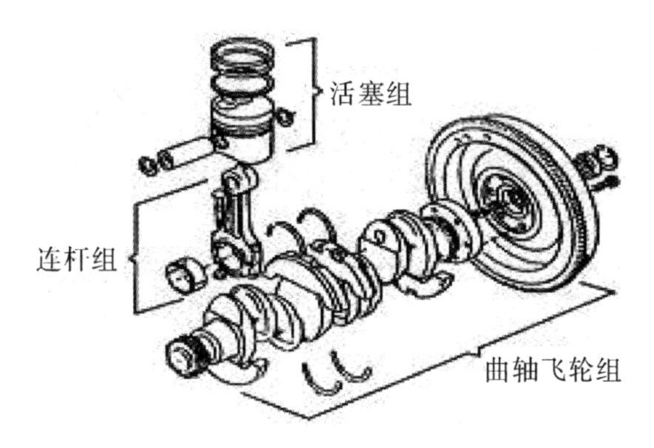

图1－38　曲柄连杆机构的组成

机体组由气缸体、气缸套、气缸盖、油底壳、气缸垫等组成；活塞连杆组由活塞、活塞环、活塞销、连杆等组成；曲轴飞轮组主要由曲轴和飞轮等组成。

2）曲柄连杆机构各零件的结构特点

（1）气缸体。观察气缸体的三种结构形式：一般式、龙门式、隧道式，如图1－39所示。一般式：曲轴轴线与缸体下平面共面；龙门式：曲轴轴线高于缸体下平面；隧道式：主轴承座、盖为一体。

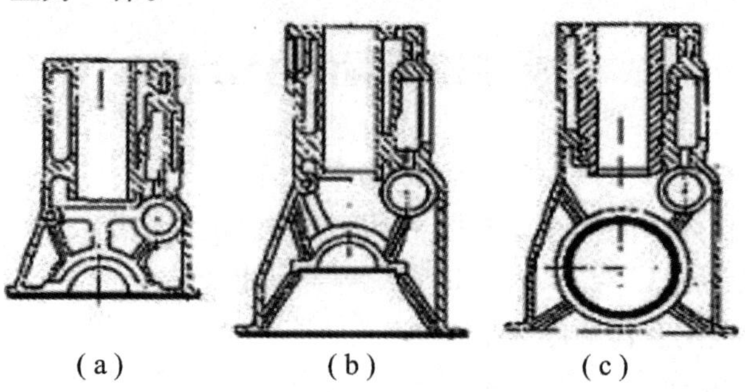

图1－39　气缸体的三种结构形式

（a）一般式；（b）龙门式；（c）隧道式。

观察气缸的两种冷却方式：水冷式和风冷式。观察气缸的排列形式：直列式和双列式。比较两种气缸套的结构特点：干式和湿式。

（2）气缸盖。分析气缸盖的结构特点；找出冷却水套，进、排气道，润滑油道，气门座圈、通孔，火花塞座孔或喷油器座孔。

气缸盖的种类：一缸一盖、几缸一盖和所有气缸共用一个缸盖。

分析燃烧室的形状：楔形燃烧室、盆形燃烧室、半球形燃烧室。

（3）气缸垫。分析气缸垫的作用：保证气缸体与气缸盖接合面间的密封；要求气缸垫能耐热、耐腐蚀，有足够的强度和弹性；一般气缸垫可分为金属－石棉气缸垫、全金属气缸垫两种。

（4）活塞。活塞构造可分为顶部、头部、裙部三部分。活塞沿高度方向制成圆锥形，裙部为椭圆形（椭圆的长轴与活塞销成90°方向）。观察活塞顶部的形状（一般有平顶、凹顶、凸顶、凹坑），如图1－40所示。仔细观察活塞头部的环槽，准确找出气环环槽、油环环槽和隔热槽。

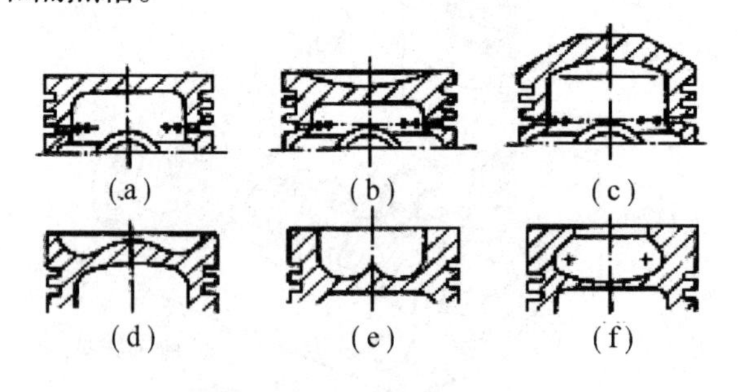

图1－40　活塞顶部的形状

（a）平顶；（b）凹顶；（c）凸顶；（e）（d）（f）凹坑。

（5）活塞环。分析气环和油环的结构特点；气环的切口一般有直角形切口、斜切口、阶梯形切口、带防转销钉槽的切口等形状；结合实物判断气环的不同断面形状：

矩形环、扭曲环、锥面环、梯形环、桶面环，如图1－41所示；分析油环属于普通式（整体式）还是组合式。

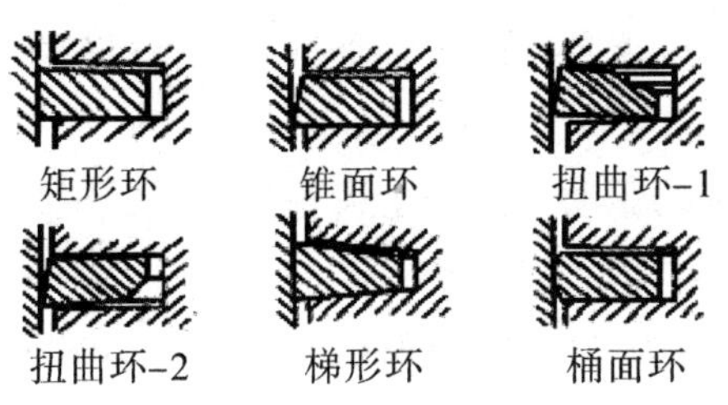

图1－41　气环的断面形状

（6）活塞销。判断活塞销连接配合方式是全浮式还是半浮式，分别适用于什么工作环境。

（7）连杆。连杆由小头、杆身、大头三部分组成。找出连杆小头润滑用的油孔和油槽；连杆大头有平切口、斜切口两种；分析现场教学所用连杆的定位方法，判断是螺栓和螺栓孔定位、止口定位、锯齿定位，还是套筒定位。

（8）曲轴。曲轴由前端、后端和若干个曲拐三部分组成。在曲轴上只能设置一处轴向定位装置，多采用滑动止推轴承，即翻边轴瓦的翻边部分和单边具有减摩合金层的止推片。安装在曲轴前端上的扭转减震器有三类：橡胶摩擦式扭转减震器、干摩擦式扭转减震器、黏液式扭转减震器。

（9）飞轮。飞轮具有储存能量、稳定转速、克服短时间超负荷的功用，它还是离合器的主动件。在保证转动惯量的前提下，飞轮的质量应尽可能小，且质量集中在轮缘上。飞轮外缘一般压装有齿圈。飞轮、曲轴要进行动平衡试验。

3. 汽车发动机配气机构的组成及拆装技术要求

1）配气机构的分类

配气机构按凸轮轴的布置形式分类，分为凸轮轴下置式、凸轮轴中置式和凸轮轴上置式三类。图1－42所示为凸轮轴下置式配气机构和凸轮轴上置式配气机构。

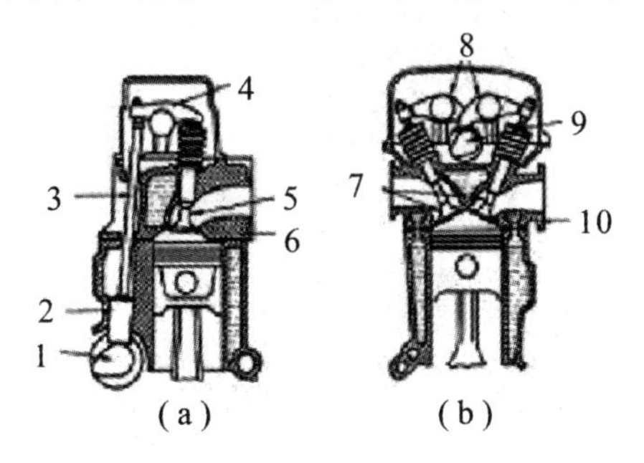

图1－42　配气机构的分类

（a）凸轮轴下置式配气机构；（b）凸轮轴上置式配气机构。

1、9—凸轮轴；2—挺柱；3—推杆；4、8—摇臂；5、7—气门；6、10—气缸盖。

气门式配气机构的分类如下：

（1）按气门的布置形式分为气门顶置式配气机构、气门侧置式配气机构、进气门顶置式配气机构和排气门侧置式配气机构。

（2）按凸轮轴的布置位置分为凸轮轴下置式配气机构、凸轮轴中置式配气机构和凸轮轴上置式配气机构。

（3）按曲轴和凸轮轴的驱动方式分为齿轮传动式配气机构、链传动式配气机构和带传动式配气机构。

（4）按每缸气门数目分为二气门式配气机构、四气门式配气机构和五气门式配气机构。

2）气门顶置式配气机构的组成

气门顶置式配气机构主要由气门组部件和气门传动组部件组成。其中，气门组部件包括气门、气门座、气门导管、气门弹簧、气门弹簧座、分开式气门锁片等，如图1-43所示；气门传动组部件由摇臂轴、摇臂、推杆、挺柱、凸轮轴、正时齿轮等组成，如图1-44所示。

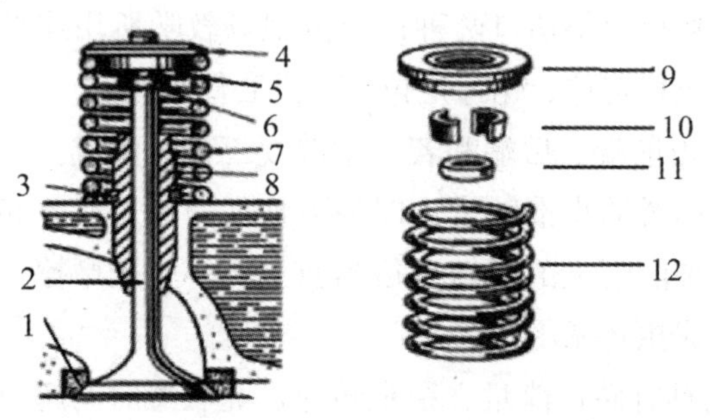

图1-43 气门组部件

1—气门座；2—气门；3、8—气门导管；4、9—气门弹簧座；5、10—分开式气门锁片；6、11—油封；7、12—气门弹簧。

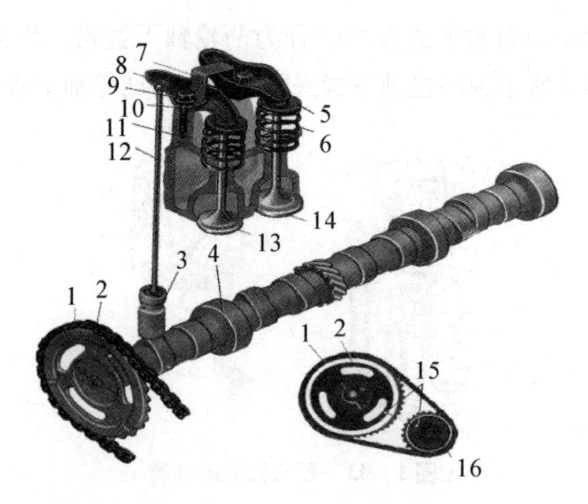

图1-44 气门传动组部件

1—正时链条；2—凸轮轴传动链轮；3—液压挺柱；4—凸轮轴；5—弹簧座；6—气门弹簧；7—过桥；8—摇臂；9—螺钉；10—枢轴；11—气缸盖；12—推杆；13—排气门；14—进气门；15—正时标记；16—链轮。

4. 汽车发动机冷却系统的组成及拆装技术要求

汽车发动机冷却系统一般由水泵、散热器、节温器、缸体水套、缸盖水套及相关连接水管等组成，如图 1-45 所示。

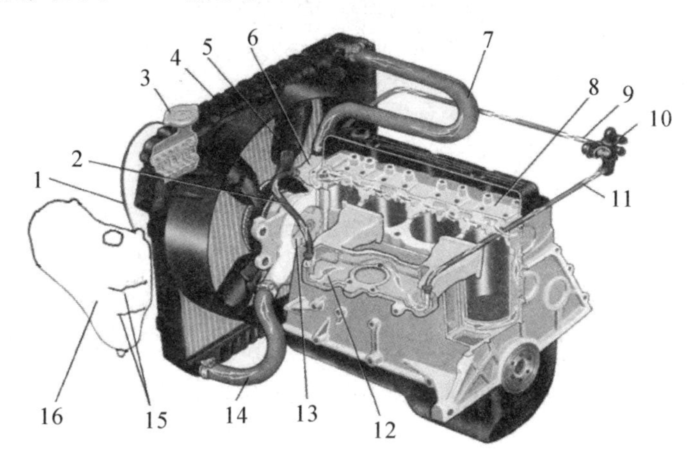

图 1-45 冷却系统组成

1—冷却液回收管；2—节温器至进气歧管软管；3—散热器盖总成；4—散热器；5—风扇及硅油离合器；6—节温器；7—散热器进水软管；8—发动机；9—加热器回水管；10—热水阀；11—加热器进水管；12—进气歧管水套；13—水泵；14—散热器至水泵软管；15—水位标线；16—补偿水桶。

（1）冷却方式分为水冷式和风冷式，汽车发动机多采用水冷式。对照实物，指出强制循环水冷却系统各零部件的名称，即散热器、风扇、水泵、节温器、补偿水桶、水套、水温表、管路等零件，分析各零件的特点。

（2）分析并绘制冷却水大循环和小循环路线示意图，如图 1-46 所示。

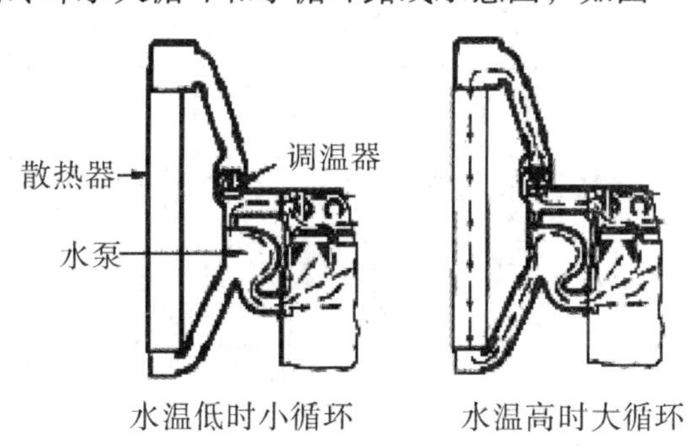

图 1-46 冷却水大循环和小循环路线示意图

（3）节温器的检查。节温器的功用是自动控制进入散热器的水量，以调节冷却强度。节温器一般安装在缸盖出水管特设的壳体内。节温器通常为蜡式节温器（图 1-47）或液体式节温器。检查节温器的功能是否正常，可将节温器置于热水中，观察温度变化时节温器的动作。温度为 87 ℃ ±2 ℃时，开始打开节温器；温度达 102 ℃ ±

3 ℃时，其升程应该大于7 mm。

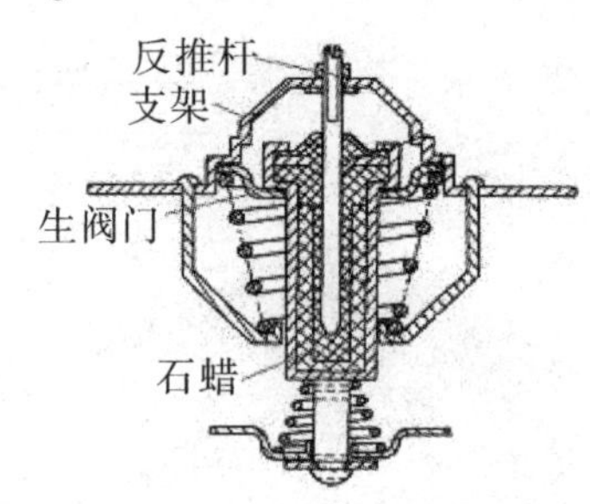

图1－47　蜡式节温器结构示意图

（4）V形皮带张紧度的检查。因为交流发电机及水泵是用三角带传动，使用一段时间后，由于皮带磨损或其他原因，皮带的张紧度变松，因此降低传动效率，影响传动件的使用寿命。一般在水泵皮带中间处用拇指按压，其挠度为10 mm，否则应予以调整。

（5）风扇电机热敏开关开启温度为90～98 ℃，关闭温度为88～93 ℃。

（6）热水器盖开启压力为120～150 kPa。

5.汽车发动机润滑系统的组成及拆装技术要求

汽车发动机润滑系统主要由机油泵、机油滤清器、机油压力传感器、限压阀及油道等组成，如图1－48所示。

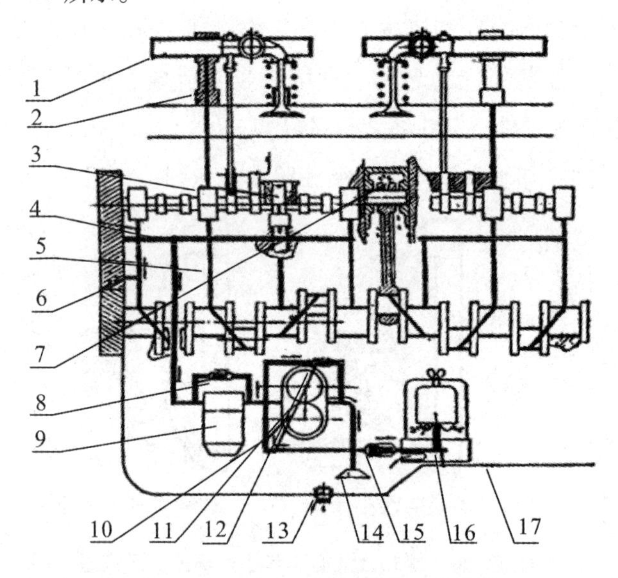

图1－48　汽车发动机润滑系统组成图

1—摇臂轴；2—竖油道；3—机油泵传动轴；4、5—主油道；6—机油喷嘴；
7—连轩小头油道；8—机油滤清器旁通阀；9—机油粗滤器；10—油管；11—机油泵；
12—限压阀；13—磁性放油螺塞；14—机油集滤器；15—进油限压阀；16—机油细滤器；17—油底壳。

1）润滑油路分析

润滑油走向：油底壳 → 机油集滤器→机油泵（限压阀）→机油细滤器→油底壳→机油过滤器（旁通阀）。

润滑油在机油过滤器（旁通阀）并列三个走向：

（1）↗凸轮轴轴承→上油道→缸盖油道→摇臂轴→缸盖泄油孔→油底壳；

（2）→主油道→曲轴主轴承→连杆轴承→活塞销→油底壳；

（3）↘正时齿轮室→油底壳。

2）润滑系统的功用

（1）润滑：利用油膜减少机件间的磨损。

（2）密封：利用油膜防止燃气的泄漏。

（3）冷却：润滑油可以吸收热量。

（4）清洁防锈：带走金属屑、杂质及酸性物。

（5）减震缓冲：利用油膜缓冲振动。

（6）液压：兼做液压油，起液压作用。

3）润滑系统的组成

（1）润滑油储存装置：油底壳。

（2）润滑油升压装置：机油泵。

（3）润滑油滤清装置：集滤器、粗滤器、细滤器。

（4）安全和限压装置：限压阀、旁通阀。

（5）润滑油冷却装置：机油散热器。

（6）润滑系统工作检查装置：油压表、油温表、油尺。

4）机油泵

机油泵的功用：提高油压，强制将机油送到各机件摩擦表面，保证发动机的良好润滑。

机油泵可分为齿轮式机油泵（外齿轮式机油泵和内齿轮式机油泵）、转子式机油泵、叶片式机油泵。外齿轮式机油泵如图 1－49 所示，内齿轮式机油泵如图 1－50 所示，转子式机油泵如图 1－51 所示。

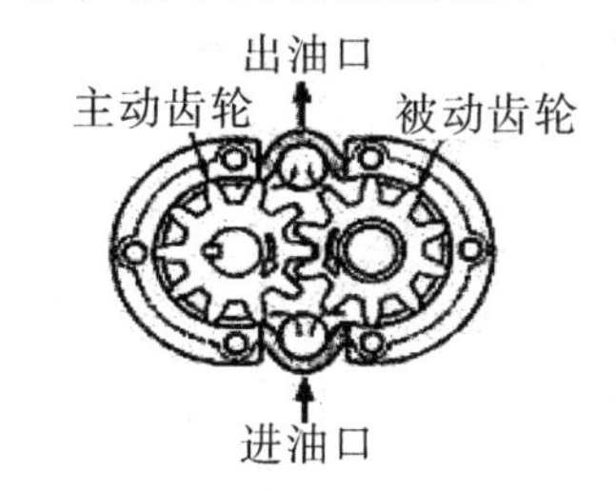

图 1－49　外齿轮式机油泵

图 1－50　内齿轮式机油泵

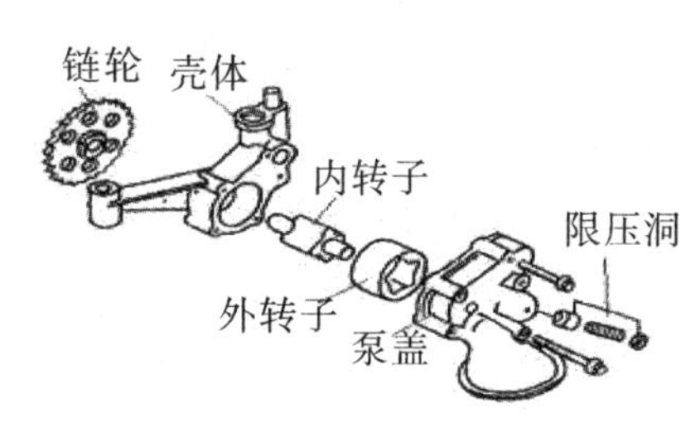

图 1－51　转子式机油泵

5）压力报警开关

机油高压不足的压力报警传感器装在机油滤清器座上；机油低压不足的压力报警传感器装在气缸盖油道的后端。

6）机油滤清装置

机油滤清装置是对不断循环的机油进行过滤，清除机油中的各种杂质，清洁、润滑机油。其类型有机油集滤器、机油滤清器。按机油滤清效果的不同，机油滤清器又分为粗滤器和细滤器。粗滤器滤去机油中粒度较大的杂质，一般串联在机油泵和主油道之间，而细滤器过滤和清除机油中的细小杂质，一般与主油道并联在油路中。

7）油底壳

油底壳又称机油盘，用来收集和储存从机体内各机件上流回的润滑油。

6. 汽车发动机点火系统及各零件的结构特点

汽油发动机燃油和空气的混合气，是由点火系统产生的电火花点燃的。为了适应发动机的工作，要求点火系统能在规定的时刻按发动机的点火次序供给火花塞以足够能量的高压电，使其两电极间产生电火花，点燃混合气，使发动机做功。

按照点火系统的组成和产生高压电的方法的不同，发动机点火系统分为传统点火系统、晶体管电子点火系统、微机控制点火系统。

传统点火系统的组成如图 1－52 所示，它由电源、点火开关、点火线圈、分电器、火花塞和高压导线等组成。

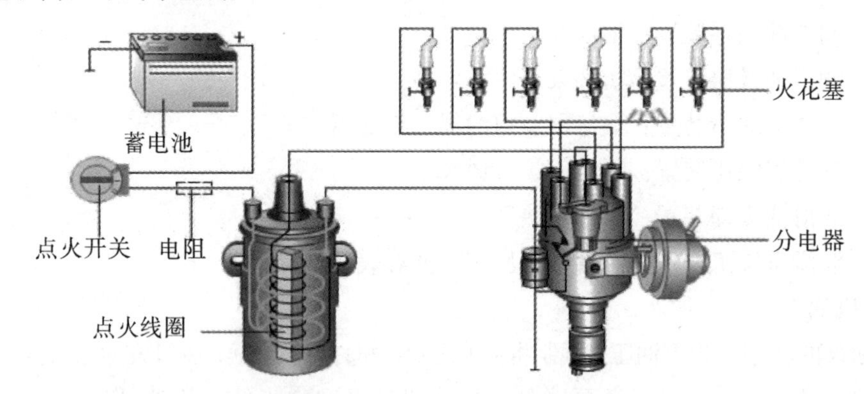

图 1－52　传统点火系统组成

7. 汽车发动机进气系统、排气系统及各零件的结构特点

发动机进气系统、排气系统的作用是供给发动机新鲜空气，并将发动机燃烧后的废气排出。

进气系统的功用是尽可能多并均匀地向各气缸供给空气与燃油的混合气或纯净的空气。一般进气系统主要由空气滤清器和进气歧管组成。在燃油喷射式发动机中，进气系统还包括空气流量计或进气管压力传感器，以便对进入气缸的空气量进行计量。

在直列式多缸发动机上，进气歧管和排气歧管有多种排列方法：一是部分气缸使用单独的进气管（图 1－53）；二是每一对相邻两缸共用一条进气管，而每缸使用单独的排气管（图 1－54），这样可使进气歧管制造简化，有利于排气的散热，以降低进气歧管附近的温度；三是每缸均单独使用一条进气管，这样可以减弱相互之间的影响，有利于改善混合气分配的均匀性。有的发动机将进气歧管和排气歧管分装在两侧，其目的是避免废气对进气歧管加热，以提高发动机的进气量，改善动力性。

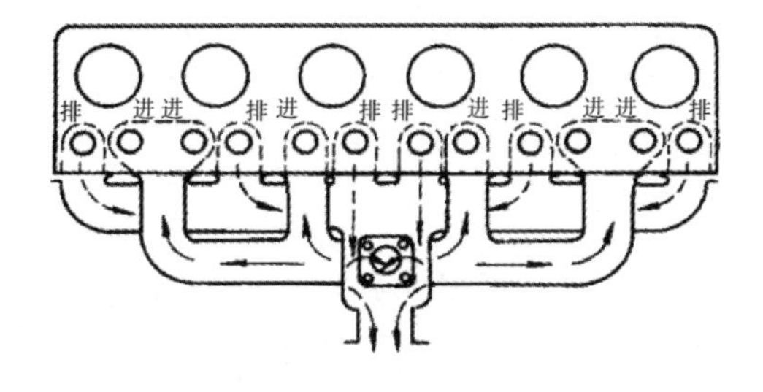

图1－53　部分气缸使用单独的进气管

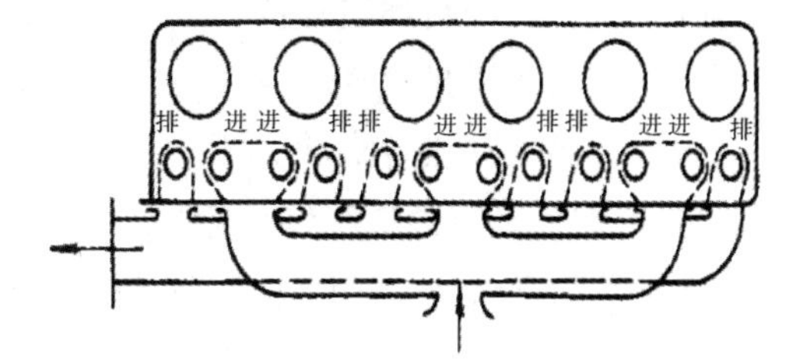

图1－54　相邻两缸共用一条进气管

8.汽车发动机总成的组装

1）汽车发动机总成组装技术要求及注意事项

（1）疏通所有零件的润滑油道，保证油道畅通。

（2）将发动机解体的所有零件进行分类，然后清洗、除污，再用压缩空气吹干，最后按顺序摆放。

（3）对于变形、滑丝的螺栓/螺母，应更换新的，不可重复使用。

（4）连接重要螺栓、螺母，如曲轴轴承螺栓、飞轮螺栓、气缸盖螺栓等，必须按一定顺序、按规定扭矩拧紧。

（5）给相对运动的各零件表面涂抹机油，以确保良好润滑。

（6）组装零部件总成，包括进排气门、喷油嘴、活塞环及销、主轴瓦、机油滤清器等。

（7）保证关键部位的零部件的配合间隙、装配间隙，如活塞与气缸的配合间隙、曲轴与轴承间隙、气门间隙等。

2）汽车发动机总成的装配

汽车发动机总成的组装顺序与解体顺序相反，首先组装各零件总成，其次安装活塞连杆组，最后安装发动机各附件。

（1）安装曲轴飞轮组、飞轮壳及飞轮。

（2）组装活塞连杆组，注意事项：①活塞与连杆朝前方向一致，连杆与连杆瓦盖记号正确，朝前方向一致；②活塞环开口方向：第1道环与活塞销错开90°，第3环的活塞各环错开120°，第4环的活塞各环分别错开90°、180°、90°；③将曲轴转到需拆活塞的下止点，安装活塞连杆组，拧紧连杆盖螺栓至规定扭矩，转动曲轴360°，检验所装连杆组的质量；④同样方法继续安装下一道连杆组；⑤全部组装完后，转动曲轴到1、4缸上止点位置，并做好上止点记号。

（3）安装凸轮轴。

（4）安装正时齿轮及室盖。

（5）安装机油泵、油底壳。

（6）安装气缸盖总成。拧紧缸盖螺栓时，首先要把所有缸盖螺栓全部放入螺孔，并能用手拧几牙螺纹进去；然后用工具把螺栓拧到一般紧固度；最后需按规定顺序，从中间向外延伸，交替、分次将螺栓拧紧至规定扭矩。

（7）安装气门传动组部件。

（8）安装进、排气管总成。

（9）组装发动机各附件。

3）汽车发动机总成组装检验

汽车发动机组装完毕后需要经必要的检验来判定装配质量的好坏。一般可通过旋转发动机曲轴几圈（正、反各转几圈），感受曲轴旋转时的松紧度大小来检验发动机的装配质量水平，同时还要注意听发动机旋转时的声音是否正常。如果发动机曲轴转不动或旋转很费劲，则说明发动机曲柄连杆机构装配质量有问题，需要重新解体后再进行组装。

另外，检验发动机总成时还要注意检查各附件有没有缺少，各部件的螺栓紧固力矩是否达到标准，并检查发动机各部件的清洁卫生工作。

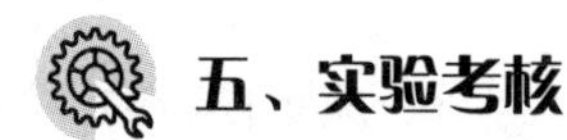

五、实验考核

1. 实验考核项目与评分方法

汽车发动机综合拆装实验考核项目与评分方法见表1-4。

表1-4 汽车发动机综合拆装考核项目与评分方法

序号	考核项目	标准得分	评分标准	考核记录	扣分	得分
1	拆装工具的正确使用	10	操作不当每次扣2分			
2	拆装过程注意事项	20	操作不当每次扣5分			
3	发动机总成的解体顺序	20	解体顺序不正确每次扣5分，不做标记每次扣5分			
4	活塞连杆组的拆卸方法	10	拆卸方法不正确每次扣5分，不做标记每次扣5分			
5	活塞连杆组的组装方法	10	组装方法不正确每次扣5分，组装标记不正确每次扣5分			
6	其他附件的组装	10	组装不正确一个扣2分			
7	实验场地安全用电，防火，无人身、设备事故	20	因操作不当发生重大事故，此次实验成绩按0分计			
8	项目总分	100				

2. 实验报告内容要求

（1）结合本小组所拆装的汽车发动机，说出该汽车发动机的具体规格、型号、名称及主要技术参数。

（2）画出曲柄连杆机构的结构组成示意图。说出所拆装汽车发动机曲柄连杆机构的主要件以及具体的结构类型、特点。

（3）说出所拆装汽车发动机配气机构的具体类型、结构特点。

（4）说出汽车发动机冷却系统的结构组成，绘制冷却水大循环和小循环路线示意图。

（5）说出汽车发动机润滑系统的结构组成，分析润滑油路循环线路及特点。

实验四　汽车发动机曲柄连杆机构、配气机构拆装实验

一、实验目的和要求

（1）掌握汽车发动机总成的解体、组装步骤与操作方法。

（2）掌握汽车发动机曲柄连杆机构和配气机构的解体与组装方法和技术要求。

（3）掌握汽车发动机曲柄连杆机构和配气机构的结构组成、主要零部件的结构特点。

（4）掌握汽车发动机曲柄连杆机构和配气机构的装配标记。

（5）掌握汽车发动机配气相位及气门间隙调整方法。

二、实验工具和设备

（1）桑塔纳2000系列电喷发动机或北京492Q发动机1台。

（2）FCFB发动机翻转架1台。

（3）常用拆装维修工具1套。

三、实验注意事项

（1）安全与规范：要求在实际拆装过程中严格遵守安全操作规程，爱护仪器设备，注意人身安全。特别是拆装大而重的汽车发动机总成件，安全更为重要。

（2）熟练掌握各种工具的正确使用方法。拆装各种螺栓/螺母时要正确选用、使用工具，严格按操作规程作业。不可使用活动扳手、手钳或大一号的套筒拆装螺栓/螺母，以避免损伤螺栓/螺母头的棱角。

（3）拆下的零部件及工具要按指定地点、位置摆放整齐，避免与工作发生干扰。

（4）注意各零件正确的装配顺序、安装方向。

（5）相关零件（活塞与缸套、曲轴轴承、气门等）的配合间隙、装配间隙必须符合技术要求。

（6）汽车发动机曲柄连杆机构、配气机构中的螺栓/螺母应按规定扭矩拧紧。

（7）拆装过程必须确保场地干净，及时清洁洒落在地的各类油料。实验后清扫现场，保持拆装设备及工作场地的清洁。

四、实验内容与方法

1.汽车发动机总成解体顺序及拆装要点

汽车发动机一般由机体、曲柄连杆机构、配气机构、供给系统、冷却系统、润滑

系统、点火系统（柴油机无点火系统）和起动系统等部分组成。图 1 – 55 所示为桑塔纳 2000GSi 轿车 AJR 型发动机总成（解体前），图 1 – 56 所示为桑塔纳 AJR 轿车发动机气缸体总成解体后的结构组成。

图 1 – 55　桑塔纳 2000GSi 轿车 AJR 型发动机总成（解体前）

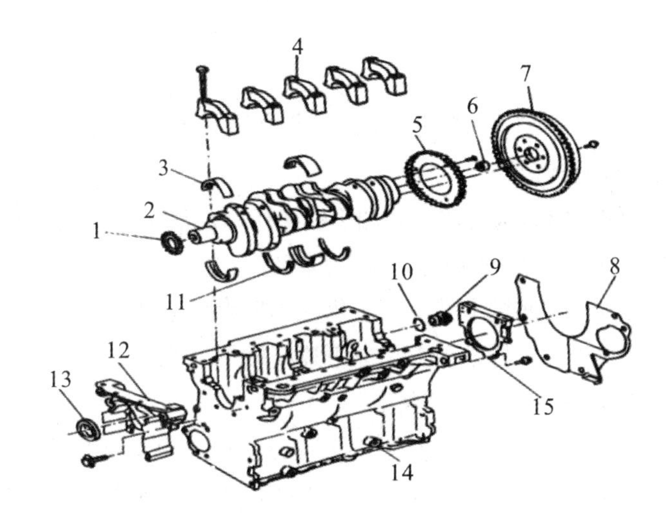

图 1 – 56　桑塔纳 AJR 轿车发动机气缸体总成分解图

1—机油泵链轮；2—曲轴；3—曲轴瓦；4—轴承盖；5—脉冲轮；6—滚针轴承；7—飞轮；8—中间支板；9—螺塞；10—O 形圈；11—止推片；12—支架；13—前油封；14—气缸体；15—后油封架。

AJR 型发动机总成的解体顺序如下：

（1）拆下汽车发动机总成上各附件，即发电机、起动机、喷油器及汽油分配管总成、点火线圈、冷却水管、水泵、风扇叶片及皮带、节气门阀体、机油滤清器等。

（2）拆下进气歧管、排气歧管总成。

（3）拆下正时齿轮带及气门传动组部件。

（4）松缸盖螺栓（由外向内逐一松动螺栓），拆下缸盖总成。

（5）拆下油底壳总成、机油泵总成；拆下曲轴前端附件。

（6）拆下正时齿轮室盖、凸轮轴。

（7）拆卸某缸活塞连杆组总成（如第一缸）。拆卸方法为：将发动机横置，转动曲轴到需拆活塞的下止点，观察连杆、轴承盖装配记号，拆下连杆螺母，用手或木棍捅连杆大头，从缸体上平面抽出该缸活塞连杆组。为了防止零件错装，需要及时把拆下的连杆轴承盖与对应的连杆活塞组装起来。

汽车发动机总成解体的注意事项如下：

（1）拆卸多楔带前，须用粉笔标出旋转方向。如果皮带沿错误方向旋转，则可能导致皮带撕裂。安装皮带时，应确保皮带正确坐落在皮带轮槽内。

（2）总成解体前，必须对同步正时标志进行校对：转动曲轴使第1缸活塞处于上止点位置，确保曲轴驱动轮、凸轮轴同步带轮及正时齿带上的正时记号位置正确，并做好相应标志。

（3）拆卸连杆机构时，必须注意各配合关系和装配记号（若无装配记号，则在拆卸前必须做上标记），保证对号入座、记号对正。

（4）拆卸活塞连杆时，必须用手或木棍推顶连杆大头，严禁用铁器敲打连杆瓦或瓦座。

（5）注意相关零部件的正确安装位置，必要时进行画图、拍照等工作，便于组装时参考。

2. 汽车发动机活塞连杆组的拆装、结构特点及技术要求

1）活塞连杆组的分解

活塞连杆组分解后的结构组成，如图1－57所示。活塞连杆组的分解步骤如下：

（1）用活塞环拆装钳从上向下拆下各活塞环。

（2）用卡簧钳取出活塞销卡簧，用专用工具拆出活塞销。

（3）拆下连杆螺栓、连杆轴承盖，取下连杆轴承（瓦）。

2）活塞连杆机构各零件的结构特点

（1）活塞。活塞由顶部、头部、裙部三部分组成，冷态下将活塞制成其裙部断面为长轴垂直于活塞销方向的椭圆，轴线方向为上小下大的近似圆锥形。活塞构造如图1－58所示。

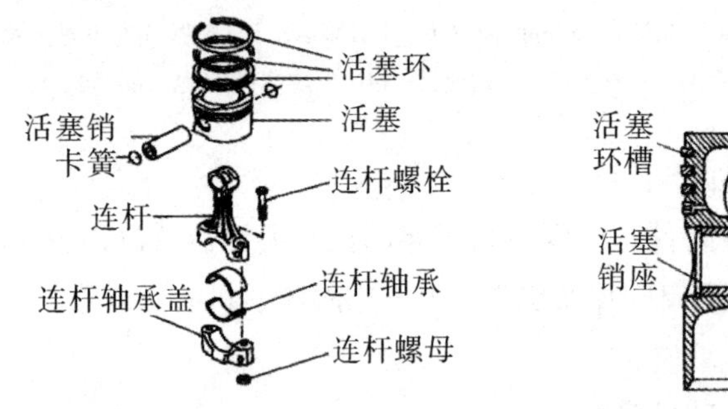

图1－57　活塞连杆组的分解图

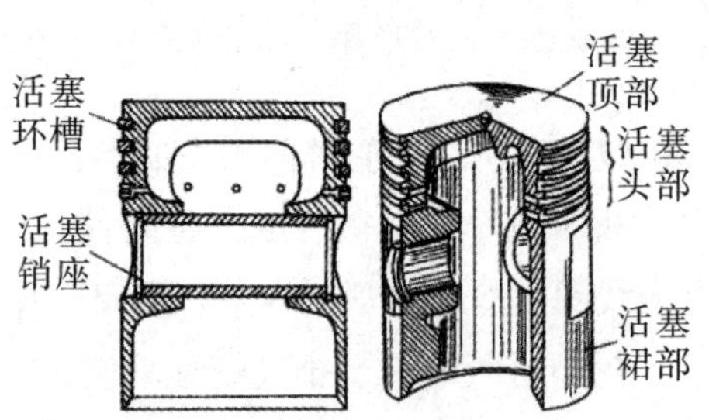

图1－58　活塞构造

一般活塞顶上相关钢印标志有：①活塞朝向标志，一般用活塞顶上缺口、箭头“→”或其他文字说明来表示朝前标记；②活塞顺序标志，活塞顶上有与各缸号对应的数字，如1、2、3、4等；③活塞修理尺寸标志，标准修理尺寸有0级、1级（＋0.25 mm）、2级（＋0.50 mm）、3级（＋0.75 mm）、4级（＋1.00 mm）。

（2）活塞环。活塞环的材料为合金铸铁或球墨铸铁（有时表面涂有保护层），活塞环有气环和油环两种。气环为一个带有切口的弹性片状圆环；油环有两种结构形式：整体式（中间切有一道凹槽）、组合式（上、下刮片和衬簧）。其结构如图 1－59 所示。

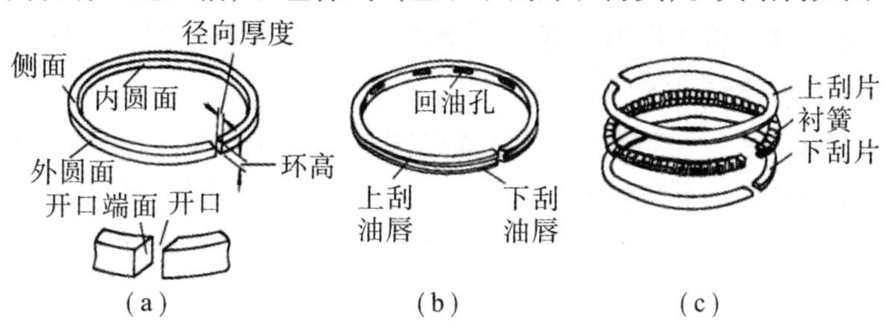

图 1－59 活塞环（气环、油环）

（a）气环；（b）整体式油环；（c）组合式油环。

活塞环安装在活塞槽时需有三种间隙：端隙、侧隙和背隙，如图 1－60 所示。①端隙 Δ_1 又称开口间隙，一般在 0.25～0.50 mm。②侧隙 Δ_2 又称边隙，是指活塞环装入活塞后，其侧面与活塞环槽之间的间隙。第 1 道环因工作温度高，间隙较大，一般在 0.04～0.10 mm，其他环一般在 0.03～0.07 mm。油环侧隙较气环小。③背隙 Δ_3 是活塞及活塞环装入气缸后，活塞环内圆柱面与活塞环槽底部间的间隙，一般在 0.50～1.00 mm。油环背隙较气环大，以增大存油间隙，利于减压泄油。

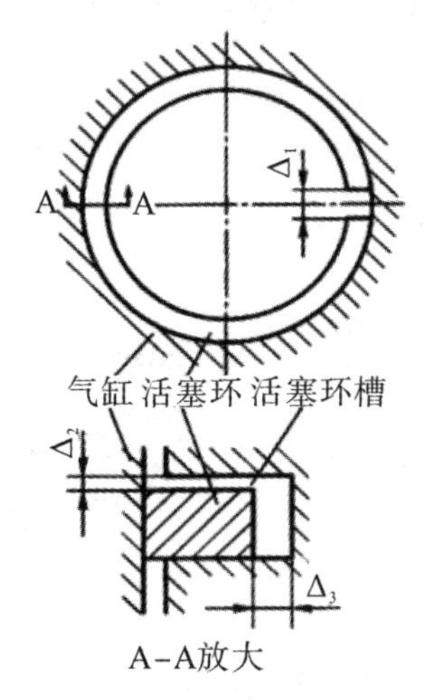

图 1－60 活塞环的三种间隙

（3）活塞销。活塞销的连接方式有两种：全浮式和半浮式。

全浮式连接是指在发动机工作温度正常时，活塞销与销座、活塞销与连杆小头之间都是间隙配合，可以相互转动，用卡簧将其固定在销座孔内。

半浮式连接是指活塞销与座孔或活塞销与连杆小头两处，一处固定，一处浮动。其中，大多数采用活塞销与连杆小头固定的方式，可以将活塞销压配在连杆小头孔内，也可以将活塞销中部与连杆小头用紧固螺栓连接。这种方式不需要卡簧，也不需要连杆衬套。

（4）连杆。连杆由小头、杆身、大头三部分组成，杆身呈工字型结构，图 1－61 所示为连杆总成结构图。

连杆小头与活塞销连接。采用全浮式连接时，小头孔中有减磨的青铜衬套，小头和衬套上钻有集油槽，用来收集飞溅的润滑油进行润滑。有些发动机连杆小头采用压力润滑，在连杆杆身内钻有纵向油道。

连杆杆身制成“工”字形断面，以在强度和刚度足够的前提下减小质量。

连杆大头与曲轴的连杆轴颈连接。为便于安装，连杆大头一般做成剖分式，被分开的部分称为连杆轴承盖，用连杆螺栓紧固在连杆大头上。连杆轴承盖与连杆大头是组合加工的，为防止装配时配对错误，在它们的同一侧刻有配对记号及相应数码。

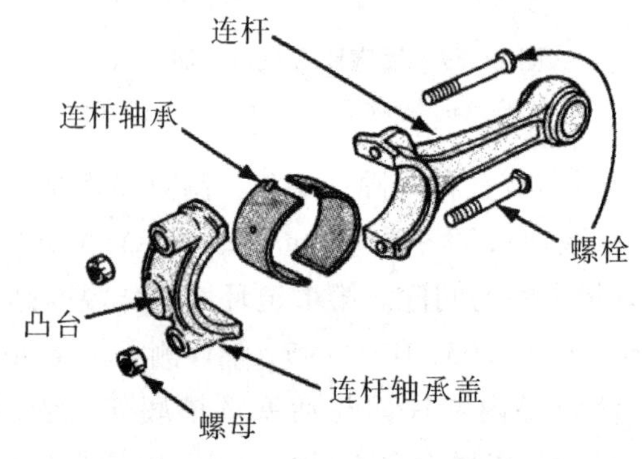

图 1－61　连杆总成结构组成

（5）连杆轴承（瓦）。连杆轴承由钢背和减磨层组成，为两半分开形式。钢背由厚 1～3 mm的低碳钢制成，是轴承的基体；减磨层由浇铸在钢背内圆上厚为0.3～0.7 mm 的薄层减磨合金制成，减磨合金具有保持油膜、减少摩擦阻力和易于磨合的作用，如图1－62所示。

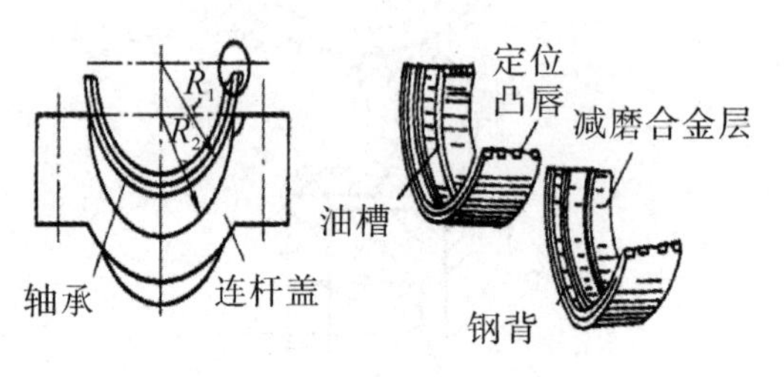

图 1－62　连杆轴承及定位

3）活塞连杆组的组装及技术要求

活塞连杆组的组装一般采用热装方法：在活塞热态下快速将活塞销推入活塞座孔及连杆小头衬套内，将卡簧锁上，用专用工具装复活塞环。将活塞连杆组装入缸体时，应将该缸曲轴转到下止点，再把组装好的活塞连杆组用活塞环专用工具固定好，从气缸上平面推入缸体，安装到连杆轴颈上。

活塞连杆组的组装技术要点如下：

（1）活塞、活塞环、活塞销、连杆轴承（瓦）、衬套必须成套更换，选用同一级修理尺寸。

（2）组装活塞连杆时，注意活塞、连杆及连杆轴承（瓦）的朝前装配记号在同一方向，即活塞朝前缺口（或箭头）、连杆杆身的凸起、连杆轴承盖上的凸起记号都朝向前端。

（3）活塞销热装时，动作应迅速，以避免活塞冷却后无法装配。

（4）活塞散热槽正对水腔道，且背向作功面一侧。活塞油孔正对凸轮轴一侧。

（5）活塞环平面方向要求：有字面朝上、内倒角朝上、外倒角朝下。

（6）活塞环开口方向要求：第一道气环开口置于非承压缸套侧或喷油嘴对面，错开活塞销座孔方向；第二道环开口与第一道环开口错开 120°；第三道环开口与第二道环开口错开 120°。

（7）连杆轴承座及轴瓦必须清洁干净，并在轴瓦内涂上少量干净润滑油。

（8）每道连杆瓦盖螺栓先分几次拧到规定扭矩，再正、反转动曲轴几圈以上，检查确认安装质量，发现问题及时整改。

（9）全部曲柄连杆机构安装完毕后，转动曲轴使 1、4 缸活塞处于上止点位置。

3. 汽车发动机曲轴飞轮组的拆装、结构特点及技术要求

1）曲轴飞轮组的组成

曲轴飞轮组主要有飞轮、曲轴及轴瓦（主轴瓦、连杆瓦与止推瓦）等，图 1－63 所示为曲轴飞轮组。

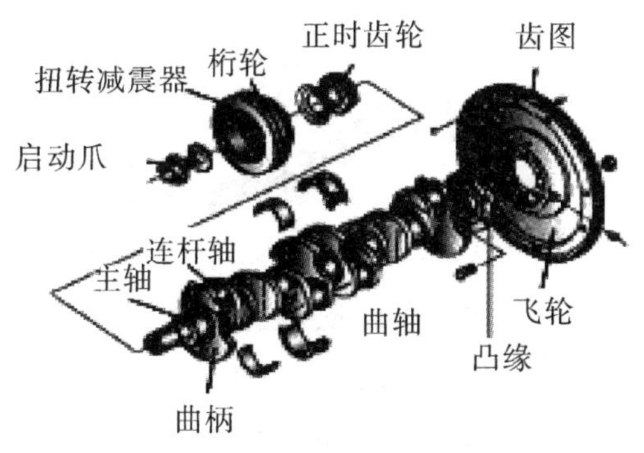

图 1－63　曲轴飞轮组

2）曲轴飞轮组的拆卸与清洗

将发动机翻转，检查主轴承标志及顺序号（如没有相应标记，要及时补做），从发动机两端往中间逐一拆卸曲轴主轴承盖；逐一拆卸主轴承盖上的两个螺栓，取下主轴承盖、主轴瓦及止推瓦，并按顺序整齐放好。抬下曲轴，及时把拆下的各道主轴承盖放到对应的位置，以防止混淆搞错。

拆下飞轮螺栓，取下飞轮，清洗曲轴润滑油道、连杆轴颈、主轴颈。熟悉各部件的构造及装配关系，重点注意曲轴的轴向定位、曲轴前后的密封装置、曲轴各轴颈的表面是否有损伤。

3）曲轴飞轮组的组装步骤

（1）组装飞轮与曲轴，按要求紧固飞轮螺栓。

（2）将各主轴瓦放置到对应的轴承座上，注意主轴下瓦油眼与缸体主油道对应，

并在各主轴瓦上加几滴润滑油。

(3) 将曲轴安装到主轴承下瓦上，将装有主轴瓦的主轴承盖安装到各对应的位置上，同时安装曲轴止推瓦。

(4) 紧固主轴承盖螺栓：首先用手将所有主轴承螺栓拧几丝到各螺孔内，然后用工具把主轴承螺栓紧到一定扭矩数值，最后从中间往两端方向分几次把各道主轴承盖螺栓拧到规定扭矩。

(5) 用一定的力矩转动曲轴，看曲轴能否轻松转动（若转动困难表明主轴瓦太紧或有其他情况，则需拆下逐一检查后再安装）。

4. 汽车发动机配气机构的拆装、结构特点及技术要求

1) 气门顶置式配气机构的组成

气门顶置式配气机构主要由气门组和气门传动组组成，如图 1－64 所示。其中，气门组包括气门、气门座、气门导管、气门弹簧、气门弹簧座、锁片等；气门传动组包括摇臂轴、摇臂、推杆、挺柱、凸轮轴、正时齿轮等。

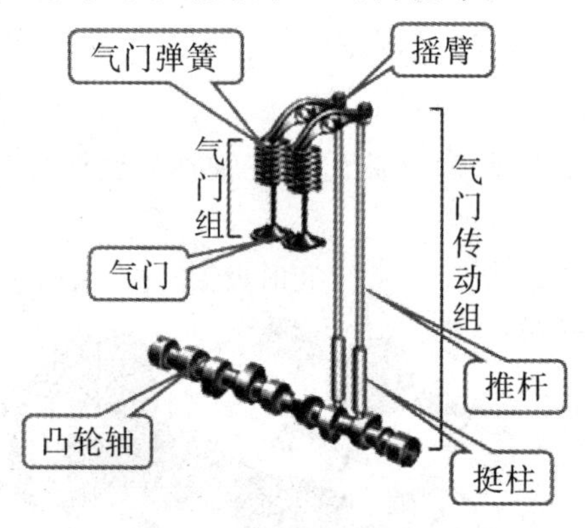

图 1－64　配气机构组成

2) 配气机构的主要零部件的结构特点

(1) 气门组部件。气门组部件的构成如图 1－65 所示。进气门一般用铬钢或铬镍钢制成，排气门用硅铬制成。

气门的主要参数有：气门头面积、角度，气门密封线宽度，气门高度，气门杆直径等，如图 1－66 所示。

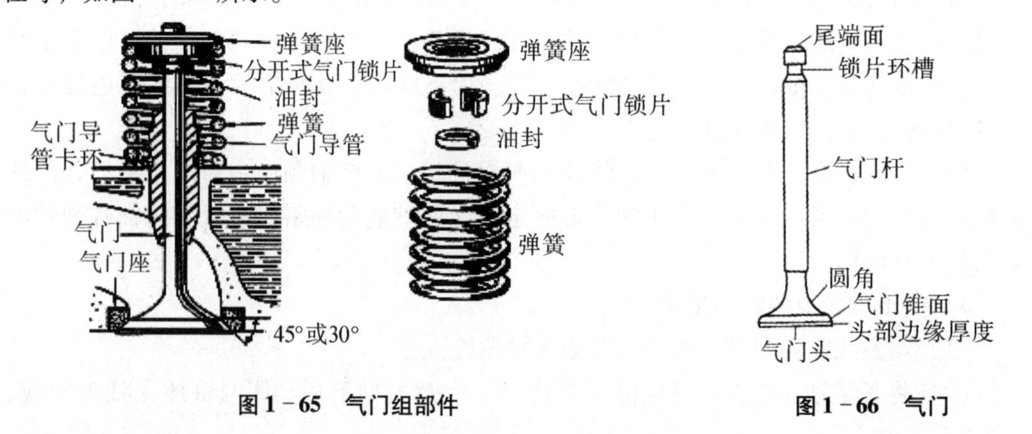

图 1－65　气门组部件

图 1－66　气门

（2）气门摇臂组件。气门摇臂组件由气门摇臂、摇臂轴、摇臂轴支座、气门间隙调整螺栓等组成，如图1－67所示。

（3）凸轮轴。凸轮轴主要由凸轮和凸轮轴轴颈组成。凸轮分为进气凸轮和排气凸轮两种，用来驱动气门的开启与关闭。图1－68为凸轮轴的组成。

图1－67　气门摇臂组件

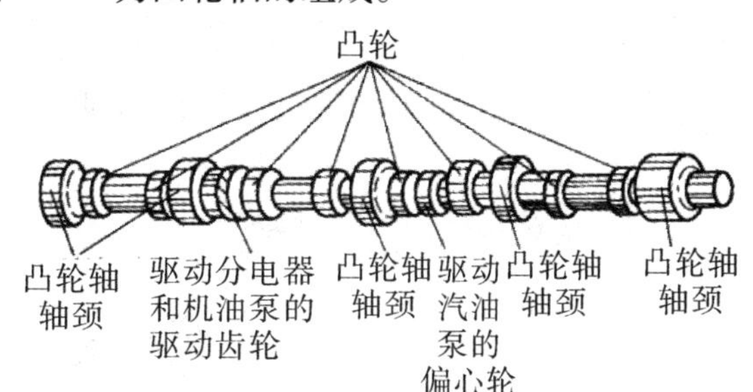

图1－68　凸轮轴的组成

3）配气机构拆装及正时调整

配气机构必须确保配气正时正确，一般配气齿轮上都有正时记号，装配时必须要将记号对正。图1－69为齿轮传动正时标记，图1－70为齿形皮带驱动式正时标记，一般在齿形带传动机构中设置张紧器。

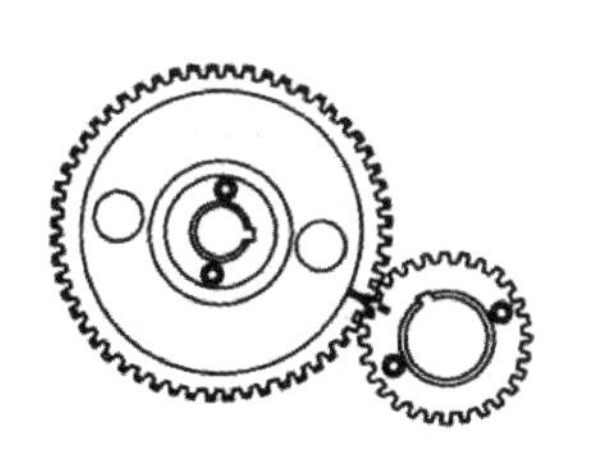

图1－69　齿轮传动正时标记

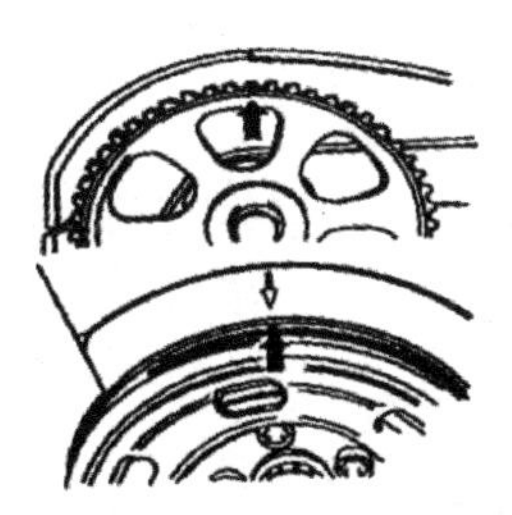

图1－70　齿形皮带驱动式正时标记（曲轴及凸轮轴正时齿）

桑塔纳2000GSi轿车AJR型发动机配气机构拆装及正时调整方法如下：

（1）配气机构拆卸步骤：①拆下发动机气门室盖罩；②拆下齿形同步皮带上护罩；③标出齿形同步皮带旋转方向，用曲轴齿形皮带轮中央螺栓按发动机旋转方向转动曲轴，将曲轴置于1缸上止点标记，如图1－70箭头所示；④拆下齿形同步皮带下、中护罩；⑤松开齿形同步皮带张紧器，拆下齿形同步皮带；⑥拆下各凸轮轴轴承盖，取下凸轮轴；⑦拆下各气门的液压挺杆及气门组零件。

（2）配气机构安装步骤：①安装各气门组零件、液压挺杆；②安装凸轮轴，使凸轮轴正时带轮上的“0”标记与缸盖护板或正时皮带护罩上的“↓”标记对齐，见图1－70所示；将正时齿形同步皮带套装到曲轴正时带轮上（注意旋转方向）；安装正时齿形同步皮带下护罩；③旋转曲轴，使发动机处于第1缸上止点位置；④安装正时齿形同步皮带张紧器，使正时同步皮带张紧度合适；⑤将曲轴沿发动机旋转方向转两圈，检查一下凸轮轴和曲轴标记是否对正；⑥安装减震器/皮带轮，安装齿形同步皮带中、上护罩等。

4）配气机构拆装注意事项

（1）拆卸正时同步皮带前，须用粉笔标出旋转方向，正时同步皮带转动方向必须与发动机运转方向一致。如果安装错误，则可能导致皮带断裂。

（2）拆卸、安装配气机构正时同步皮带时，必须保证装配记号对正、安装方向正确、皮带张紧度合适。

（3）安装转动凸轮轴前，必须转动曲轴使所有活塞不在上止点位置，以避免损坏气门及活塞。

（4）为确保气门与气门座的密封良好，气门组零件一经拆装必须研磨后才能组装。

五、实验考核

1. 实验考核项目与评分方法

汽车发动机曲柄连杆机构、配气机构拆装实验考核项目与评分方法见表1－5。

表1－5 发动机曲柄连杆机构、配气机构拆装考核项目与评分方法

序号	考核项目	标准得分	评分标准	考核记录	扣分	得分
1	拆装工具的正确使用	10	操作不当每次扣2分			
2	拆装过程注意事项	20	操作不当每次扣5分			
3	曲柄连杆机构的拆装	20	拆装顺序、方法不正确每次扣5分，不做标记扣5分			
4	曲轴飞轮组的拆装	10	拆装方法不正确每次扣5分			
5	配气机构传动部件的拆装	10	拆装方法不正确每次扣5分			
6	气门组的拆装	10	拆装方法不正确每次扣5分			
7	实验场地安全用电，防火，无人身、设备事故	20	因操作不当发生重大事故，此次实验成绩按0分计			
8	项目总分	100				

2. 实验报告内容要求

（1）结合本小组所拆装的汽车发动机，说出该汽车发动机的具体规格型号名称及主要技术参数。

（2）画出曲柄连杆机构的结构组成示意图；说出所拆装汽车发动机曲柄连杆机构主要件的结构类型、特点。

（3）画出配气机构的结构组成示意图；说出所拆装汽车发动机配气机构的具体类型、结构特点。

（4）说出如何进行配气正时的校对。

实验五 柴油机燃油供给系统、润滑系统拆装实验

一、实验目的和要求

（1）掌握柴油机燃油供给系统的基本组成、主要部件的功能及工作过程。

（2）掌握柴油机喷油器的拆装、性能检测试验方法。

（3）熟悉柴油机燃油供给系统喷油泵、输油泵、柱塞偶件、出油阀偶件的拆装工艺及检验方法。

（4）掌握柴油机润滑系统的基本组成、润滑油路走向及工作过程。

（5）掌握柴油机机油泵、机油滤清器的结构特点及拆装方法。

二、实验工具和设备

（1）490 型柴油机喷油泵 1 台。

（2）490 型柴油机喷油器总成 1 只。

（3）490 型柴油机输油高、低压管各 1 套。

（4）490 型柴油机缸体 1 台。

（5）490 型柴油机曲柄连杆机构 1 套。

（6）喷油器校验台 1 台。

（7）实验工作台 1 台。

三、实验注意事项

（1）安全与规范：要求在实际拆装过程中严格遵守安全操作规程，爱护仪器设备，注意人身安全。

（2）熟练掌握各种工具的正确使用方法。

（3）注意柴油机燃油供给系统各零件的正确连接顺序与方向，特别是三大偶件为精密件，不能互换。

（4）拆下的零部件及工具要按指定地点、位置摆放整齐，避免与工作发生干扰。

（5）拆装过程必须确保场地干净，及时清洁洒落在地上的各类油料。实验后清扫现场，保持拆装设备及工作场地的清洁。

四、实验内容与方法

（一）柴油机燃油供给系统拆装

1. 柴油机燃油供给系统的组成

柴油机燃油供给系统包括油箱、柴油滤清器、喷油泵、喷油器、高压油管、低压油管和回油管等。实际的柴油机燃油供给系统如图 1－71 所示。

根据柴油机燃料供给系统各组成零件的安装位置与相互连接关系，以及正常柴油供油的流向，进一步熟悉燃油供给系统中各零件的功能与作用。柴油机燃料供给系统根据柴油压力的高低可分为低压柴油部分、高压柴油部分及回油部分。

低压部件：输油泵（手摇泵）、柴油箱、柴油吸滤器、低压油管、柴油滤清器等。

高压部件：喷油泵（高压油泵）、喷油器、高压软管、高压钢管等。

回油部件：喷油器回油管、喷油泵回油管及其他回油管等。

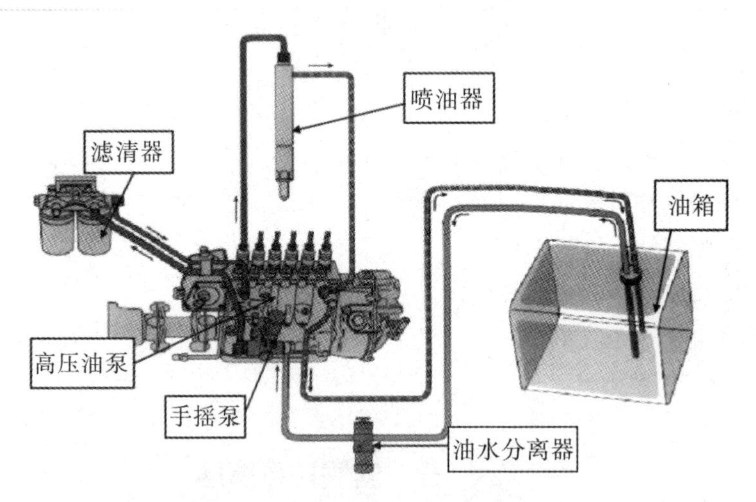

图 1－71　柴油机燃油供给系统组成

2. 柴油机供给系统主要零件结构与拆装

1）输油泵

输油泵的功用：输油泵能保证低压油路中柴油的正常流动，克服柴油滤清器和管路中的阻力，并以一定的压力向喷油泵输送足够量的柴油，输油量应为全负荷最大耗油量的 3～4 倍。

常见的输油泵的结构形式有活塞式、转子式、滑片式和齿轮式等几种。图 1－72 为活塞式输油泵的结构组成。

2）喷油器

喷油器的功用：喷油器能将喷油泵供给的高压柴油以一定的压力呈雾状喷入燃烧室，并使柴油压燃。

喷油器的型式：目前采用的喷油器都是闭式喷油器，常见的有孔式喷油器和轴针式喷油器两种。图 1 - 73 为孔式喷油器的结构组成。

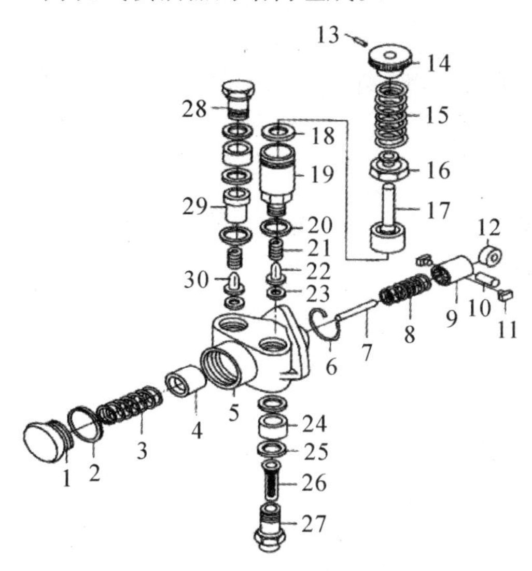

图 1 - 72　活塞式输油泵结构组成

1—螺塞；2、20、25—垫圈；3—活塞弹簧；4—活塞；5—泵体；6—弹性挡圈；7—推杆；8—滚轮弹簧；9—滚轮体；10—滚轮销；11—滑块；12—滚轮；13—销；14—手油泵拉钮；15—手油泵弹簧；16—手油泵盖；17—手油泵活塞；18—O 形圈；19—手油泵体；21—止回阀弹簧；22—进油止回阀；23—止回阀座；24—防污圈；26—滤网；27—进油管接螺栓；28—出油管接螺栓；29—出油管接头；30—出油止回阀。

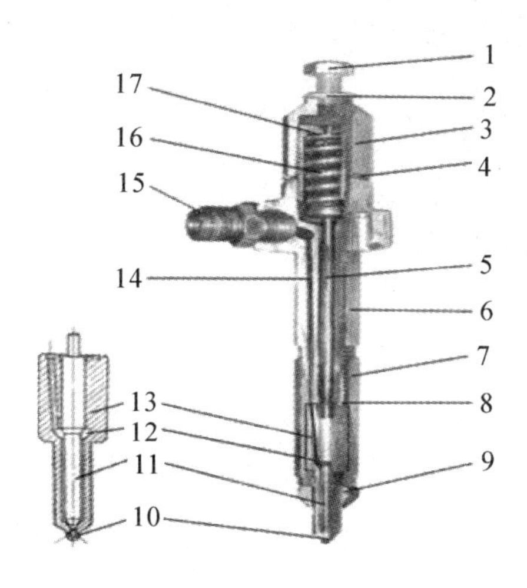

图 1 - 73　孔式喷油器结构组成

1—回油螺钉；2—回油管垫片；3—调压螺钉护帽；4、9—垫片；5—顶杆；6—喷油器体；7—紧固螺套；8—定位销；10—喷孔；11—针阀；12—环形油腔；13—针阀体；14—进油道；15—进油管接头；16—调压弹簧；17—调压螺钉。

喷油器拆装方法及步骤如下：

（1）拆下紧固螺套，取出针阀偶件。注意观察针阀和针阀体结构，由于针阀与针阀体是配对研磨的精密偶件，不能与另外偶件互换，并需注意防尘，因此观察完毕应立即浸入清洁的柴油进行保管。

(2) 拆下调压螺钉护帽、调压螺母、调压螺钉等，取出调压弹簧上座、调压弹簧、推杆。

(3) 拆下进油管接头。

(4) 将拆下的零部件清洗干净后，按拆卸的相反顺序进行装复。将进油管接头旋入喷油器体，不要遗落垫圈。

(5) 将针阀偶件放入紧固螺套，将螺套旋入喷油器体。

(6) 首先依次从喷油器体上部孔内放入推杆、弹簧下座、调压弹簧、弹簧上座，然后拧入调整螺钉，最后拧紧调整螺母和调压螺钉护帽。

3) 喷油泵

喷油泵的功用：喷油泵主要是提高柴油压力，并按照发动机的工作顺序、负荷大小，定时定量地向喷油器输送高压柴油。

喷油泵的类型：喷油泵通常分为柱塞式喷油泵、喷油泵－喷油器和转子分配式喷油泵三类。图1－74为普通柱塞式BQ型喷油泵总成外观图，图1－75为喷油泵中的柱塞泵结构示意图。普通柱塞式喷油泵一般由柱塞分泵、油量调节机构、传动机构和泵体组成。

图1－74　普通柱塞式BQ型喷油泵总成

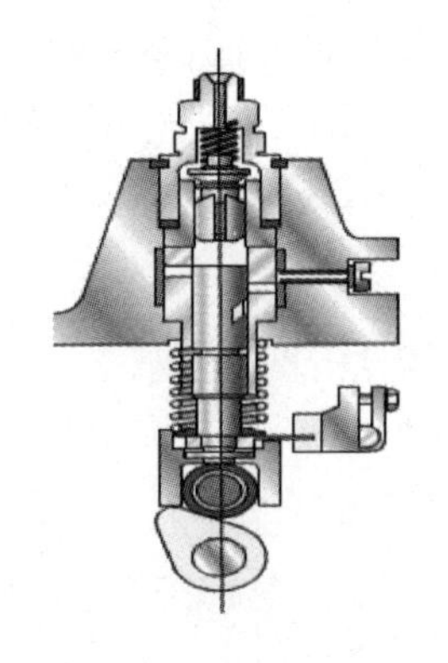

图1－75　柱塞泵结构

喷油泵的解体步骤如下：

(1) 拆下喷油泵的柱塞、柱塞弹簧、上下弹簧座，依次放好，不可搞乱。

(2) 将喷油泵上体固定在台虎钳上，拆下出油阀紧固螺帽，取出出油阀弹簧、出油阀偶件。

(3) 首先松开喷油泵上体侧面定位螺钉，取出柱塞套，将柱塞偶件按原对配好，不能互换，仔细观察柱塞偶件和出油阀偶件结构，然后浸入干净柴油。

(4) 从喷油泵下体中取出调整垫块、滚轮体。

喷油泵的装复步骤如下：

(1) 安装滚轮体总成：按原位将滚轮体装入喷油泵下体，转动凸轮轴，滚轮体上下运动自如，然后装入调整垫块。

(2) 安装柱塞套和出油阀偶件：首先将柱塞套装入喷油泵上体，用柱塞套定位螺钉定位，然后依次装入出油阀偶件、垫圈、出油阀弹簧及座、密封垫圈，最后拧紧出油阀紧固螺帽。

(3) 将喷油泵上体放倒，然后将封油圈、上弹簧座、柱塞弹簧、下弹簧座依次套进柱塞套，将柱塞按原配对一一塞入柱塞套。

(4) 喷油泵上下泵体合拢：慢慢将卧置的喷油泵上体和喷油泵下体合拢，注意观察每只柱塞的调节臂是否放入了拨叉槽中，轻轻抽动供油拉杆，在拨叉带动下，每只柱塞应转动自如。

(5) 拧紧所有螺母。

4）调速器

调速器的作用：根据柴油机负荷的变化，自动地调节喷油泵的供油量，以保证柴油机在各种工况下稳定运转。

调速器的分类：按功能分为两速调速器、全速调速器、定速调速器和综合调速器。

3. 喷油器的性能检测

1）喷油器质量的直观检测

(1) 检验喷油器针阀偶件的针阀及阀体导向圆柱，不得有明显的磨损及划痕。

(2) 密封锥面不得有烧蚀、变形及积炭。

(3) 检查喷油器密封锥面、轴针与喷孔、针阀与针阀体导向面等处的磨损情况，阀体上端面不得出现锈迹及划痕，阀体不得有裂纹。

(4) 喷孔不得有烧蚀或被积炭堵塞的现象。

2）喷油器针阀滑动性试验

使阀体倾斜60°左右，将针阀从阀体中抽出约配合长度的1/3后放开，针阀应在自重作用下自由、缓慢、匀速地下滑到针阀座。

3）喷油器雾化质量及喷雾锥角检测

喷油器雾化质量及喷雾锥角的检测需要使用柴油喷油器校验台，如图1－76所示。在喷油器校验台上，安装好喷油器，按压手动油泵手柄使其加压，当燃油从喷油器的喷孔高速喷出时，查看雾化质量情况：雾化油粒大小、喷雾锥角大小、喷油量的多少、滴油密封情况。

图1－76 喷油器校验台

4. 柴油机燃料供给系统的组装

根据现场提供的柴油机燃油供给系统的零件（如柴油滤清器、喷油泵、喷油器、高压油管、低压油管和回油管等），按柴油正常供油流向将各零件按一定连接关系进行组装。

柴油机燃油供给系统的零件组装完毕后，要求对柴油的正常流程进行解说，指出该系统中低压部分、高压部分及回油部分的相关零件。

（二）柴油机润滑系统拆装

1. 润滑系统的组成及功能

润滑系统主要由机油泵、机油过滤器、机油压力传感器、限压阀等组成。润滑系统中各元件的功能分配如下：

（1）润滑油储存装置：油底壳。

（2）润滑油升压装置：机油泵。

（3）润滑油滤清装置：集滤器、粗滤器、细滤器。

（4）安全和限压装置：限压阀、旁通阀。

（5）润滑油冷却装置：机油散热器。

（6）润滑系统工作检查装置：油压表、油温表、油尺。

2. 润滑油路分析（图 1－77）

油底壳 → 机油集滤器→机油泵（限压阀）→机油过滤器（旁通阀）→主油道。

滑润油在主油道并列三个走向：

（1）↗凸轮轴轴承→上油道→缸盖油道→摇臂轴→缸盖泄油孔→油底壳。

（2）→正时齿轮室→油底壳。

（3）↘曲轴主轴承→连杆轴承→活塞销→油底壳。

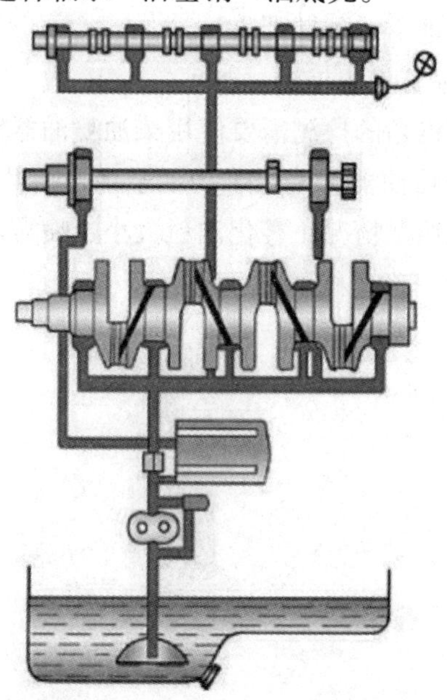

图 1－77　发动机润滑流程图

对照实验场所提供的柴油机缸体、曲轴、活塞连杆体及气缸盖，查看柴油机主油道油路的走向线路，分析润滑油是如何对活塞、活塞销、连杆瓦、主轴瓦、凸轮轴、气门导管及正时齿轮等零件进行润滑的，润滑油又是怎样回到油底壳并进行循环供油的。

3. 润滑系统主要零件拆装

1）机油泵

机油泵的功用：提高机油压力，强制将机油送到各机件摩擦表面，保证柴油机的良好润滑。机油泵的类型有齿轮式机油泵、转子式机油泵、叶式机油泵。图 1 – 78 为齿轮式机油泵的结构分解图。

机油泵的拆装：对所提供的机油泵进行解体、清洗与装复，注意相关零件的拆装顺序、油泵的密封情况及螺栓的紧固力矩大小。

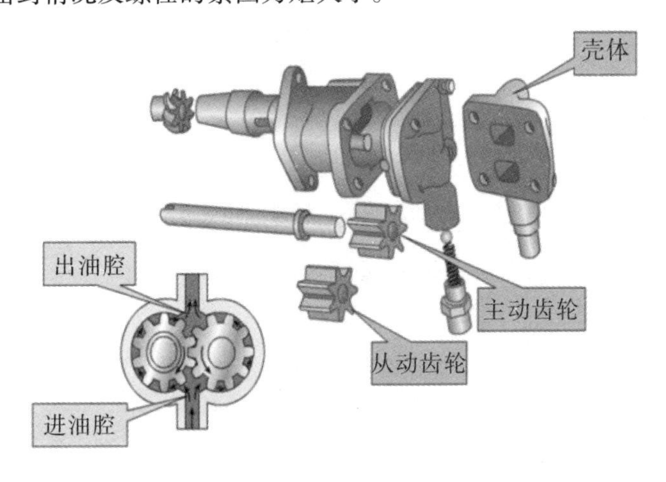

图 1 – 78 齿轮式机油泵结构分解图

2）机油滤清装置

机油滤清装置的主要作用是对不断循环的机油进行过滤，清除机油中的各种杂质，清洁润滑机油。常见的机油滤清装置类型有机油集滤器、机油滤清器。根据对机油滤清效果的不同，机油滤清器分为粗滤器和细滤器。粗滤器滤去机油中粒度较大的杂质，一般串联在机油泵和主油道之间；而细滤器过滤和清除机油中细小的杂质，一般与主油道并联在油路中。图 1 – 79为纸质滤清器结构图。通常小型车使用的纸质滤清器为一次性的，更换时，只要拧下纸质滤清器总成换新即可。

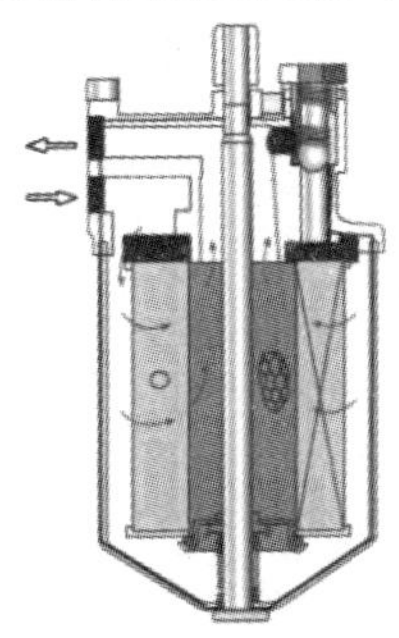

图 1 – 79 纸质滤清器结构图

五、实验考核

1. 实验考核项目与评分方法

柴油机燃油供给系统及润滑系统考核项目与评分方法见表1－6。

表1－6 柴油机燃油供给系统及润滑系统拆装考核项目与评分方法

序号	考核项目	标准得分	评分标准	考核记录	扣分	得分
1	拆装工具的正确使用	10	操作不当每次扣2分			
2	喷油器的拆装	10	操作不当每次扣5分			
3	喷油器的校验	10	校验方法不正确扣5分，数据记录不清楚扣5分			
4	柴油燃油供给系统的组装	20	组装顺序不正确每次扣5分			
5	机油泵的拆装	10	拆装方法不正确每次扣5分			
6	润滑系统油路走向分析	20	分析错误每次扣5分			
7	实验场地安全用电，防火，无人身、设备事故	20	因操作不当发生重大事故，此次实验成绩按0分计			
8	项目总分	100				

2. 实验报告内容要求

（1）画出柴油机燃油供给系统的结构组成示意图，并指明柴油的工作流向。

（2）画出柴油机燃油系统中最常用的三个偶件的结构示意图，说出它们的主要功用。

（3）说出柴油机燃油供给系统常见的故障及发生故障可能的原因。

（4）画出柴油机润滑油流程图，用文字描述润滑油是如何进行循环的。

实验六　汽车底盘综合实验

一、实验目的和要求

（1）掌握汽车底盘总体结构组成及各部分功能。

（2）掌握汽车驱动桥的组成及主要部件的结构特点，加深理解主减速器、差速器的工作原理。掌握主减速器及差速器的拆装步骤及装配技术要求。

（3）掌握汽车行驶系统的组成，认识行驶系统的主要总成和零部件，掌握车轮、悬架的拆装方法和要求。

（4）掌握汽车转向桥的结构组成、拆装方法及装配调整方法，加深理解其工作原理。

（5）掌握汽车制动系统的组成及主要部件的结构，掌握常见制动器的拆装顺序和调整要领，掌握制动系统的检测和调整方法。

二、实验工具和设备

（1）五菱面包车前桥总成 1 台。

（2）五菱面包车后桥总成 1 台。

（3）CA1092 型变速器总成 1 台。

（4）北京吉普分动器及变速器总成 1 台。

（5）部分车型转向系统、制动系统等部件若干。

（6）拆装通用工具 1 套。

三、实验注意事项

（1）安全与规范：要求在实际拆装操作中严格按安全操作规程进行，爱护仪器设备，注意人身安全。特别是拆装大而重的汽车总成件，更要注意安全。

（2）熟练掌握各种工具的正确使用方法。拆装各种螺栓/螺母时要正确选用、使用工具，严格遵守操作规程。不可使用活动扳手、手钳或大一号的套筒来拆装螺栓/螺母，以避免损伤螺栓/螺母头的棱角。

（3）拆下的零部件及工具要按指定地点、位置摆放整齐，避免与工作发生干扰。

（4）注意各零件正确的装配顺序、安装方向。

（5）相关零件的配合间隙必须符合技术要求。

（6）拆装过程必须确保场地干净，及时清洁洒落在地上的各类油料。实验后清扫现场，保持拆装设备及工作场地的清洁。

四、实验内容与方法

1. 汽车底盘总体结构

汽车底盘接受发动机输出的动力，使汽车正常行驶。它包括传动系统、行驶系统、转向系统、制动系统四大部分。汽车底盘各部分的具体零件构成如下：

（1）传动系统由离合器、变速器、万向传动装置和驱动桥组成。

（2）行驶系统由车架、车桥、车轮和悬架组成。

（3）转向系统由转向器和转向传动装置组成。

（4）制动系统由制动器和制动传动装置组成。

2. 汽车手动变速器

1）结构组成

手动变速器一般由变速传动机构（轴、换挡齿轮、同步器、接合套）、变速操纵机构（变速机构、自锁装置、互锁装置、倒挡锁）、变速器壳体等组成。手动变速器可分为两轴式（输入轴、输出轴，二者平行且无中间轴）及三轴式（输入轴、中间轴、输出轴）。

图 1－80 为 CA1092 型汽车三轴式变速器解体实物图。

图 1－80　CA1092 型汽车三轴式变速器解体实物图

2）变速器的分解步骤（以 CA1092 型汽车变速器为例）

（1）放尽齿轮油。

（2）拆下变速器盖总成（空挡位置）。

（3）拆卸手制动总成。

（4）拆卸变速器后盖，取出里程表被动齿轮。

（5）拆卸第一轴轴承盖，从轴承孔拉出第一轴。

（6）拆卸第二轴总成（拆下后轴承卡簧，从前往后敲击二轴，取出后轴承，卸下各同步器，从变速器壳中取出二轴总成）。

（7）拆卸中间轴总成。

（8）拆卸倒挡轴总成（拆下轴锁止片）。

变速器各主要轴总成见图 1－81（a）（b）（c）所示。

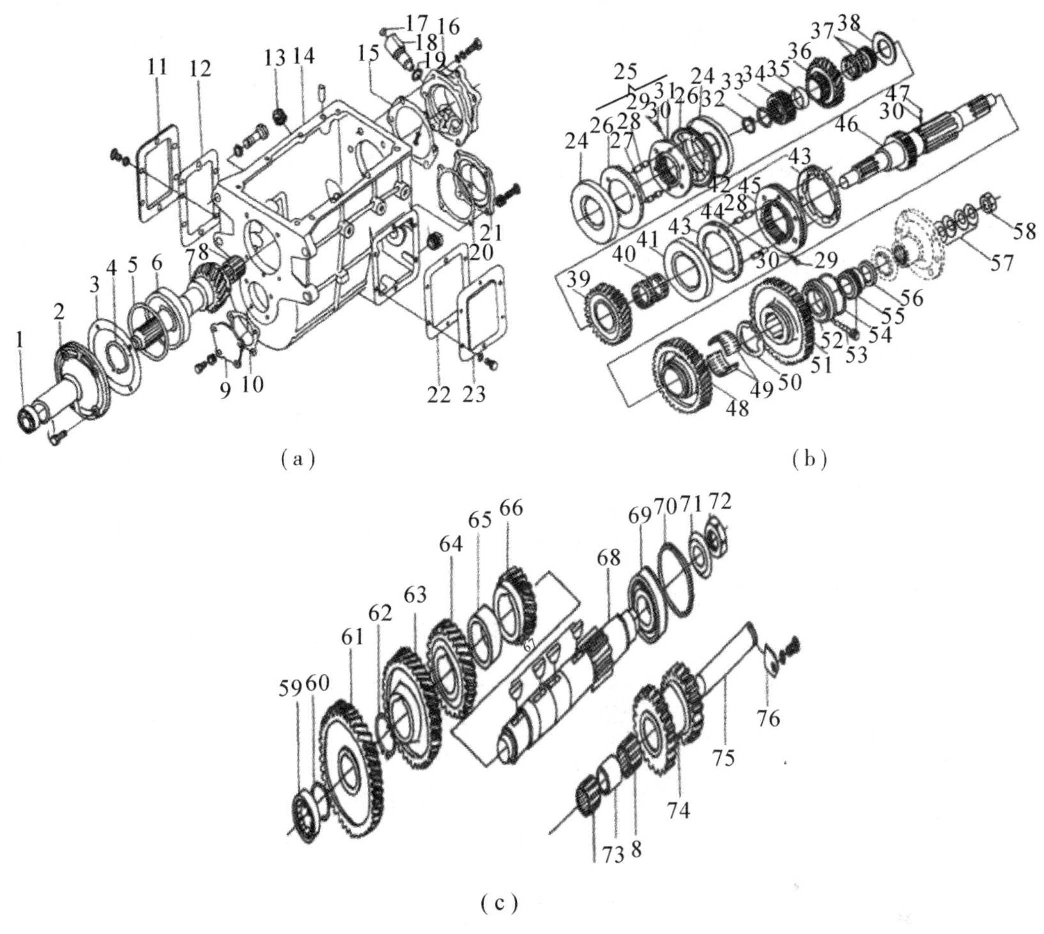

（a）　（b）

（c）

图 1－81　CA1092 型汽车变速器一、二及中间轴的结构组成

（a）变速器壳体和第一轴；（b）变速器第二轴；（c）变速器中间轴和倒挡轴。

1—分离轴承；2— 一轴轴承盖；3— 一轴承盖垫；4— 一轴承内挡圈；5— 一轴承外挡圈；6— 一轴轴承；7— 一轴常啮合齿轮；8—二轴前支撑轴承；9、10—中间轴前盖及盖垫；11、12—右侧盖及盖垫；13—闷盖；14—变速器壳体；15—轴承盖垫；16—二轴轴承盖；17、18、19—里程表输出装置；20、21—中间轴后盖及盖垫；22、23—左侧盖及盖垫；24、32、41—挡圈；25～31—四五挡同步器；33、38—垫片；34—二轴五挡齿轮；35、73—轴套；36—二轴四挡齿轮；37、40—滚针轴承；39—二轴三挡齿轮；42～45—二三挡同步器；46—二轴（输出轴）；47—滚珠；48—二轴二挡齿轮；49—轴瓦；50、76—锁片；51—二轴一挡齿轮；52—拨挡套；53—里程表被动齿轮；54—锁环；55—里程表主动齿轮；56、65—隔套；57、71—垫圈；58、72—螺母；59—中间轴前轴承；60、62—内卡环；61—中间轴常啮合齿轮；63—中间轴五挡齿轮；64—中间轴四挡齿轮；66—中间轴三挡齿轮；67—键；68—中间轴；69—后轴承；70—卡环；74—倒挡齿轮；75—倒挡轴。

3）变速器的组装及调整

变速器组装按变速器分解的逆反顺序进行作业，具体步骤如下：

（1）清洗变速器各零件，疏通齿轮上的各油道。

（2）组装各部件：中间轴总成、第二轴总成、变速器盖总成。

（3）装入（倒挡窗）倒挡齿轮，从后穿入倒挡齿轮轴。

（4）装入（壳体内）中间轴总成，两端套上轴承。

（5）调整中间轴与倒挡轴轴向间隙（<0.3 mm）、齿轮端隙（<0.3 mm）。

（6）装入（壳体内）第二轴总成，套入2/3、4/5挡同步器总成，调整轴向间隙及齿轮端隙（<0.3 mm），套上第二轴后轴承。

（7）把第一轴从前端插入壳体前端轴承孔中，并与第二轴前端轴颈对准，调整轴向间隙（<0.1 mm）。

（8）密封各轴轴承盖（各密封垫处涂上专用密封胶）。

（9）装上变速器盖总成（变速器处于空挡位置）。

（10）加注润滑油。

3. 汽车分动器

分动器的主要作用是将变速器输出的动力分配到各驱动桥，越野汽车是多轴驱动，故均装有分动器。

分动器由齿轮传动机构和操纵机构两部分组成。齿轮传动机构与变速器相似，也是由一系列齿轮、轴和壳体等组成。操纵机构是由操纵杆、杠杆机构、拉杆、拨叉轴、拨叉、自锁及互锁装置等组成。图1-82为两轴越野汽车分动器结构组成。

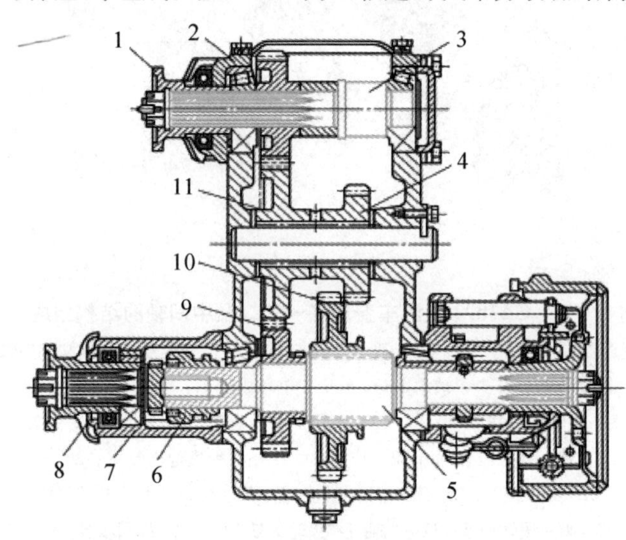

图1-82　两轴越野汽车分动器结构组成

1—凸缘盘；2—主动齿轮；3—输入轴；4—中间轴小齿轮；5—后桥输出轴；6—前桥接合套；7—花键齿轮；8—前桥输出轴；9—常啮高速挡齿轮；10—变速滑动齿轮；11—中间轴大齿轮。

4. 汽车万向传动装置

万向传动装置由万向节、传动轴组成，有时还增加中间支承。

1）万向节分类（按速度特性）

（1）不等速万向节：十字轴式结构（图1-83）。

（2）准等速万向节：双联式、三销轴式。

（3）等速万向节：球叉式、球笼式。

2）传动轴总成

传动轴总成结构由万向节叉、伸缩套、滑动花键槽等组成，如图 1－84 所示。

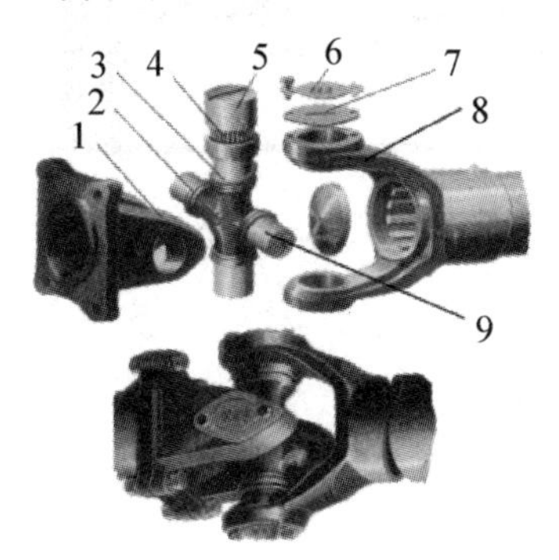

图 1－83　十字轴式刚性万向节

1、8—万向节叉；2—安全阀；3—油封；
4—滚针轴承；5—套筒；6—锁片；
7—轴承盖；9—十字轴。

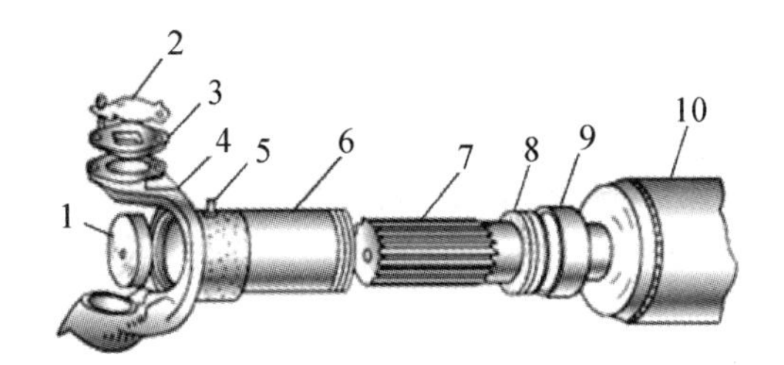

图 1－84　传动轴总成

1—盖子；2—盖板；3—盖垫；4—万向节叉；
5—加油嘴；6—伸缩套；7—滑动花键槽；
8—油封；9—油封盖；10—传动轴管。

3）传动装置装配注意事项

（1）核对零件的装配标记，即“十”字轴及万向节叉、滑动叉及花键轴管等的装配标记，按原标记装配。

（2）在传动轴与伸缩套上做好平衡记号。

（3）保证传动轴两端万向节叉的轴承孔轴线位于同一平面。

（4）加注润滑脂，油嘴朝向传动轴，应使各万向节油嘴成一条直线。

（5）安装中间支承时，不允许用手锤敲打轴承，应支起后轮，一边转动驱动轮，一边紧固，以便自动找正中心；或者先不拧紧至规定扭矩，待走合一段时间、自动找正中心后再按规定扭矩拧紧。

（6）按规定拧紧各零件螺栓。

5. 汽车驱动桥

1）驱动桥的组成与分类

驱动桥的功用是将万向传动装置输入的发动机动力进一步降速、增大转矩，在改变动力传递方向后，分配到左右驱动轮，使汽车以正常速度行驶，同时允许左右车轮以不同转速旋转。

（1）驱动桥的结构组成：主减速器、差速器、半轴和驱动桥壳。

（2）驱动桥分类：整体式驱动桥、断开式驱动桥。整体式驱动桥（图 1－85）：与非独立悬架配合使用，整个驱动桥通过悬架与车架相连。整体式驱动桥的结构组成：主减速器安装在桥壳内，差速器与轮毂之间直接用半轴连接。断开式驱动桥（图 1－86）：与独立悬架配合使用，一般在轿车上采用。

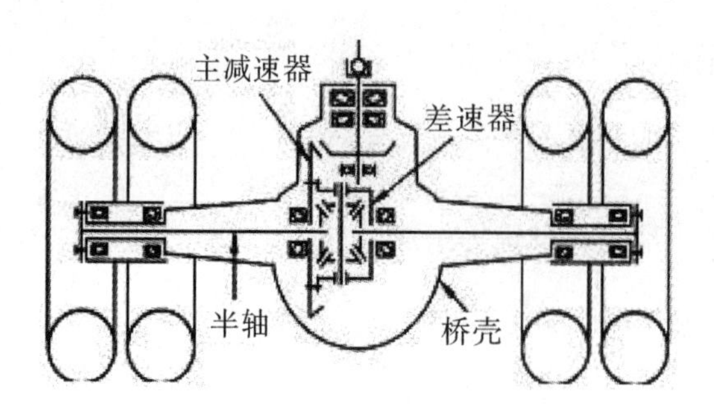

图 1-85　整体式驱动桥

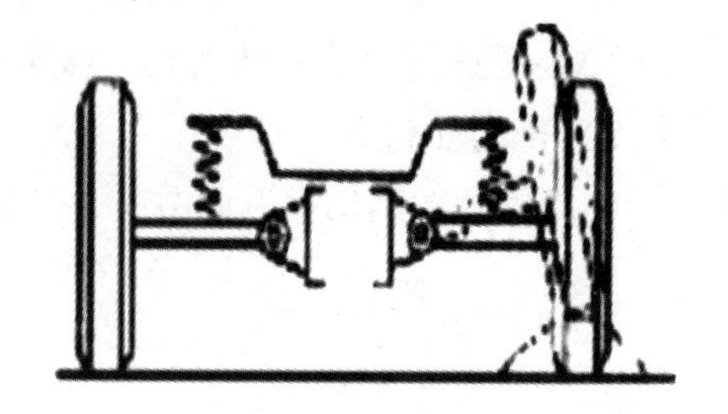

图 1-86　断开式驱动桥

2）主减速器及差速器结构

CA1092 型汽车驱动桥、主减速器及差速器的结构组成，如图 1-87 所示。

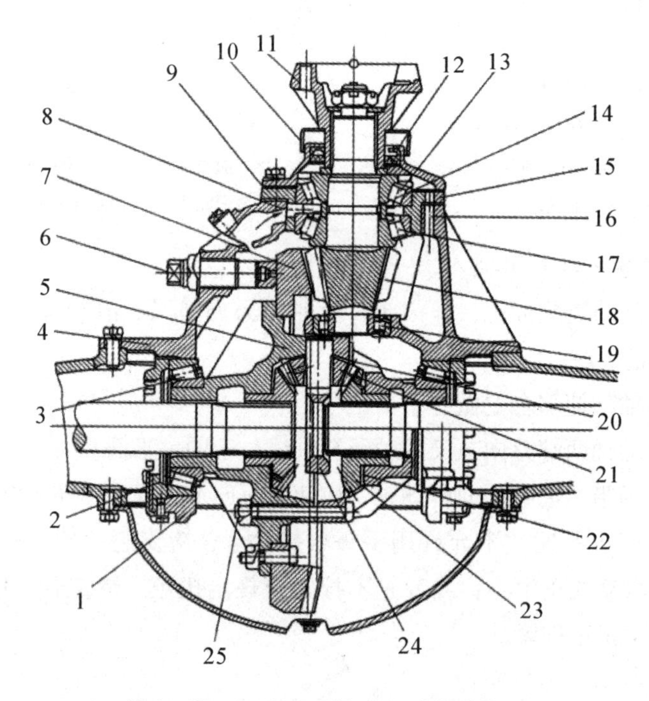

图 1-87　CA1092 型汽车驱动桥结构图

1—差速器轴承盖；2—轴承调整螺母；3、13、17—圆锥滚子轴承；4—主减速器壳；5—差速器壳；6—支承螺栓；7—从动锥齿轮；8—进油道；9、14—调整垫片；10—防尘罩；11—叉形凸缘；12—油封；15—轴承座；16—回油道；18—主动锥齿轮；19—圆柱滚子轴承；20—行星齿轮垫片；21—行星齿轮；22—半轴齿轮推力垫片；23—半轴齿轮；24—行星齿轮轴（十字轴）；25—螺栓。

动力传递路线：主减速器主动齿轮→从动齿轮→差速器壳→十字轴→行星齿轮→左、右半轴齿轮→右、右半轴→左、右车轮。

6. 汽车行驶系统

轮式行驶系统直接与路面接触的部分是车轮，轮式行驶系统通常由车架、车桥、车轮和悬架等组成。

1）转向桥

转向桥的结构组成：前梁、转向节、主销、轮毂。图 1－88 为整体式转向桥总成。

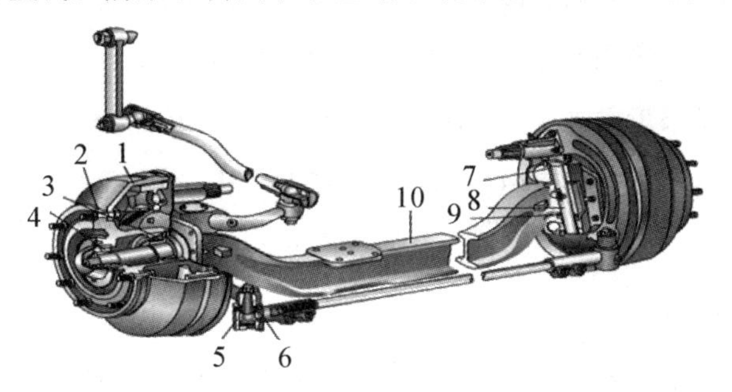

图 1－88　整体式转向桥总成

1—制动鼓；2—轮毂；3、4—轮毂轴承；5—转向球头销；
6—油封；7—衬套；8—主销；9—推力轴承；10—前轴。

2）独立悬架的拆装

以五菱面包车前悬架总成为例，拆卸步骤如下：

（1）取下车轮装饰罩，折下车轮螺母，拆下轮胎。

（2）拆制动钳（用铁丝固定）及制动盘。

（3）拆下横拉杆接头及稳定杆螺栓接头。

（4）拆下轮毂固定螺母，向下按压前悬架下摇臂，拉出传动轴。

（5）拆下减震器活塞杆固定螺母（固定活塞杆），取下悬架总成。

前悬架总成组装顺序与拆卸顺序相反。

7. 汽车转向系统

1）结构组成

机械转向系统一般由转向操纵机构（转向盘、转向轴、转向万向节、转向传动轴）、转向器、转向传动机构（转向摇臂、主拉杆、转向节臂、转向梯形）三大部分组成。汽车机械转向系统的结构组成，如图 1－89 所示。

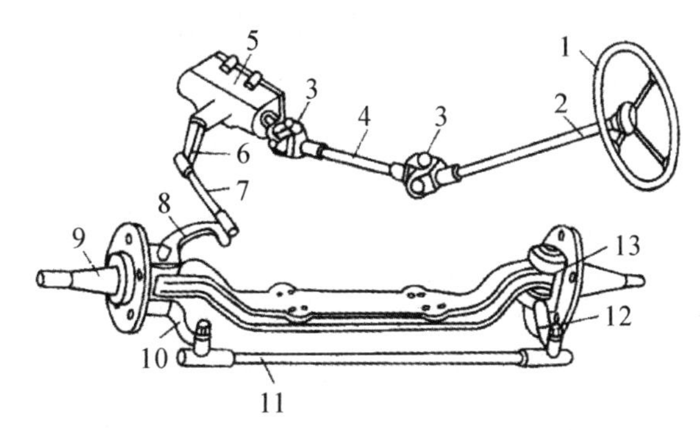

图 1－89　汽车机械转向系统结构组成

1—转向盘；2—转向轴；3—万向节；4—转向传动轴；5—转向器；6—转向摇臂；7—转向直拉杆；
8—转向节臂；9—左转向节；10、12—梯形臂；11—转向横拉杆；13—右转向节。

2）转向器

转向器分类：齿轮齿条式、循环球－齿条齿扇式、蜗杆曲柄指销式。

（1）齿轮齿条式：多用于轿车、轻型货车和微型货车。

（2）循环球－齿条齿扇式：由螺杆－螺母、齿条－齿扇组成。

（3）蜗杆曲柄指销式：以转向蜗杆为主动件，从动件是装在摇臂轴曲柄端部的指销。

3）转向盘自由行程

转动转向盘消除传动副之间的间隙后，车轮才偏转，此时转向盘转过的角度为转向盘自由行程。转向盘自由行程的作用是缓和路面冲击。转向盘自由行程的大小为：当车辆最高车速≥100 km/h 时，其自由行程 ≤10°；当车辆最高车速≤100 km/h 时，其自由行程 ≤ 15°。

8. 汽车制动系统

1）制动系统结构组成

制动系统的结构由供能装置、控制装置、传动装置、车轮制动器等组成，如图 1－90 所示。

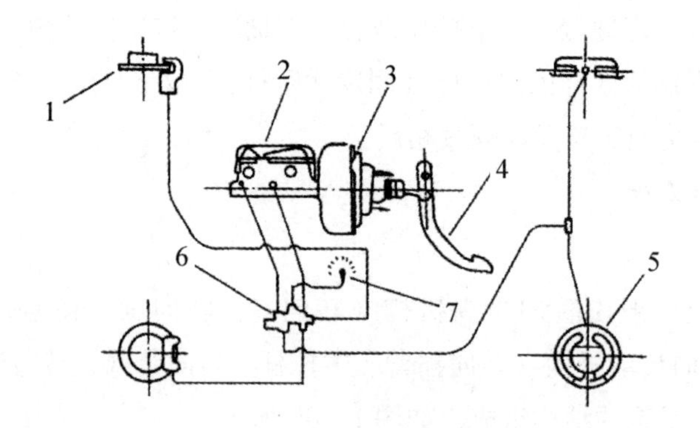

图 1－90　制动系统组成示意图

1—前轮盘式制动器；2—制动总泵；3—真空助力器；4—制动踏板机构；
5—后轮鼓式制动器；6—制动组合阀；7—制动警告灯。

2）鼓式制动器

鼓式制动器根据制动过程中两制动蹄产生制动力矩的不同，可分为领从蹄式、双领蹄式、双向双领蹄式、双从蹄式、单向自增力式和双向自增力式等几种形式。

图 1－91 所示为一般小型车辆的鼓式制动器（液压、领从蹄式制动器），图 1－92 所示为卡车及大客车所用的凸轮式轮制动器（气压制动）。

图 1－91　鼓式制动器

1—制动蹄；2—后桥短轴；3—制动轮缸；4—制动底板；5—制动鼓；6—支承板；7—回位弹簧。

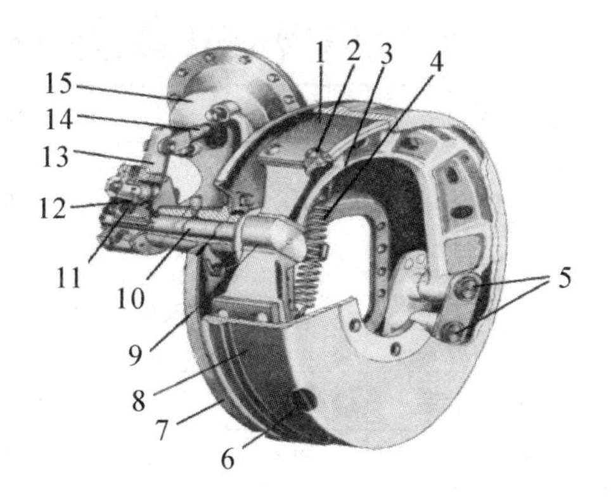

图 1－92　凸轮式轮制动器

1—制动蹄摩擦片；2—摩擦片铆钉；3—制动蹄；4—回位弹簧；5—支承销；6—检查孔；7—制动底板；8—制动鼓；9—凸轮；10—制动凸轮轴；11—调整蜗轮；12—调整蜗杆；13—制动调整臂；14—制动气室推杆；15—制动气室。

3）盘式制动器

图 1－93 为轿车常用的钳盘式车轮制动器的结构组成。

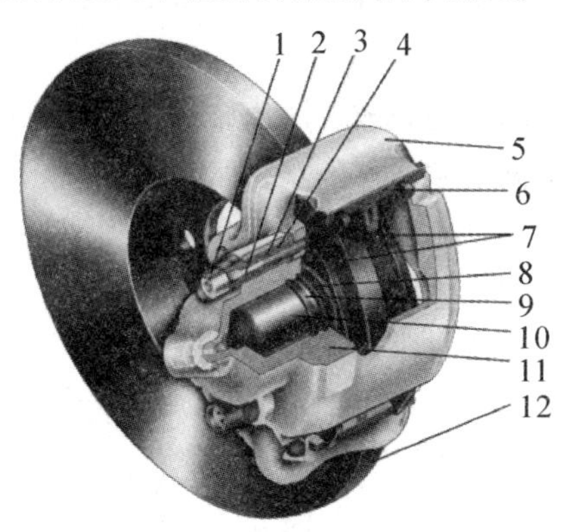

图 1－93　钳盘式车轮制动器

1—橡胶衬套；2—螺栓；3—导向钢套；4—塑料套；5—制动钳支架；6—保持弹簧；7—摩擦块；8—活塞防尘罩；9—油封；10—活塞；11—制动钳壳体；12—制动盘。

五、实验考核

1. 实验考核项目与评分方法

汽车底盘综合实验的考核项目与评分方法见表 1－7。

表 1-7　汽车底盘综合实验考核项目与评分方法

序号	考核项目	标准得分	评分标准	考核记录	扣分	得分
1	拆装工具的正确使用	10	操作不当每次扣 2 分			
2	手动变速器、分动器的拆装	20	拆装方法不正确每次扣 5 分			
3	驱动桥的拆装	10	拆装方法不正确每次扣 5 分			
4	转向系统的拆装	20	拆装方法不正确每次扣 5 分			
5	鼓式制动器的拆装	10	拆装方法不正确每次扣 5 分			
6	盘式制动器的拆装	10	拆装方法不正确每次扣 5 分			
7	实验场地安全用电，防火，无人身、设备事故	20	因操作不当发生重大事故，此次实验成绩按 0 分计			
8	项目总分	100				

2. 实验报告内容要求

（1）结合本小组所拆装的汽车底盘设备，说出汽车底盘设备的具体规格、型号、名称及主要技术参数。

（2）说出汽车传动系统的结构组成，画出结构组成示意图。

（3）画出驱动桥主减速器及差速器的结构示意图。

（4）说出机械转向系统的结构组成及动力传递线路。

（5）说出车轮制动器有哪些类型。

实验七 汽车离合器、变速器拆装实验

一、实验目的和要求

（1）掌握汽车离合器的结构组成、拆装步骤、拆装要点、检修技术。

（2）掌握汽车手动变速器的拆卸、解体步骤和要点。

（3）掌握汽车手动变速器主要零件的结构及各零件间的关系。

（4）掌握汽车手动变速器装配、安装、调整的方法及技术要求。

（5）掌握使用轴承拉器拆卸汽车变速器各轴承的方法。

二、实验工具和设备

（1）跃进轻卡变速器总成 1 台。

（2）汽车离合器压板总成 1 只。

（3）汽车离合器片 1 片。

（4）拆装实验台 1 套。

（5）拆装通用工具 1 套。

三、实验注意事项

（1）安全与规范：要求在实际拆装操作中严格遵守安全操作规程，爱护仪器设备，注意人身安全。特别是拆装大而重的汽车总成件，更要注意安全。

（2）熟练掌握各种工具的正确使用方法。

（3）拆下的零部件及工具要按指定地点、位置摆放整齐，避免与工作发生干扰。

（4）注意各零件正确的装配顺序、装配记号及安装方向。

（5）相关零件的配合间隙必须符合技术要求。

（6）拆装过程必须确保场地干净，及时清洁洒落在地上的各类油料。实验后清扫现场，保持拆装设备及工作场地的清洁。

四、实验内容与方法

1. 汽车离合器的结构及拆装要点

1）离合器的功用

离合器的功用是保证汽车平稳起步；保证换挡时工作平顺；限制传动系统所承受

的最大转矩，防止其过载。

2）摩擦式离合器的结构组成

摩擦式离合器一般由主动部分（飞轮、离合器盖、压盘）、从动部分（从动盘、离合器轴）、弹簧压紧装置、踏板及传动装置操纵机构等四部分组成。

图1－94为膜片弹簧离合器的结构和工作原理示意图。

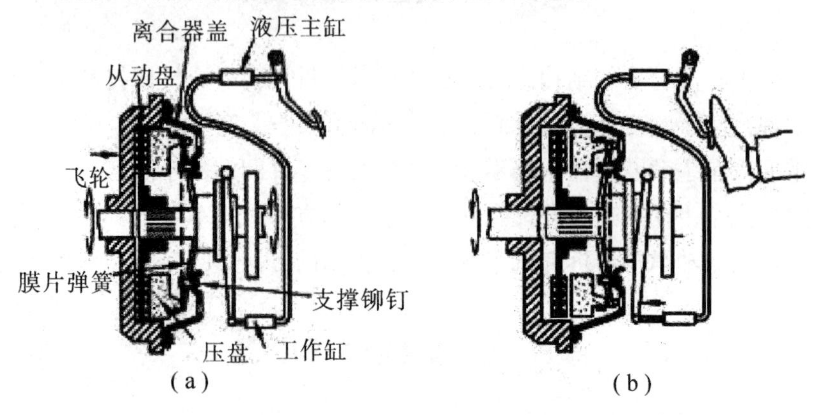

图1－94　膜片弹簧离合器的结构和工作原理示意图

（a）结合时；（b）分离时。

3）离合器的拆卸步骤

（1）拆下变速器总成。

（2）用专用工具固定住发动机飞轮（不拆发动机时）。

（3）在离合器盖与飞轮之间做好标记，以保证原位安装。

（4）拧出离合器盖与飞轮之间的连接螺栓，取下离合器压盘总成及离合器从动盘。

（5）用专用工具分解离合器压盘总成（图1－95）。

4）离合器的组装步骤

（1）用专用工具装配离合器弹簧，如图1－95所示。

（2）用变速器一轴插入发动机飞轮中心轴承孔内作导向，并用支架固定飞轮。

（3）确定从动盘毂方向，即短的一面朝飞轮，有减振弹簧的一面朝后（图1－96）。

（4）安装离合器盖，按原拆卸标记装配，避免破坏动平衡。

（5）装配后，检查膜片弹簧端头间距及其平整程度。

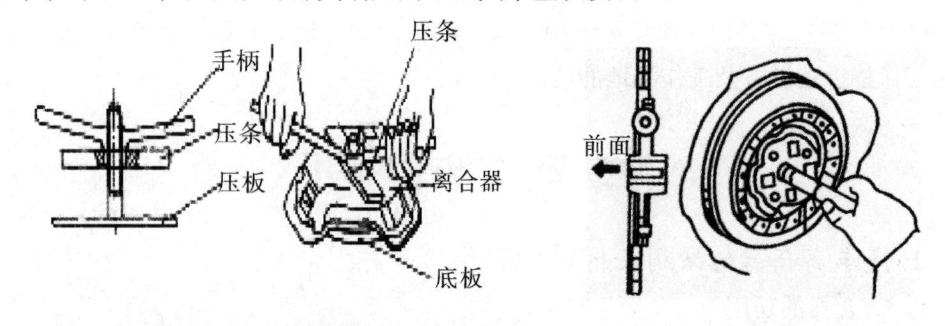

图1－95　离合器装配　　**图1－96　离合器安装方向**

5）离合器拆装技术要点

（1）拆装过程中要特别注意离合器盖与压盘间、离合器盖与飞轮间、平衡片与压盘间的装配记号。

（2）分解离合器总成时，应使用专用工具压紧离合器盖和离合器盘总成，均匀地拧松离合器盖和离合器盘的连接螺栓，直到弹簧所受的压力完全消失为止，以避免外壳变形；拆卸最后一个螺栓时要用手扶着离合器，慢慢旋出螺栓，取下离合器及从动盘。

（3）安装离合器从动盘时，有减振弹簧保持架的一面应朝向压盘。

（4）安装离合器压盘总成时，需用导向定位器或变速器输入轴，以确定中心位置，使从动盘与压盘同心，便于后续变速器的安装。

6）离合器检修技术要求

（1）压盘平面度误差 <0.12 mm。

（2）压盘磨损形成的沟槽深度 <0.50 mm。

（3）压盘厚度减少值 <1.5 mm。

（4）从动盘花键毂花键磨损 <0.25 mm。

（5）从动盘铆钉头距摩擦表面的距离 >0.30 mm。

（6）从动盘端面圆跳动量 <0.40 mm。

（7）弹簧自由高度减少值 <2.00 mm。

（8）分离杠杆内端磨损 <1.00 mm。

（9）分离杠杆支承销与承孔的配合间隙 <0.15 mm。

（10）分离叉轴与两端承孔的配合间隙为 0.06 ~0.25 mm，使用极限为 0.35 mm。

（11）分离轴承与分离套筒的过盈配合量为 −0.075 ~ −0.00 mm。

（12）分离轴承套筒与变速器第一轴轴承盖导柱面的配合间隙为 1.00 mm。

7）离合器的调整

（1）离合器踏板自由行程的调整。离合器处于完全结合状态时，分离杠杆内端头与分离轴承的间隙为离合器自由间隙。离合器踏板自由行程是为了消除离合器自由间隙及杆件传动副间隙所对应的踏板行程，一般小车为 20 ±5 mm，大车为 30 ~40 mm。机械式自由间隙的调整：调整分离叉拉杆调整螺母。液压式自由间隙的调整：调整主缸活塞推杆或分离叉推杆长度。

（2）离合器分离间隙的调整。离合器处于完全分离状态时，离合器片与飞轮、压盘三者的间隙总和为离合器分离间隙。离合器踏板工作行程为离合器压板与摩擦面分离间隙所对应的行程。离合器踏板总行程等于自由行程与工作行程之和，一般为 150 mm ±5 mm。

2. 汽车变速器结构及拆装要点

1）手动变速器的结构组成

手动变速器一般由变速传动机构（轴、换挡齿轮、同步器、接合套）、变速操纵机构（变速机构、自锁装置、互锁装置、倒挡锁）、变速器壳体等组成。变速器可分为两轴式（输入轴、输出轴，二者平行且无中间轴）及三轴式（输入轴、中间轴、输出轴）。图1－97为三轴式机械变速器的结构示意图。

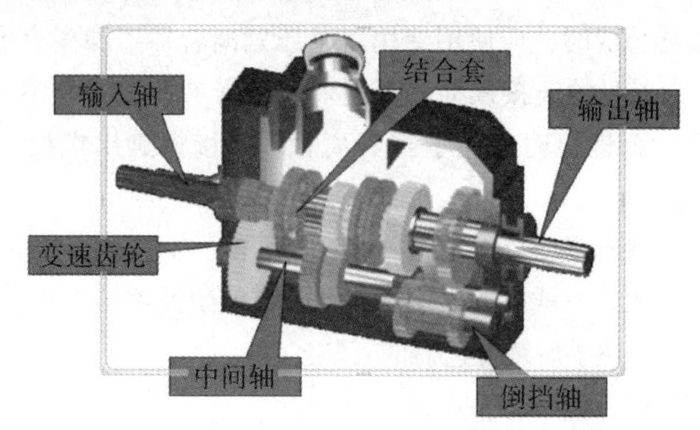

图1－97　三轴式机械变速器的结构示意图

2）同步器的结构

同步器的作用是使接合套与待啮合齿圈迅速同步后再进入啮合，缩短换挡时间，同时防止啮合时齿间冲击。同步器一般由同步装置、锁止装置、接合装置组成。锁环式惯性同步器的组成如图1－98所示。

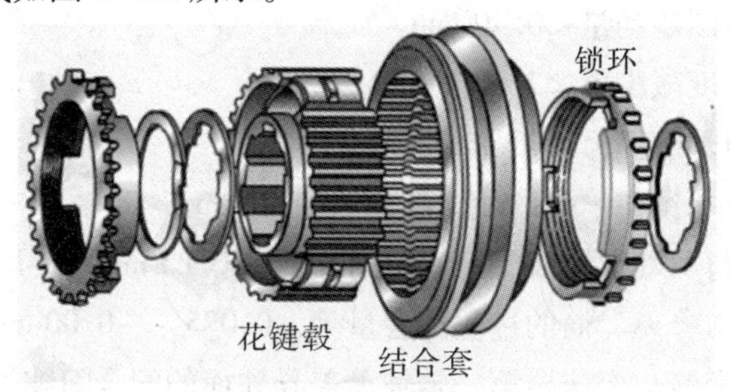

图1－98　锁环式惯性同步器

3）掌握变速器各挡动力传递路线

操纵变速操纵机构，观察变速器在各挡位（前进挡、空挡、倒挡）时动力的传递线路。

4）变速器总成的分解

跃进牌轻卡变速器总成，如图1－99所示。观察变速器各零部件的组成连接情况，确认变速器分解的具体步骤方案，分解变速器总成步骤如下：

（1）拆去变速器输出轴锁紧螺母，拿出输出轴联轴节。

（2）取出里程表主、被动齿轮。

（3）拆除变速操纵机构外壳、拨挡杆轴后端耳环座及2个固定轴销。

（4）拆去倒挡齿边盖，拆下倒挡齿锁紧装置，拿出中间轴过桥齿轮。

（5）拆下变速器输入轴轴承座，拆下输入轴轴承内、外卡簧。

（6）拆下输入轴前边盖总成。

（7）拆卸中间轴、二轴前后端的各卡簧，用铜棒在变速器后端击二轴、中间轴及拨挡轴，从变速器壳中整体取三轴总成（输入轴、二轴、中间轴）。

（8）分解一轴总成：压出轴承及滚珠。

（9）分解二轴总成：各挡同步器、高低挡齿轮及衬套。

（10）分解中间轴总成。

图1－99　跃进牌轻卡变速器总成

5）变速器总成的组装

变速器总成的组装工艺与分解工艺顺序相反，具体组装步骤如下：

（1）组装一轴总成：压入轴承，组装二轴前滚珠轴承并加黄油固定。

（2）组装二轴总成：先从后端依次装入低挡齿轮、同步器及倒挡齿轮，再从前端装入各高挡齿轮及同步器。

（3）组装中间轴总成：高挡齿轮及前轴承内圈。

（4）装入倒挡齿轮及倒挡轴。

（5）将输入轴、二轴总成、中间轴总成及换挡轴按齿轮啮合方式同步装入变速器壳体内。

（6）装入变速操纵机构自锁装置、互锁装置轴销。

（7）装入输入轴轴承座、输入轴边盖。

（8）组装操纵机构拨挡杆轴。

（9）组装里程表主、被动齿轮。

（10）组装输出轴联轴节。

6）变速器组装的主要技术要求

（1）变速器壳的结合平面，平面度使用极限不得大于0.20 mm。

（2）变速器第一、二轴公共轴线与中间轴轴线的平行度误差不大于0.20 mm。

（3）二轴及中间轴后轴承与轴承座孔的配合间隙一般为0.00～0.05 mm，使用极限为0.085 mm。

（4）中间轴前轴承与轴承座孔的配合间隙一般为－0.04 mm～＋0.005 mm，使用极限为0.025 mm。

（5）变速杆下端与导块槽接触的球头磨损不大于0.40 mm。

（6）变速叉轴与轴孔的配合间隙一般为0.04～0.10 mm，使用极限为0.30 mm。

（7）变速叉轴上的定位凹坑要求轴向磨损不大于0.50 mm，径向磨损不大于0.70 mm。

（8）变速叉与滑动齿套环形槽的配合间隙不得大于1.0 mm。

（9）齿面呈阶梯状磨损或齿厚磨损不大于0.5 mm。

（10）变速器轴的直线度误差不得大于0.03 mm；轴颈磨损不得大于0.04 mm。

（11）常啮合齿轮衬套孔与衬套的配合间隙及齿轮装配后滚针轴承的间隙一般均为0.025～0.09 mm，使用极限为0.20 mm。

（12）常啮合齿轮的轴向间隙应严格要求，一般在0.1～0.3 mm。

五、实验考核

1. 实验考核项目与评分方法

汽车离合器、变速器拆装实验的考核项目与评分方法见表1－8。

表1－8　离合器、变速器拆装考核项目与评分方法

序号	考核项目	标准得分	评分标准	考核记录	扣分	得分
1	拆装工具的正确使用	10	操作不当每次扣2分			
2	离合器的拆装	20	拆装方法不正确每次扣5分、没做记号每次扣5分			
3	手动变速器的分解	20	分解方法不正确每次扣5分、没做记号每次扣5分			
4	手动变速器的组装	20	组装方法不正确每次扣5分、没做记号每次扣5分			
5	变速器组装的主要技术要求	10	操作不当每次扣5分			
6	实验场地安全用电，防火，无人身、设备事故	20	因操作不当发生重大事故，此次实验成绩按0分计			
7	项目总分	100				

2. 实验思考题

（1）画出离合器的结构示意图。

（2）离合器片的检修要点有哪些？

（3）为什么离合器要留自由行程间隙？间隙能否太大？

（4）画出机械三轴式变速器的结构示意图，说出各挡的动力传递线路。

（5）说出跃进轻卡变速器总成的解体、组装顺序。

实验八 汽车驱动桥、转向系统及制动系统拆装实验

一、实验目的和要求

（1）掌握汽车驱动桥的组成及主要部件的结构特点，加深理解主减速器、差速器的工作原理。掌握主减速器及差速器的拆装步骤及装配技术要求。

（2）掌握汽车转向系统的结构组成、拆装方法及装配调整方法，加深理解其工作原理。

（3）掌握汽车制动系统的组成及主要部件的结构特点，掌握常见制动器的拆装顺序和调整要领，掌握制动系统的检测和调整方法。

二、实验工具和设备

（1）五菱面包车前桥总成 1 台。

（2）五菱面包车后桥总成 1 台。

（3）北京 BJ2020N 吉普车 1 辆。

（4）拆装通用工具 1 套。

三、实验注意事项

（1）安全与规范：要求在实际拆装操作中严格遵守安全操作规程，爱护仪器设备，注意人身安全。特别是拆装大而重的汽车总成件，更要注意安全。

（2）熟练掌握各种工具的正确使用方法。

（3）拆下的零部件及工具要按指定地点、位置摆放整齐，避免与工作发生干扰。

（4）注意各零件正确的装配顺序、装配记号及安装方向。

（5）相关零件的配合间隙必须符合技术要求。

（6）拆装过程必须确保场地干净，及时清洁洒落在地上的各类油料。实验后清扫现场，保持拆装设备及工作场地的清洁。

四、实验内容与方法

（一）汽车驱动桥及主减速器、差速器结构拆装

1. 车轮拆装调整

1）车轮的拆卸方法及步骤

（1）停稳车辆，用三角木塞紧各车轮。

（2）取下车轮上的装饰罩，确认汽车左右侧车轮与轮毂连接螺栓的螺旋方向，使用车轮螺母拆装机或用套筒扳手初步拧松各连接螺母。

（3）用千斤顶顶住车轴，使被拆车轮稍离地面；对于轿车，千斤顶要顶在车身指定的位置上。

（4）拧下车轮与轮毂连接的全部螺母，取下垫圈并摆放整齐。

（5）一边向外拉，一边左右晃动车轮，从车轴上取下车轮总成。

2）车轮的安装步骤

（1）清洁连接螺栓、螺母和车轮的轮盘，将螺纹部分涂上润滑脂。

（2）顶起车桥，套上车轮，将螺母初步拧在螺栓上。

（3）放下车轮并用三角木塞紧前后车轮，用指针式扭矩扳手或车轮螺母拆装机按对角线顺序分 2～3 次、以规定扭矩拧紧车轮螺母，如图 1－100 所示。

（4）安装后轮双轮胎时，要先拧紧内侧车轮的内螺母，再装外侧轮胎。在安装过程中，应用千斤顶分两次顶起车轴，分别安装内、外两个车轮。双轮胎高低搭配合适，一般较低的胎装于里侧，较高的胎装于外侧。注意：内侧轮胎和外侧轮胎的气嘴应互成 180°位置。

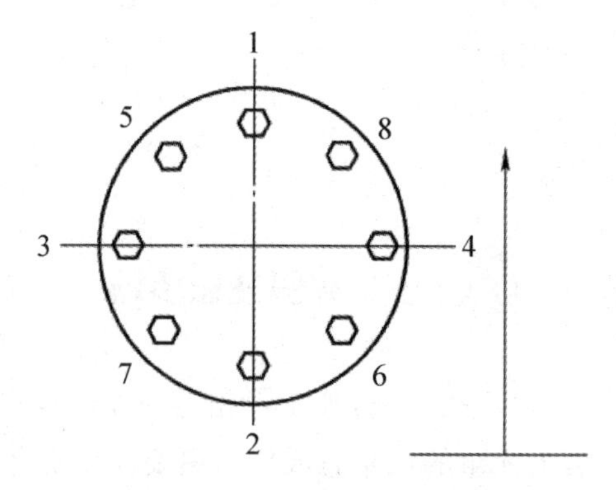

图 1－100　车轮螺母紧固顺序

3）轮胎拆装注意事项

（1）拆装工具不得有尖刃、尖角或毛刺。

（2）不得使用大锤敲击胎体，以避免砸坏轮胎或轮辋。

（3）安装有内胎的轮胎时，内胎不宜放入外胎圈与轮辋之间，以避免被夹住卡坏。

（4）后桥并装双轮胎时，应使双轮胎具有相同花纹、相同直径和气压，不得混装。

（5）装配有方向花纹的轮胎时，应按规定方向装配。安装人字形花纹轮胎时，地面印痕应使人字尖指向后部，以保证汽车具有最大的驱动力。

（6）拆装无内胎轮胎时，不得损坏胎圈和轮辋台肩的配合面，否则，可能会引起漏气。

2. 汽车驱动桥

汽车驱动桥的功用是将万向传动装置传来的发动机动力，经降速增大转矩、改变动力传递方向后，分配到左、右驱动轮，使汽车以正常速度行驶，同时允许左右车轮以不同转速旋转。

整体式驱动桥的结构如图 1 - 101 所示，一般汽车的驱动桥总体构造由驱动桥壳、主减速器、差速器、半轴和轮毂组成。

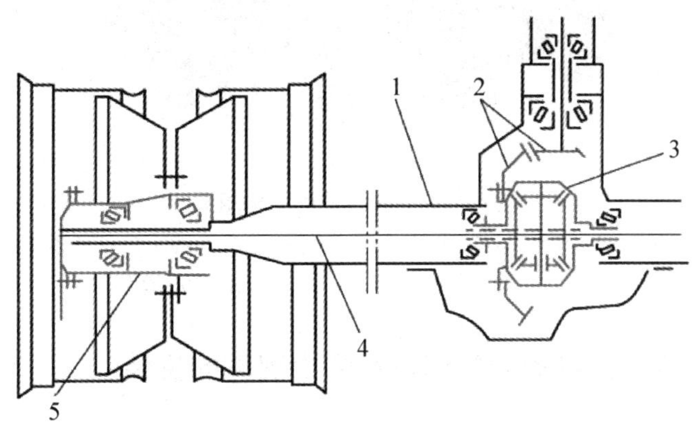

图 1 - 101 整体式驱动桥示意图

1—驱动桥壳；2—主减速器；3—差速器；4—半轴；5—轮毂。

3. 汽车主减速器

汽车主减速器的功用是将输入的转矩增大并相应降低转速；当发动机纵置时，主减速器还具有改变转矩旋转方向的作用。

按参加减速传动的齿轮副数分类，主减速器可分为单级式主减速器和双级式主减速器。

主减速器按传动比档数分类，分为单速式主减速器和双速式主减速器。单速式主减速器的传动比是固定的，双速式主减速器有两个传动比供驾驶员选择，以适应不同行驶条件的需要。

按齿轮副结构形式分类，主减速器分为圆柱齿轮式（可分为轴线固定式和轴线旋转式，即行星齿轮式）、圆锥齿轮式和准双曲面齿轮式。

汽车主减速器解体注意事项如下：

（1）解体前应对齿轮啮合间隙、轴承轴向间隙做初步检查。

（2）解体后应记录各部位调整垫片的数量、厚度，分别有序放置。

（3）从动齿轮轴承调整螺环解体前做安装位置标记，避免安装时左右调整螺环错位。

（4）从动齿轮轴承座盖在取下轴承和调整螺环后，应装回原处，防止左右轴承座盖错乱。

4. 汽车差速器

汽车差速器的作用：保证在两车轮移动距离不等时，车轮不产生滑动。

普通差速器一般为轮间差速器，装在同一驱动桥两侧驱动轮之间。对称式锥齿轮差速器构造如图 1 - 102 所示。

动力传递路线：主减速器从动齿轮→差速器壳→十字轴→行星齿轮→左、右半轴齿轮。

图 1－102　差速器的结构组成

1—轴承；2—左外壳；3—垫片；4—半轴齿轮；5—垫圈；6—行星齿轮；
7—从动齿轮；8—右外壳；9—行齿轮轴；10—螺栓。

（二）汽车转向系统的结构组成和主要部件的拆装

1. 转向桥

各种类型汽车的转向桥结构基本相同，主要由前轴（梁）、转向节、主销和轮毂等四部分组成，如图 1－103 所示。

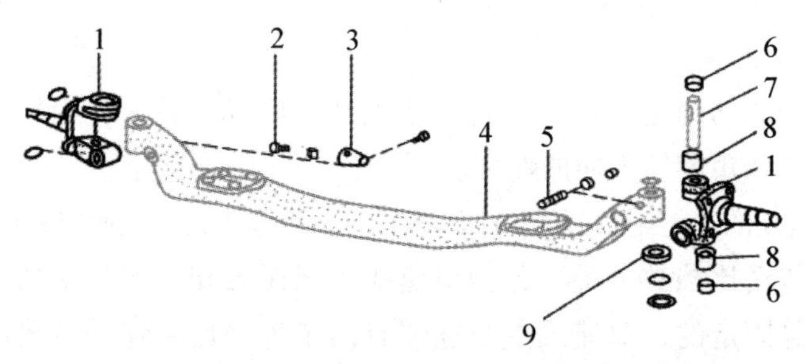

图 1－103　转向桥的结构组成

1—转向节；2—转向节固定螺栓；3—转向节固定器；4—前轴；
5—主销固定螺栓；6—螺塞；7—主销；8—衬套；9—轴承。

2. 转向器

转向器的功用是增大转向盘传到转向轮上的力矩，并改变力的传递方向。

转向器的种类很多，按作用力的传递情况分为可逆式、不可逆式、极限可逆式三种；按结构形式又分为循环球式、蜗杆曲柄指销式、球面蜗杆滚轮式、齿轮齿条式等。图1－104所示为循环球式转向器的结构组成。

3. 转向传动机构

转向传动机构主要包括转向摇臂、转向直拉杆、转向节臂和转向梯形。图 1－105所示为汽车转向横拉杆及球头总成。

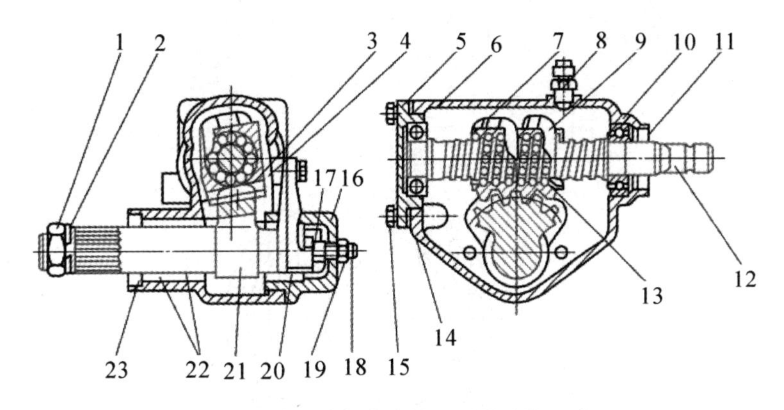

图 1－104　循环球式转向器的结构组成

1—螺母；2—弹簧垫圈；3—转向螺母；4—垫片；5—底盖；6—壳体；7—导管卡子；8—通气塞和加油螺塞；9—导管；10—轴承；11、23—油封；12—转向螺杆；13—钢球；14、17—调整垫片；15—螺栓；16—侧盖；18—调整螺钉；19—锁紧螺母；20、22—滚针轴承；21—齿扇轴。

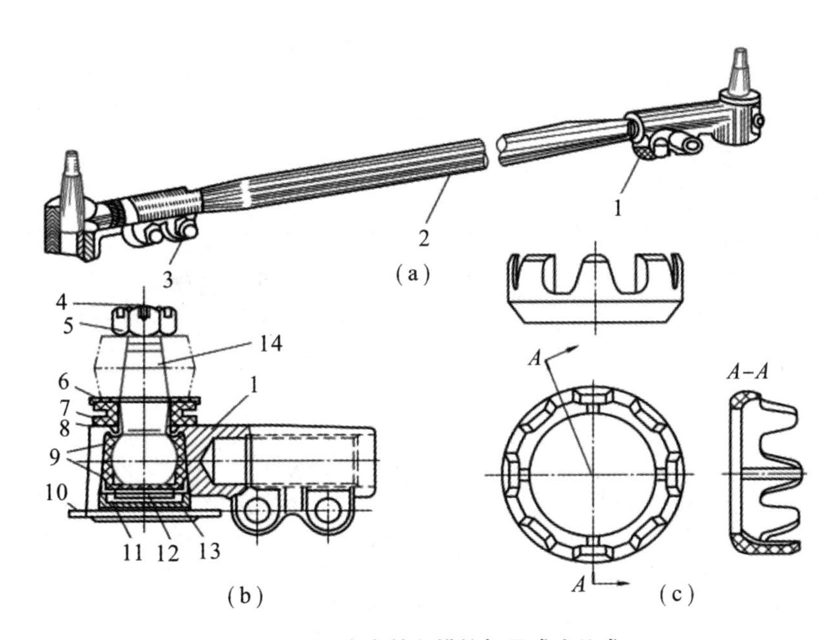

图 1－105　汽车转向横拉杆及球头总成

(a) 转向横拉杆；(b) 接头；(c) 球头。

1—转向横拉杆；2—横拉杆体；3—夹紧螺栓；4—开口销；5—槽形螺母；6—防尘垫座；7—防尘垫；8—防尘罩；9—球头座；10—限位销；11—螺塞；12—弹簧；13—弹簧座；14—球头销。

(三) 汽车制动系统的结构组成及主要部件的拆装

1. 制动装置的基本结构

行车制动装置的基本结构如图 1－106 所示，即由车轮制动器和液压式传动机构两部分组成。

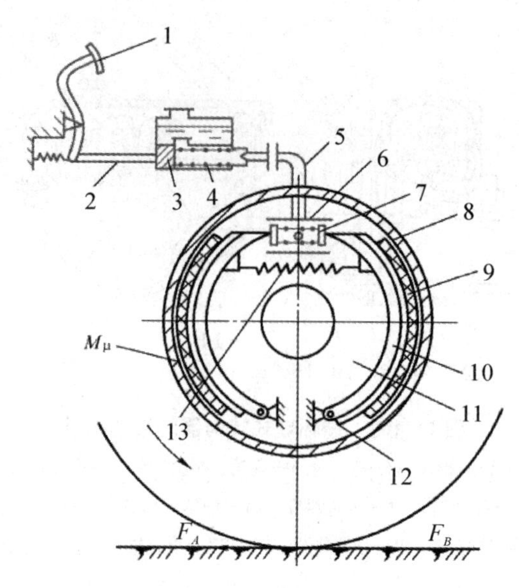

图 1－106　制动系统组成

1—制动踏板；2—推杆；3—主缸活塞；4—制动主缸；5—油管；6—制动轮缸；7—轮缸活塞；8—制动鼓；9—摩擦片；10—制动蹄；11—制动底板；12—支承销；13—制动蹄复位弹簧。

2. 鼓式制动器

1）鼓式制动器结构

鼓式制动器根据制动过程中两制动蹄产生制动力矩的不同，可分为领从蹄式、双领蹄式、双向双领蹄式、双从蹄式、单向自增力式和双向自增力式等。

图 1－107、图 1－108 所示的分别是北京 BJ2020N 型汽车前轮制动器（领从蹄式）和后轮制动器（双领蹄式）。

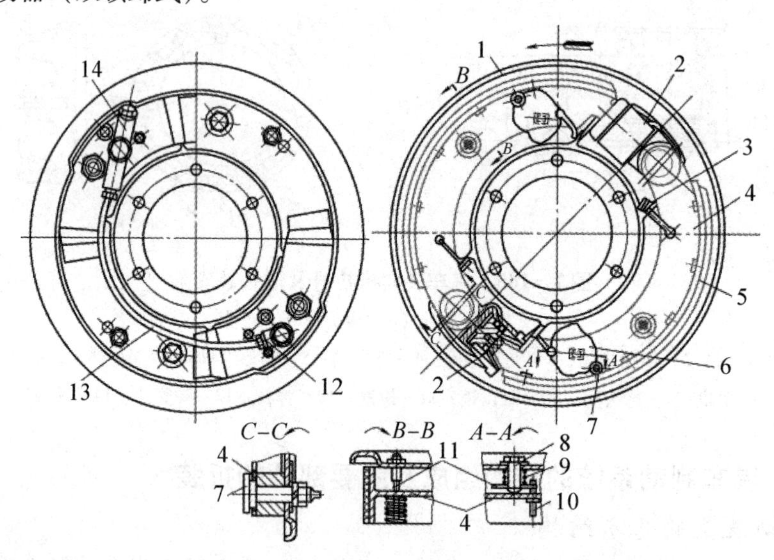

图 1－107　北京 BJ2020N 型汽车前轮制动器

1—制动底板；2—制动轮缸；3—制动蹄复位弹簧；4—制动蹄；5—摩擦片；6—调整凸轮；7—支承销；8—调整凸轮轴；9—弹簧；10—调整凸轮锁销；11—制动蹄限位杆；12、14—油管接头；13—轮缸连接油管。

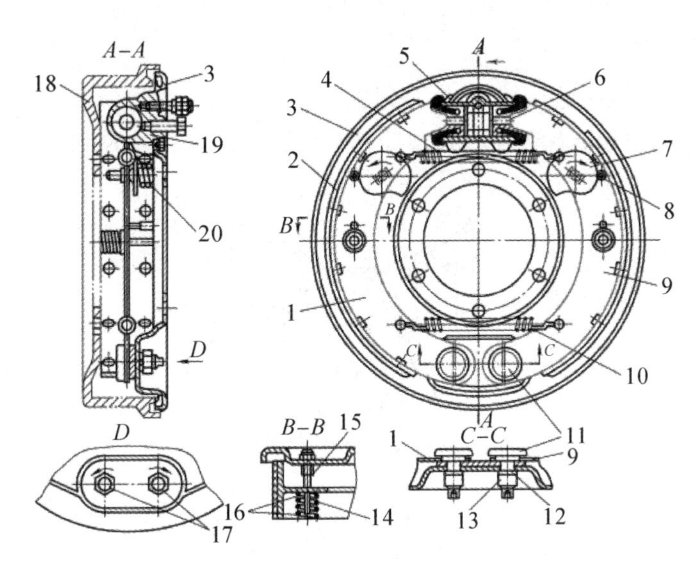

图 1－108　北京 BJ2020N 型汽车后轮制动器

1—前制动蹄；2—摩擦片；3—制动底板；4、10—制动蹄复位弹簧；5—制动轮缸活塞；6—活塞顶块；7—调整凸轮；8—调整凸轮锁销；9—后制动蹄；11—支承销；12—弹簧垫圈；13—螺母；14—制动蹄限位弹簧；15—制动蹄限位杆；16—弹簧盘；17—支承销内端面标记；18—制动鼓；19—制动轮缸；20—调整凸轮压紧弹簧。

2）鼓式制动器总成拆装步骤

（1）从车轴上拆下制动鼓与轮毂总成。

（2）拆下制动蹄复位弹簧、制动蹄限位弹簧。

（3）拆下前、后制动蹄。

（4）拆下蹄衬片。

（5）拆下制动底板和制动室支架等。

鼓式制动器组装步骤：按拆卸相反的顺序组装。

由于制动器复位弹簧的张力很大，制动器的解体和装复应当在台钳上夹持着进行。

3）鼓式制动器的检修

（1）制动蹄衬片（摩擦片）厚度检查：用游标卡尺测量制动蹄衬片（摩擦片）的厚度，标准值为 5 mm，磨损极限值为 2.5 mm，其铆钉头与摩擦片表面的深度不得小于 1 mm。

（2）制动鼓内孔磨损与尺寸的检查：用游标卡尺测量，制动鼓内径磨损不得超过 1 mm。

（3）制动器限位弹簧及复位弹簧的检查：检查制动器限位弹簧、上复位弹簧、下复位弹簧和锲形调整板拉簧的自由长度，若增长率达到 5%，则应更换新弹簧。

（4）制动分泵缸体与活塞的检查：首先检查后制动分泵泵体内孔与活塞外圆表面的烧蚀、刮伤和磨损情况，然后测出分泵泵体内孔孔径、活塞外圆直径，并计算活塞与泵体的间隙，标准值为 0.04 ~ 0.06 mm，使用极限值为 0.15 mm。

3. 盘式制动器

盘式制动器摩擦副中的旋转元件是以端面工作的金属圆盘，称为制动盘。由制动盘和制动钳组成的制动器称为钳盘式制动器，其结构如图 1－109 所示。

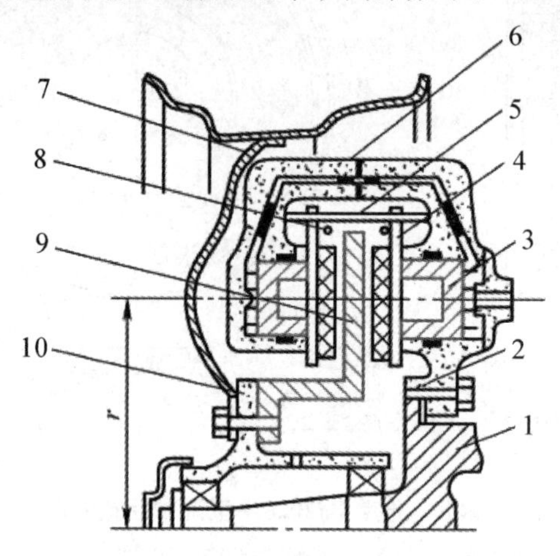

图 1－109　钳盘式制动器的基本结构

1—转向节或桥壳；2—调整垫片；3—活塞；4—制动块总成；5—导向支撑销；6—钳形支架；7—轮辐；8—消音、回位弹簧；9—制动盘；10—轮毂；r—制动盘摩擦半径。

盘式制动器的检修步骤如下：

（1）制动盘表面磨损厚度的检查：除检查制动盘表面的磨损之外，还可用卡尺检查制动盘的厚度，一般轿车的标准值为 12 mm，使用极限值为 10 mm，超过极限应更换。

（2）制动衬片厚度的检查：制动衬片的总厚度标准值为 14 mm，使用极限值为 7 mm。

（3）制动钳体与活塞的检查：用内径表检查制动钳体的内孔直径；用千分尺检查活塞的外径，并计算出活塞与钳体内孔的间隙，标准值为 0. 04～0. 016 mm，使用极限值为 0. 16 mm。

（4）制动盘跳动的检查如图 1－110 所示。用百分表 2 检查制动盘 1 端面的圆跳动量，使用极限值为 0. 08 mm。

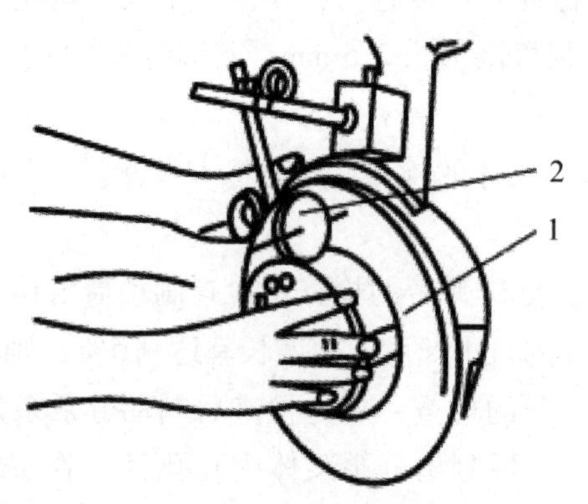

图 1－110　制动盘跳动的检查

1—制动盘；2—百分表。

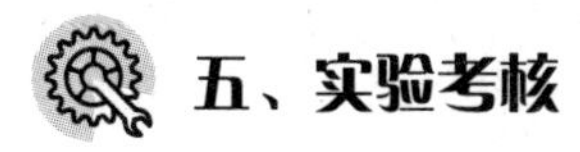

五、实验考核

1. 实验考核项目与评分方法

汽车驱动桥、转向系统及制动系统拆装的考核项目与评分方法见表1－9。

表1－9　驱动桥、转向系统及制动系统拆装考核项目与评分方法

序号	考核项目	标准得分	评分标准	考核记录	扣分	得分
1	拆装工具的正确使用	10	操作不当每次扣2分			
2	驱动桥的拆装	20	拆装方法不正确每次扣5分、没做记号每次扣5分			
3	转向系统的拆装	20	拆装方法不正确每次扣5分			
4	鼓式制动器的拆装	15	拆装方法不正确每次扣5分			
5	盘式制动器的拆装	15	拆装方法不正确每次扣5分			
6	实验场地安全用电，防火，无人身、设备事故	20	因操作不当发生重大事故，此次实验成绩按0分计			
7	项目总分	100				

2. 实验报告内容要求

（1）画出驱动桥主减速器及差速器的结构示意图。

（2）说出机械转向系统的结构组成及动力传递线路。

（3）画出鼓式车轮制动器的结构并叙述其结构组成。

（4）画出盘式车轮制动器的结构并叙述其结构组成。

（5）说出制动器的检修要点。

模块二

内燃机原理篇

实验一　发动机负荷特性实验

一、实验目的和要求

1. 掌握发动机负荷特性的实验方法

（1）通过实验掌握发动机负荷的加载方法和转速、油耗率的测量方法。

（2）掌握发动机功率、油耗等测量仪器设备的选择、操作、使用方法。

（3）熟悉负荷特性实验测试数据的分析和处理方法。

2. 通过实验，学习绘制、分析发动机负荷特性曲线

（1）依据原始数据和处理后的数据，绘制发动机负荷特性曲线。

（2）通过分析负荷特性曲线，评价发动机在规定转速下的经济性，并为合理选用和调整发动机提供依据。

二、实验工具和设备

实验采用柴油机－汽油机组合性能实验台装置，由具体测试需要选用柴油机或汽油机进行测功实验。柴油机－汽油机组合性能实验台装置由一系列设备组成，表2－1为其设备仪器清单，图2－1为测功实验台架。

表2－1　柴油机－汽油机组合性能实验台设备清单

序号	设备名称	数量
1	JM491Q－M1 汽油机	1台
2	JX493Q1 五十铃柴油机	1台
3	DW160 电涡流测功机（含校正工具、砝码）	1套
4	发动机控制系统（含工控机、控制柜、操作平台/软件）	1台

（续表）

序号	设备名称	数量
5	数据采集系统（压力、温度、模拟输入/输出）	1套
6	油门执行器（YZ60A），含执行机构	2套
7	油耗仪（汽油、柴油各1台）	2台
8	发动机机油恒温控制系统	1台
9	发动机冷却液恒温控制系统	1台
10	旋转悬臂集线器	2套
11	测功机冷却水循环系统（室外水箱）	1套
12	汽油、柴油燃油供给系统	2套
13	发动机排气管道系统	2套
14	电起动装置（1台二用）	1台
15	实验平板安装基础	1套

图2-1　发动机测功实验台架

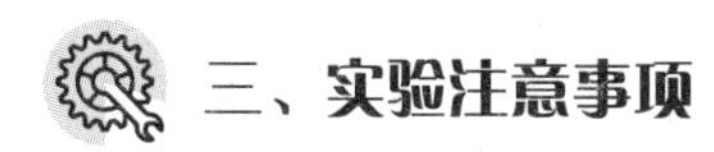

三、实验注意事项

（1）该实验使用大型设备，且消耗能源，考虑到教学效果与合理利用资源及降低能源消耗等因素，每次参加实验的学生为10～15人。

（2）实验前，复习发动机负荷特性实验的相关内容，认真阅读实验指导书及附件中相关实验设备使用的介绍。

（3）实验时，必须携带实验指导书、笔及记录纸，经实验指导教师核对后方能进行实验。不符合要求时，实验指导教师将视情况斟酌处理。

(4) 实验中，必须严格遵守实验操作规程。首先掌握清楚仪器设备的操作顺序、注意事项，然后按实验指导教师的要求及实验步骤动手操作仪器设备，防止设备损坏。实验过程中，未经允许严禁进入测功机四周，防止出现人身伤亡事故。

(5) 实验中，必须准确观测、记录实验数据，及时记录相关信息。

(6) 实验后，正确处理实验数据，绘制发动机负荷特性曲线，分析发动机在某转速下的负荷特性，认真撰写实验报告。

(7) 实验完毕后，关闭仪器，做好断电、断水、断油等工作，整理实验现场，保养设备。

四、实验内容与方法

(一) 实验原理

1. 负荷特性的定义

当发动机转速 n 保持不变时，发动机某些性能参数随负荷的改变而变化的关系称为负荷特性，如图 2－2、图 2－3 所示。这些参数主要有小时耗油量 B、燃油消耗率 b_e、排气温度 t_r、过量空气系数及排气烟度等。

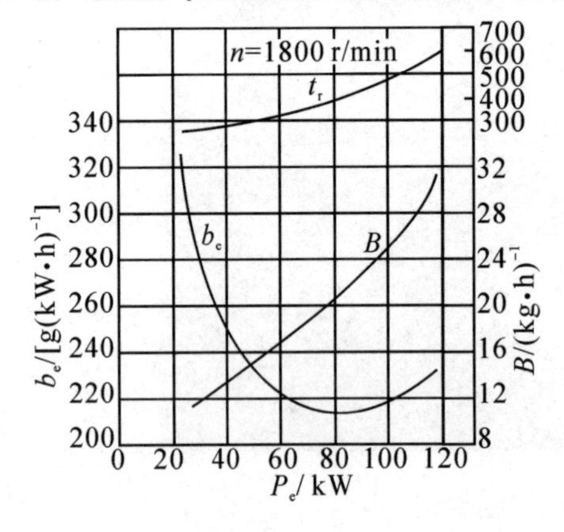

图 2－2 柴油发动机的负荷特性曲线

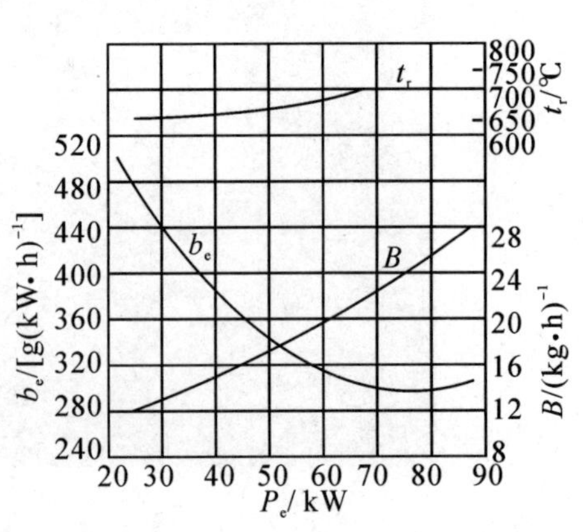

图 2－3 汽油发动机的负荷特性曲线

2. 负荷特性实验的作用

发动机特性曲线是评价发动机性能的一种简单、方便、必不可少的形式，通过特性曲线可以分析在不同适用工况下，发动机特性变化的规律及影响因素，评价发动机性能，从而提出改善发动机性能的途径。

负荷特性表明了在某规定转速下，各种不同负荷时的耗油率 b_e随功率 P_e 变化的关系，因而在内燃机的调试过程中，经常用来作为性能比较的依据。通过负荷特性曲线可以找出发动机所能达到的最大功率 P_{emax} 和最低耗油率 b_{emin}，还可以用来评价标定工况下的经济性，判断功率标定的合理性以及有关调整的正确性。

3. 实验原理

1）功率测量原理

发动机的有效功率 P_e、转速 n、燃油消耗率 b_e 是表明发动机性能的主要指标。对发动机进行实验，首先要掌握这些直接与性能有关的参数的测量方法和设备。

发动机有效功率 P_e 的大小，是通过发动机输出的扭矩 T_{tq}（N·m）和与其对应的转速 n（r/min）计算出来的，计算公式为

$$P_e = n \times T_{tq}/9549 \tag{2-1}$$

若需测出输出扭矩的大小，则必须要有一个能给发动机反扭矩（即负荷）的装置，这种装置就叫作测功机（测功机结构和原理见附录 A）。测功机实质上就是给发动机加“负荷”的装置，测量时，发动机的飞轮用连接轴与测功机的主轴连接在一起，油耗量测量及转速测量等仪器设备也与发动机的相应部位连接。图 2-4 所示为发动机测功台架实验设备系统集成分布图。

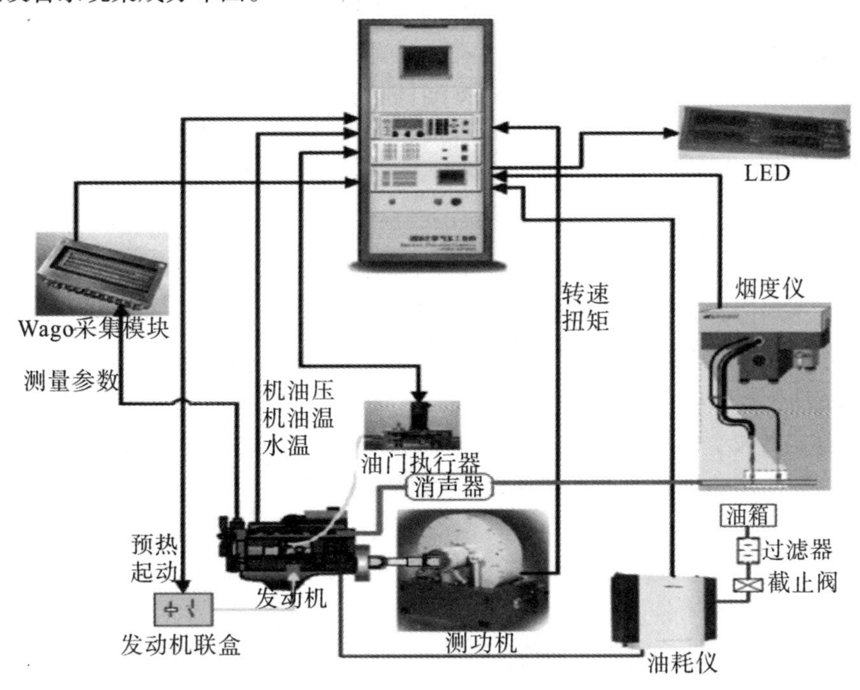

图 2-4　发动机测功台架系统集成分布图

由于发动机实验时工况是需要经常变化的，所以就要求这个“负荷”能够很方便地根据需要而改变大小，以使发动机能输出大小不等的扭矩，从而能进行各种不同的实验。

对于测功机的要求，不仅要能调节负荷的大小，而且还应该能够测出负荷的数值并指示出来，从而可根据其数值计算出发动机的输出功率。

电涡流测功机的使用操作详见附录 A：DW 系列电涡流测功机使用说明书。

2）燃油消耗量测量原理

燃油消耗率 b_e 是表明发动机经济性的重要技术参数，它是通过测定在某一功率下

消耗一定量的燃油所需要的时间，经计算而求得的。发动机燃油消耗量常用的测量方法为称量法和容积法两种，称量法一般用于柴油机，容积法一般用于汽油机。

（1）称量法。称量法就是测定消耗一定量的燃油所需的时间。根据发动机功率的大小，设置一个称量适当的天平，天平两端的托盘上分别放置砝码和油杯，在燃油箱至发动机和油杯的管路上设置一个三通阀。当三通阀置于位置1时，燃油箱直接向发动机供油；进行测量时，首先将三通阀顺时针方向转至位置2，使燃油箱继续给发动机供油的同时，向油杯充油；当油杯内注入的燃油稍多于预先确定的重量而比砝码重时，天平偏向油杯一端，然后将三通阀转至位置3，于是由油杯向发动机供油；最后随着燃油的消耗，油杯内燃油的质量和天平上的砝码质量趋向相等，使天平逐渐回到平衡位置。当指针至零时，首先立即按动秒表，开始计时；然后取下质量为 m 的砝码，天平又偏向油杯一端，直到油杯内所消耗的燃油等于取下的砝码的质量时，天平再次回到水平位置；最后当指针至零的瞬间，立即按停秒表，即测出消耗质量为 m（g）的燃油所需的时间 t（s）。测量完毕，将三通阀反时针方向转回至位置1。

如果此时发动机的输出功率为 P_e（kW），则由下式可求出发动机每小时燃油消耗量 B（kg/h）和发动机燃油消耗率 b_e（g/kW·h），即

$$\begin{cases} B = 3.6 \times m/t & (2-2) \\ b_e = 3600 \times m/(P_e \times t) & (2-3) \end{cases}$$

每次测量所消耗的燃油量（取下砝码的质量），应根据实验时发动机输出功率的大小来确定。注意每次测量的时间不少于30 s，以保证测量精度。相同的工况，重复测量一次，求其平均值，以使测量更准确。

（2）容积法。容积法是使燃油通过一个已知容积的玻璃量瓶，然后测定消耗一定容积的燃油所需要的时间。玻璃量瓶由几个油泡组成，在细颈处均有刻线，以表明各个油泡内容积的大小，各刻线间的容积都经过校准。在燃油箱至发动机和量瓶间装有三通阀，作为供油和测量的转换开关，测量原理与称量法相同。

上面两种测油耗的方法，简单易行，设备成本低。但由于主要是手工操作，效率较低，准确性完全在于人的控制，因此人为误差较大。为了提高工作效率和测量精度，可采用自动化的油耗测量仪。

本实验采用自动化的数字油耗仪，其使用操作详见附录B：HZB2000油耗仪用户手册。图2－5为油耗仪外观图。

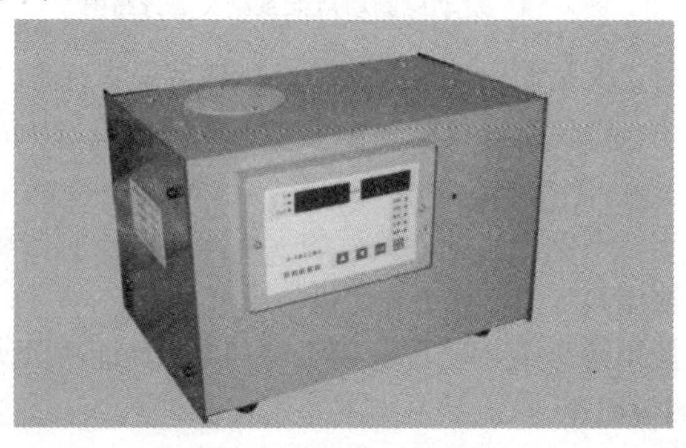

图2－5　HZB2000油耗仪

4. 实验准备

实验前对仪器设备通电、通水、通油，在具体进行测量数据前，将发动机的冷却水温、润滑油温度上升到最佳值。调节测功机负荷并改变循环供油量，使发动机的转速稳定在某一常数。

（二）实验技术标准及规范

1. 技术标准

QC/T 524—1999《汽车发动机性能试验方法》。

2. 技术规范

实验时，发动机应该带的附件、对实验一般条件的控制、对实验所用仪器设备精度及测量部位的要求见相关标准内容。

（三）实验内容

（1）发动机有效性能参数（油耗率 b_e、消耗量 B、排气温度 t_r）随功率 P_e 的改变而变化的实验。

（2）保证发动机正常工作时冷却水温度、机油温度、机油压力正常。

（3）实验数据的处理，实验报告的撰写等。

（四）实验方法

1. 实验步骤

（1）检查实验所用仪器、仪表工作正常，接通燃油阀，接通冷却水阀。

（2）起动发动机，逐步将转速升高到标定转速（或某一转速），并使之稳定运转。

（3）稍加负荷，使发动机升温，达到稳定的热状态（水温大于75℃）。

（4）开始实验，可分别按标定功率的25%、50%、75%、90%、100%、110%等不同工况，逐步增加负荷。在实验中，每调节一次负荷，应同时调节油门位置，使转速保持不变。

（5）在每一个工况下，测量2～3次消耗一定量燃油所需要的时间。燃油质量的多少，可根据负荷的大小来进行选择。当负荷较小时，可取50 g；当负荷较大时，可取100～200 g或更多一些。在测完110%负荷后，再测量1～2个点，直至油门调节至最大限制位置并且再稍加负荷转速就下降为止，以找出极限功率。

（6）各次测量均需要同时记录参数，即测功机读数、消耗燃油的质量及所用的时间。可选择记录参数，即排气温度、冷却水温度、机油温度和压力等。

（7）计算扭矩 M_e、功率 P_e、耗油量 B 和油耗率 b_e，连同上面各参数值一起填入表2－2。

（8）以功率 P_e 为横坐标，分别以 b_e、B 及其他所选择的参数为纵坐标，画出曲线，就可得到如图2－2、图2－3所示的负荷特性曲线。

EMC900发动机测试控制仪的使用操作程序，详见附录C：EMC900发动机测试控制仪的操作规程。

2. 特性曲线分析

图2－6是发动机负荷特性曲线分析图，负荷曲线分析如下。

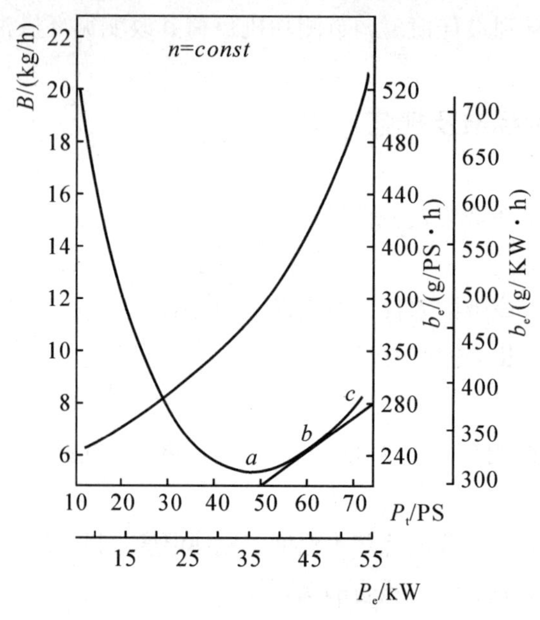

图2－6　发动机负荷特性曲线分析

1）燃油消耗率 b_e

燃油消耗率 b_e 曲线上有3个特殊点 a、b、c：

（1）a 点所对应的耗油率 b_e 最低，该点所对应的功率 P_e 即为最经济功率。

（2）c 点所对应的功率是该发动机所能输出的最大功率，但此时耗油率较高，而且排气温度较高，排气冒烟较严重。如果继续增加负荷，不仅转速不能稳定，而且功率和转速反而下降，故称为极限功率或冒烟界限。

（3）b 点所对应的功率称为切点功率。通常将切点功率作为标定功率，这样就既考虑了经济性，又考虑了动力性，也就是说，既能够获得较大的功率，又能够使耗油率降低。

b_e 曲线的变化规律如下：

（1）柴油机。当发动机空转时，负荷为0，则输出的有效功率 $P_e=0$。此时，发动机的指示功率完全消耗在本身内部的机械损失上，所以 b_e 曲线很陡。当负荷增加时，发动机的输出功率 P_e 相应增加，机械效率提高，使 b_e 迅速降低。当负荷增加到 a 点时，b_e 最低。若负荷继续增加，则循环供油量也相应增加，由于转速不变，进气量增加不多，燃烧性能变坏，又因为这时 P_e 已经较大，再增加的幅度减小，当超过一定的限度（c 点）后，P_e 反而会下降。因此，油耗率 b_e 曲线就形成如图2－2、图2－3所示的形状。

（2）汽油机。当发动机空转时，机械效率 η_m 为零，这样燃油消耗率 b_e 为无穷大。随节气门开度的增加，指示热效率和机械效率均上升，故燃油消耗率急剧下降；在大负荷需要浓混合气，不完全燃烧加剧，指示热效率下降，燃油消耗率上升。

2）每小时耗油量 B 曲线

（1）柴油机。当转速一定时，发动机的每小时耗油量 B 主要取决于每循环油耗量（Δb）。随负荷增加，每循环油耗量 Δb 增加，B 随之增加。当负荷接近冒烟界限后，由于燃烧恶化，B 上升得更快一些。

（2）汽油机。当转速一定时，燃油消耗量 B 曲线的变化主要取决于节气门开度（决定充量系数）和混合气成分（过量空气系数）。随负荷增加，节气门开度的增加，汽油机充量系数增大，进入气缸的混合气量增多；过量空气系数先缓慢上升（混合气变稀），然后缓慢下降（混合气变浓），但总体变化不是很大，所以，燃油消耗量一直上升；全负荷时，混合气浓度变大，由于燃烧恶化，B 上升得更快。

五、实验考核

1. 实验考核项目与评分方法

发动机负荷特性测试的考核项目与评分方法见表 2-2。

表 2-2 发动机负荷特性测试的考核项目与评分方法

序号	考核项目	标准得分	评分标准	考核记录	扣分	得分
1	仪器设备的正确操作使用	20	操作不当每次扣 5 分，导致设备损坏扣 20 分			
2	实验准备工作	10	准备不足、操作不当每次扣 5 分			
3	发动机预热	10	预热温度不够扣 5 分			
4	测功机加载测试操作	10	操作方法不正确每次扣 5 分			
5	燃油消耗量测量操作	10	操作方法不正确每次扣 5 分			
6	负荷特性测试数据记录与处理	20	原始数据记录不正确每次扣 5 分，数据处理错误扣 10 分			
7	实验场地安全用电，防火，无人身、设备事故	20	因操作不当发生重大事故，此次实验成绩按 0 分计			
8	项目总分	100				

2. 实验报告内容要求

（1）说明负荷特性实验的目的及意义。

（2）简述发动机负荷特性实验步骤及注意事项，绘制实验设备的连接简图。

（3）实验原始记录数据。

①实验时间与环境参数。

时间：______年____月____日　地点：______　发动机型号：__________

测功机型号：__________　室温：______________大气压力：________ mmHg

相对湿度：__________RH%　指导教师：________　实验人：______________

②实验数据记录表。

将整理后的实验数据和计算结果填入实验数据记录表 2－3 中（或实验数据原始打印表）。

（4）作图。根据实测实验数据，绘制发动机负荷特性实验曲线，并按要求找出最低油耗、最高油耗、标定功率油耗 3 个特殊点。

（5）实验结果分析。①分析发动机在某转速下的经济性；②分析发动机油耗随功率改变而变化的规律及发动机的经济使用范围；③分析发动机的冷却水温度、机油温度、排气温度在实验中的变化规律及是否在正常范围内；④对该发动机的标定功率、经济性等技术状态进行评价；⑤问题与建议。

表 2－3　负荷特性实验数据记录表

序号	转速 n /（r/min）	扭矩 T_{tq} /（N·m）	功率 P_e /kW	油耗量 B /（g/h）	耗油率 b_e /（g/kW·h）	油压 /kPa	油温 /℃	水温 /℃	排温 /℃

实验二　发动机速度特性实验

一、实验目的和要求

1. 掌握发动机速度特性的实验方法

（1）通过实验掌握发动机功率、扭矩、转速和油耗率的测量方法。

（2）掌握发动机功率实验常用仪器设备的选择、操作、使用方法。

（3）熟悉发动机速度特性实验测试数据的分析和处理方法。

2. 通过实验，学习绘制、分析发动机速度特性实验曲线

（1）依据原始数据和处理后的数据，绘制发动机速度特性实验曲线。

（2）通过分析速度特性实验曲线，评价发动机在全负荷（或部分负荷）下的动力、经济等性能，并为合理选用发动机提供依据。

二、实验工具和设备

实验采用柴油机－汽油机组合性能实验台装置，由具体测试需要选用柴油机或汽油机进行测功实验。柴油机－汽油机组合性能实验台装置由一系列设备组成，表2－1为其设备仪器清单，图2－1为测功实验台架。

三、实验注意事项

（1）该实验使用大型设备，且消耗能源，考虑到教学效果与合理利用资源及降低能源消耗等因素，每次参加实验的学生为10～15人。

（2）实验前，复习发动机速度特性实验的相关内容，认真阅读实验指导书及附件中相关实验设备使用的介绍。

（3）实验时，必须携带实验指导书、笔及记录纸，经实验指导教师核对后方能进行实验。不符合要求时，实验指导教师将视情况斟酌处理。

（4）实验中，必须严格遵守实验操作规程。首先掌握清楚仪器设备的操作顺序、注意事项，然后按实验指导教师的要求及实验步骤动手操作仪器设备，防止设备损坏。实验过程中，未经允许严禁进入测功机四周，防止出现人身伤亡事故。

（5）实验中，必须准确观测、记录实验数据，及时记录相关信息。

（6）实验后，正确处理实验数据，绘制发动机速度特性曲线，分析发动机在某油门开度下的速度特性，认真撰写实验报告。

（7）实验完毕后，关闭仪器，做好断电、断水、断油等工作，整理实验现场，保

养设备。

四、实验内容与方法

（一）实验原理

1. 速度特性的定义

发动机在供油拉杆（油门）位置一定的情况下，增加负荷使转速降低，发动机各有效性能参数（转矩 T_{tq}、功率 P_e、耗油量 B、油耗率 b_e、排温、烟度等）随转速 n 的改变而变化的实验，称为速度特性实验，依据这些性能参数绘制的实验曲线称为速度特性实验曲线。

当油量限制在最大功率位置时，得到总（全负荷）速度特性曲线；如图 2－7、图 2－8所示，通常称为外特性。当油量限制在小于最大功率的位置时，得到部分速度特性曲线。

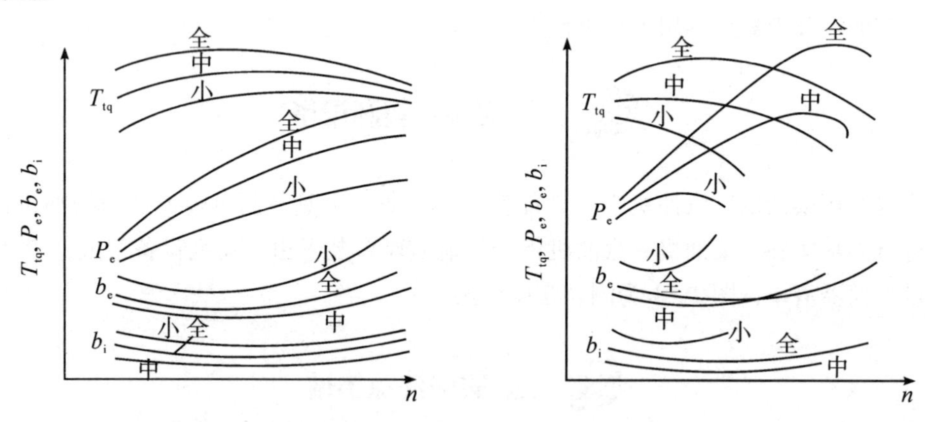

图 2－7　柴油机在三种负荷时的速度特性曲线　　图 2－8　汽油机在三种负荷时的速度特性曲线

2. 速度特性实验的作用

速度特性实验反映了发动机动力性、经济性随转速 n 变化的规律。通过速度特性实验曲线可以找出发动机所能达到的最高性能指标以及对应的最大功率 P_{emax}、最大扭矩 T_{tqmax}和最小耗油率 b_{emin}时的转速，并可计算出扭矩储备率 u 值，以评定发动机克服超负荷的能力。通过部分特性可看出，不同工况时油耗率的变化规律和最低耗油率及其所对应的转速，可全面衡量各种不同用途的发动机适应变工况运转的性能，从而确定最有利的转速范围。

发动机速度特性曲线各参数与技术要求中，相应参数的对比分析结果是选择、使用、调整发动机及故障诊断的依据。

3. 实验原理

1）功率测量原理

发动机的有效功率 P_e、转速 n、燃油消耗率 b_e 是表明发动机性能的主要指标。对发动机进行实验，首先要掌握这些直接与性能有关的参数的测量方法和设备。

发动机有效功率 P_e 的大小，是通过发动机输出的扭矩 T_{tq}（N·m）和与其对应的转速 n（r/min）计算出来的，计算公式为

$$P_e = n \times T_{tq}/9549 \tag{2-4}$$

若需测出输出扭矩的大小，则必须要有一个能给发动机反扭矩（即负荷）的装置，这种装置就叫作测功机（测功机结构和原理见附录A）。测功机实质上就是给发动机加"负荷"的装置，测量时，发动机的飞轮用连接轴与测功机的主轴连接在一起，油耗量测量及转速测量等仪器设备也与发动机的相应部位连接。图2-4所示为发动机测功台架实验设备系统集成分布图。

由于发动机实验时工况是需要经常变化的，所以就要求这个"负荷"能够很方便地根据需要而改变大小，以使发动机能输出大小不等的扭矩，从而能进行各种不同的实验。

对于测功机的要求，不仅要能调节负荷的大小，而且还应该能够测出负荷的数值并指示出来，从而可根据其数值计算出发动机的输出功率。

电涡流测功机的使用操作详见附录A：DW系列电涡流测功机使用说明书。

2）燃油消耗量测量原理（见发动机负荷特性实验）

燃油消耗率是表明发动机经济性的重要技术参数，它是通过测定在某一功率下消耗一定量的燃油所需要的时间，经计算而求得的。

本实验采用自动化的数字油耗仪，其使用操作详见附录B：HZB2000油耗仪用户手册（图2-5）。

（二）实验技术标准及规范

1. 技术标准

QC/T 524—1999《汽车发动机性能试验方法》。

2. 技术规范

实验时，发动机应该带的附件、对实验一般条件的控制、对实验所用仪器设备精度及测量部位的要求见相关标准内容。

（三）实验内容

（1）发动机有效性能参数 T_{tq}、P_e、B、b_e 等随转速 n 的改变而变化的实验。

（2）保证发动机正常工作时冷却水温度、机油温度、机油压力正常。

（3）实验数据的处理，实验报告的撰写等。

（四）实验方法

1. 实验步骤

（1）检查实验所用仪器、仪表工作正常，接通燃油阀，接通冷却水阀。

（2）起动发动机，稍加负载，使发动机逐渐预热到正常温度（水温大于75℃以上）。随后根据需要逐步将转速升高到标定转速，再逐步增加负荷至标定功率，并使之在该工况下稳定运转。

（3）用油门执行器（根据发动机供油拉杆具体结构自制的专用工具）将油门固定，使供油拉杆保持在标定工况供油量的位置。

（4）以转速为测量点，调节测功机以增加负荷，使转速降低 100 ~ 150 r/min。如图2－7（或图2－8）所示的功率实验曲线，选择相应测量点的转速，每调节一次负荷，待稳定运转时，测量一次消耗一定量燃油所消耗的时间、发动机温度等参数，并记录测功机读数、发动机转速及其他有关参数值。

（5）继续增加负荷，使转速进一步降低，直至出现最大扭矩后（测功机所指示的、数值达到最大值后），再测 1 ~ 2 个点，当发动机不能稳定运转时为止，实验即可结束。

（6）将所测得的参数及计算求出的 T_{tq}、P_e、B、b_e 等参数值填入记录表 2－5。

（7）根据上面各参数值，绘制 T_{tq}、P_e、B、b_e 随 n 变化关系的曲线图，即得到如图 2－7 或图 2－8 所示的速度特性实验曲线。

（8）汽车发动机大多数情况下是在部分负荷下工作的，所以要制取 25%、40%、50%、75% 及 90% 功率的部分功率曲线。这些只需要将油门分别固定在不同的相应位置上，分别按上面的方法、步骤完成各项测量，即可得到各种不同负荷时的部分功率实验曲线。

2. 特性曲线分析

1）扭矩 $T_{tq}-n$ 曲线

扭矩 T_{tq}的大小及其随转速而变化的规律，反映了发动机的动力性及对负荷的适应性。通常用扭矩储备率 U_m值来评价这一性能。

（1）柴油机。有效输出扭矩的变化规律是转速由低向高变化时，开始略有上升；当超过最高点时，随转速的提高，有效输出扭矩下降，但曲线变化平坦。

（2）汽油机。综合作用的结果是当转速由低开始上升时，充气效率 η_v、指示热效率 η_{it}同时增加的影响大于机械效率 η_m下降的影响，使 T_{tq}增加，对应于某一转速时，T_{tq}达到最大值。转速继续增加，由于 η_v、η_{it}、η_m均下降，因此 T_{tq}随转速升高而较快地下降，即 T_{tq}曲线变化较陡。

2）功率 P_e-n 曲线

因为 T_{tq}随 n 变化较小，由 $P_e=n\times T_{tq}/9549$ 知，P_e 随 n 的增加而提高。当 P_e 达到最大值后，若转速 n 再继续增加，则因为换气不良、燃烧恶化、机械损失功率加大等使 P_e 曲线开始下降。

3）燃油消耗率 b_e-n 曲线

对应于最低耗油率 b_{emin}有一转速，无论高于或低于此转速，b_e 都要上升。这是因为当 n 升高时，机械效率和充气效率均降低，使 b_e 升高。而当 n 降低时，燃烧速度相应减慢，热量损失加大，使 b_e 也要升高。

如果 b_e 曲线的低油耗段变化平坦，则说明发动机在较宽的速度范围内都能获得良好的经济性。

五、实验考核

1. 实验考核项目与评分方法

发动机速度特性测试的考核项目与评分方法见表 2－4。

表 2－4　发动机速度特性测试的考核项目与评分方法

序号	考核项目	标准得分	评分标准	考核记录	扣分	得分
1	仪器设备的正确操作使用	20	操作不当每次扣 5 分，导致设备损坏扣 20 分			
2	实验准备工作	10	准备不足、操作不当每次扣 5 分			
3	发动机预热	10	预热温度不够扣 5 分			
4	测功机加载测试操作	10	操作方法不正确每次扣 5 分			
5	燃油消耗量测量操作	10	操作方法不正确每次扣 5 分			
6	速度特性测试数据记录与处理	20	原始数据记录不正确每次扣 5 分，数据处理错误扣 10 分			
7	实验场地安全用电，防火，无人身、设备事故	20	因操作不当发生重大事故，此次实验成绩按 0 分计			
8	项目总分	100				

2. 实验报告内容要求

（1）说明发动机速度实验的目的及意义。

（2）简述发动机速度特性实验步骤及注意事项，绘制实验设备的连接简图。

（3）实验原始记录数据。

①实验时间与环境参数。

时间：______年____月____日　地点：________　发动机型号：____________

测功机型号：________　室温：________　大气压力：________ mmHg

相对湿度：__________RH%　指导教师：________实验人：__________

②实验数据记录表。

将整理后的实验数据和计算结果填入实验数据记录表 2－5 中（或实验数据原始打印表）。

（4）作图。根据实测实验数据，绘制发动机速度特性实验曲线。

（5）实验结果分析。①分析发动机的动力性及对负荷的适应性；②分析发动机油耗随转速改变而变化的规律及发动机的经济转速范围；③分析发动机的冷却水温度、机油温度、排气温度在实验中的变化规律及是否在正常范围内；④对该发动机的动力性、经济性等技术状态进行评价；⑤问题与建议。

表2-5　速度特性实验数据记录表

序号	转速 n /（r/min）	扭矩 T_{tq} /（N·m）	功率 P_e /kW	油耗量 B /（g/h）	耗油率 b_e /（g/kW·h）	油压 /kPa	油温 /℃	水温 /℃	排温 /℃

模块三

汽车理论篇

实验一　汽车动力性能实验

一、实验目的和要求

1.汽车动力性能实验目的

（1）测定整车输出功率。

（2）测定传动系统的传动效率。

（3）掌握底盘测功实验台的结构组成、工作原理和测功方法。

2.汽车动力性能实验要求

遵循操作规程，记录实验数据，分析实验结果，撰写实验报告。

二、实验工具和设备

（1）汽车底盘测功机 1 台。

（2）检测车辆 1 辆。

三、实验注意事项

（1）操作人员及实验学生必须遵守实验室安全守则，严格遵守设备安全操作使用规程。

（2）汽车底盘测功机的操作管理人员、引车员、维修人员必须通过上岗培训并取得合格证。

（3）底盘测功机进行测试时，操作人员和引车员必须按测功机点阵屏提示和显示器提示操作。

（4）开机前必须按使用说明书的要求做好底盘测功机与被测车辆的准备工作，开机时必须按操作说明书的程序进行。

（5）操作人员在测试过程中应严肃认真，并注意有无异常现象，如异味、异响、异常振动等。

（6）惯性模拟系统除进行多工况实验、加速实验、滑行实验外，不允许任意使用；在结合或脱离飞轮时，滚筒和飞轮都应保持静止状态。在冬季使用底盘测功机前，需将滚筒、传动系磨合 30 分钟。

（7）测功机工作车间必须保证供电可靠，一般应按照二级供电标准要求配置供电系统。

（8）突然停电时，引车驾驶员应即刻挂空挡并松油门，但不要踩刹车。操作员应经常注意电涡流机的加载电流是否正常，若发现不正常，则应指导引车员即刻松油门并挂空挡滑行。

 四、实验内容与方法

整车输出功率的测定是汽车综合性能的必检项目。汽车整车的输出功率（驱动轮输出功率）是评价汽车技术状况的基本参数之一。检测汽车整车的输出功率，是为了获得汽车驱动轮的输出功率或牵引力，以评价汽车的动力性，也可以用测得的驱动轮输出功率与发动机输出功率进行对比，求出传动系统的传动效率，以判定底盘传动系统的技术状况。

汽车整车输出功率室内检测的主要检测设备是底盘测功实验台。底盘测功实验台又称底盘测功机，是一种不解体检验汽车性能的检测设备。它通过在室内台架上的汽车模拟道路行驶工况的方法检测汽车的动力性，同时还可以测量多工况排放指标及油耗，在负载条件下能方便地进行汽车的加载调试和诊断汽车出现的故障等。由于汽车底盘测功机在实验时能控制实验条件，使周围环境影响减至最小，同时通过功率吸收加载装置模拟道路行驶阻力，控制行驶状况，故能进行符合实际的复杂循环实验，因此得到广泛应用。

汽车底盘测功机测量如图 3－1 所示。

图 3－1　汽车底盘测功机测量示意图

（一）汽车底盘测功机结构介绍

ACCG 型汽车底盘测功机由主动滚筒、从动滚筒、电涡流测功机、传感器、举升器（或滚筒制动器）、飞轮、反拖电机（选配）、挡轮、标定装置、机架和控制柜、测量及操作指示屏、主控微机等组成。机械部分整体采用平行直线布局，即滚筒、电涡流机、飞轮等布置在一条直线上，便于力的传递和安装。

ACCG 型测功机的台架为两滚筒结构，机械性能参数见表 3－1。

图 3－2 为典型汽车底盘测功机台架结构示意图。

表 3－1　ACCG 型测功机机械性能参数表

型号	承载	结构参数	惯量描述
ACCG10	10 t	滚筒直径：218 mm 滚筒中心距：450 mm 滚筒长度：950 mm	1. 主滚筒组：8.966 kg · m^2（包括电涡流机、一件万向节连轴器、两件橡胶板、两根主动滚筒） 2. 从动滚筒：7.042 kg · m^2 3. 单飞轮：18.2 kg · m^2 4. 大反拖电机：0.492 kg · m^2 5. 不平衡精度：不低于 G 6.3

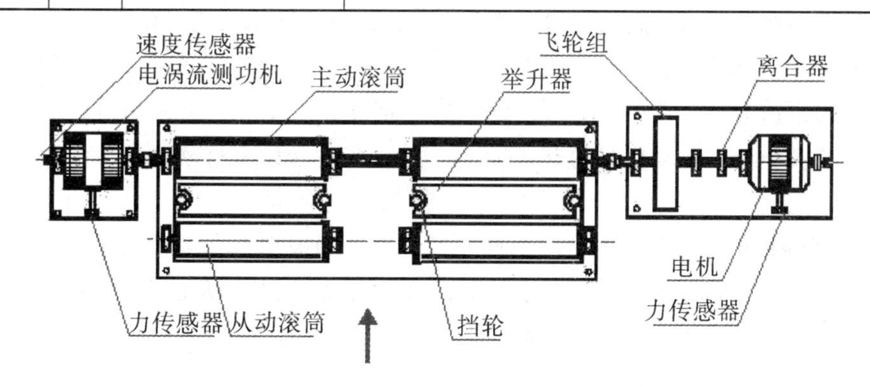

图 3－2　汽车底盘测功机结构示意图

1. 滚筒装置

滚筒相当于连续移动的路面，被测车辆在其上滚动。滚筒分为两类：一类是单滚筒，滚筒直径大（1500～2500 mm），制造和安装费用大，但其测试精度高，一般用于制造厂和科研单位；另一类是双滚筒，滚筒直径小（180～500 mm），设备成本低，使用方便，但测试精度较差，一般用于汽车维修行业及汽车检测线、检测站。

2. 加载装置

加载装置用来吸收和测量驱动轮上的输出功率，又称测功机。测功机的类型有水力测功机、电力测功机和电涡流测功机等。水力测功机可控性差；电力测功机可用于反拖式底盘测功机，但制造成本高；电涡流测功机测试范围广，结构紧凑，耗电量小，易于实现自动控制，且造价适中，故应用较广。

3. 测量装置

测量装置包括测力装置、测速装置、测距装置等。

(1) 测力装置。测功机的转子与定子之间的制动力矩，首先由与定子相连的测力臂传给测力装置，然后由仪表指示数值，即为驱动轮上的驱动力。根据测量原理的不同，测力装置有机械式、液压式、电测式和转矩仪式等。

(2) 测速装置。测速装置一般由测速传感器、中间处理装置和指示装置组成。常见的测速传感器有磁电式、光电式、霍尔式等。测速传感器一般安装在从动滚筒的端部，随滚筒一起转动，并把滚筒的转动转变为电信号。

(3) 测距装置。测距装置一般为光电脉冲计数式，用于汽车加速实验、滑行实验、油耗实验所需要的行驶距离的测量。

4. 控制与指示装置

由计算机控制的底盘测功实验台的控制与指示装置有多个按键、显示窗、旋钮、功能灯、指示灯和报警灯等，用来控制实验过程，指示实验结果。

5. 辅助装置

(1) 举升器。为方便被测车辆驶入和驶出实验台，在实验台两个滚筒之间装有举升器。举升器有气动式、液压式和电动式三种，其中，气动式使用较广。

(2) 移动式风冷装置。由于汽车在测功实验台上进行测试时并不发生位移，故缺少迎风冷却，这会导致发动机冷却系统的散热速度相对不足，特别是进行长时间大负载、全负载实验时，发动机易过热。因此，需在实验台设有移动式风冷装置，以加强冷却。

(3) 惯性模拟装置。在进行汽车性能实验时，为模拟汽车惯性质量的影响，实验台旋转质量的动能应与汽车在道路上行驶的动能相等，因此要在底盘测功实验台的传动系统上安装飞轮。飞轮可以通过离合器直接与主动滚筒相连。

(二) 实验工作原理

汽车在道路上运行的过程中存在运动惯性、行驶阻力，要在实验台上模拟汽车道路的运行工况，首先要解决模拟汽车整车的运动惯性和行驶阻力问题，这样才能用台架测试汽车运行状况的动态性能。为此，在该实验台上利用惯性飞轮的转动惯量模拟汽车旋转体的转动惯量及汽车直线运动惯量，采用电磁离合器自动或手动切换飞轮的组合，在允许的误差范围内满足汽车的惯量模拟需要。汽车在运行中所受的空气阻力、非驱动轮的滚动阻力及爬坡阻力等，则采用功率吸收加载装置模拟汽车在道路上行驶时的各种阻力，再现汽车行驶中的各种工况，从而测定汽车在各种转速下驱动轮上的输出功率或牵引力。

底盘测功测量原理如图 3－3 所示。

从图 3－3 可以看出，测功机本身就是一个带反馈的闭环系统。它可以通过加载装置不断地修正被测车辆的速度（扭矩）以达到控制的目的。飞轮及反拖电机为选配件，飞轮可以选配多组。

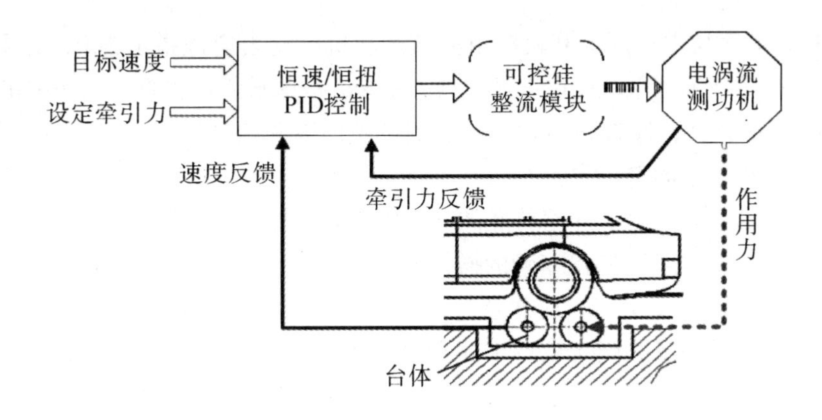

图3-3 汽车底盘测功测量原理图

测量时，汽车行驶在实验台支承于主副滚筒之上，车轮驱动滚筒转动使之模拟路面的行驶状态。在汽车轮胎和滚筒表面没有滑移的情况下，滚筒表面线速度就是汽车的行驶速度，测量滚筒的转速就可以计算出汽车的行驶速度。汽车行驶时的道路阻力由电涡流测功机加载进行模拟，车辆的平移惯量和非驱动轮的转动惯量由飞轮惯性系统进行模拟。当电涡流测功机的励磁电流和旋转外磁场相互作用时，产生一个制动扭矩，反作用于滚筒表面，这个制动扭矩反力使定子随着转子的旋转方向摆动，通过力臂作用于S型压力传感器之上，传感器输出模拟信号的大小与制动力矩的大小成正比。滚筒转速的信号是由安装在主动滚筒的转速传感器输出脉冲信号来完成的，脉冲频率的高低与滚筒转速成正比。根据有关物理定理，在已知车速（转速）和牵引力（扭矩）的情况下，根据式（3-1）可求出功率P为

$$P = F \times V/3600 \tag{3-1}$$

式中 V——汽车速度（km/h）；

F——牵引力（N）。

当汽车在底盘测功机上加速或减速运行时，汽车平移质量和旋转质量产生的惯性阻力由飞轮组模拟。当汽车进行变工况实验时，就需要将飞轮和滚筒结合起来。根据被测车型科学地确定飞轮系统的转动惯量，对汽车加速能力和滑行距离的测试精度具有重要的意义，但限于制造条件，测试台不可能设置太多的飞轮，同时对于大多数车辆来说，制造厂均不提供旋转惯性质量的数据，所以仅依靠增加飞轮组数量精确地模拟汽车惯性质量是不现实的。因此，ACCG系列测功机控制系统采用单只飞轮确定惯性当量系数或纯计算机软件模拟的方法来测量滑行和加速性能。

（三）实验技术标准及规范

汽车动力性台架实验技术标准及规范遵循GB/T 18276-2017《汽车动力性台架试验方法和评价指标》的有关要求。

（四）实验操作步骤

1. 测量前的准备工作

（1）接通机柜供电电路并打开稳压电源，开机顺序为：首先打开打印机，然后打开工业控制机电源，在上述步骤完成后，最后打开电涡流测功机供电电源（打开急停

按钮)。关机的顺序与之相反。开机时电涡流测功机电流表应该指示为0，如果不对，请立即按下急停按钮断开系统强电电源，检查系统，故障排除后再打开急停按钮。

(2) 暖机20分钟，检查各运动部件，周围不应有障碍物，主、副滚筒应转动自如，电涡流测功机轴承润滑正常。

(3) 车轮外部清洗干净，不容许轮胎花纹中夹有石粒，轮胎气压应符合标准。

(4) 引车员应事先熟悉被测车辆的操作方法及基本性能。

(5) 引车员驾驶车上滚筒，应注意行车方向，避免斜上滚筒，车辆上滚筒后应置于滚筒中间位置，并注意两侧车轮不与侧滑挡轮接触。若车辆斜上滚筒或与侧面滑动挡轮接触，则应退下滚筒，重新摆正车位。车辆上滚筒后，按“下降”键使举升板完全降下（全自动测量时，系统自动进行到位判断并控制举升板下降），引车员挂上前进挡，让驱动轮在滚筒上缓缓旋转，使车辆在滚筒上自动找正位置安置。车辆在滚筒上安置好后，应用三角木垫到非驱动轮的前方，并用钢丝拉索将车辆固定，以防车辆突然驶出检验台。

(6) 为了保护电涡流测功机和被测车辆不因过热而损坏，应备有轴流风机，使电涡流测功机、发动机和轮胎及时冷却。进行功率测试时，一次测试的时间不应超过10分钟。

(7) 在使用飞轮或电机的场合，需要注意：吸合以及断开飞轮（电机）时，确认滚筒和飞轮（电机）均处于静止状态；严禁在转动中吸合飞轮（电机）；不用飞轮或电机时，应及时断开电源。

2. 被检测车辆的准备

(1) 被检车辆测试前应处于热车状态；检测过程中，受检车辆的发动机冷却液出口温度应控制在（80 ±5)℃，必要时可设置外加风扇向汽车发动机吹拂降温，确保检测结果可靠。

(2) 按 GB/T 18276—2017 规定，检测前需检查受检汽车的空气滤清器，须按时更换空气滤清器滤芯，排除因空气滤清器滤芯堵塞而降低充气效率，减小发动机功率。

(3) 检查轮胎胎压，使之达到制造厂的规定值。轮胎花纹深度必须符合车辆使用手册的要求，一般不得小于1.6 mm（胎面），胎壁不得有暴露出轮胎帘布层的破裂和割伤。

(4) 检查动力传动路线有无连接松脱。

(5) 车辆为空载，以简化检测作业。

(6) 所用燃料和润滑油必须符合车辆生产厂技术条件的规定，保证受检车辆运转条件与同型号新车一致，才可将测得的驱动轮输出功率与新车的额定值进行比较。

3. 实验步骤

(1) 打开底盘测功实验台电源开关，调整功率表换挡开关至相应挡位。

(2) 升起举升器托板，使被测车辆的驱动轮与滚筒垂直停放在托板上。

(3) 降下举升器托板，用挡块抵住被测车辆的一对车轮，接通移动式风冷装置电源。

(4) 受检车的型号按 GB/T 18276—2017 的规定设定检测车速，见表3-2（额定转矩检测或额定功率检测工况车速）。

表3－2 汽车驱动轮输出功率的限值

汽车类别	汽车型号		额定扭矩工况		额定功率工况	
			直接挡检测车速 V_M /km/h	校正驱动轮输出功率/额定扭矩功率的限值 η_{Ma}/%	直接挡检测车速 V_P /km/h	校正驱动轮输出功率/额定扭矩功率的限值 η_{Ma}/%
载货汽车	1010、1020系列	汽油机	60	50	90	40
	1030、1040系列	汽油机	60	50	90	40
		柴油机	55	50	90	45
	1050、1060系列	汽油机	60	50	90	40
		柴油机	50	50	80	45
	1070、1080系列	柴油机	50	50	80	45
	1090系列	汽油机	40	50	80	45
		柴油机	55	50	80	45
	1100、1110、1120、1130系列	柴油机	50	45	80	40
	1140、1150、1160系列	柴油机	50	50	80	40
	1170、1190系列	柴油机	55	50	80	40
半挂[①]列车	10 t半挂列车系列	汽油机	40	50	80	45
		柴油机	50	50	80	45
	15 t、20 t半挂列车系列	柴油机	45	45	70	40
	25 t半挂列车系列	柴油机	45	50	75	40
客车	6600系列	汽油机	60	45	85	35
		柴油机	45	50	75	40
	6700系列	汽油机	50	40	80	35
		柴油机	55	45	75	35
	6800系列	汽油机	40	40	85	35
		柴油机	45	45	75	35
	6900系列	汽油机	40	40	85	35
		柴油机	60	45	85	35
	6100系列	汽油机	40	40	85	35
		柴油机	40	45	85	35
	6110系列	汽油机	40	40	85	35
		柴油机	55	45	80	35
	6120系列	柴油机	60	40	90	35
轿车	夏利、富康		95/65[②]	40/35[②]	—	—
	桑塔纳		95/65[②]	45/40[②]	—	—

注：5010～5040系列厢式货车和罐式货车驱动轮输出功率的允许值按同系列普通货车的允许值下调2%；其他系列厢式货车和罐式货车驱动轮输出功率的允许值按同系列普通货车的允许值下调4%。

①半挂列车按装载质量分类。

②汽车变速挡使用三挡时的参数值。

（5）起动汽车，逐步加速并换至直接挡，使汽车以直接挡的最低稳定车速运转，将加速踏板踩到底，测定额定转矩或额定功率工况的驱动轮输出功率。

（6）以每 10 km/h 检测车速设置一个测试点，测取汽车驱动轮输出功率。为使测取的驱动轮输出功率是在发动机稳定工况下的输出功率，必须待检测车速至少稳定 15 s 后再取数值。

（7）实测车速与设定车速误差的绝对值不应大于0.5 km/h ，确保检测数据的准确。

（8）全部测试完毕，待驱动轮停转后，切断移动式风冷装置电源，移去挡块，升起举升器托板，将被测车辆驶出实验台。

（9）切断底盘测功实验台电源，合上罩盖板。

（五）实验结果分析

1. 检测数据处理

按发动机外特性（功率）测试汽车驱动轮输出功率，从最低稳定检测车速至与发动机额定功率转速对应的检测车速（额定功率车速）区间，至少应设置 6 个测试点。对于读数异常的测试点，可重复测试。

记录测试时环境状态的各参数值。

将测得的受检汽车驱动轮输出功率校正为标准大气状态的输出功率。

2. 驱动轮输出功率的校正

汽车使用手册中提供的额定功率（最大功率）和额定转矩（最大转矩）均是指发动机在标准环境状态和规定的额定转速下输出的功率和转矩。标准环境状态是大气压力$P_0=100$ kPa，相对湿度 $\varphi_0=30\%$，环境温度 $T_0=298$ K（25 ℃）。

由于实际测试环境状态与标准环境状态差别较大，使得同一辆汽车在不同的测试环境下驱动轮的输出功率将明显不同。如在高原、热带和寒带地区工作时，汽车发动机功率显著下降；同一辆汽车在冬季和夏季发动机性能也差别明显。若仅以实测汽车驱动轮输出功率与额定输出功率比较，则将导致错误的检测结论。因此，必须将实测驱动轮输出功率校正为标准环境状态下的功率，即将其转换为与额定功率相同的环境状态下的功率，然后再与额定输出功率进行比较，这样就可避免误判，保证动力性检测作业的公证性和科学性。

实测环境状态下的输出功率校正为标准环境状态下的输出功率，采用校正系数的方法解决，即

$$P_0=\alpha\times P \tag{3-2}$$

式中 P_0——校正功率（即标准环境状态下的功率）（kW）；

α——校正系数（汽油机校正系数为 α_a；柴油机校正系数为 α_d）；

P——实测功率（kW）。

1）汽油机驱动轮输出功率的校正系数 α_a

汽油机校正系数 α_a 可用计算法或查表法求得。

α_a 计算法为

$$\alpha_a = (99/P_s)^{1.2} \times (T/298)^{0.6} \quad (3-3)$$

式中 T——测试时的环境温度（K）；

P_s——测试时的干空气压（kPa）。

式（3－3）的 99 kPa 为标准状态下的干空气压，298 K 为标准状态下的环境温度。测试环境的干空气压（P_s）为

$$P_s = P - \varphi \times P_{sw} \quad (3-4)$$

式中 P ——测试环境状态下的大气压（kPa）；

φ ——测试环境状态下的相对湿度（%）；

P_{sw} ——测试环境状态下的饱和蒸汽压（kPa）。

$\varphi \times P_{sw}$也可从表 3－3 查得。

表 3－3 不同湿度和温度下的 $\varphi \times P_{sw}$ 值

T/℃	φ				
	1	0.8	0.6	0.4	0.2
	$\varphi \times P_{sw}$/kPa				
－10	0.3	0.2	0.2	0.1	0.1
－5	0.4	0.3	0.2	0.1	0.2
0	0.6	0.5	0.4	0.1	0.2
5	0.9	0.7	0.5	0.2	0.4
10	1.2	1.0	0.7	0.2	0.5
15	1.7	1.4	1.0	0.7	0.5
20	2.3	1.9	1.4	0.9	0.5
25	3.2	2.5	1.9	1.3	0.6
27	3.6	2.9	2.1	1.4	0.7
30	4.2	3.4	2.5	1.7	0.9
32	4.8	3.8	2.9	1.9	1.0
34	5.3	4.3	3.2	2.1	1.1
36	6.0	4.8	3.6	2.6	1.2
38	6.6	5.3	4.0	2.7	1.3
40	7.4	5.9	4.4	3.2	1.5
42	8.2	6.6	4.9	3.3	1.6
44	9.1	7.3	5.5	3.6	1.8
46	10.1	8.1	6.1	4.0	2.0
48	11.2	8.9	6.7	4.5	2.2
50	12.3	9.9	7.4	4.9	2.5

2）柴油机驱动轮输出功率的校正系数 α_d

柴油机校正系数 α_d 可用计算法或查表法求得。

α_d 计算法为

$$\alpha_d = (f_a)^{f_m} \tag{3-5}$$

式中 f_a——大气因子。

则

$$f_a = (99/P_s) \times (T/298)^{0.7} \tag{3-6}$$

$$f_m = 0.036q_c - 1.14 \tag{3-7}$$

式中 q_c——校正的比排量循环供油量。当 $q_c < 40$ mg（L·循环）时，取恒定值0.3；当 $q_c > 65$ mg（L·循环）时，取恒定值1.2。

f_m——发动机因子，发动机型式和调整的特性参数。

底盘测试机显示的数值是功率吸收装置的吸收功率的数值，在处理检测结果的数据时，必须增加汽车在滚筒上滚动阻力消耗的功率、台架机械阻力消耗的功率及风冷式功率吸收装置的风扇所消耗的功率，其计算式应为

$$P = P_1 + P_2 + P_3 \tag{3-8}$$

式中 P_1——电涡流测功机测得的功；

P_2——车轮在滚筒上滚动的损失功率；

P_3——风冷式功率吸收装置冷却风扇所消耗的功率。

五、实验考核

1. 实验考核项目与评分方法

汽车动力性能实验的考核项目与评分方法见表3-4。

表3-4 汽车动力性能实验的考核项目与评分方法

序号	考核项目	标准得分	评分标准	考核记录	扣分	得分
1	实验设备结构的熟悉程度	10	结构不熟悉每次扣5分			
2	实验原理的理解程度	10	原理不清楚每次扣5分			
3	实验设备的操作	20	操作不正确每次扣5分			
4	实验数据的记录与处理	20	数据记录不全每项扣5分、数据处理不正确每项扣10分			
5	实验结果的判定	20	结果判定错误，不得分			
6	实验场地安全用电，防火，无人身、设备事故	20	因操作不当发生重大事故，此次实验成绩按0分计			
7	项目总分	100				

2. 实验报告内容要求

（1）说出底盘测功实验台的结构组成、工作原理。

（2）说出底盘测功的方法及步骤。

（3）实验数据原始记录。

（4）数据处理：把测得的受检汽车驱动轮输出功率校正为标准大气状态的输出功率。

（5）计算出被测车辆的传动效率，并与标准值比较，判定合格与否。

实验二　汽车制动性能实验

一、实验目的和要求

（1）掌握制动性能检测的实验方法和步骤，加深对制动性能的认识。

（2）掌握汽车制动实验数据结果的分析、处理及判断方法。

（3）了解制动力检测设备的结构组成和使用方法。

二、实验工具和设备

（1）ACZD－10 系列汽车轴重－制动二合一滚筒式检验台 1 台。

（2）实验用汽车 1 辆。

三、实验注意事项

（1）操作人员及实验学生必须遵守实验室安全守则，严格遵守设备安全使用操作规程。

（2）实验设备必须按使用说明书的要求进行开机前的准备、预热，按操作说明书的程序进行操作。

（3）实验车辆必须装备齐全、安全可靠，并进行必要的预热。

（4）操作人员在测试过程中应严肃认真，并注意有无异常现象，如异味、异响、异常振动等。

（5）在实验过程中一旦发生车辆及检测设备异常，应立即停止实验查找原因，防止人身事故与设备事故的发生。

四、实验内容与方法

汽车制动性能的评价指标主要有：汽车制动时车轮的受力、汽车的制动效能及其恒定性、制动时汽车的方向稳定性、前/后制动器制动力的比例关系。

汽车制动性能检测的主要项目有：制动力、制动力平衡要求、车轮阻滞力、制动协调时间。

（一）制动实验台结构介绍

ACZD－10 系列滚筒反力式汽车制动检验台是一种模拟道路实验、在台架上检测汽车制动性能的专用设备。该设备可满足不同类型汽车左、右轮最大制动力测试，制动不平衡比测试，车轮阻滞力测试。汽车制动检验台与控制系统配套，可直接显示测试数据并进行判断，显示制动力增长过程曲线并进行打印。

制动检验台结构如图 3 -4 所示，它由机械台体部分和控制仪表部分组成。

制动检测部分设置两套独立的检测装置，每套装置由电机、减速器、主动滚筒、从动滚筒、S 型测力传感器等组成。电机的法兰直接与减速器相连，减速器的输出轴套装配在主动滚筒的轴端上，滚筒通过带座球轴承安装在机架上，主动、从动滚筒用链条传动连接在一起，这样就构成了电机和减速器可以绕主动滚筒轴线旋转的悬浮传动链，在机架与减速器力臂之间用 S 型测力传感器悬挂连接在一起组成反力测试系统。

为防止测试时黏砂滚筒扒伤汽车轮胎，在主动、从动滚筒之间安装有第三滚筒自动停机装置。

为使汽车方便平稳地驶入、驶出制动台，在主动、从动滚筒之间设有气囊举升机构。

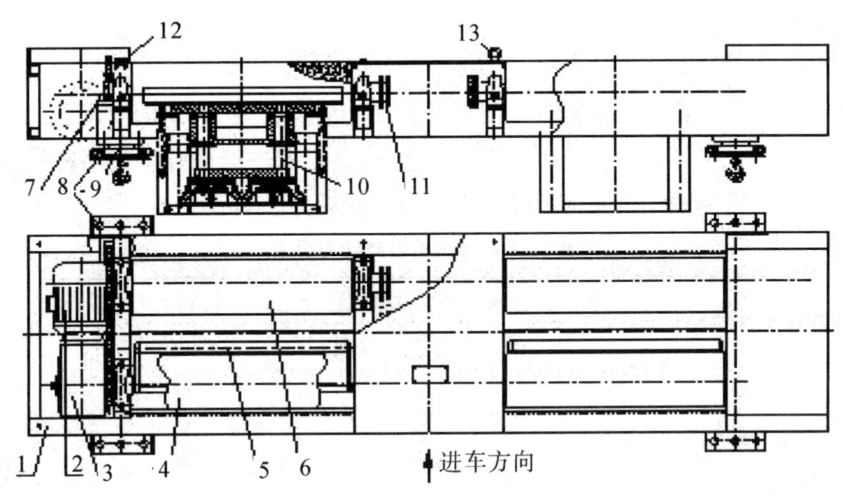

图 3 -4　制动检验台结构简图

1—机架；2—电机；3—减速箱；4—主动滚筒；5—第三滚筒；6—从动滚筒；7—测力传感器；8—轴重调整螺栓；9—轴重传感器；10—举升装置；11—链轮；12—光电开关；13—吊装螺栓。

（二）实验原理（实验操作步骤）

在测量车轮制动力时，被测车轮驶入制动台两滚筒之间（此时被测车怠速，挂空挡），电机通电转动，经减速机减速增大扭矩后驱动滚筒转动。由于被测车轮轮胎外圆与两滚筒外圆表面相切，此时车轮也在磨擦力的作用下以与滚筒相同的线速度转动，因此由电机驱动车轮转动的转矩称为驱动转矩。待电机运转平稳后，踩制动踏板使车轮制动，车轮制动产生的制动转矩经轮胎传递到滚筒表面，此时滚筒表面受到的制动转矩与驱动转矩形成一对大小相等、方向相反的力偶矩。制动转矩试图阻止滚筒转动，并带动由电机、减速器构成的传动链围绕主动滚筒轴线反向旋转，在减速器与机架之间安装的 S 型测力传感器限制了传动链的转动并测取了制动转矩的信号，此信号经控制系统处理，显示其量化值。

在不制动时，滚筒表面转动的线速度与被测车轮轮胎外圆的线速度相同，不会造成轮胎磨损；但当制动时，尤其在车轮抱死时，滚筒表面转动的线速度和被测车轮轮胎外圆的线速度不相同就会造成轮胎磨损。主动、从动滚筒之间安装的第三滚筒，在检测时由轮胎带动以轮胎相同的线速度转动。制动过程中，如果轮胎相对滚筒产生滑动，线速度就会降低，则装配在第三滚筒轴端的传感器将速度降低信号传输至控制系统。当轮胎的线速度相对滚筒的线速度的滑差率达 70% ~90% 时，检测控制系统会发出指令自动停机，避免轮胎磨损。

在机架下部安装的四只桥式测力传感器，在测试车轴进入主动、从动滚筒之间时，车轴的质量载荷使其产生应变，输出电信号传送至控制系统。处理后的数据与制动力比较的百分比作为检测评判的依据。

（三）实验技术标准及要求

汽车制动性能检测的国家标准为 GB 7258—2017《机动车运行安全技术条件》，主要内容如下：

1. 制动力百分比要求

汽车、汽车列车在制动检验台上测出的制动力应符合表 3 – 5 的要求。对空载检验制动力有质疑时，可用表中规定的满载检验制动力要求进行检验。使用转鼓试验台检测时，可通过测得的制动减速度值计算得到最大制动力。

表 3 – 5　台试检验制动力要求

机动车类型	制动力总和与整车重量的百分比		轴制动力与轴荷[a]的百分比	
	空载	满载	前轴[b]	后轴[b]
三轮汽车	—		—	60[c]
乘用车、其他总质量小于或等于 3500 kg 的汽车	≥60	≥50	≥60[c]	≥20[c]
铰接客车、铰接式无轨电车、汽车列车	≥55	≥45	—	—
其他汽车	≥60[d]	≥50	≥60[c]	≥50[e]
挂车	—	—		≥55[f]
普通摩托车	—	—	≥60[c]	≥55
轻便摩托车	—	—	≥60[c]	≥50

[a]用平板制动检验台检验乘用车、其他总质量小于或等于 3500 kg 的汽车时，应按左右轮制动力最大时刻所分别对应的左右轮动态轮荷之和计算。

[b]机动车（单车）纵向中心线中心位置以前的轴为前轴，其他轴为后轴；挂车的所有车轴均按后轴计算；用平板制动试验台测试并装轴制动力时，并装轴可视为一轴。

[c]空载和满载状态下测试均应满足此要求。

[d]对总质量小于或等于整备质量的 1.2 倍的专项作业车，应大于或等于 50%。

[e]满载测试时后轴制动力百分比不做要求；空载用平板制动检验台检验时应大于或等于 35%；总质量大于 3500 kg 的客车，空载用反力滚筒式制动试验台测试时应大于或等于 40%，用平板制动检验台检验时应大于或等于 30%。

[f]满载状态下测试时应大于或等于 45%。

2. 制动力平衡要求（摩托车除外）

对新注册车和在用车在制动检验台上测出的制动力平衡应符合表3－6的要求。检测车辆的制动力时，在制动力增长全过程中同时测得的左右轮制动力差的最大值，与全过程中测得的该轴左右轮最大制动力中大者（当后轴制动力小于该轴轴荷的60% 时为与该轴轴荷）之比。

表3－6 台试检验制动力平衡要求

	前轴	后轴	
		轴制动力大于或等于该轴轴荷60%时	制动力小于该轴轴荷60%时
新注册车	≤20%	≤24%	≤8%
在用车	≤24%	≤30%	≤10%

3. 车轮阻滞力要求

进行制动力检验时，汽车、汽车列车各车轮的阻滞力均应小于或等于轮荷的10%。

4. 制动协调时间

汽车的制动协调时间，对液压制动的汽车应小于或等于0.35 s，对气压制动的汽车应小于或等于0.60 s，铰接客车、铰接式无轨电车的制动协调时间应小于或等于0.80 s。

5. 驻车制动性能

当采用制动检验台检验车辆驻车制动的制动力时，车辆空载，乘坐一名驾驶员，使用驻车制动装置，驻车制动力的总和应不小于该车在测试状态下整车重量的20%；对总质量为整备质量1.2倍以下的车辆，不小于15%。

车辆制动性能的判定：

汽车、汽车列车在制动检验台上测出的检验结果同时满足以上1~5项内容时，方为合格。

当车辆经台试检验后对其制动性能有质疑时，可用后述路试检验制动性能的规定（制动距离、充分发出的平均减速度）进行复检，并以满载路试的检验结果为准。

（四）实验结果分析

当车辆全部测试完毕，检验台控制计算机能根据所检测的制动各项指标，分析各项检测数据与GB 7258—2017《机动车运行安全技术条件》国家标准对比，自动检查所检车辆各项检测指标是否合格，作出合格或不合格的判断。

对检测不合格的项目，分析其故障产生的原因。

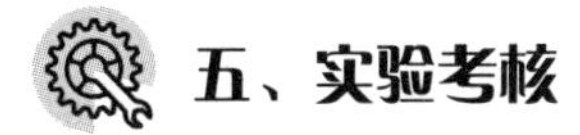

五、实验考核

1. 实验考核项目与评分方法

汽车制动性能实验的考核项目与评分方法见表3－7。

表3-7 汽车制动性能检测的考核项目与评分方法

序号	考核项目	标准得分	评分标准	考核记录	扣分	得分
1	实验设备结构的熟悉程度	10	结构不熟悉每次扣5分			
2	实验原理的理解程度	10	原理不清楚每次扣5分			
3	实验设备的操作	20	操作不正确每次扣5分			
4	实验数据的记录与处理	20	数据记录不全每项扣5分、数据处理不正确每项扣10分			
5	实验结果的判定	20	结果判定错误，不得分			
6	实验场地安全用电，防火，无人身、设备事故	20	因操作不当发生重大事故，此次实验成绩按0分计			
7	项目总分	100				

2. 实验思考题

（1）简述汽车制动检验台的功能、用途。

（2）说出汽车制动检测项目，说出判定其合格与否的国家标准。

（3）分析所检车辆的制动检测数据，对原始数据进行计算处理；说出数据的具体计算过程，并判定结果合格与否。对测试不合格的项目，分析故障原因，确定调整方案。

实验三　汽车悬架性能实验

一、实验目的和要求

1. 汽车悬架性能实验目的

（1）掌握汽车悬架性能检验台的结构与工作原理。

（2）掌握汽车悬架隔振原理与其隔振性能检测方法。

（3）设计一套汽车悬架性能检测的方案并通过实验验证。

2. 汽车悬架性能实验要求

遵循操作规程，设计实验方案，记录实验数据，分析实验结果，撰写实验报告。

二、实验工具与设备

（1）ACXX－160 汽车悬架装置检验台 1 台。

（2）自制单轮平板式悬架参数检测仪 1 只。

（3）MI－6004 虚拟仪器系统（数据采集系统）1 套。

（4）加速度传感器（BZ1105 、BZ1143）2 只。

（5）实验用汽车 2 辆。

三、实验注意事项

（1）操作人员及实验学生必须遵守实验室安全守则，严格遵守设备安全使用操作规程。

（2）实验设备必须按使用说明书的要求进行开机前的准备、预热，按操作说明书的程序进行操作。

（3）实验车辆必须装备齐全、安全可靠，并进行必要的预热。

（4）操作人员在测试过程中应严肃认真，并注意有无异常现象，如异味、异响、异常振动等。

（5）实验过程中一旦发生车辆及检测设备异常，应立即停止实验查找原因，防止人身事故与设备事故的发生。

四、实验内容与方法

汽车悬架是车身和车轮之间的一切传力连接装置的总称，它把路面作用于车轮的支承力、牵引力、制动力、侧向反力和这些力所产生的力矩传递到车身上，保证汽车的正常行驶。悬架系统是汽车的重要组成部分，也是衡量汽车质量的重要指标之一。汽车悬架系统的性能是影响汽车行驶平顺性、操纵稳定性和安全性的重要因素。汽车悬架系统把车身和车轮弹性地连接在一起，传递路面作用于车轮的各种力以及这些力所产生的力矩，并缓和由不平路面传给车身的冲击载荷，衰减由此引起的振动，从而保证汽车行驶的平顺性、舒适性和操纵稳定性。

（一）汽车悬架种类

根据车桥是否断开，汽车悬架可分为独立悬架和非独立悬架。根据悬架的阻尼和刚度是否随着行驶条件的变化而变化，汽车悬架可分为被动悬架、半主动悬架、全主动悬架。虽然现代汽车的悬架种类繁多，结构差异较大，但汽车悬架系统一般由弹性元件、减振元件和导向构件组成，汽车悬架的模型如图 3－5 所示。

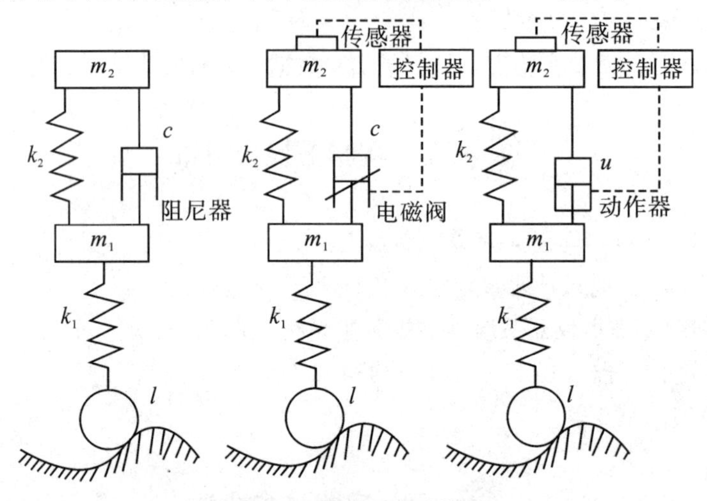

图 3－5　三种悬架的模型

m_1—簧下质量；m_2—车身质量；k_1、k_2—隔振弹簧；c—阻尼器；u—动作器；l—轮胎。

（二）实验原理与检测方法

1. 汽车悬架隔振原理

当汽车轮胎受到冲击时，弹性元件对冲击进行缓冲，防止对汽车构件和人员造成损伤。但弹性元件受到冲击时会产生长时间的持续振动，容易使驾驶员疲劳而发生车祸，故减振元件必须快速衰减振动。当车轮受到冲击而跳动时，应使其运动轨迹符合一定的要求，否则会降低汽车的平顺性和稳定性。导向构件在传力的同时，必须对方向进行控制。图 3－6 是二阶系统振动传递率与激励频率的关系图，对于理想的线性隔振系统，f_0 为汽车悬架的固有频率，f 为激励频率。当激励频率 $f\in(0,\sqrt{2}f_0)$ 时，系统处于增幅区，不隔振；当激励频率 $f\geqslant\sqrt{2}f_0$ 时，隔振系统具备隔振性能。一般乘用车的固有频率 f_0 在 1.4 Hz 左右，这时悬架系统若要达到共振，减幅区要始于 2 Hz，也就是使悬架的灵敏度小于 1，这样，人体敏感振动频率（2 Hz）以上的激励频率就都在振动范围内了。隔振原理就是通过减振器使悬架工作于减幅区域以达到减振的目的的。

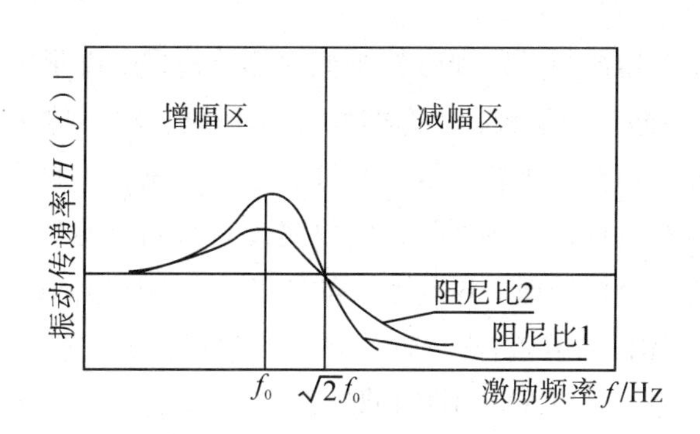

图3-6　二阶系统振动传递率 $|H(f)|$

2. 汽车隔振性能检测方法

汽车隔振性能的检测主要是检测它的悬架效率（吸收率），目前检测汽车悬架效率所依据的原理有两大类：扫频法和拟脉冲法。扫频法是利用储能飞轮降速扫频激振，在转速等于悬架-车轮系统的固有频率处，使检测平台、车轮、悬架三者共振。拟脉冲法是利用拟脉冲激励在频域中的有限带宽性质，激励悬架-车轮系统，使检测平台、车轮、悬架三者共振。文献《新型汽车悬架检测台建模与仿真》建立了汽车不解体时悬架参数检测理论模型，通过仿真表明，只需检测汽车车轮作用于检测平台的信号，就可以对汽车悬架参数进行有效检测。据此，可以通过检测扫频激励过程或拟脉冲激励过程中汽车车轮作用于检测平台的振动信号，获得汽车悬架效率。下面分别介绍基于扫频法和拟脉冲法的汽车悬架参数检测方法。

1）扫频法

图3-7所示是深圳市安车科技有限公司制造的ACXX-160扫频式汽车悬架振动实验台原理图，由电机、偏心轮、飞轮、弹簧、平台等部件组成激振器，弹簧迫使检测平台适度压紧于偏心轮。实验台工作原理如下：

（1）偏心轮旋转时，偏心轮-平台碰摩，使得平台与其上的汽车车轮-悬架系统振动；

（2）开机数秒后断开电机电源，依靠飞轮储能自额定转速开始降速；

（3）检测扫频激励过程中汽车车轮作用于检测平台的振动信号，可获得汽车悬架效率。由于断电时电机转速高于平台-车轮-悬架系统的固有频率，因此在电机逐渐减速的扫频激振过程中，平台做衰减的单频正弦振动直至停止，总可以“扫”到平台-车轮-悬架系统的固有频率而使该系统共振。

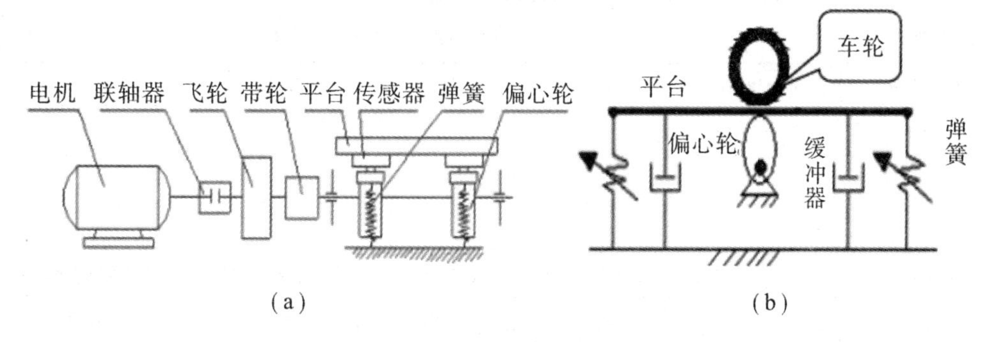

图3-7　ACXX-160扫频式汽车悬架振动实验台原理图

（a）系统结构简图；（b）偏心轮激振器原理图。

该实验台由电子电器控制系统和台架机械两部分构成。电子电器控制系统主要由放大板、过渡板、I/O 板、电源板、固态继电器、计算机及控制软件组成。台架机械由台面、电机、传感器、弹簧、飞轮、带轮及偏心轮等组成。控制软件是联系悬架装置检测台电子电器部分与机械部分的桥梁，它仅实现对检测台动作的控制，同时也对检测台所采集的数据进行分析处理，并最终以高密度的形式将检测结果计算和打印出来。对需要经过重车的台体，加装盖板，通过压缩空气打开盖板进行检测，检测完毕后，合上盖板，以利大车通过。ACXX－160 扫频式汽车悬架振动实验台整体系统构成如图 3－8 所示。

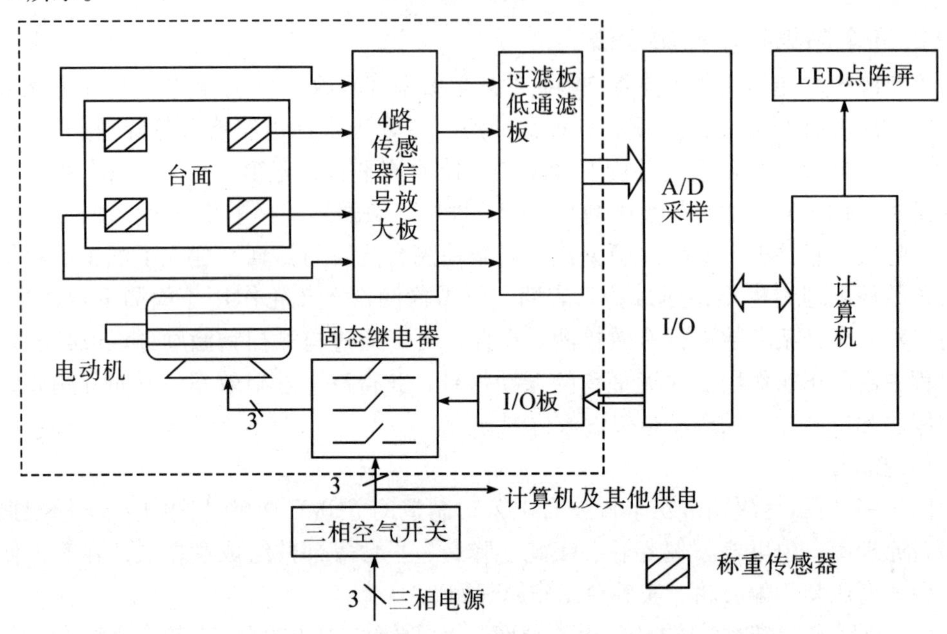

图 3－8　ACXX－160 扫频式汽车悬架振动实验台整体系统构成图

ACXX－160 实验台具有以下功能：①静态载荷时轮重；②动态载荷时最小吸收率；③动态载荷时谐振频率；④计算和显示悬架性能评价指标的百分比；⑤显示及打印车轮振动曲线，如图 3－9 所示。

悬架振动检测结果

检测类别：　　　　检测日期：2019－10－20　　　　编号：50

车牌号码	苏 A0001	车牌颜色	白色	检测类型	单机检测
车主单位	南京工程学院				
前轴检测结果					
左轮			右轮		
轮重/kg	谐振频率/Hz	最小吸收率/%	轮重/kg	谐振频率/Hz	最小吸收率/%
287	11.7	88.4	240	4.9	84.7
前轮轴重	837.00		吸收度差值	3.7	合格

（续表）

后轴检测结果					
左轮			右轮		
轮重/kg	谐振频率/Hz	最小吸收率/%	轮重/kg	谐振频率/Hz	最小吸收率/%
168	13.7	64	135	14.6	51.4
前轮轴重	780.00		吸收度差值	12.6	合格
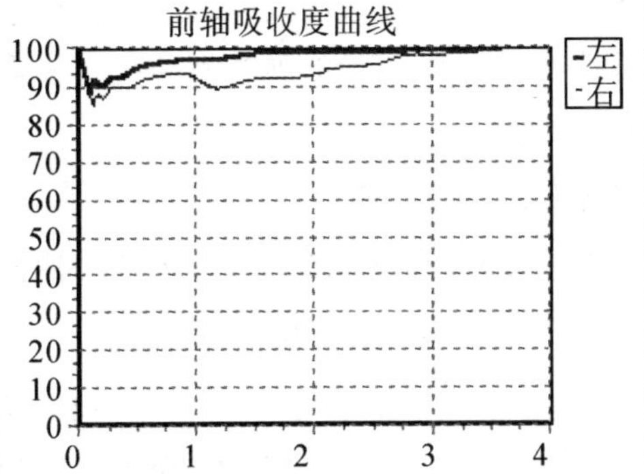			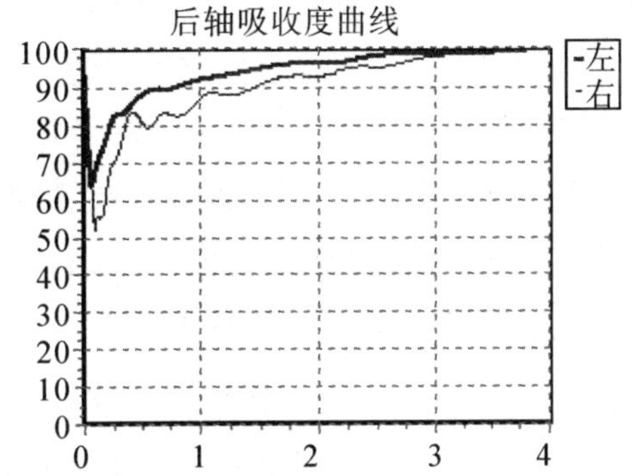		
备注					

图 3－9　ACXX－160 扫频式汽车悬架振动实验台测试结果

2）拟脉冲法

图 3－10 所示是拟脉冲式汽车悬架振动实验台原理图，两只力传感器布于检测台平板下。实验台工作原理是：（1）将待检悬架所属车轮缓慢驶上检测平台后停稳熄火，基于拟脉冲激励原理，采用人工按压车体激励；（2）力传感器把检测到的悬架－车轮系统振动信号变换为电荷信号，通过电荷放大器变换为模拟电压信号，通过 A/D 转换器变化为数字信号，最后传输至控制计算机；（3）在控制计算机内通过测控程序对采集到的参数进行分析，即可计算出被测车辆的悬架效率。

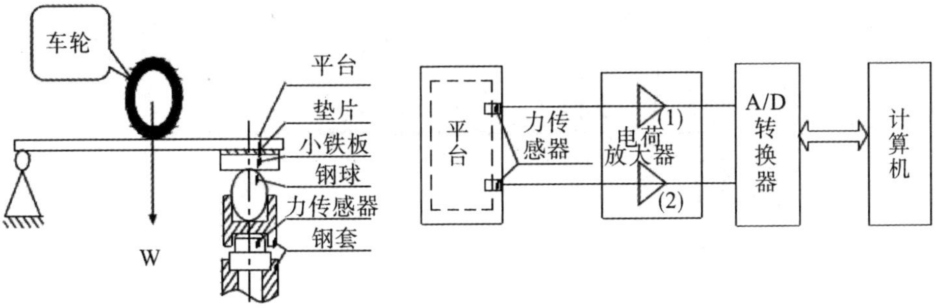

（a）　　　　　　　　（b）

图 3－10　拟脉冲式汽车悬架振动实验台原理图

（a）系统结构简图；（b）检测单元构成框图。

（三）实验技术标准及规范

根据 GB 18565—2016《营运车辆综合性能要求和检测方法》标准要求，用悬架台检测时，受检车辆的车轮在受外界激励振动下的吸收率（被测汽车共振时的最小动态车轮垂直载荷与静态垂直载荷的百分比值）不小于 40%，同轴左、右轮吸收率之差不得大于 15%；用平板检测台检测时，受检车辆制动时测得的悬架效率不应小于 45%，同轴左、右轮悬架效率之差不得大于 20%。车辆悬架装置工作性能检测结果符合上述规定的测试要求时，表明汽车悬架装置的弹性元件、导向装置和减振器三部分工作性能良好；当检测结果不符合规定要求时，原因可能在于悬架装置的弹簧有裂纹，弹簧和导向装置的连接螺栓松动，减振器漏油、缺油或损坏等。

（四）数据处理（计算悬架效率或吸收率的方法）

当电机断电后作扫频激励时，或施行按压后作拟脉冲激励时，检测平台下传感器检测到的汽车车轮振动信号的图形如图 3－11 所示。这是一种以有阻尼固有频率 $f_d = f_0\sqrt{1-\xi^2}$ 进行的等周期衰减振动，f_0 和 ξ 分别是汽车悬架－车轮系统的一阶固有频率和阻尼比。图 3－11 中振动信号曲线上超出稳态值的偏离量称为“超调量”，M_i 和 M_{i+1} 即为信号一个振荡周期 $T_d = 1/f_d$ 中的两个超调量。汽车悬架阻尼比 ξ 用式（3－9）计算，即

$$\begin{cases}\delta = \ln(M_i/M_{i+1}) \\ \xi = \sqrt{\delta^2/(\delta^2+4\pi^2 n^2)}\end{cases} \tag{3-9}$$

式中 δ——两个超调量的对数比。

n——两个超调量之间的最大整周期个数。

根据欧洲减振器制造协会 EUSAMA（The European Shock Absorber Manufacturer's Association）对汽车悬架阻尼比 ξ 的要求，ξ 的范围应为 0.2～0.45。

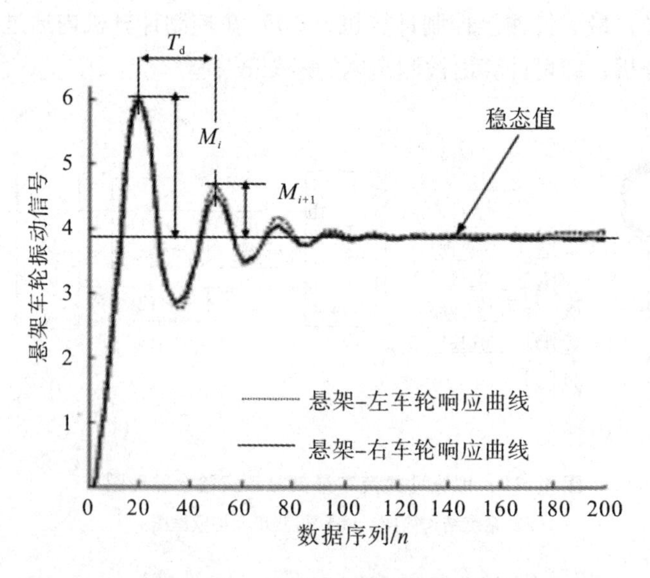

图 3－11 检测平台获得的振动信号

悬架效率 η 用式（3－10）计算，即

$$\eta = 1 - 1/\exp\sqrt{\pi^2/[(1/\xi^2) - 1]} \tag{3-10}$$

悬架效率的物理意义是汽车在第一个振动周期中悬架阻尼衰减、吸收振动能量的程度，它反映了汽车悬架的减振能力。为保证汽车的乘坐舒适性和行驶平顺性，悬架效率 η 应大于45%，而左、右轮悬架效率差 $\Delta\eta$ 应小于15%。

五、实验考核

1. 实验考核项目与评分方法

汽车制动性能实验的考核项目与评分方法见表3－8。

表3－8 汽车制动性能实验的考核项目与评分方法

序号	考核项目	标准得分	评分标准	考核记录	扣分	得分
1	实验设备结构的熟悉程度	10	结构不熟悉每次扣5分			
2	实验原理的理解程度	10	原理不清楚每次扣5分			
3	实验设备的操作	20	操作不正确每次扣5分			
4	实验数据的记录与处理	20	数据记录不全每项扣5分、数据处理不正确每项扣5分			
5	实验结果的判定	20	结果判定错误，不得分			
6	实验场地安全用电，防火，无人身、设备事故	20	因操作不当发生重大事故，此次实验成绩按0分计			
7	项目总分	100				

2. 实验报告内容要求

（1）实验前必须事先预习实验内容，掌握实验原理。

（2）各实验小组实验前必须讨论制定实验方案，绘制实验系统结构草图，设计实验主要方法、步骤草案，并提交指导老师审核。

（3）按预定的实验方案搭建测试系统，并实施实验，记录实验数据。

（4）对所记录的实验数据进行处理与分析，最终根据测试的数据绘制测试波形图，计算悬架效率或吸收率值，并判断是否合格。

模块四

汽车检测技术篇

实验一　汽车安全性能检测实验

一、实验目的和要求

（1）通过实验了解汽车安全性能的检测程序、检测项目及检测方法。

（2）掌握 GB 7258—2017《机动车运行安全技术条件》中有关汽车安全性能的国家标准内容。

二、实验工具和设备

（1）检测设备（各 1 套）：汽油机排放分析仪、柴油机不透光度计、汽车底盘测功机检验台、汽车制动检验台、机动车前照灯检测仪、汽车侧滑检验台、汽车外检录入器、声级计、空气压缩机、机动车综合检测控制系统等。

（2）实验汽车 1 辆。

三、实验注意事项

（1）操作人员及实验学生必须遵守实验室安全守则，严格遵守设备安全使用操作规程。

（2）实验设备必须按使用说明书的要求进行开机前的准备、预热，按操作说明书的程序进行操作。

（3）实验车辆必须装备齐全、安全可靠，并进行必要的预热。

（4）操作人员在测试过程中应严肃认真，并注意有无异常现象，如异味、异响、异常振动等。

（5）实验过程中一旦发生车辆及检测设备异常，立即停止实验查找原因，防止人身事故与设备事故的发生。

四、实验内容与方法

根据GB 7258—2017《机动车运行安全技术条件》，检测线应具有的检测项目有：汽油汽车废气排放和柴油汽车烟度检测；汽车车速表检测；汽车车轮轴重及制动力检测；汽车灯光性能检测；汽车喇叭声级检测；汽车侧滑检测；汽车外表检测。

（一）汽车检测线介绍

汽车检测线是综合运用现代检测技术对汽车进行不解体检验的场所。它具有快速、准确、定量和全面的特点，能在室内检测、诊断出车辆的各参数和可能出现的故障，为全面、正确评价汽车的技术状况提供可靠依据。

汽车检测线可以分为安全性能检测线、综合性能检测线、维修诊断检测线等不同类型。安全性能检测线用于汽车年审检测，由公安交警部门主管；综合性能检测线用于营运车辆定期检测，由交通运输管理部门主管；维修诊断检测线，一般维修企业用于对汽车的制动、侧滑和悬挂系统进行简单检测。

各类汽车检测线结构组成相同，它们都由多个检测工位组成，分布形式多为直线通道式，检测工位按一定顺序分布在直线通道上。汽车检测线除各工位上的检测设备外，还需要检测控制管理系统进行控制与管理。

1. 安全检测线检测设备

安全检测线检测设备一般有：汽油机排放分析仪、柴油机不透光度计、底盘测功机检验台、汽车制动检验台、机动车前照灯检测仪、汽车侧滑检验台、汽车外检录入器、声级计、空压机、机动车综合检测控制系统等。

检测设备一般根据检测分工要求分到不同的工位，检测工位数量可根据实际检测设备的配制要求确定。

车辆检测线各工位检测设备及布局如图4－1所示。

图4－1 车辆检测线布局

2. 检测控制管理系统

检测控制管理系统主要由计算机及计算机网络管理系统组成，为完成汽车检测任务对检测设备及检测车辆进行自动控制，并自动生成检测结果。

计算机网络管理系统的功能是负责全线的监视、控制、数据采集、处理、管理、检测结果判断和通信等全自动控制任务。

计算机网络管理系统由硬件和软件两部分组成。硬件系统由登录计算机、主控计算机（服务器）、各工位计算机、交换机、打印机、显示屏、网格线等组成。服务器是整个系统的核心，负责管理检测站的所有计算机，并建有数据库；登录计算机负责车辆信息受理，并将受理的检测信息传输到服务器中；工位计算机负责本工位检测项目任务，并将检测结果传输到服务器。软件系统由各检测程序组成，主要是主控软件、录入软件、通讯服务软件、数据库软件、工位计算机软件等。

（二）实验工作原理

1. 检测程序、业务流程

车主将车辆停在停车场，并领取报检表，填妥后交给登录受理计算机操作员，受理计算机操作员将车主及车辆信息、检测项目等输入到登录计算机，并将信息发送给主控计算机（服务器）。主控计算机（服务器）根据受理信息将检测命令发送到各工位计算机，工位计算机根据检测命令全自动调度检测，并将检测结果传给主控计算机（服务器），主控计算机（服务器）则将各个工位的数据进行分析、判断，并给出总检结果，打印报表。

2. 各工位的检测功能

本安全检测线由三个工位组成，各工位的检测功能如下：

1）第一工位

（1）检测设备。该工位的主要检测设备为汽油机排放分析仪、柴油机不透光度计、底盘测功机检验台三种检测设备。

（2）检测项目与功能。①检测汽油车怠速排放污染物；②检测柴油车自由加速排气可见污染物；③检测汽车车速表的指示误差。

（3）检测流程。第一工位计算机接到主控计算机的检测指令后，在点阵显示屏上显示出检测指令并开始检测。如果发动机是汽油机的车辆，则进行废气检测；如果发动机是柴油机的车辆，则进行排气不透兴度检测。燃油的性质在受理时已经进行了分类，因此在检测过程中，工位计算机会根据受理的信息在点阵显示屏上显示检测指令。在尾气（烟度）检测结束后，开始检测车速表，此项目检测结束后，引车员按照点阵显示屏所显示的指令进入下一项目的检测。

2）第二工位

（1）检测设备。该工位的主要检测设备为制动检验台、空气压缩机两种检测设备。

（2）检测项目与功能。①检测汽车各轴的质量和整车质量；②检测汽车前、后轮及挂车车轮的制动效能；③检测汽车驻车的制动效能。

（3）检测流程。在第一工位检测结束后，第二工位计算机接到主控计算机的检测指令，点阵显示屏会自动显示本车辆的检测指令。对于二轴标准车辆，检测的顺序为前轮轴重、前轮阻滞力、前制动力、后轮轴重、后轮阻滞力、后制动力、驻车制动力七个项目，工位计算机可根据检测的数据进行计算，并将计算结果与国家标准进行比较，得出合格与否的结论。

3）第三工位

（1）检测设备。该工位的主要检测设备为汽车外检录入器、前照灯检测仪、侧滑检验台、声级计、空气压缩机等几种检测设备。

（2）检测项目与功能。①检测汽车外观及装备：车辆的外观容貌、喷漆色别、喷字、前后牌照是否符合规定，车辆的灯光照明、喇叭、倒车镜等各装备是否齐全可靠，门窗密封及玻璃升降是否正常，轮胎磨损及气压情况、车辆操作装置是否正常，车辆制动、转向等各大装置工作是否正常，车辆所有连接螺栓是否可靠，车辆的油、水、电、气是否泄漏，车辆运转是否有异响等；②检测前照灯的发光强度与光束照射方向、角度误差；③检测喇叭噪声大小；④检测前轮侧滑量。

（3）检测流程。第二工位检测结束后，第三工位点阵显示屏会自动显示此车辆的检测指令。

首先进行车辆外检，即对车辆上、下两部分按照有关要求进行目测检验，工位计算机上有检测项目清单，约有 150 余项内容，对于不合格项目，则在相应的内容前加标识。检测结束后，将检测结果输入到工位计算机内，再由工位计算机将信息发送到主控计算机内。

其次，外检结束后，工位计算机向前照灯检测仪发出灯光开始检测的指令，全自动前照灯检测仪对左、右前照灯进行自动检测。灯光检测结束后，接着进行声级检测、侧滑检测。侧滑检测为动态检测，车辆以 3 ~5 km/h 的速度驶过侧滑检验台便可完成检测任务。

当主控计算机收到最后工位的检测结果后，服务器接收到所有检测数据，便认为这一车辆安全性能检测结束。图 4 –2 为汽车安全检测业务流程图。

（三）实验准备工作

（1）检查电源电压和气源气压。

（2）检查打印机是否处于工作状态。

（3）打开服务器，打开主控程序、管理系统——客户端、管理系统——服务端。

（4）打开登录计算机，打开报检终端，输入需检车辆信息及检测项目内容。

（5）打开不间断电源（UPS），打开网络适配器，打开第一工位计算机、第二工位计算机、第三工位计算机，分别打开各工位计算机的检测程序，选择“联网全自动”模式。

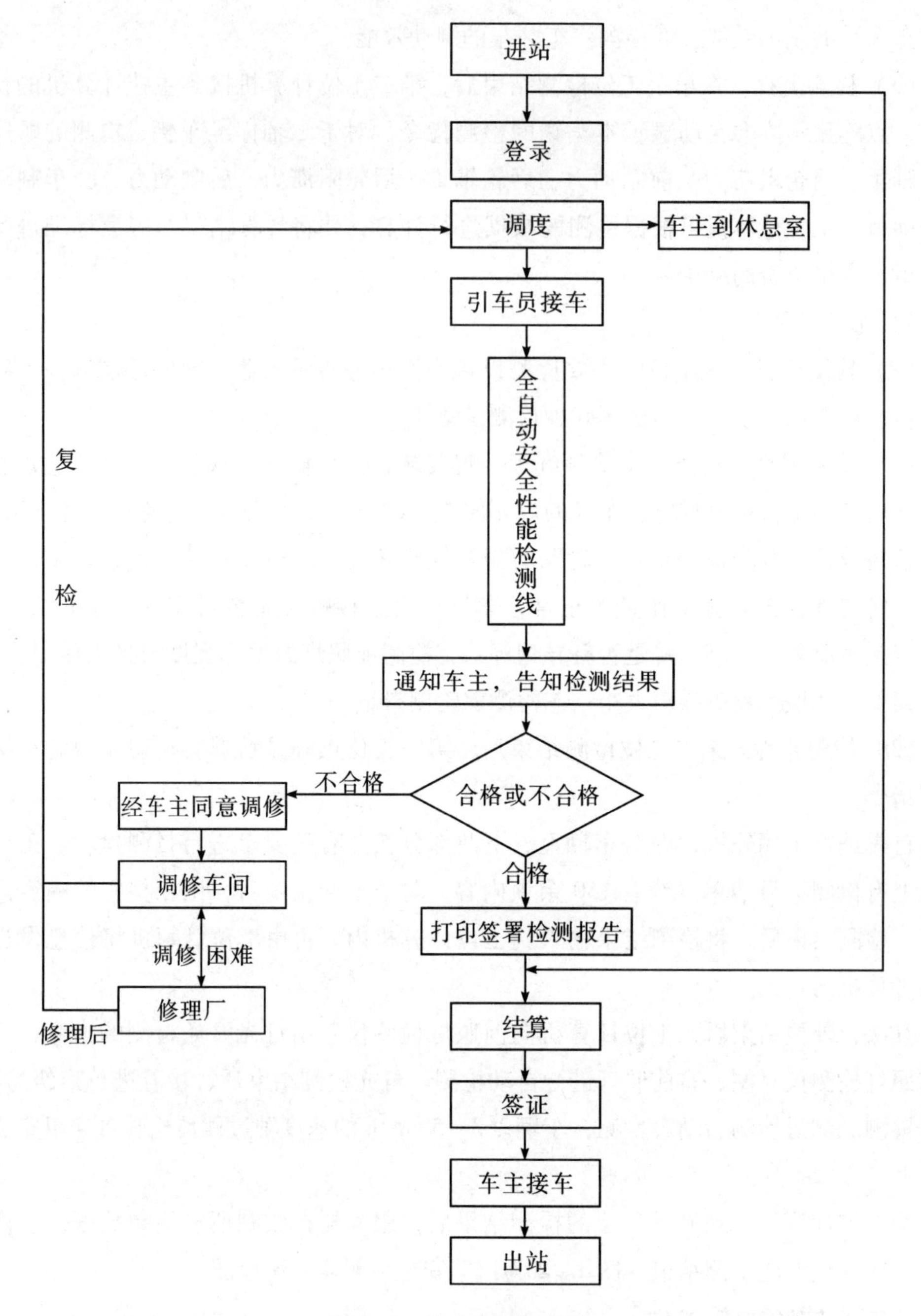

图4-2 汽车检测流程图

（四）实验技术标准及规范

1）实验技术标准

（1）GB 7258—2017《机动车运行安全技术条件》。

（2）GB 18285—2018《汽油车污染物排放限值及测量方法（双怠速法及简易工况法)》。

（3）GB 3847—2018《柴油车污染物排放限值及测量方法（自由加速法及加载减速

法)》。

(4) GB 36886—2018《非道路柴油移动机械排气烟度限值及测量方法》。

2) 标准相关判定内容

(1) 汽车外观检测应符合国家标准中规定的相关要求。

(2) 汽车速度表检测标准：当汽车操作台中速度表显示值为 40 km/h 时，汽车实际车速应在 32.8 ~40 km/h 之间。

(3) 汽车喇叭声级检测标准：90 ~115 dB。

(4) 汽车侧滑量检测标准：车辆以 3 ~5 km/h 的速度驶过侧滑检验台时，前轮侧滑量不大于 5 m/km。

(5) 汽车、汽车列车在制动检验台上测出的制动力及制动力平衡应符合表 3 -5、表 3 -6 的要求。

(6) 在用汽车污染物排放限值应符合表 4 -1、表 4 -2、表 4 -3、表 4 -4、表 4 -5 的要求。

(7) 汽车前照灯检测结果应符合表 4 -6、表 4 -7 的要求。

表 4 -1 双怠速法检验排气污染物排放限值

类别	怠速		高怠速	
	CO/%	$HC^{1)}/\times 10^{-6}$	CO/%	$HC^{1)}/\times 10^{-6}$
限值 b	0.6	80	0.3	50
限值 a	0.4	40	0.3	30
注：1) 对以天然气为燃料的点燃式发动机汽车，该项目为推荐性要求。				

表 4 -2 稳态工况法排气污染物排放限值

类别	ASM5025			ASM2540		
	CO/%	$HC^{1)}/\times 10^{-6}$	$HC^{1)}/\times 10^{-6}$	CO/%	$HC^{1)}/\times 10^{-6}$	$HC^{1)}/\times 10^{-6}$
限值 b	0.5	90	700	0.4	80	650
限值 a	0.35	47	420	0.3	44	390
注：1) 对以天然气为燃料的点燃式发动机汽车，该项目为推荐性要求。						

表 4 -3 在简易瞬态工况法排气污染物排放限值

类别	CO/ (g/km)	$HC^{1)}$/ (g/km)	$NO^{1)}$/ (g/km)
限值 b	8.0	1.6	1.3
限值 a	5.0	1.0	0.7
注：1) 对以天然气为燃料的点燃式发动机汽车，该项目为推荐性要求。			

表4－4　柴油车排放检验排放限值

类别	自由加速法	加载减速法		林格曼黑度法
	光吸收系数（m^{-1}）或不透光度（%）	光吸收系数（m^{-1}）或不透光度（%）	氮氧化合物[b]/$\times 10^{-6}$	林格曼黑度（级）
限值 b	1.2（40）	1.2（40）	1500	1
限值 a	0.7（26）	0.7（26）	900	

注：1）海拔高度高于1500 m的地区，加载减速法限值可以通过每增加1000 m增加0.25 m^{-1}的幅度进行调整，总调整幅度不得超过0.75 m^{-1}；

2）2020年7月1日前限值b的过度限值为1200×10^{-6}。

表4－5　非道路移动柴油机械的排气烟度限值

类别	额定净功率（P_{max}）（kW）	光吸收系数（m^{-1}）	林格曼黑度法
Ⅰ类	$P_{max}<19$	3.0	1
	$19\leqslant P_{max}<37$	2.0	
	$37\leqslant P_{max}<560$	1.61	
Ⅱ类	$P_{max}<19$	2.0	1（不能有可见烟）
	$19\leqslant P_{max}<37$	1.0	
	$37\leqslant P_{max}<560$	0.8	
Ⅲ类	$P_{max}\geqslant 37$	0.5	1（不能有可见烟）
	$P_{max}<37$	0.8	

表4－6　前照灯远光光束发光强度最小值要求　　单位：cd

机动车类型		检查项目					
		新注册车			在用车		
		一灯制	二灯制	四灯制[a]	一灯制	二灯制	四灯制[a]
三轮汽车		8000	6000		6000	5000	
最大设计车速小于70km/h的汽车			10000	8000		8000	6000
其他汽车			18000	15000		15000	12000
普通摩托车		10000	8000		8000	6000	
轻便摩托车		4000	3000		3000	2500	
拖拉机运输机组	标定功率>18 kW		8000			6000	
	标定功率≤18 kW	6000[b]	6000		5000[b]	5000	

[a]四灯制是指前照灯具有四个远光光束。采用四灯制的机动车其中两只对称的灯达到两灯制的要求时视为合格。

[b]允许手扶拖拉机运输机组只装用一只前照灯。

表4-7 前照灯光束位置偏差要求

光束位置偏差	垂直偏差（H）	左右偏差（mm/10m）	备注
远光光束	0.85～0.95 H	左灯：左偏差≤170mm，右偏差≤350mm 右灯：左、右偏差≤350mm.	H为远光光束中心高度
近光光束	0.7～0.9 H	左、右灯：左偏差≤170mm，右偏差≤350mm	H为近光光束中心高度

（五）汽车安全性能检测方法

1. 尾气排放测试

1）汽油机尾气测试

在登录时，根据要求，选择是双怠速法尾气检测还是稳态加载工况法（ASM）尾气检测。当显示“尾气测试”时，根据显示屏的提示，将车速提高到规定值，将测试仪探头插入排气管内，按遥控器开始测试。按显示屏的提示一步一步进行操作，完成尾气测试项目。测试结束后，显示屏显示测试数据，并给出合格“○”或不合格“×”结果。

2）柴油机排烟测试

将仪器“数据传输踏板”放置在被测汽车加速踏板下面，并将仪器探头插入排气管内。当显示“柴油机污染物测试”时，连续三次将加速踏板踩到底（每次踩过后待仪器排气完了再踩），可取三次数值。微机将三次数值计算其平均值作为测试结果。显示“合格”即测试结束；“不合格”可重新测试；仍不合格按“确认”按钮结束测试。

2. 速度表测试

当点阵屏显示“速度表测试”时，被测汽车驶入底盘测功机检验台（速度表测试台），并使驱动轮停在升降器上。升降器自动落下，当显示“加速到40 km/h”时，起动汽车加速到刚刚40 km/h，按下信号开关，完成速度表测试任务。“合格”即升降器升起；“不合格”可按“重测”按钮，重新测试；仍不合格按“确认”按钮，升降器升起。汽车驶入下一工位。

3. 轴重测定

当点阵屏显示“轴重测定”时，将被测汽车缓慢驶入制动检验台（轴重仪），即测出前、后轴重，并显示在屏幕上。

4. 阻滞力、行车制动、驻车制动测试

当点阵屏显示“前轮制动测试”时，被测汽车位置摆正，变速器放空挡，停在两滚筒间的升降器上。升降器自动落下后，滚筒起动并转动。当显示“放开制动”时，松开制动踏板，测试制动器的阻滞摩擦力。当显示“踩制动踏板”时，踩下制动踏板，即可显示出测试结果。显示“合格”，滚筒停止转动；如“不合格”，滚筒将继续转动，可按“重测”按钮继续测试；仍不合格时，按“确认”按钮，可进行下一项测试。后轴、中轴及驻车制动测试可用以上方法进行。

5. 车辆外检

车辆驶入地沟进行车辆外检，即对车辆上、下两部分按照有关要求进行目测检验。工位计算机上有检测项目清单，约有150余项内容，输入相关判断指令即可。

6. 前照灯测试

当点阵屏显示“前照灯测试”时，被测汽车对正中心线与前照灯测试仪成垂直方向驶入，停在前照灯测试仪前“一米线”处，按点阵屏提示，将车前照灯开关放置在“远光”挡、“近光”挡（发动机处于怠速运转），前照灯检测仪会自动移到左侧大灯位置，并自动寻找光束的测光点，当确认屏幕上的灯像位于中心时，自动检测灯光的强度、光束的水平与垂直照射方位的偏移值。以同样的方法进行右侧灯的测试。测试完毕仪器即可放回到原始位置。

7. 喇叭声级检测

当点阵屏显示“喇叭声级测试”时，按响被测汽车喇叭，测出喇叭分贝数。

8. 侧滑测试

当点阵屏显示“侧滑测试”时，被测汽车以3～5 km/h的车速驶过侧滑检验台，测出汽车的侧滑量。

（六）实验结果处理

当车辆全部测试完毕，打开终检终端——总检程序，检查所检车辆各项检测指标是否合格，分析各项检测数据并将其与GB 7258—2017《机动车运行安全技术条件》、排气污染物排放相关国家标准进行对比，作出合格或不合格的判断。对不合格的项目，分析其产生的原因。

当车辆全部测试完毕，打印机即可将测试结果打印在安全检测报告单内。

（七）实验结束

（1）关闭电源前将所有测试数据存入计算机。

（2）按接通电源、气源的相反程序逐项将电源、气源关闭。

（3）每次测试完毕，必须将仪器擦拭干净，将防尘罩罩好。

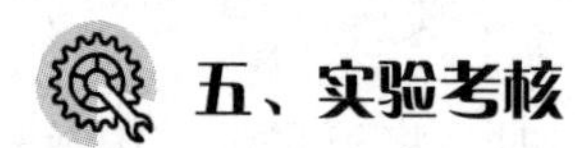

五、实验考核

1. 实验考核项目与评分方法

汽车安全性能检测实验的考核项目与评分方法见表4－8。

表4－8　汽车安全性能检测的考核项目与评分方法

序号	考核项目	标准得分	评分标准	考核记录	扣分	得分
1	检测设备结构的熟悉程度	10	结构不熟悉每次扣5分			

（续表）

序号	考核项目	标准得分	评分标准	考核记录	扣分	得分
2	实验原理的理解程度	10	原理不清楚每项扣 5 分			
3	实验设备的操作	20	操作错误每次扣 5 分			
4	实验数据的记录与处理	20	数据记录不全每项扣 5 分、数据处理不正确每项扣 5 分			
5	实验结果的判定	20	结果判定错误，不得分			
6	实验场地安全用电，防火，无人身、设备事故	20	因操作不当发生重大事故，此次实验成绩按 0 分计			
7	项目总分	100				

2. 实验报告内容要求

（1）简述汽车安全性能检测线的一般检车程序。

（2）简述汽车安全性能检测线检测设备的功能、用途。

（3）说出汽车安全性能检测线的检测项目，说出判定的国家标准。

（4）分析所检车辆的检测报告数据，对原始数据进行处理，说出数据的具体计算过程，并对结果判定合格与否。

（5）对测试不合格项目，分析原因，确定调整方案。

实验二　汽车排放检测实验

一、实验目的和要求

（1）测定汽油机汽车排气污染物。

（2）测定柴油机的自由加速排气可见污染物。

（3）掌握测量仪器的工作原理、结构组成和测量方法。

二、实验工具和设备

（1）汽油机五组分 AVL DiGas 2200 排放分析仪 1 台。

（2）汽油机五组分 NHA－506 排放分析仪 1 台。

（3）柴油机 NHT－1 型不透光度计 1 台。

（4）汽油机轿车 1 辆。

（5）柴油机车辆 1 辆。

三、实验注意事项

（1）操作人员及实验学生必须遵守实验室安全守则，严格执行设备安全使用操作规程。

（2）实验设备必须按使用说明书的要求进行开机前的准备、预热，按操作说明书的程序进行操作。

（3）实验车辆必须装备齐全、安全可靠，并进行必要的预热。

（4）操作人员在测试过程中应严肃认真，并注意有无异常现象，如异味、异响、异常振动等。

（5）实验过程中一旦发生车辆及检测设备异常，立即停止实验查找原因，防止人身事故与设备事故的发生。

四、实验内容与方法

随着汽车保有量的迅速增加，汽车排放污染物造成的环境污染情况正变得越来越严重，对汽车排放污染物的监控与防治已达到了刻不容缓的地步。要做好汽车排放污染物的监控与防治，首先必须做好检测工作。常用汽车可以分为汽油机汽车和柴油机汽车两类，其尾气排放也分为汽油机尾气排放与柴油机尾气排放。

汽油机排放的污染物主要有一氧化碳（CO）、碳氢化合物（HC）、氮氧化合物（NO_x）、微粒物（由炭烟、重金属氧化物和烟灰等组成）和硫化物等。这些污染物由汽车的排气管、曲轴箱和燃油系统排出，分别称为排放污染物（又称排气污染物）、曲轴箱污染物和燃油蒸发污染物。汽油机排放污染物的检测方法有怠速法、双怠速法及工况法三种。

柴油机排放的污染物主要有氮氧化物（NO_x）、一氧化碳（CO）、碳氢化合物（HC）、硫氧化物（SO_x）及颗粒物（PM）等。柴油机排出的烟色，主要分为黑烟、蓝烟和白烟三种。检测柴油机尾气的方法包含两种，一种是自由加速工况法，使用的设备包括滤纸式烟度计、不透光度仪；另一种是加载减速法，使用的设备有不透光度仪、底盘测功机。

（一）实验设备介绍

1. 五组分排放分析仪

不分光红外线五气分析仪是一种基于不分光红外线分析法检测原理，能够从汽车排气管中采集气样，对汽油机汽车排放污染物的成分（CO、HC、CO_2、O_2、NO）与含量进行连续测量的仪器。不同厂家生产的五气分析仪虽然结构不尽相同，但其检测原理基本上是一致的。

工作原理：由两个红外线光源发出两组分开的射线被两旋转扇片同相地遮断，从而形成射线脉冲，射线脉冲经滤清室、测量室而进入检测室。测量室由两个腔室组成，一个是比较室，另一个是测定室。比较室中充有不吸收红外线的氮气，使射线能顺利通过；测定室中连续填充被测试的排气，排气中 CO 含量越高，被吸收的红外线就越多。检测室由容积相等的左右两个腔室组成，其间用一金属膜片隔开，两室中充有相同摩尔数的 CO。由于射到检测室左室的红外线在通过测定室时一部分射线已被排气中的 CO 吸收，而通过比较室到达检测室右室的红外线并未减少，这样检测室左右两室吸收的红外线能量不同，从而产生了温差，温度的差异导致了压力差的存在，使作为电容器一个表面的金属膜片弯曲。弯曲振动的频率与旋转扇片的旋转频率相符。排气中的 CO 浓度越大，振幅就越大。膜片振动使电容改变，电容的改变又引起电压的变化，产生交变电压。交变电压经放大，整流成直流信号，变为被测成分浓度的函数，因而可用仪表测量。而 HC 由于受到其他共存气体的影响，所以使用固体滤光片，巧妙地利用了正己烷红外线吸收光谱。因此，样品室内共存的 CO、CO_2、H_2O 等 HC 以外的气体所产生的红外线被吸收，再经检测器窗口的选择和除去，仅让具有 HC 3.5μm 附近的波长到达检测室内。HC 被封入检测器，样品室中的 HC 吸收量也就能被检测器检测出来。

下面对两种型号的排放分析仪进行简单介绍。

1）AVL DiGas 2200 排放分析仪

AVL DiGas 2200 排放分析仪是奥地利 AVL 公司设计并生产的五组分排放分析仪，如图 4－3 所示。AVL DiGas 2200 排放分析仪由仪器本体、取样探头、取样管、前置滤清器、短导管等组成，采用不分光红外线吸收原理检测汽油机汽车排气中 CO、HC、CO_2、NO 的浓度，采用电化学电池原理检测排气中 O_2 的浓度，并可根据四气测得成分计算过量空气系数 λ。此外，该仪器还配备感应式转速传感器和温度传感器，可以在检测汽车排气的同时监测发动机的转速和润滑油的温度。

该分析仪仪器本体中的排气分析部分主要由红外线光源、测量室（测定室、比较室）、回转扇片和检测器构成。从采集部分输送来的多种气体共存在排气中，通过不分光红外线分析部分测定气体（CO、HC、CO_2、NO）的浓度，用电信号将其输送到浓度指示部分。

该仪器的特点：携带轻便易安装，高分辨率液晶图形显示，内置袖珍式打印机，有与外部打印机连接的接口，可通过 RS232 或 PCMCIA 与外部电脑连接。

仪器的使用条件：操作温度 5 ~45 ℃，操作电压 220 V AC，体积 370 mm ×355 mm ×216 mm，质量 10 kg。

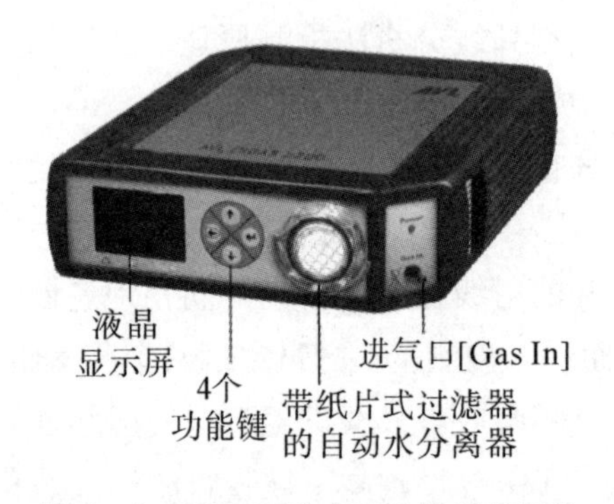

图 4 - 3　AVL DiGas 2200 排放分析仪

图 4 - 4　NHA - 506 排放分析仪

2）NHA - 506 排放分析仪

NHA - 506 排放分析仪是广东省佛山市南华仪器股份有限公司生产的一种测量汽车尾气排放污染物的汽车检测仪，如图 4 - 4 所示。NHA - 506 排放分析仪主要由仪器主机、短导管、前置过滤器、取样管、取样探头、嵌入式微型打印机（选购件）等组成。可选配装置主要有微型热敏打印机、发动机油温测量探头、不同型号的转速测量适配器、汽车电源逆变器等。

该仪器的主要特点：采用了高亮度大屏幕液晶显示屏；全中文操作菜单；可进行汽油、压缩天然气（CNG）、液化石油气（LPG）、乙醇等燃料车辆的检测；还具有车牌输入、200 组数据存储与查阅和 RS - 232 数字通信接口；标准预热 10 分钟左右，具有 5 分钟速预热应急检测的功能；符合国标 ISO 3930 和国际 OIML R99 I 级精度等。NHA - 506排放分析仪用于检测汽油发动机排放废气中 HC、CO、CO_2、O_2 和 NO 的浓度值。其中对于 HC、CO、CO_2 采用了先进的 NDIR 不分光红外分析技术进行检测，对 O_2 及 NO 则采用最新的电化学分析技术进行检测。

测量范围：

（1）HC：0 ~10000 $\times 10^{-6}$（正已烷当量/n - Hexane）；

（2）CO：$0 \sim 10 \times 10^{-2}$（%）；

（3）CO_2：$0 \sim 20 \times 10^{-2}$（%）；

（4）O_2：$0 \sim 25 \times 10^{-2}$（%）；

（5）NO：$0 \sim 5000 \times 10^{-6}$（NHA－405 型不支持）。

示值误差：

（1）HC：$\pm 10 \times 10^{-6}$（绝对误差）或 ±5%（相对误差）；

（2）CO：$\pm 0.03 \times 10^{-2}$（%）（绝对误差）或 ±5%（相对误差）；

（3）CO_2：$\pm 0.5 \times 10^{-2}$（%）（绝对误差）或 ±5%（相对误差）；

（4）O_2：$\pm 0.1 \times 10^{-2}$（%）（绝对误差）或 ±5%（相对误差）；

（5）NO：$\pm 25 \times 10^{-6}$（绝对误差）或 ±4%（相对误差）（NHA－405 型不支持）。

预热时间：10 min（可进行预热 1 min 应急检测）。

响应时间：不大于 10 s，NO 不大于 15 s。

2. 不透光度计（NHT－1）

NHT－1 型不透光度计是广东省佛山市南华仪器股份有限公司生产的一种测量柴油发动机尾气排放污染物的检测仪，如图 4－5 所示。该仪器主要由测量单元、控制单元、取样探头和连接电缆等组成。

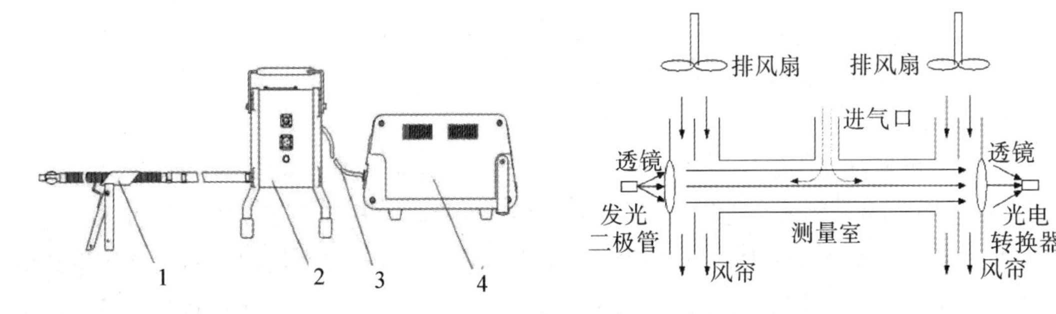

图 4－5　NHT－1 型不透光度计组成

1—取样探头；2—测量单元；3—连接电缆；4—控制单元。

图 4－6　测量原理图

测量单元：测量单元主要由风扇、排烟入口探头及导管、测量信号接口插座、电源插座及支架等组成。风扇将新鲜空气吸入，形成保护气幕；排烟入口与取样探头的导管相连，被测车辆的排气由此进入测量单元。

控制单元：控制单元主要由通信接口、测量接口、转速测量接口、微型打印机及电源开关等组成。

测量原理：通过将仪器发射的光束透过给定长度的排放烟气，测量排烟吸收光束程度的高低来完成对排烟所产生的污染的测量。测量原理图如图 4－6 所示。

（二）实验技术标准及规范

（1）GB 18285—2018《汽油车污染物排放限值及测量方法（双怠速法及简易工况法）》，在用汽车污染物排放限值见表 4－4、表 4－5、表 4－6。

（2）GB 3847—2018《柴油车污染物排放限值及测量方法（自由加速法及加载减速法）》，在用汽车污染物排放限值见表4－4。

（3）GB 36886—2018《非道路移动柴油机械排气烟度限值及测量方法》，非道路移动柴油机械的排气烟度限值见表4－5。

（三）实验原理与检测方法

1. 双怠速法排放检测

1）检测原理

汽油车怠速工况分为正常怠速和高怠速两种。正常怠速是指发动机无负载运转状态，即离合器处于接合位置、变速器处于空挡位置（对于自动变速箱的车应处于“停车”或“P”挡位）、油门踏板处于完全松开位置。高怠速工况是指满足上述（除最后一项）条件，用油门踏板将发动机转速稳定控制在50%额定转速或制造厂技术文件中规定的高怠速转速时的工况。GB 18285—2018《汽油车污染物排放限值及测量方法（双怠速法及简易工况法）》标准中将轻型汽车的高怠速转速规定为（2500±200）r/min，重型车的高怠速转速规定为（1800±200）r/min。

汽车排气中的CO、HC、NO和CO_2等气体，都分别具有吸收一定波长范围的红外线的性质，而且红外线被吸收的程度与排气浓度之间有一定的关系。不分光红外线分析法就是利用这一原理，即根据检测红外线被汽车排气吸收一定波长范围红外线后能量的变化，检测排气中各种污染物的含量。在各种气体混在一起的情况下，这种检测方法具有测量值不受混合影响的特点。

2）检测方法

（1）实验准备。尾气排放分析仪的准备：①接通排放分析仪的电源开关，预热10 min；②调零，排放分析仪的CO、HC、CO_2通道具有自动调零功能，能对零位进行周期性地（每半小时一次）自动校准；③校准，排放分析仪在使用过程中会产生数值漂移、传感器老化等情况，因此在使用一段时间（3～6个月）后应进行量距校准，由于老化的原因，O_2传感器使用1年左右需要更换；④量具校准时使用三组分校准气（CO、HC、CO_2，剩余值为N_2）；⑤泄漏检查，主要检查取样气路系统是否存在泄漏情况；⑥设置，在主菜单下按相应键，进入“设置”子菜单，根据被检车辆情况设置测量方式、发动机冲程、燃料种类、点火方式、开机检漏等内容；⑦装上长度等于5 m的采样软管和长度不小于600 mm并有插深定位装置的采样探头，检查采样软管和探头内残留的HC（不得大于20×10^{-6} vol）；⑧检查仪器的采样系统是否泄漏。

被检车辆的准备：①进气系统应装有空气滤清器，排气系统应装有排气消声器，并不得有泄漏；②应保证取样探头插入排气管的深度为400 mm；③发动机冷却水或润滑油温度应达到规定的热状态；④按汽车制造厂使用说明书规定的调整法，调整好怠速和点火正时。

（2）实验步骤。双怠速法排放检测程序如下（图4－7）：①发动机由怠速工况加速到0.7倍的额定转速，维持30 s后降至高怠速（即0.5倍额定转速）；②发动机降至高怠速状态后，将取样管插入排气管中，深度400 mm，并固定于排气管上；③发动机在高怠速状态维持15 s后开始读数，读取30 s内的最低值及最高值，其平均值即为高怠速排放测量结果；④发动机从高怠速降至怠速状态，在怠速状态下维持15 s后开始读数，读取30 s内的最低值及最高值，其平均值即为怠速排放测量结果。

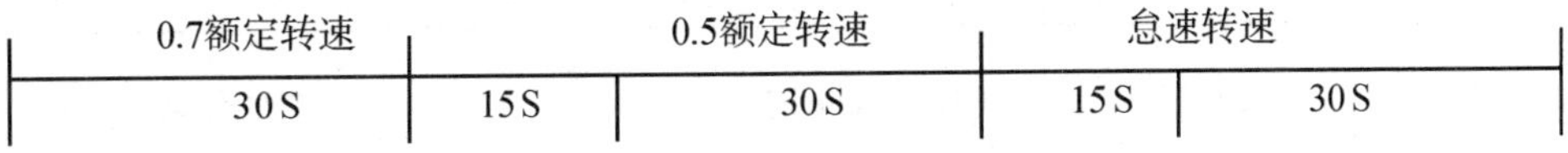

0.7额定转速	0.5额定转速		怠速转速	
30S	15S	30S	15S	30S

图4－7 双怠速排放检测程序

若为多排气管时，分别取各气管高怠速排放测量结果的平均值和怠速排放测量结果的平均值（CO和HC参数量值）。

（3）检测结果判定。①如果检测结果中任何一项污染物不能满足限值要求，判定车辆排放检验不合格；②双怠速法检测中，如果过量空气系数λ超出（1.0±0.05）的控制范围，也判定车辆排放检验不合格；③2011年7月1日后生产的轻型汽车，以及2013年7月1日后生产的重型汽车，如果OBD检验不合格，也判定车辆排放检验不合格。

（4）检测数据记录表（表4－9）。

表4－9 双怠速法尾气检测数据记录

车牌号码： 车辆型号： 发动机型号： 车辆登记日期：

设备名称： 型 号： 制造厂： 行驶千米数：

温 度： 大气压： 相对湿度：

项 目 / 内 容	低怠速			高怠速		
	转速/（r/min）	CO/%	HC/$\times10^{-6}$	转速/（r/min）	CO/%	HC/$\times10^{-6}$
测试数值						
排放限值						

2. 工况法排放检测

1）实验原理

工况法检测方法是指把汽车的若干常用工况以及排放污染较严重的工况相结合，再测量汽车排放污染物的检测方法。因为它最大限度反映的是汽车运行时候的排放特性，所以它是目前世界上最为科学并且得到广泛运用的汽车排放实验测试方法。

采用工况法检测时，用到的主要设备有汽车底盘测功机检验台、转速计、排放分析仪、温度表、湿度表和计时器等。

工况法具体又分为稳态工况法和瞬态工况法，本实验以稳态工况法进行汽车尾气检测。

稳态工况法是使用汽车底盘测功机检验台等装备，通过在转鼓实验台的动作，模拟汽车在公路上的行驶状态，对汽车排放污染物做出检测的方法。

以在 ACCG－10 底盘测功机检验台上的测试运转循环主要由 ASM5025 以及 ASM2540 这两种工况组成为例，稳态加载模拟工况（ASM）实验运转循环表见表 4－10，ASM5025 和 ASM2540 工况法检测程序如图 4－8 所示。

表 4－10　稳态加载模拟工况（ASM）实验运转循环表

工 况	运转次序	速度/（km/h）	操作持续时间（mt）/（s）	测试时间（t）/（s）
5025	1	0～25	5	/
	2	25	10	
	3	25	25	90
	4	25	90	
2540	5	25～40	5	/
	6	40	10	
	7	40	25	90
	8	40	90	

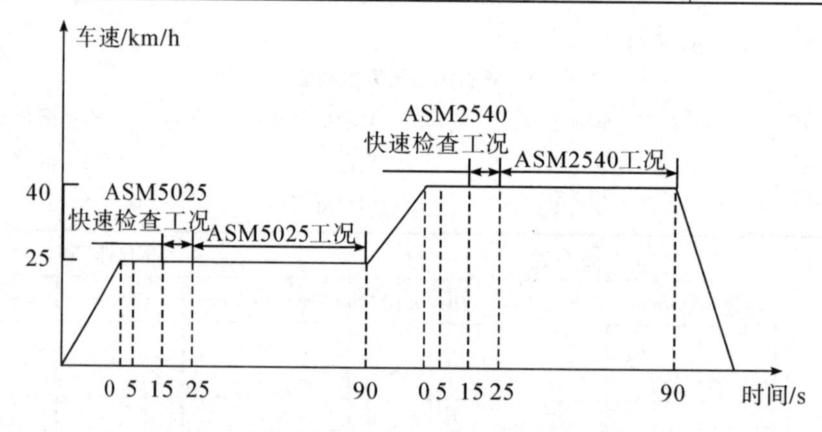

图 4－8　稳态工况法（ASM）实验运转循环

2）检测方法

（1）测试前的准备工作。①被检车辆的准备，应当保证被测车辆处于制造生产厂家规定的正常工作状态，车辆的进、排气系统不可以有任何原因的泄漏等情况，被测车辆的发动机、变速箱、冷却系统都应没有液体泄漏情况，轮胎的胎压、表面磨损情况应该符合标准，被检车辆应该进行预热，发动机冷却液和润滑油温度都应该不低于 80 ℃，或者应该达到汽车使用的规定热车状态；②测试设备的准备工作，首先底盘测功机检验台、排放分析仪等测量设备的选择应该合情合理，然后进行校准，最后按照要求进行热机，等待检测。

（2）实验步骤。被检车辆的驱动轮位于底盘测功机检验台的滚筒上，把排放分析仪的取样探头插进被检车辆排气管内，插入深度为 400 mm，并且固定在排气管上。对于独立工作的多排气管应该同时取样。工况法尾气检测如图 4－9 所示。

图4-9　工况法尾气检测

以 ASM5025 和 ASM2540 工况测试过程为例。①ASM5025 工况测试过程。车辆预热后起动，将速度提到 25 km/h 的时候，底盘测功机检验台对其进行加载，车辆以（25 ± 1.5）km/h 等速运行 5 s 后开始检测，当底盘测功机检验台的转速超过范围，重新开始检测；重新设置后，10 s后开始快速检查工况，仪器开始继续测量，每秒钟测量一次，接着取测量 10 s 内的平均值作为测量结果。运行结束后，ASM5025 快速检查工况结束。②ASM2540 工况测试过程。车辆的速度从 25 km/h 加速到 40 km/h 后就起动测功机检验台，然后根据要求进行加载，车辆以（40 ± 1.5）km/h 等速运行 5 s 后开始检测。当底盘测功机检验台转速超出范围时，重新进行检测，重新根据要求进行设置，10 s 后开始快速检查工况，仪器继续测量，每秒钟测量一次，接着取测量 10 s 内的平均值作为测量结果。运行 10 s 后，ASM2540 快速检查工况结束。

（3）检测结果判定。①使用简易稳态工况法检测尾气排放污染物时，检测超过规定限值的车辆则认定为不合格；②使用一种气体燃料的汽车，只要按照燃用气体燃料进行检测就可以了；使用两种燃料的汽车，要分别对两种气体燃料进行检测，只要有一种燃料不合格就认定为不合格；③对于排放超高或超低的车辆，即排放值高于标准限值的 500% 或低于标准限值的 50%，检测时允许使用快速通过的检测方式。

3. 柴油机自由加速排气可见污染物测量

1）检测原理

不透光度是指光源的光线被排气中可见污染物吸收而不能到达光电检测单位的百分率，用 N 表示。不透光度计可根据 N 从 0 ~ 100% 的变化进行线形刻度。当 $N = 0$ 时，表示被测排气不吸光；当 $N = 100\%$ 时，表示光线完全被排气吸收。我国新的排放标准用光吸收系数 K 作为柴油机排放可见污染物的评价指标，因此不透光度计必须用光吸收系数 K 进行刻度，其单位为 m^{-1}。光吸收系数 K 是指光束被可见污染物衰减的系数，它是排气中单位容积微粒数、微粒在光束方向的法向投影面积和微粒消光率的函数。光吸收系数与不透光度之间有下列关系，即

$$K = -1/L \quad \ln(1 - N) \tag{4-1}$$

式中　L——光通道的有效长度（m）。

通常采用 $N=99.9\%$ 所对应的 K 值进行满量程刻度，如取光通道有效长度为0.4 m，则 K 的刻度范围为 $0\sim17.3\ m^{-1}$。两种刻度的范围均以光全通过时为0，全吸收时为满刻度。

不透光度计可分为全流式和分流式两类。全流式不透光度计测量全部排气的透光衰减率；分流式不透光度计是将一部分排气引入取样管，然后送入不透光度计进行连续分析。我国排放标准规定，检测排放污染物使用分流式不透光度计。

不透光度计是一种利用透光衰减率来测量排气中可见污染物的仪器（南华 NHT－1 型不透光度计如图4－5所示）。测量前，首先，用鼓风机向空气校正管吹入干净空气，旋转转换手柄，使光源和光电池分别置于校正管两侧，做零点校正。然后，旋转转换手柄，将光源和光电池移至测试管两侧，并把需要测定的一部分汽车排气连续不断地导入测量管，光源发出的光部分地被排气中的可见污染物所吸收。最后，光电检测单元则可连续测出光源发射光透过排放气体的透光强度，并通过光电转换显示测量结果。

2）检测方法

（1）实验准备。

仪器准备：①取样探头与测量单元可靠连接，防止泄漏；②测量单元和控制单元的连接电缆连接可靠，防止信号失真和丢失；③通电预热后，仪器自动校准，此时切勿将取样探头放入待检车辆排气管，而应放在清洁的空气中，仪器正常进入系统主菜单后，方可进行实验。

汽车准备：①进气系统应装有空气滤清器，排气系统应装有排气消声器，并且不得有泄漏；②排气管应能够保证取样探头插入深度不少于300 mm，否则，排气管应加接管，并保证接口不漏气；③必须采用生产厂规定的柴油机润滑油和未加消烟剂的柴油；④柴油机预热至规定的热状态。

（2）实验步骤。

①取样探头逆气流固定于排气管内，并使其中心线与排气管平行；②校准完毕，将测量单元放置于排气管附近。由于测量单元在测量时必须吸入干净空气作为保护气幕，若吸入废气将影响测量结果，因此测量单元不应放置在汽车排气的扩散方向上，而应与之保持垂直；③在将取样管插入汽车排气管前，先由怠速工况将加速踏板踩到底，约4 s后迅速松开，如此反复3次，以便将排气管内的炭粒除掉，使测量准确；④怠速状况检查完成后，按照仪器提示，进行自由加速排放污染物的测量。其方法是迅速踩下油门踏板，使发动机急剧加速至最高额定转速并保持该转速，直至仪器屏幕提示“请减至怠速，并保持”为止，松开油门踏板，使发动机恢复怠速状态。按照GB 3847—2018《柴油车污染物排放限值及测量方法（自由加速法及加载减速法）》的规定，自由加速排气可见污染物至少重复测量6次，如果光吸收系数示值连续4次均在 $0.25\ m^{-1}$ 的带宽内，并且没有下降趋势，则将这4次示值的算术平均值作为测量结果；⑤测量完成后，将取样探头从车辆的排气管中取出，将测量单元放回清洁干燥处，控

制系统退出测量界面，返回主菜单，关闭电源。

（3）检测数据记录表（表4－11）。

表4－11 柴油车排放数据记录表

车牌号码： 车辆型号： 发动机型号： 车辆登记日期：
设备名称： 型 号： 制造厂： 行驶千米数：
温 度： 大气压： 相对湿度：

内 容	光吸收系数/m^{-1}
测试数值	
排放限值	

（四）实验结果处理

根据GB 18285—2018《汽油车污染物排放限值及测量方法（双怠速法及简易工况法）》、GB 3847—2018《柴油车污染物排放限值及测量方法（自由加速法及加载减速法）》和GB 36886—2018《非道路柴油移动机械排气烟度限值及测量方法》的要求，对实验汽车排放数据作出比较、分析，判断排放性能是否合格。

1. 检测结果分析注意事项

（1）被检车辆排气污染物检测前，需要对车辆进行外观检验（含对污染控制装置的检验和环保信息随车清单的核查）、车载诊断（OBD）系统检查、燃油蒸发排放控制系统检测，且均符合规定要求。

（2）被检车辆排气污染物测量值应当由系统主机自动计算并修正，系统主机最后会自动处理出被检车辆各排放污染物的结果。

（3）测试过程中以及结束后的所得数据应当在系统数据库中进行记录和储存。被检车辆排放污染物符合规定的，可以判定该车排放合格。

（4）如果检测污染物中有一项超过规定的限值，那么就认为被检车辆排放是不合格的。

（5）对于使用了闭环控制电子燃油喷射系统或者三元催化剂技术的汽车，当检测的过量空气系数超过了国标规定或者制造生产厂家规定的技术要求，那么也认为被检车辆为排放不合格。

2. 对不合格的排放性能分析

1）汽油车排放故障分析

汽油车怠速污染物超过标准，其主要原因是汽油机燃料供给系统调整不当所致。除发动机供油系统的调整对排气污染物的成分、浓度有影响外，点火系统和冷却系统的工作状态及曲柄连杆机构的技术状况，也对排气中CO、HC的浓度有影响。下面介绍降低怠速污染物的调整要点。

（1）混合气过浓。混合气过浓，意味着空气量不足，燃烧不完全，排气中 CO 的含量必然增高，因此必须注意以下的调整与检验：①喷油量的检查与调整，主要检查燃油泵的供油压力、喷油器的工作状况；②检查空气滤清器，检查空气滤清器滤芯是否被灰尘堵塞而影响发动机吸气；③检查怠速控制系统。

（2）点火时刻失准。汽油机点火时刻过迟，会使混合气燃烧不彻底，致使排气中 CO、HC 含量增加。在电控点火系统中，主要检查火花塞的工作状况。

（3）冷却系统温度过低。发动机冷却系统不良，工作时温度过低，燃油不能充分雾化燃烧，使排气中 CO、HC 含量增加。节温器工作失常、散热器容量过大、电子风扇常开等，都会影响冷却系统正常工作。

（4）曲柄连杆机构磨损严重。气缸、活塞、活塞环等磨损严重，漏气增加，压缩终了时，气缸内压力不足，混合气不能充分燃烧，也会造成排气中 CO、HC 含量增加。

2）柴油车排放故障分析

柴油机自由加速排放污染物超过标准时，其主要原因是柴油机供油系统调整不当所致。此外，柴油机气缸活塞组和曲柄连杆机构的技术状况及柴油的质量等对排放也有影响。

柴油车排放故障按烟雾的颜色可分为黑烟、蓝烟和白烟三种，排烟故障的原因和诊断如下：

（1）黑烟故障。柴油机工作时黑烟浓重，其故障多由于喷油量过大、雾化不良、各缸喷油量不均匀、喷油时刻过早、调速器失调和空气滤清器堵塞等因素引起。

（2）蓝烟故障。蓝色烟雾一般是润滑油窜入燃烧室后燃烧而生成的。因此，发现蓝色烟雾后，首先要检查油底壳的油面高度是否超高，因为润滑油油面过高容易造成润滑油上窜，值得注意的是，检查油面高度时，切不可在发动机停熄工作后就抽出油尺查看，因为此刻飞溅到曲轴箱壁的润滑油尚未流回，须待停机 10 min 后再抽出查看。如果经检查油面高度正常，则可进一步检查气缸压缩压力。

（3）白烟故障。燃油中含有水分或冷却水漏入气缸，经炽热后化为蒸汽由排气管喷出，常被视为白烟。寒冷季节或雨天，汽车露天停放，初次起动时，排气管所冒白汽往往是由于排气消声器内积水被发动机废气加热蒸发造成的，在发动机气动运转正常后，水蒸气蒸发殆尽，现象也随即消失，故不必为虑。

五、实验考核

1. 实验考核项目与评分方法

汽车尾气排放性能检测实验的考核项目与评分方法见表 4－12。

表4-12 汽车尾气排放性能检测的考核项目与评分方法

序号	考核项目	标准得分	评分标准	考核记录	扣分	得分
1	检测设备结构的熟悉程度	10	结构不熟悉每次扣5分			
2	实验原理的理解程度	10	原理不清楚每项扣5分			
3	实验设备的操作	20	操作错误每次扣5分			
4	实验数据的记录与处理	20	数据记录不全每项扣5分、数据处理不正确每项扣5分			
5	实验结果的判定	20	结果判定错误，不得分			
6	实验场地安全用电，防火，无人身、设备事故	20	因操作不当发生重大事故，此次实验成绩按0分计			
7	项目总分	100				

2. 实验报告内容要求

（1）简述汽油发动机及柴油发动机的尾气组成及其危害性质。

（2）叙述汽油机尾气检测的几种方法及各自的特点、注意事项。

（3）说出双怠速法尾气检测的一般程序及步骤。

（4）说出柴油机排气可见污染物检测的一般程序及步骤。

（5）记录汽油机及柴油机尾气检测数据，指出判定标准极限数据，判定合格与否。

（6）对尾气不合格项目，分析故障原因，说出解决办法。

模块五 汽车维修检测篇

实验一 汽车零件损伤观察与分析实验

一、实验目的和要求

（1）观察并确认汽车零件的损伤类型。

（2）根据失效理论对零件具体的损伤类型进行分析，找出零件失效机理、原因，并指出相应的预防措施。

二、实验工具和设备

（1）北京 BJ492Q 发动机 1 台。

（2）拆装工具 1 套。

（3）照相机 1 台或手机 1 部（自带）。

三、实验注意事项

（1）安全与规范：要求在实际拆装操作中严格按安全操作规程进行，爱护仪器设备，注意人身安全。特别是拆装大而重的总成件，安全更为重要。

（2）熟练掌握各种工具的正确使用方法，严格遵守操作规程。

（3）拆下的零部件及工具要按指定地点、位置摆放整齐，避免与工作发生干扰。

（4）注意各零件正确的装配顺序、安装方向。

（5）相关零件（活塞与缸套、曲轴轴承、气门等）的配合间隙、装配间隙必须符合技术要求。

（6）对零件的损伤部位进行拍照取证，照片的大小、清晰度要符合要求。

（7）拆装过程必须确保场地干净，及时清洁遗漏在地上的各类油料。实验后清扫现场，保持拆装设备及工作场地的清洁。

四、实验内容与方法

（一）实验原理

随着汽车使用时间的增加，汽车的工作能力不断下降，汽车的技术状况越来越差，导致汽车故障不断增加，这是自然规律，简称汽车失效（损伤）。

汽车失效（损伤）的主要原因是零部件间的相互作用使技术状况恶化。汽车零件的失效（损伤）模式可分为磨损、疲劳断裂、变形、腐蚀及老化等五类，失效模式的定义如下。

1. 磨损

零件摩擦表面的金属在相对运动过程中不断损失的现象称为零件的磨损。磨损的发生将造成零件的形状、尺寸及表面性质的变化。磨损包括磨料磨损、粘着磨损、疲劳磨损、腐蚀磨损、微动磨损。零件磨损的磨损特性曲线如图 5－1 所示，零件磨损可分为三个阶段：磨合期（*Oa* 段）、正常工作期（*ab* 段）、极限磨合期（曲线 *b* 点以后）。

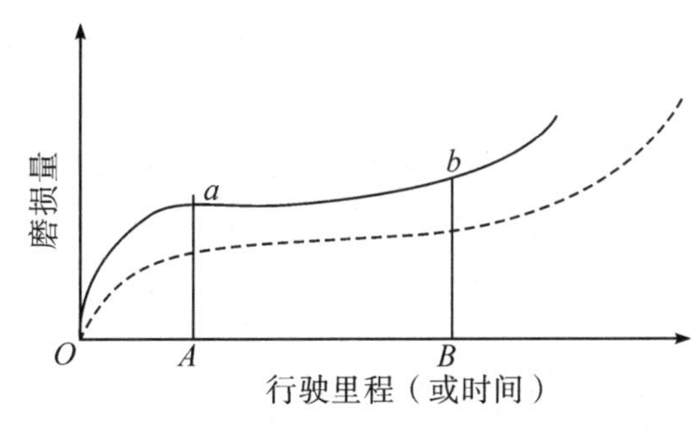

图 5－1　磨损特性曲线

2. 疲劳断裂

零件在交变应力作用下，经过较长时间工作而发生的断裂现象，称为疲劳断裂。疲劳断裂包括高应力低周期疲劳、低应力高周期疲劳、腐蚀疲劳、热疲劳等。

3. 腐蚀

金属零件与介质直接发生化学作用而引起的损伤称为化学腐蚀，如铁在空气中、缸套在酸性溶液中出现的腐蚀。腐蚀包括化学腐蚀、电化学腐蚀、穴蚀。

4. 变形

零件在使用过程中，由于承载或内部应力的作用，零件的尺寸和形状改变的现象称为零件的变形。变形包括弹性变形、塑性变形。

5. 老化

橡胶、塑料制品和电子元件等零件，随着时间的增长，原有的性能会逐渐衰退，这种现象称为老化。老化包括龟裂、变硬，如橡胶轮胎、塑料器件的老化。

（二）实验方法与步骤

1. 发动机总成解体

在实验室解体汽车发动机总成，找出有代表性的损伤零部件：缸盖、缸套、活塞、曲轴连杆瓦、主轴瓦、曲轴、凸轮轴、进排气门、气门推杆等。

发动机拆卸顺序如下：

（1）拆下所有发动机缸盖螺栓，卸下气缸盖总成（含进排气歧管），观察缸盖的变形情况，测量其平面度。

（2）拆下所有发动机油底壳螺栓，卸下油底壳总成。

（3）转动曲轴使某缸活塞连杆至下止点，拆下连杆螺栓，拆下连杆轴承盖，从缸体中取出该缸活塞总成。

（4）拆下各道曲轴的主轴轴承盖，取出主轴瓦。

2. 零件损伤观察与记录

分别用肉眼观察缸盖、缸套、活塞、曲轴连杆瓦、主轴瓦、曲轴、凸轮轴、进排气门、气门推杆等发动机重要零件表面的各种损伤痕迹，用相机拍照片作为原始记录凭证，并进行具体的编号说明。

3. 分析与处理

对具体损伤零件进行分析，说出具体的损伤类型、生成机理、预防方法。

4. 组装发动机总成

组装发动机总成按拆解发动机总成的相反顺序进行即可（首先组装活塞连杆组，然后装油底壳，接着装气缸盖，最后装发动机各附件），最后按要求拧紧各相关部件的螺栓。

5. 清理整洁设备

清理整洁实验设备，做好周围环境卫生工作。

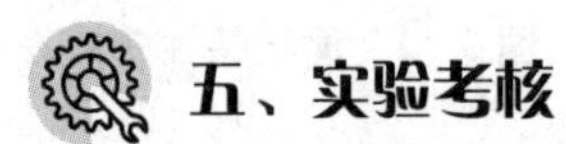

五、实验考核

1. 实验考核项目与评分方法

汽车零件损伤观察与分析的考核项目与评分方法见表5－1。

表5－1　汽车零件损伤观察与分析的考核项目与评分方法

序号	考核项目	标准得分	评分标准	考核记录	扣分	得分
1	拆装工具的正确使用	10	操作不当每次扣2分			
2	发动机的解体	15	拆装方法不正确、没做记号每次扣5分			
3	损伤零件的记录与判定（分类）	20	原始记录不全每次扣5分、损伤观察判定不正确每次扣5分			
4	零件损伤的分析与处理	20	零件损伤处理方法不正确每次扣5分			

（续表）

序号	考核项目	标准得分	评分标准	考核记录	扣分	得分
5	发动机的组装	15	组装方法不正确、没做记号每次扣5分			
6	实验场地安全用电，防火，无人身、设备事故	20	因操作不当发生重大事故，此次实验成绩按0分计			
7	项目总分	100				

2. 实验报告内容要求

（1）观察分析汽车主要零件的损伤部位和损伤形式，说出其损伤的类型，分析其可能的损伤机理。

（2）说出预防零件损伤的各种措施和方法。

（3）提供实验数据记录及原始照片。

实验二　汽车发动机零件的测量与鉴定实验

一、实验目的和要求

（1）掌握汽车发动机气缸盖、缸体、活塞、曲轴的检测方法。

（2）掌握汽车发动机气缸盖、缸体、活塞、曲轴的鉴定标准与方法。

（3）掌握内径百分表、千分尺、塞尺、直钢尺等测量工具的结构与使用方法。

二、实验工具和设备

（1）新昌 485 发动机气缸盖、缸体、活塞、曲轴等部件各 1 套。

（2）50 ~ 160 mm 内径百分表 1 套。

（3）百分表 1 只。

（4）50 ~ 75 mm、75 ~ 100 mm 外径千分尺各 1 把。

（5）直钢尺、塞尺各 1 把。

（6）检测平台与曲轴相配套的 V 形铁 1 套。

三、实验注意事项

（1）在测量零件前，必须彻底清洗所检测零件上的油污、积炭、水垢等。

（2）不要在零件夹紧的状况下进行测量，以防零件被夹紧变形而导致测量不准。

（3）气缸、曲轴的维修应以最大一缸的检测数据为标准确定修理尺寸，各缸的修理尺寸应一致。

（4）测量曲轴轴颈尺寸时应错开油孔位置。

（5）实验场所的穿戴要求：穿戴工作服、防护鞋，禁止戴各类装饰品及耳机，最好不使用手机。

（6）实验时要严格遵守安全操作规程，实验场所严禁使用烟火，正确使用汽油等易燃易爆物品。

四、实验内容与方法

在实验室拆解汽车发动机总成，首先找出有代表性的主要零部件：缸盖、缸套、活塞、曲轴等；然后对各部件进行专项检测，记录检测数据；最后按相关维修标准进行零件的质量判定。

（一）实验内容

1. 发动机缸盖的测量与鉴定

气缸盖的变形主要表现为翘曲，其变形程度可通过检测气缸盖下平面的平面度误差获得。气缸盖平面度的测量方法：将气缸盖倒置，将直钢尺的侧边沿两条对角线和纵轴线贴靠在缸盖下平面，把塞尺插入直钢尺与缸盖的缝隙处，塞尺（厚薄规）的读数就是缸盖的平面度，如图 5－2 所示。

气缸盖变形的平面度误差标准：在整个平面上小于 0.15 mm（铝质材料）或小于 0.1 mm（铸铁材料）。

发动机缸体上平面的检测方法与缸盖相同。

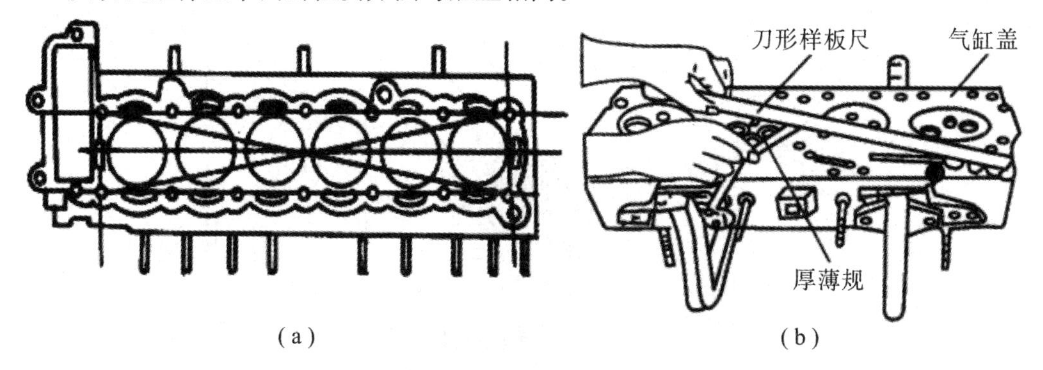

图 5－2　气缸盖变形的检测

（a）测量位置；（b）测量读数。

2. 缸套磨损的测量与鉴定

（1）测量工具：内径百分表、外径千分尺。

（2）测量方法：依据气缸直径的尺寸选择合适的接杆，装入气缸内径百分表的下端，用千分尺标准值校正内径百分表，并使伸缩杆有 1～2 mm 的压缩量。用气缸内径百分表在气缸的上、中、下三个不同高度及气缸的纵向、横向方向的六个部位（图 5－3）分别测量气缸直径，记录气缸内径数据（表 5－2）。

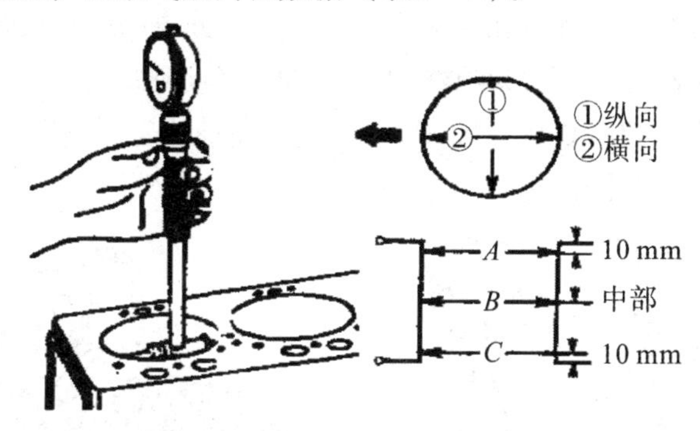

图 5－3　气缸的测量方法和测量部位

（3）数据处理：将测量的数据进行整理，计算出气缸的圆度和圆柱度误差，以及最大磨损量。

（4）根据发动机的大修标准（圆度0.05～0.063 mm，圆柱度0.17～0.25 mm），判定出气缸磨损需要的修理尺寸，即

气缸修理尺寸＝气缸最大磨损尺寸直径＋镗磨余量（0.1～0.2 mm）

3.活塞直径的测量与鉴定

（1）测量工具：外径千分尺。

（2）测量部位：垂直于活塞销座方向，距活塞顶部一定距离 X 处（图5－4（a））、距活塞裙部下口 Y 10～15 mm 处（图5－4（b））、距活塞环槽下一定距离 Z 处（图5－4（c））。

（3）测量方法：如图5－4所示，记录活塞测量的数据并列出对应的气缸测量数据表（表5－2）。

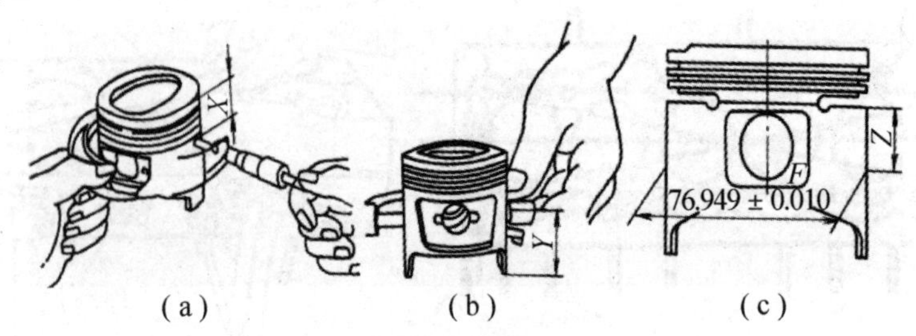

图5－4　活塞的测量

4.曲轴的测量与鉴定

测量工具：外径千分尺、百分表、磁铁座、V形铁。

1）主轴颈和连杆轴颈的直径测量

用外径千分尺在轴颈油孔两侧测量它的直径，然后旋转90°再测量，如图5－5所示。记录各道主轴颈和连杆轴颈的直径测量数据，填入测量数据表（表5－3）。

计算各道轴颈的圆度误差与圆柱度误差，当圆度误差、圆柱度误差超出标准值0.01～0.0125 mm时，应按修理尺寸进行磨修处理。

2）曲轴弯曲变形检测

将曲轴的两端用V形铁支承在检测平板上，用百分表的触头抵在中间主轴颈表面，转动曲轴一周，百分表最大数与最小数的差即为曲轴径向圆跳动误差，如图5－6所示。

若径向圆跳动误差超出0.04～0.06 mm，说明曲轴的变形量超标，需要进行冷压校正处理或更换曲轴。

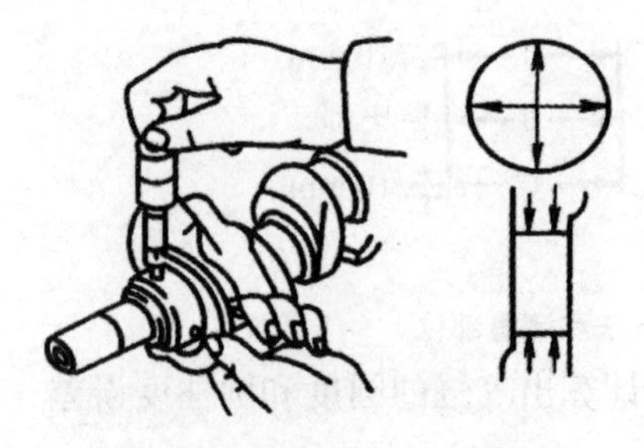

图5－5　曲轴轴颈的测量

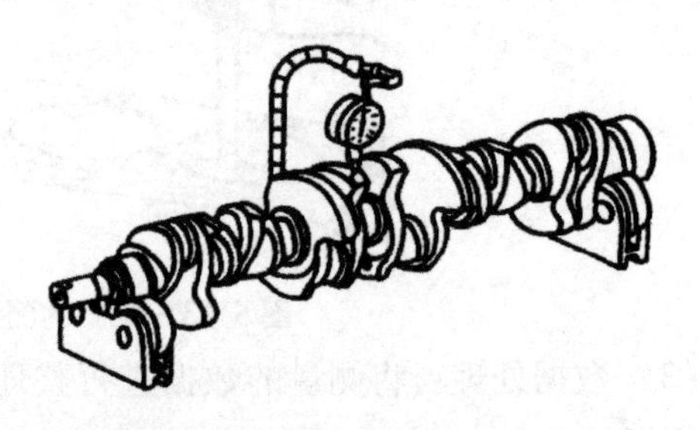

图5－6　曲轴变形的测量

（二）实验技术标准及规范

（1）GB/T 15746—1995《汽车修理质量检查评定方法》。

（2）GB/T 1958—1980《形状和位置公差检测规定》。

（3）GB/T 3799—2005《商用汽车发动机大修竣工技术条件》。

（4）GB/T 7258—2017《机动车运行安全技术条件》。

（5）JT/T 201—1995《汽车维护工艺规范》。

（三）实验数据记录与处理

记录发动机缸盖、缸体、活塞、曲轴等各零件的测量数据，并进行数据的计算、分析与处理。

气缸内径与活塞直径数据记录表，见表5－2。

表5－2　发动机气缸鉴定表

车型：　　　　发动机型号：　　　　缸体号：　　　　鉴定日期：　年　月　日

<table>
<tr><td rowspan="2">气　缸</td><td colspan="2" rowspan="2">测量数据/mm
项　目</td><td colspan="2">第1缸</td><td colspan="2">第2缸</td><td colspan="2">第3缸</td><td colspan="2">第4缸</td></tr>
<tr><td>最大 Y</td><td>最小 X</td><td>最大 Y</td><td>最小 X</td><td>最大 Y</td><td>最小 X</td><td>最大 Y</td><td>最小 X</td></tr>
<tr><td rowspan="10">气缸内径
原修理尺寸
D =　　mm</td><td rowspan="3">实际偏差 *</td><td>截面1</td><td></td><td></td><td></td><td></td><td></td><td></td><td></td><td></td></tr>
<tr><td>截面2</td><td></td><td></td><td></td><td></td><td></td><td></td><td></td><td></td></tr>
<tr><td>截面3</td><td></td><td></td><td></td><td></td><td></td><td></td><td></td><td></td></tr>
<tr><td colspan="2">圆度公差</td><td colspan="2"></td><td colspan="2"></td><td colspan="2"></td><td colspan="2"></td></tr>
<tr><td colspan="2">圆柱度公差</td><td colspan="2"></td><td colspan="2"></td><td colspan="2"></td><td colspan="2"></td></tr>
<tr><td colspan="2">最大磨损值</td><td colspan="2"></td><td colspan="2"></td><td colspan="2"></td><td colspan="2"></td></tr>
<tr><td colspan="2">* 气缸表面状况</td><td colspan="2"></td><td colspan="2"></td><td colspan="2"></td><td colspan="2"></td></tr>
<tr><td colspan="2">活塞裙部直径公差</td><td colspan="2"></td><td colspan="2"></td><td colspan="2"></td><td colspan="2"></td></tr>
<tr><td colspan="2">* 活塞与缸壁配合间隙</td><td colspan="2"></td><td colspan="2"></td><td colspan="2"></td><td colspan="2"></td></tr>
<tr><td colspan="11">处理意见：</td></tr>
</table>

鉴定人（签字）：

注：1. Y 为与活塞销轴线垂直方向；X 为与活塞销轴线并行方向。

2. * 为关键项目。

3. 截面1为活塞上止点第一道环位置，截面2为活塞上止点裙部位置，截面3为活塞下止点第一道环位置。

曲轴直径数据记录表，见表 5 - 3。

表 5 - 3　发动机曲轴轴颈鉴定表

车型：　　　　　　　发动机型号：　　　　　　　缸体号：　　　　　　鉴定日期：　年　月　日

测量数据/mm 项　目			第 1 道		第 2 道		第 3 道		第 4 道		第 5 道	
			甲 *Y*	乙 *X*	甲 *Y*	乙 *X*	甲 *Y*	乙 *X*	甲 *Y*	乙 *X*	甲 *Y*	乙 *X*
曲轴主轴颈 原修理直径 *D* = 　mm	* 实际偏差	截面 1										
		截面 2										
	圆度公差											
	圆柱度公差											
	* 轴颈表面状况											
连杆轴颈 原修理直径 *D* = 　mm	* 实际偏差	截面 1										
		截面 2										
	圆度公差											
	圆柱度公差											
	* 轴颈表面状况											
处理意见：												

鉴定人（签字）：

注：1. *Y*、*X* 为与曲轴轴线垂直且相互垂直的两个方向。

2. * 为关键项目。

3. 截面 1、截面 2 为曲轴轴颈长度方向上与轴颈轴线相垂直的两个截面，两个截面要有一定的间距。

（四）实验结论

将所测量的发动机缸盖、缸体、活塞、曲轴等各零件数据与相关国家标准数据进行比较，作出处理意见，并确定修理尺寸等级与修理方案措施。

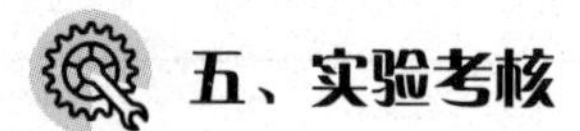

五、实验考核

1. 实验考核项目与评分方法

汽车发动机零件的测量与鉴定的考核项目与评分方法，见表 5 - 4。

表5－4 汽车发动机零件测量与鉴定的考核项目与评分方法

序号	考核项目	标准得分	评分标准	考核记录	扣分	得分
1	正确使用测量工具	20	使用不当每次扣5分			
2	发动机缸盖的测量与鉴定	10	测量方法不正确扣5分、鉴定结果不正确扣5分			
3	气缸内径的测量与鉴定	20	测量方法不正确每次扣5分、鉴定结果不正确扣10分			
4	活塞直径的测量与鉴定	10	测量方法不正确扣5分、鉴定结果不正确扣5分			
5	曲轴轴颈的测量与鉴定	20	测量方法不正确每次扣5分、鉴定结果不正确扣10分			
6	曲轴变形的测量与鉴定	10	测量方法不正确扣5分、鉴定结果不正确扣5分			
7	实验场地安全用电，防火，无人身、设备事故	10	因操作不当发生重大事故，此次实验成绩按0分计			
8	项目总分	100				

2. 实验报告内容要求

（1）说出所检测发动机的气缸、活塞、曲轴等零件的磨损极限值和最大公差值（大修判断标准）。

（2）根据气缸、活塞的测量数据，计算圆度、圆柱度、最大磨损值，并作出判定、给出修理尺寸。

（3）根据曲轴直径的测量数据，计算圆度、圆柱度、最大磨损值，并作出判定、给出修理尺寸。

实验三　传统发动机故障诊断实验

一、实验目的和要求

（1）掌握传统汽油发动机的常见故障设置与人工诊断方法。

（2）掌握传统柴油发动机燃油系统的故障检测与诊断方法。

二、实验工具和设备

（1）完好的东风 EQ 6100 发动机 1 台。

（2）完好的 490 型机械柴油机 1 台。

（3）转速测量表 1 只。

（4）正时枪 1 只。

（5）通用喷油器校验台 1 台。

（6）490 型柴油机喷油器若干。

（7）拆装工具 1 套。

三、实验注意事项

（1）实验场所的穿戴要求：穿戴工作服、防护鞋，禁止戴各类装饰品及耳机，最好不使用手机。

（2）实验发动机必须装备齐全，起动前必须认真检查油、水、电、气等安全可靠，并进行必要的预热。

（3）实验过程中一旦发生发动机异常情况，应起动强停装置停止实验，防止人身事故与设备事故的发生。

（4）实验过程要严格遵守安全操作规程，严禁使用烟火，正确使用汽油等易燃易爆物品。

（5）操作人员在实验过程中应严肃认真，并注意有无异常现象，如异味、异响、异常振动等。

（6）在判定发动机异响时，应先确定异响出自哪个区域，再进一步细听缩小范围。一般来说，气门异响多在发动机低速时发生；如果异响声音发闷，则不能再加大油门，以免造成大的事故。

（7）柴油机喷油器为高精度偶件，拆解时要细心谨慎，各偶件之间不可互换，所用柴油必须干净。

 四、实验内容与方法

（一）传统汽油发动机故障设置及其人工诊断

了解发动机性能人工听诊的原理，使学生了解如何根据人工“望、闻、问、切”的诊断方法，判断和排除化油器式汽油机的常见故障。

1. 发动机性能检测

发动机性能检测步骤如下。

1）起动前检查

发动机起动前必须进行检查，确保发动机机油、冷却水、汽油、电瓶电压、进气管路等一切正常后，才能起动发动机。

2）发动机起动

发动机在正常温度下，5 s 内必须顺利起动（再次起动不得多于 3 次、每次间隔 1 min以上）。

3）发动机怠速调整与预热

在发动机怠速运转过程中，通过调整怠速螺钉调整发动机的转速至 600 r/min 左右，且发动机运转平稳可靠。如果发动机怠速不稳，需要拆解、清洗化油器的怠速装置，重新调整。

发动机怠速运转一定时间，进行必要的观察与检测，直至发动机机温达到正常温度。

4）发动机各转速性能检测

对发动机进行低速、中速、高速以及缓慢加速、急加速等实验方法，观察发动机的运转情况。正常情况下，怠速、中速、高速运转应稳定、均匀，不得有回火冒烟现象。在正常工作下不得有过热现象。改变发动机转速时，发动机转速应过渡圆滑，有较快地提高。急加速时发动机应动力强劲，不得有突爆声，化油器不得回火，消声器不得有放炮等现象。

在发动机各转速检测时，可结合人工听诊的方法进行发动机性能的检测，具体诊断方法如下：

（1）看——消声器排出的烟色是否正常、化油器的溢油是否异常、发动机运转抖动是否正常。

（2）试——拉紧阻风门（关闭），看发动机转速、声音是否异常变化。

（3）听——消声器有无“突、突”的爆燃声，化油器有无回火声，发动机各部件有无异响。

2. 发动机运转时的异响诊断

（1）如果怠速或低速运转时异响较为明显清晰，则可能为活塞敲缸响、活塞销响、气门脚响、气门挺杆响等。

（2）如果中速运转时异响较为明显清晰，则可能为连杆轴承响、气门座圈响、气门烧损响等。

(3) 如果稳定转速下异响不明显，急加速时异响明显，则可能为曲轴主轴承响、连杆轴承响、活塞环响。

3. 单缸断火试验

1) 单缸断火作用

单缸断火主要判断发动机的单缸是否做功、单缸的工作性能好坏、单缸运转零件的异响诊断。

2) 单缸断火方法

使发动机怠速运转，用起子对该缸火花塞进行短路或拔掉该缸火花塞的高压线，导致该缸发动机因不能做功而停止工作。当该缸停止工作时，观察发动机运转工况，可用转速表测量发动机的转速变化。

(1) 单缸的工作性能：若发动机转速下降 100 r/min 左右，说明该缸工作良好。反之，若发动机转速无下降，表明该缸不工作，对整台发动机无贡献。

(2) 异响诊断：若此时发动机原有的某种异响消失，说明该缸的曲轴轴承或活塞销或气门运动部件等有问题。①曲轴主轴承异响声一般为“噹、噹”的敲击声，较重；②连杆轴承异响声一般为“当、当”的敲击声，较轻；③活塞敲缸异响声一般为“当、当”的金属敲击声，从气缸上部发出；④活塞环敲缸异响声一般为“啪、啪”声；⑤活塞销敲缸异响声一般为“嗒、嗒”的金属敲击声，加速时，响声加大；⑥气门脚响声一般为“嘀、嘀”声，怠速、中速时较明显。

4. 点火正时诊断

发动机怠速运转，用正时枪对发动机进行正时检测，查验发动机正时是否正确。如果点火正时错误（过早、过迟、错乱现象），需要对正时进行调整。若点火正时不对，可通过转动分电器外壳来改变点火提前角进行点火正时的调整，缓慢加速，观察点火提前角是否能随着转速的提高而增大。发动机正时不正确时，发动机运转就会出现异常现象。

(1) 点火时间过早的故障现象：发动机运转抖动，加速时有“嘎、嘎”的金属突爆声，此时发动机动力下降，油耗明显增加。

(2) 点火时间过迟的故障现象：发动机起动困难，运转闷而无力，加速困难并伴有消声器排气放炮、化油器回火现象，同时出现发动机易过热、动力下降、油耗增加等现象。

(3) 点火时间错乱的故障现象：若发动机的高压线与火花塞连接顺序与点火顺序不正确（如高压分缸线顺序错调），将导致点火正时错乱，使发动机运转不稳、消声器排气放炮、化油器回火。

5. 点火系统故障诊断

1) 高压线跳火试验

判断点火系统工作是否正常，一般可用点火高压线进行跳火试验，根据中央高压线的火花有无、火花强弱等情况来进行点火系统故障诊断。

诊断方法：拔下中央高压线，在距离缸体 5 ~ 7 mm 处做跳火试验（图 5 - 7），看高压火花情况，判断是高压电路还是低压电路原因。

（1）若高压火花强，表示低压电路和点火线圈良好，则故障在分电器、火花塞和分缸高压线中。

（2）若高压无火花，则表明低压电路有短路、断路，或点火线圈、中央高压线有故障。

2）低压电路故障判断

起动发动机，看电流表的放电情况：3～5 A 摆动为正常；电流表不动，是低压电路故障。根据点火系统组成电路图（图5－8），逐个检查线路与零件，查找故障原因。

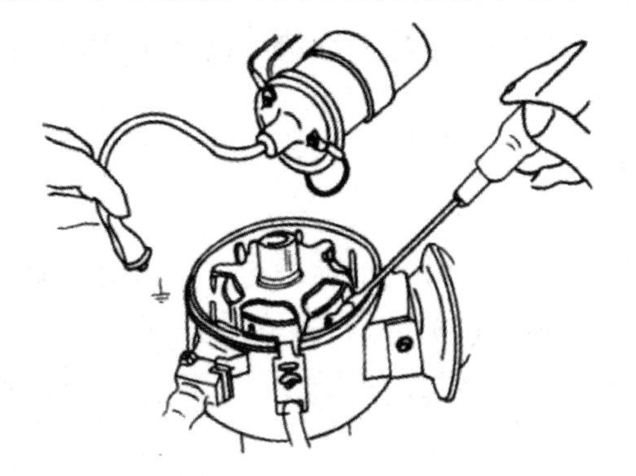

图5－7　高压跳火实验

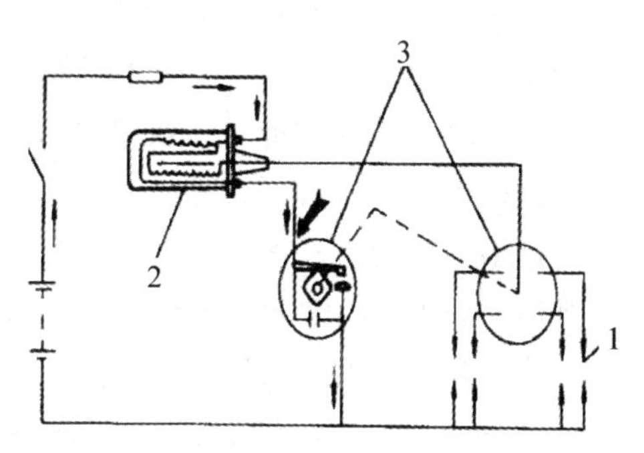

图5－8　传统点火系统组成

1—火化塞；2—点火线圈；3—断电器。

（二）传统柴油机燃油系统故障检测与诊断方法

传统柴油机燃油系统一般由柴油箱、输油泵、柴油滤清器、喷油泵、喷油器、高压油管、低压油管和回油管等组成。柴油发动机燃油系统较易发生故障，特别是排黑烟故障，绝大部分是喷油器雾化不良造成的。对喷油器进行质量的检测、柴油管路进行空气排除、供油正时进行调整等是最为实用的方法。

1. 喷油器校验台

喷油器校验台一般由手动喷油泵、压力表、储油罐及连接喷油器的高压油管等组成，图5－9是柴油喷油器校验台的连接示意图。

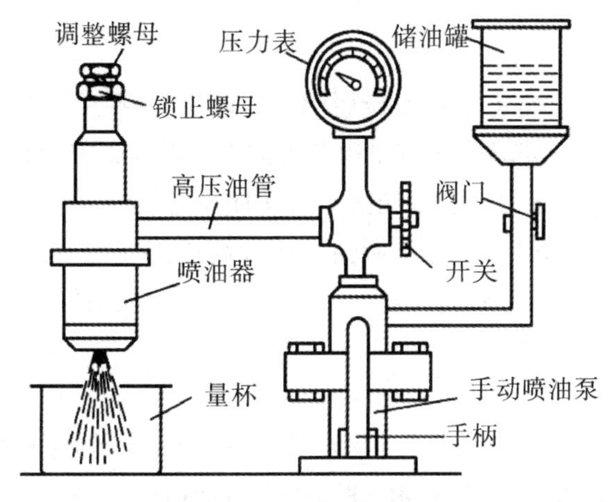

图5－9　柴油喷油器校验台

喷油器校验台的操作方法较为简单，首先将需要校验的喷油器连接到高压油管上，然后用手柄给手动喷油泵加压直至喷油器喷油，最后观察柴油的雾化质量，查看喷油压力是否正确、雾化是否良好、是否滴油等。

2. 喷油器质量的检测方法

1）直观检测

（1）检查喷油器针阀偶件的针阀及阀体导向圆柱，不得有明显的磨损及划痕。

（2）检查针阀偶件的密封锥面，不得有烧蚀、变形及积炭。

（3）检查喷油器密封锥面、轴针与喷孔、针阀与阀体导向面等处的磨损情况，阀体上端面不得出现锈迹及划痕，阀体不得有裂纹。

（4）喷孔不得有烧蚀或被积炭堵塞的现象。

2）雾化质量及喷雾锥角检测

在喷油器校验台上，安装好喷油器，以每分钟 60 ~ 70 次的速度按压手动喷油泵手柄使其加压，燃油从喷油器的喷孔高速喷出，被吹散成微粒的过程，称为燃油的雾化。雾化应细小而均匀，喷雾锥角在 10° ~ 60°，喷雾时有清脆的爆裂声音，多次喷射后喷孔附近应干燥。图 5 – 10 为几种雾化情况图示。

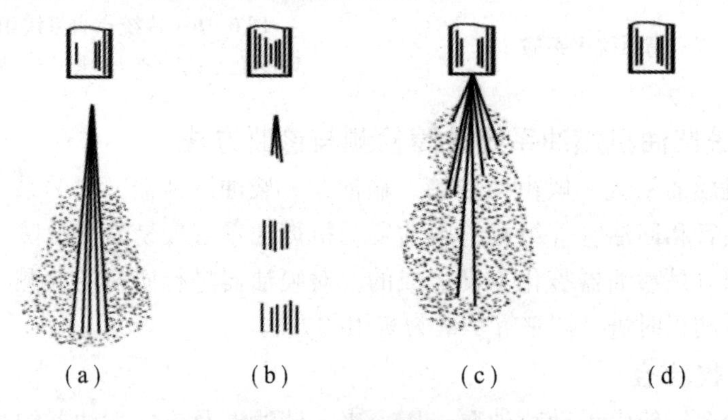

图 5 – 10　喷雾质量检验

（a）正常；（b）不正常；（c）过早；（d）过迟。

3）喷油量检测

在喷油器校验台上，将各个喷油器用同一根高压油管逐个接到预先调整好的喷油泵的同一个分泵上，在标定转速下测量每分钟的喷油量（误差应在 4% 以内）。

4）喷油器针阀开启压力（喷油压力）和关闭压力检测

当喷油器刚开始喷油时，压力表所指示的最高压力即为喷油压力，喷油最高压力可达 10 ~ 100 MPa 以上，若不符合规定，应进行调整。喷射停止后，压力表指示的压力为关闭压力。

5）密封性检测

（1）压动手柄使油压升至 15 MPa 后至降到 10 MPa 所需时间应小于 9 ~ 20 s；提高实验油压升至 20 MPa 后至降到 18 MPa 所需时间应小于 9 ~ 20 s。

（2）将调压螺母调整到使喷油器在规定压力下喷油，停止压油后观察其滴油密封情况。在正常情况下，停止喷油后一分钟内滴油不得超过 1 滴。

3. 低压油路空气排除方法

当柴油机长时间停机后重新起动时，由于低压油路中的柴油流失、管路进入空气将导致发动机起动困难，所以必须对低压油路的空气进行排除。

1）诊断方法

松开喷油泵放气螺塞，反复拉压输油泵上的手柄，放气螺塞处无油流出，说明燃油没有进入喷油泵；若放气螺塞处流出泡沫状柴油，说明燃油夹带空气进入喷油泵，而且长时间拉压手柄不能排净空气。

2）排除方法

低压油路排除空气的方法：检查油箱与输油泵间管路、滤清的密封情况，紧固连接件，一只手反复拉压输油泵手柄，另一只手打开放气螺塞稍许，排净带空气柴油，直至放气口流出不带气泡的柴油时，先拧紧放气螺塞，再把手柄下压锁上。

4. 喷油正时检查与调整

柴油机使用一段时间后，随着零件的磨损，喷油正时将会变动，导致柴油机工作异状：工作粗暴，大负荷时有严重的金属敲击声；排烟严重，机温过热，运转声发闷，工作无力。

1）喷油正时的检查

正确的喷油正时是当柴油机第一缸在压缩上止点时，此时高压油泵中对应的第一缸出油阀应同时供油，才能确保柴油机正常运转。

检查方法：拆管路前，首先将柴油泵到喷油泵使泵体充满柴油；然后拆下第一缸高压油管靠近喷油泵一端的管接头，查看第一缸出油阀口的油平面情况；最后正向转动曲轴，同时观察喷油泵的第一缸出油阀口的油平面，当油平面出现上升波动时，此时所对应的曲轴飞轮刻度线就是实际的供油提前角，供油提前角与该柴油机说明书提供的供油提前角应一致，否则，就需要调整。

2）喷油正时的调整

（1）以联轴器驱动的喷油泵，可将联轴器的主动盘与主动凸缘之间的螺栓旋松后，适当转动喷油泵凸轮轴来调整供油提前角。如果供油提前角过大，将喷油泵凸轮轴逆着其工作时的转动方向转过适当的角度；反之，如果供油提前角过小，将喷油泵凸轮轴顺着其工作时的转动方向转过适当的角度。紧固螺栓后，再进行喷油正时的检查，不合格的需再度调整。

（2）用法兰盘与机体连接的喷油泵，如果实际的供油提前角不符，只需要松开法兰盘固定螺栓，适当扳动喷油泵体，就可以改变供油提前角。如果供油提前角过大，将喷油泵顺着凸轮轴工作时的转动方向转过适当的角度；反之，如果供油提前角过小，将喷油泵逆着凸轮轴工作时的转动方向转过适当的角度。

（二）实验技术标准及规范

（1）GB/T 15746—1995《汽车修理质量检查评分标准》。

（2）GB/T 3799—2005《汽车发动机大修竣工技术条件》。

（3）GB/T 7258—2017《机动车运行安全技术条件》。

（4）GB/T 12543—1990《汽车加速性能实验方法》。

（5）GB/T 12545. 1—2001《乘用车燃料消耗实验方法》。

（三）实验数据记录与处理

记录实验发动机、仪器及实验过程中的各种原始数据，并进行必要的原因分析。

（1）记录发动机的各种转速值：低速、中速、高速。

（2）记录点火正时的初始提前角、最大点火提前角及各转速时的提前角。

（3）记录点火系统中的断电器间隙值、分火头间隙值、火花塞间隙值。

（4）记录喷油器的雾化质量、角度、雾化量、针阀开启压力。

（5）记录喷油正时的初始提前角、最大点火提前角及各转速时的提前角。

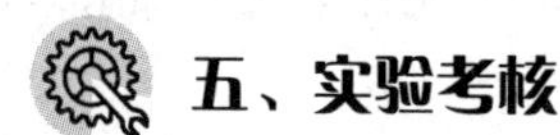

五、实验考核

1. 实验考核项目与评分方法

传统发动机故障诊断的考核项目与评分方法见表 5 -5。

表 5 -5　传统发动机故障诊断的考核项目与评分方法

序号	考核项目	标准得分	评分标准	考核记录	扣分	得分
1	正确使用工具仪器	10	操作使用不当每次扣 5 分			
2	发动机常规性能的检测	10	操作方法不正确扣 5 分、鉴定结果不正确扣 5 分			
3	发动机异响的诊断	10	检查方法不正确扣 5 分、结论错误扣 5 分			
4	单缸断火实验	10	检查方法不正确扣 5 分、结论错误扣 5 分			
5	点火正时诊断	10	检查方法不正确扣 5 分、结论错误扣 5 分			
6	点火系统故障诊断	10	检查方法不正确扣 5 分、结论错误扣 5 分			
7	喷油器的雾化质量的校验	10	检查方法不正确扣 5 分、结论错误扣 5 分			
8	柴油机管路空气的排除方法	10	操作方法不正确每次扣 5 分			
9	喷油正时的检查与调整	10	检查方法不正确扣 5 分、调整操作错误扣 5 分			

（续表）

序号	考核项目	标准得分	评分标准	考核记录	扣分	得分
10	实验场地安全用电，防火，无人身、设备事故	10	因操作不当发生重大事故，此次实验成绩按0分计			
11	项目总分	100				

2. 实验报告内容要求

（1）说明实验目的、实验要求、实验设备及实验原理。

（2）简述如何进行汽油发动机点火正时的调整。

（3）分析点火过早、过迟故障将导致的发动机故障现象，并提出解决办法。

（4）说出如何用高压跳火试验方法进行汽油发动机点火系统的故障诊断。

（5）记录并分析喷油器校检时的相关数据：喷油压力、雾化情况、喷油角度、泄漏情况。

实验四　电控发动机故障诊断实验

一、实验目的和要求

（1）掌握电控发动机故障自诊断原理和故障码的存储功能。

（2）用人工读码方法对电控发动机进行故障码的读取、故障分析、故障码的清除。

（3）熟悉汽车故障诊断仪的使用方法、操作步骤。

（4）掌握汽车故障诊断仪读取电控发动机故障码和数据流的方法。

二、实验工具和设备

（1）大众捷达轿车 1 辆。

（2）丰田佳美 24 阀 V6 汽车发动机教学台架 1 台。

（3）汽车故障诊断仪 1 台（金德 K81 或电眼镜 X431 PRO）。

（4）跨接线、常用工具若干。

（5）相关车辆维修手册若干。

三、实验注意事项

（1）实验场所的穿戴要求：穿戴工作服、防护鞋，禁止戴各类装饰品及耳机，最好不使用手机。

（2）实验过程要严格遵守安全操作规程，严禁使用烟火，正确使用汽油等易燃易爆物品。

（3）实验发动机台架与车辆必须装备齐全，起动前必须认真检查，发动机运转时或点火开关处于 ON 时禁止拔传感器插头，禁止做刮火实验。

（4）拆卸和插入诊断连接器时，请将点火开关置于 OFF 位置。

（5）关闭汽车所有的附属电器设备，如空调、音响、灯光等。

（6）在实验过程中，不得随意更改发动机的基本参数设置，以避免损坏发动机。

（7）请勿将磁性物体放置在汽车电脑附近，以避免 ECU 中的电路和组件损坏。

四、实验内容与方法

（一）实验原理

1. 故障自诊断系统与故障码

车用微机故障自诊断测试是利用微机的故障自诊断系统对汽车电控系统的故障进

行诊断。为了尽可能地节省微机的存储器，在现代汽车用微机故障自诊断系统中，微机故障自诊断系统对汽车电控系统故障的诊断结果通常都是以故障代码的形式存储在微机的随机存储器中，并以故障代码的形式提供给汽车维修技术人员。

当汽车电控系统出现故障时，微机故障自诊断系统便通过仪表板上的故障指示灯“CHECK Engine”来提示驾驶员或使用人员汽车电控系统中存在故障。读取故障代码的方法有利用汽车故障诊断仪法和利用人工读码法两种。

2. 数据流

汽车电控系统在运行中产生多种类型的电子信号，分别是直流信号、交流信号、频率调制信号、脉冲宽度信号和多路串行数据信号，这种信号组成电控系统之间的传感器到控制器、控制器到执行器、执行器又反馈到传感器这样一个相互通信的基本语言。对于这些因电信号轻微变化所引起的电控系统的故障，凭经验或简单的万用表诊断已变得十分困难，而采用故障诊断仪对其进行数据流分析如同采用专用示波器对其进行波形分析一样，已成为汽车电控系统故障诊断的必备手段。许多电控汽车的故障诊断系统还具有行车记录功能，能记录车辆行驶过程中的有关动态数据资料。通过故障诊断仪可将汽车运行中各种传感器和执行元件输入、输出信号的瞬时数据值以数据流的方式在显示屏上显示出来。因此，可以根据汽车工作过程中控制系统的各种数据的变化情况判断微机控制系统的工作是否正常。

利用数据流进行故障诊断是最便捷、最准确的方法。故障码的读取一般只能说明某个传感器线路断路或短路情况，当传感器自身信号不稳时，故障自诊断系统是不会显示故障码的，这时可用数据流准确读出其运转工况时的数据，将其与标准数据相比较来说明问题。例如，动态测试中一般都有发动机转速、冷却水温度、点火提前角的数据显示，转速应随节气门开度的增大而增大，节气门位置信号应随节气门的变化而线性变化，点火提前角也应该随着节气门的开度或发动机的转速而增大或缩小，否则与之相关的方面可能有问题。

（二）汽车故障诊断仪介绍

1. 金德 K81 故障诊断仪

金德 K81 故障诊断仪是深圳市威宁达实业有限公司生产的汽车故障诊断设备，外形如图 5-11 所示。将汽车解码器和发动机分析仪有机地结合于一体，不但具有解码器的功能，还可检测发动机各系统的工作状态和运行参数，实时采集点火、喷油、电控系统及各种传感器波形信号，进行数值测定、性能分析、波形存储及回放等，能为发动机的技术状态判断和故障诊断提供科学依据。

金德 K81 故障诊断仪具有强大的检测功能，可精确检测亚、欧、美各大车系，检测内容涉及故障码读取，数据流分析，执行元件测试，防盗解锁控制器的基本设定、匹配调整以及配钥匙功能。其车系检测系统包括发动机、变速器、防抱死制动系统、安全气囊系统、防盗系统、中央空调、定速巡航系统、车身悬架系统、动力转向系统和仪表板系统等。

金德 K 系列故障诊断仪测试功能包括读取车辆电脑型号、读取故障码、清除故障码、读取动态数据流、元件控制测试、自适应值清除、设置服务站代码、调整基本设定、控制单元编码等。

(a)

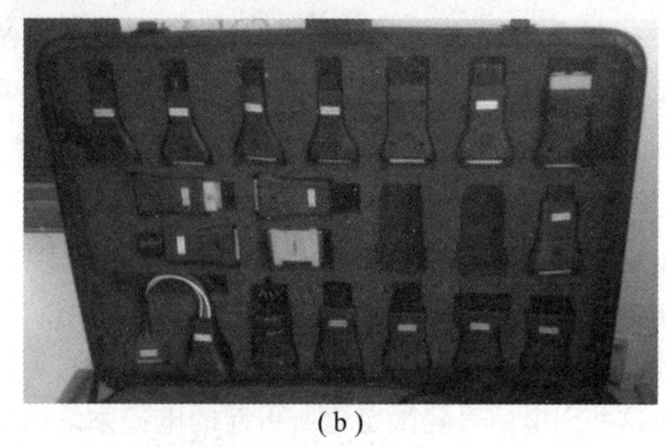

(b)

图 5-11　金德 K81 故障诊断仪

(a) K81 主机；(b) 各型诊断接头。

2. X431 PRO 故障诊断仪

X431 PRO 故障诊断仪是由元征公司生产的 X431 系列汽车诊断电脑产品。它沿袭了 X431 系列产品的所有功能，能够识别并读取故障码，能够准确地读出每个车型对应的动态数据流，能够一键清除故障代码。配上通过蓝牙连接的诊断座和显示器后，能够清晰地显示故障，帮助维修人员快速识别故障的位置以及产生原因，以快速解决故障。图 5-12 为 X431 PRO 的基本结构组成图示。

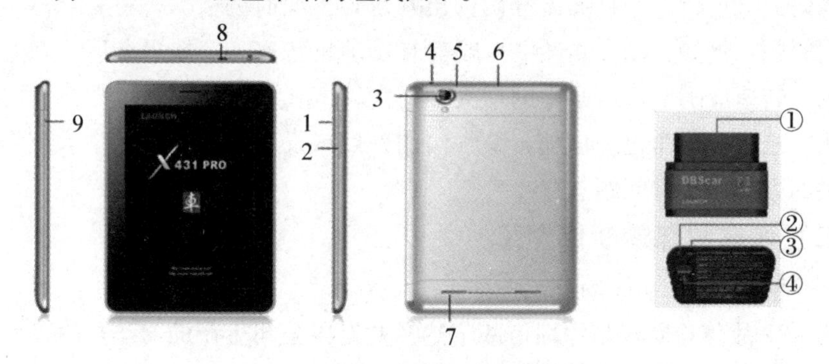

图 5-12　X431 PRO 主机结构及诊断接头

1—电源键；2—音量键；3—后摄像头；4—耳机插孔；5—Reset 键（在壳里）；6—SD 卡槽；7—喇叭；8—USB 线插口；9—Min 头。

①OBD-16 诊断接口；②汽车 ECU 通讯指示灯；③电源指示灯；④蓝牙/USB 通讯指示灯。

在使用 X431 PRO 故障诊断仪前，首先要安装 SD 卡，并给自带的电池进行充电后才能进行开机。

1）开机步骤

（1）按侧边电源键 3 秒开启 X431 PRO。

（2）如果您是第一次打开 X431 PRO，系统会提示您为 X431 PRO 进行初始设置。

（3）设置您的账户。

（4）设置是否开启资料服务。

（5）设置日期和时间。说明：如果您使用网络自动提供的时间，则无需自行设置日期、时间和时区。

2）关机步骤

（1）长按侧面电源按钮打开 X431 PRO 选项菜单。

（2）点击“关机”关闭 X431 PRO。

3）状态提示栏

屏幕下方分别显示：

A. 返回键：返回到上一个界面或退出正在运行的程序。

B. 主页键：按此键回到桌面。

C. 快捷键：最近打开的应用程序。

D. 触屏菜单键：按下此键可以在各种选项或程序中进行选择。

E. 通知面板：用于通知新事件和状态指示。

4）故障诊断操作使用

（1）找到汽车上的诊断座。诊断座 DLC 通常安装在驾驶员一侧，离仪表台中心 12 英寸左右，如图 5－13 所示。如果 DLC 没有安装在仪表板下面，还有一个标签显示其正确的位置。如果找不到 DLC 位置，请查阅该车型的维修保养手册。

图 5－13 汽车诊断座位置图

（2）将 X431 PRO 的 DBScar 诊断连接器插入诊断插座（建议使用附加的 OBD－II 延长电缆，将 DBScar 诊断连接器连接到汽车诊断插座）。对于非 OBD－II 16PIN 诊断插座，将适配器插入诊断插座并将 DBScar 诊断连接器插入适配器。

（3）蓝牙设置。点击进入 X431 PRO 蓝牙设置（\“设置\”－\“无线和网络\”－\“蓝牙\”）界面，当蓝牙设置“开”状态时，X431 PRO 将自动使用蓝牙搜索可用连接，并单击连接器名称进行配对连接。接头默认名称：98269＊＊＊＊＊00（其中＊＊＊＊＊代表 5 位数字）。

注意：开始使用该软件之前，请完成蓝牙设置操作。

（4）开始诊断。打开软件进入测试车辆选择界面，进行车辆厂家及型号的选择后，按屏幕相应功能键，就可以开始诊断车辆了，即读取故障码、清除故障码、读取数据流等。

（三）人工读码方法

人工读码方法是利用微机故障自诊断系统故障代码的显示方法。大部分现代汽车微机控制系统故障自诊断代码利用仪表板上的故障指示灯的闪烁规律显示故障代码：当系统进入故障自诊断测试状态读取故障代码时，微机故障自诊断系统控制仪表板上的故障指示灯闪烁次数和点亮时间长短来表示故障代码。

1. 故障代码的显示规律

利用故障指示灯显示二位数故障代码方式是应用最广的一种，如丰田（TOYOTA）、通用（GM）、克莱斯勒（CHRYSLER）等汽车公司生产的汽车大多数采用二位数故障代码显示。

若无故障，则故障指示灯等间隔地闪烁，其中亮、熄的时间均为 0.5 s；若出现 1 个或 1 个以上的故障，ECU 将不断地循环显示所示的故障码。故障码为两位数，每一循环以数值小的代码在前、数值大的代码在后的顺序显示，显示一轮后稍作停顿，然后重复相同的过程。故障指示灯亮的时间规定为0.5 s，每一位的数值中亮与熄的时间都是0.5 s。一个代码的两个位之间有 1.5 s 熄灭的间隔，两个代码之间有 2.5 s 熄灭的间隔，每一轮重复显示之间有 4.5 s 熄灭的间隔。例如，有“23”故障码发生，当触发自诊断系统后，首次，停顿 4 s 开始显示较小的故障“23”的第一位，先以 0.5 s 的等间隔亮熄 2 次（表示 2），最后，熄灭 1.5 s 的间隔，后以 0.5 s 的等间隔亮熄 3 次（表示 3）；然后，熄灭 2.5 s 的代码间隔，再接着显示下一个故障代码；再熄灭 4.5 s 的间隔，再重新开始第二轮故障码的显示。其亮熄的间隔规律如图 5－14 所示。为了读准故障码，一般可多读几轮进行校核。

2. 人工读取故障码实验步骤

丰田轿车人工读取故障码的步骤如下：

（1）将点火开关打开，但不起动发动机。

（2）用跨接线将诊断（ECL）插座上的“TE1”插孔与“E1”插孔短接（图 5－15）。

（3）根据上面的规律读取故障码。

（4）检查完成后，拆开跨接线。

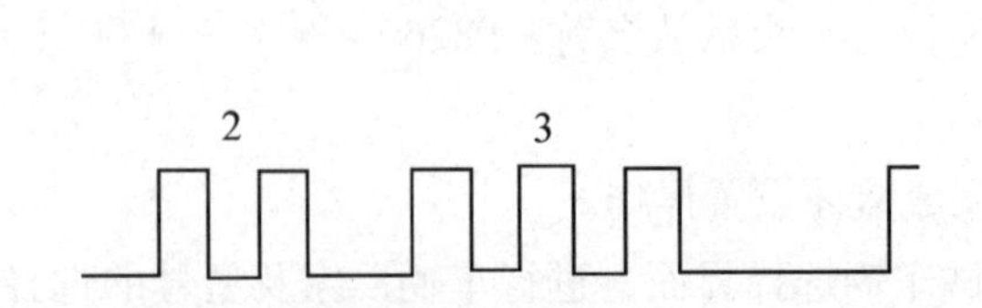

图 5－14　故障灯亮灭图—“23”故障码

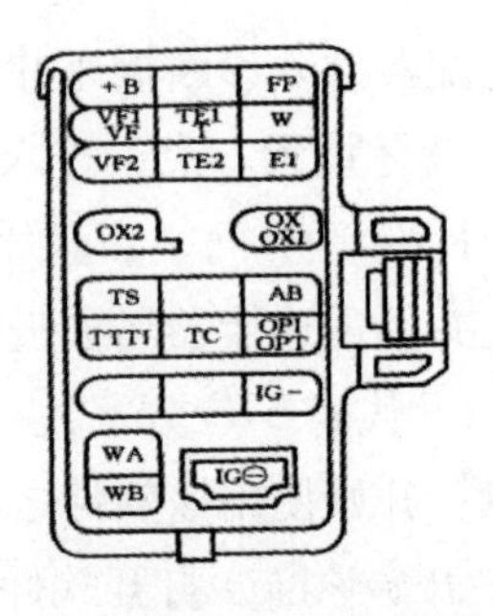

图 5－15　丰田轿车故障检测插座座孔

3. 故障代码意义及故障原因分析

丰田（TOYOTA）汽车故障代码含义及故障原因见表5-6。

表5-6 丰田（TOYOTA）汽车故障代码含义及故障原因

<table>
<tr><th>故障代码</th><th>故障内容</th><th>故障原因</th></tr>
<tr><td>11</td><td>微机电源瞬间中断</td><td>主继电器接触不良，线路故障</td></tr>
<tr><td rowspan="2">12</td><td>起动时无（Ne）转速信号（2 s以上）</td><td rowspan="2">①Ne、G配线短路或断路；②Ne、G信号发生器故障；③STA信号线路短路或断路；④ECU故障</td></tr>
<tr><td>低速时（600～4000 r/min范围内）3 s以上ECU未收到G信号</td></tr>
<tr><td rowspan="2">13</td><td>高速时（1500 r/min以上）0.3 s以上未取得Ne信号</td><td rowspan="2">①Ne、G信号配线短路、断路；②Ne、G信号发生器故障；③线路接头松动、接触不良、脏污；④ECU故障</td></tr>
<tr><td>发动机在500～4000 r/min之间ECU取得4次Ne信号，但无G信号</td></tr>
<tr><td>14</td><td>无IG_t和IG_f点火控制信号</td><td rowspan="2">①IG_t或IG_f信号配线短路、断路；②点火控制器故障；③ECU故障</td></tr>
<tr><td>15</td><td>第二组点火控制系统无IG_t或IG_f信号</td></tr>
<tr><td>16</td><td>电子控制自动变速器信号不良</td><td>①主ECU与A/T ECU之间配线故障；②A/T ECU故障；③主ECU故障</td></tr>
<tr><td>17</td><td>1号（左）凸轮轴位置传感器信号不良</td><td rowspan="2">①传感器配线断路或短路；②传感器故障；③ECU故障</td></tr>
<tr><td>18</td><td>2号（右）凸轮轴位置传感器信号不良</td></tr>
<tr><td>21</td><td>左氧传感器信号不良</td><td rowspan="2">①氧传感器故障；②氧传感器线路故障</td></tr>
<tr><td>28</td><td>右氧传感器信号不良；传感器输出电压在0.35 V以上或0.7 V以上超过60 s无变化</td></tr>
<tr><td>22</td><td>水温传感器信号不良，ECU在0.5 s以上未取得水温信号</td><td>①水温传感器故障；②水温传感器线路断路或短路；③ECU故障</td></tr>
<tr><td>24</td><td>进气温度传感器信号不良，ECU在0.5 s以上未取得进气温度信号</td><td>①进气温度传感器故障；②进气温度传感器线路断路或短路；③ECU故障</td></tr>
<tr><td>25</td><td>混合气过稀、空燃比过大：氧传感器输出电压低于0.45 V的时间超过90 s</td><td>①主氧传感器线路断路或短路；②主氧传感器故障；③E1断线；④水温传感器故障；⑤点火系统工作不良；⑥喷油器卡死或线圈断路；⑦MAP或MAF传感器工作不良；⑧ECU故障</td></tr>
<tr><td>26</td><td>混合气过浓、空燃比过小；发动机怠速运转水温在80 ℃以上；空燃比变化超过15%的时间在10 s以上</td><td>①喷油压力过高；②喷油器漏油或滴漏；③正时皮带跳齿，配气正时错乱；④压缩压力过低；⑤进气歧管漏气；⑥ECU故障；⑦发动机搭铁不良</td></tr>
</table>

（续表）

故障代码	故障内容	故障原因
27	左辅助氧传感器信号不良	①辅助氧传感器故障；②辅助氧传感器配线断路或短路；③ECU 故障
29	右辅助氧传感器信号不良，发动机工作温度 80 ℃以上、1500 r/min 以上、猛加速 2 s 以上、主氧传感器输出电压在 0.45 V 以上，而辅助氧传感器电压在 0.45 V 以下	
31	进气压力传感器信号不良（MAP）；空气流量计信号不良（MAF）；怠速运转时 ECU 有间歇 0.5 s 以上未取得 MAP 或 MAF 信号	①传感器标准电压 V_c（5V ± 0.5V）失常；②MAP 或 MAF 故障；③PIM 或 V_S 信号失常；④ECU 故障
32	空气流量计信号不良	①MAF E2 断路；②MAF V_S 与 V_c 之间短路
34	涡轮增压压力信号不良（TURBO）	①压力传感器故障；②压力传感器配线故障；③V_c 失常；④E2 断路；⑤V_S 与 V_c 之间短路
35	进气压力传感器信号不良	
41	节气门位置传感器（TPS）信号不良，ECU 在 0.5 s 以上未取得 TPS 信号或怠速时电压低于 0.4 V、高于 3.5 V	①TPS 配线断路、短路；②TPS 故障；③ECU 故障
42	车速传感器信号不良	①车速传感器故障；②车速传感器配线断路或短路；③P/N 开关故障；④仪表板故障；⑤ECU 故障
43	起动信号不良	①STA 线路短路或断路；②点火开关或起动电路故障；③ECU 故障
47	辅助节气门位置传感器信号不良（凌志 LS400）	参见故障码 41
51	A/C、P/N 开关信号不良	①A/C 开关不良；②TPS 的 IDL 接点未接合；③P/N 开关不良；④ECU 故障
52	左爆震传感器信号不良；右爆震传感器信号不良	①爆震传感器故障；②爆震传感器配线故障；③爆震传感器安装不当，过紧或过松；④点火正时不对；⑤发电机、压缩机等固定不紧；⑥气门间隙过大，轴承间隙过大；⑦ECU 故障
53	ECU 检测爆震传感器信号无法处理	ECU 故障
54	涡轮增压器冷却水温传感器信号不良	①冷却水温传感器故障；②冷却水温传感器配线故障；③ECU 故障

（续表）

故障代码	故障内容	故障原因
71	EGR 系统工作不良	①EGR 真空电磁阀配线故障；②EGR 真空电磁阀故障；③EGR 排气温度传感器故障；④ECU 故障
72	燃油切断电磁阀工作不良	①燃油切断电磁阀故障；②燃油切断线路故障；③ECU 故障

4. 人工清除故障码方法

在对汽车微机控制系统进行维修、排除各种故障后，存储在微机内存中的故障代码必须清除，以便在今后的工作中记录和存储新的故障代码。如果不清除旧的故障代码，当汽车微机控制系统中再次出现故障时，微机把新旧故障代码一并输出，使用和维修人员便不知道哪些是汽车微机控制系统真正存在的故障，哪些是以前已经排除的故障。

故障代码清除的基本方法为：

（1）拆除电瓶桩头 30 s 以上。

（2）拆下 ECU 电源保险丝（EFI）30 s 以上。

（四）使用汽车故障诊断仪进行故障诊断

专用的微机故障检测仪俗称解码器，将该仪器与汽车电控系统故障检测插座相连，便可直接进入故障自诊断测试状态，可直接在阅读器上显示并进行故障代码的读取、清除以及数据流的读取。

1. 汽车故障诊断仪使用操作步骤

下面以金德 K81 汽车故障诊断仪为例，进行故障诊断的操作使用（X－431 PRO 故障诊断仪操作使用类同）。

1）诊断座位置

找到检测车辆的诊断座，丰田轿车的诊断座位于引擎盖内，为方形插座，如图 5－15 所示（驾驶室里仪表盘下方的诊断座为圆形插座）。捷达车诊断座位于驾驶室里仪表盘下方的保险丝盒内，采用的是国际通用的 OBD－Ⅱ接口，有 16 个针脚组成上下二行，其端口如图 5－16 所示。

2）选择测试接头

根据汽车类型，选择相应的测试接头，丰田车选用方形－Ⅱ插头，大众捷达车选用 CAND－Ⅰ标准插头。

3）连接 K81 汽车故障诊断仪

图 5－17 为测试时的仪器连接图。

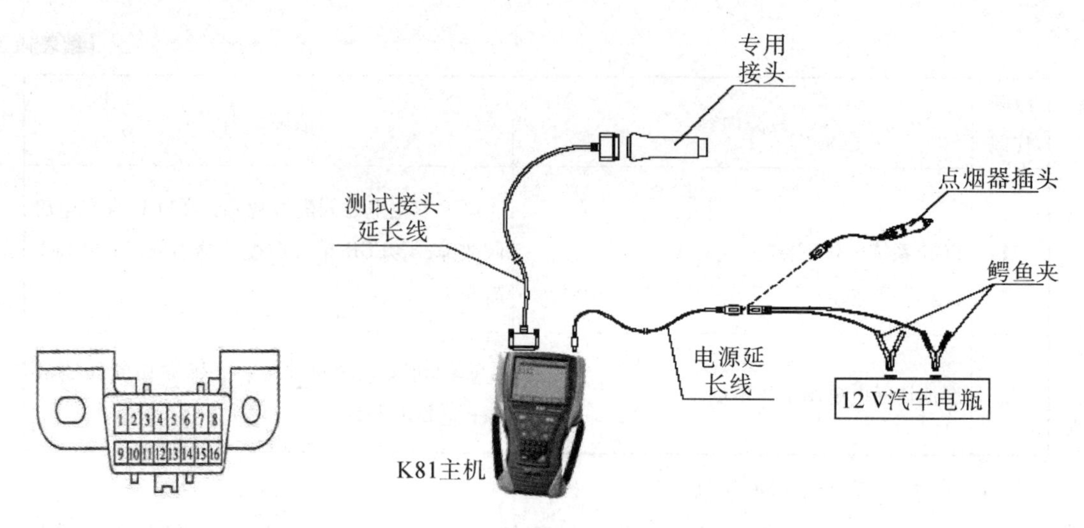

图 5－16　OBD－Ⅱ诊断座　　　　**图 5－17　汽车故障诊断仪连接图**

4）汽车故障诊断仪操作

在仪器和诊断座连接上以后，就可以进行故障码的读取与清除、数据流的读取与分析了。

2. 读取故障码与清除故障码

打开汽车点火开关，不要起动发动机。打开故障诊断仪电源，起动主机，在主屏幕上出现“汽车检测”“示波器”“辅助功能”“升级”四个功能图标。

选择“汽车检测”进入，出现“故障测试”“设备自检”“测试演示”“音响解码”四个选项。

选择“故障测试”进入，出现“中国车系”“日本车系”“韩国车系”“欧洲车系”“美国车系”“标准 OBDⅡ”。

选择“日本车系”/“中国车系”进入，出现“按车型选择”“按电控系统选择”两个选项。

选择“按车型选择”进入，出现“丰田 TOYOTA”/“奥迪大众全车系”等一系列相应的车型。

选择丰田车直接进入“发动机系统”\；选择捷达车，进入“奥迪大众全车系”后，出现“01—发动机”“11—发动机 11”……“02—自动变速箱”“03—防抱死制动”“气囊”等测试对象。

选择“发动机”进入，出现“01—读取车辆电脑型号”“02—读取故障码”“05—清除故障码”“03—元件控制测试”“04—基本设定”“08—读取动态数据流”等选项，选择进入相应的测试功能。

选择“读取故障码”进入，仪器会自动读取汽车发动机系统的故障。如果发动机系统有任何的故障存在，仪器则会识别到并以代码和文字的形式显示在主屏幕上，如有故障，则将显示故障代码及故障含义；如果发动机系统没有故障，则会显示“系统正常”。

选择“清除故障码”进入，如果可以自动清除故障码，则说明此故障码为记忆故障码，现在故障已不存在了；如果用仪器不能自动清除故障码，则说明此故障现象仍然存在，需要修理，修理完毕以后再用仪器检测，如果故障已被排除，则会显示“系统正常”。

3. 数据流的读取

按以上方法选择“发动机”进入，出现“01—读取车辆电脑型号”“02—读取故障码”“05—清除故障码”“03—元件控制测试”“04—基本设定”“08—读取动态数据流”等选项，选择进入相应的测试功能。

选择“08—读取动态数据流”进入，仪器会自动读取汽车电控系统的动态数据流。

控制微机与传感器和执行器交流的数据参数通过诊断接口，由专用故障诊断仪读出的数据称数据流。在汽车微机中增加了数据流记忆功能，真实地反映了传感器和执行器的工作电压和状态，为诊断故障提供了依据。数据流只能通过故障诊断仪读取，按上、下方向键选择数据流功能。

按“ENTER”键进入，显示此刻发动机运行的数据流。

数据流的读取，一般要求车辆在不同工况下读取各种不同的数据流，如发动机在怠速工况、加速工况、高速工况下分别读取各自的数据流，以此来对数据的变化情况进行数据分析，便于找出问题所在。

4. 数据流的分析

数据流作为汽车微机的输入输出数据，使维修人员随时可以了解汽车的工作状况，及时诊断汽车故障。

利用数据流进行故障分析，主要读取电控系统动态参数，并与标准参数进行比较，帮助修理人员分析汽车的故障。

（五）实验技术标准及规范

（1）GB/T 15746—1995《汽车修理质量检查评分标准》。

（2）GB/T 3799—2005《汽车发动机大修竣工技术条件》。

（3）GB/T 7258—2017《机动车运行安全技术条件》。

（4）GB/T 16739—2004《汽车维修业开业条件》。

（六）实验数据记录与处理

（1）记录人工读码数据，并对其原因进行分析。

（2）记录汽车故障诊断仪所读取的故障码，并对其原因进行分析。

（3）记录不同工况下的数据流，说明各数据的含义、标准值范围、数据变化规律，并进行分析。

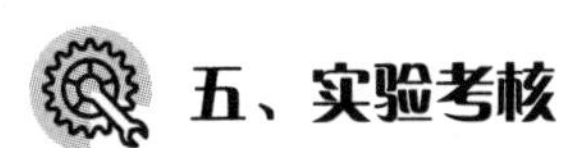

五、实验考核

1. 实验考核项目与评分方法

电控发动机故障诊断的考核项目与评分方法见表 5－7。

表5-7　电控发动机故障诊断的考核项目与评分方法

序号	考核项目	标准得分	评分标准	考核记录	扣分	得分
1	故障诊断仪的操作使用	20	操作方法不正确每次扣5分、没有取得数据得0分			
2	故障码的人工读取与分析	20	读取方法不正确每次扣5分、分析错误扣5分			
3	故障诊断仪读取故障码与分析	20	读取方法不正确每次扣5分、分析错误扣5分			
4	数据流的读取与分析	20	读取方法不正确扣5分、数据错误每次扣5分			
5	实验场地安全用电，防火，无人身、设备事故	20	因操作不当发生重大事故，此次实验成绩按0分计			
6	项目总分	100				

2. 实验报告内容要求

（1）说明实验目的、实验要求、实验设备及实验原理。

（2）结合所测电控发动机，说出该发动机上电控系统的传感器、执行器名称。

（3）记录电控系统的故障码及含义，分析故障原因，画出其元器件的结构图。

（4）记录电控系统的数据流，分析其含义。

模块六

汽车服务/改装设计/交通安全篇

实验一　汽车美容实验

一、实验目的和要求

（1）掌握汽车美容的基本知识。

（2）熟悉汽车美容作业常用的设备及用品，能正确选用、使用通用工具和专用工具，具有实际动手能力。

（3）掌握一般汽车美容作业（车身清洗、内饰的清洁护理、漆面打蜡）的工艺方法。

二、实验工具和设备

（1）实验轿车 1 辆。

（2）空气压缩机 1 台。

（3）高压清洗机 1 台。

（4）高温蒸汽清洗机 1 台。

（5）吸尘机 1 台。

（6）抛光机 1 台。

（7）打蜡机 1 台。

（8）清洁工具（毛巾、海绵、水桶等）若干。

（9）汽车美容用品（清洗剂、抛光蜡、研磨蜡）若干。

三、实验注意事项

（1）操作人员及实验学生必须遵守实验室安全守则，严格遵守设备安全使用操作规程。

（2）实验设备必须按使用说明书的要求进行开机前的准备、预热，按操作说明书的要求进行操作。

（3）实验车辆必须装备齐全、安全可靠，未经许可不得起动和移动车辆。

（4）实验车辆必须按正确的顺序及方向进行清洗，并注意节约用水。

（5）车辆漆面的研磨、打蜡作业必须确保作业房间清洁及密封，防止灰尘进入。

四、实验内容与方法

（一）汽车美容的基本知识

汽车美容是针对汽车进行的美化、护理、装饰等作业的总称，主要包括汽车外表和车内的清洁、车身漆面的美容护理、汽车发动机的免拆清洗护理和汽车附属设备的加装及装饰等作业。

汽车美容是指针对汽车各部位不同的材质所需的保养条件，利用专业汽车美容系列高科技技术设备，采用不同性质的汽车美容护理产品及施工工艺，对汽车进行全新的保养护理。

汽车美容的主要项目有：

1. 汽车内、外饰清洁护理

（1）汽车外饰清洁护理。

（2）汽车内饰清洁护理，包括仪表板、顶棚、地毯、座椅及套、车门等内饰及发动机的外表。

2. 车身漆面美容

（1）车身漆面的护理性美容：研磨、抛光、还原、打蜡或封釉。

（2）车身漆面的划痕处理：色漆修补笔、补漆。

3. 发动机的免拆清洗维护

发动机燃油系统、润滑系统、冷却系统的免拆清洗维护。

4. 汽车其他美容项目

太阳膜、音响、雷达、防盗装置、氙气灯的选配安装等。

（二）汽车美容护理工具与设备

1. 常用清洁护理工具

常用清洁护理工具有各类毛巾、抹布（大、中、小，干、半湿）、海绵、麂皮（柔软、耐磨，用于车身打蜡后抛光）、车巾（专用清洁产品，由蜡、树脂、浮液组合而成）。

其他工具：洗车手套、砂纸、喷水壶、水桶等。

2. 除锈、刮涂工具

铲刀主要用于铲除旧漆膜和旧腻子，钢丝刷主要用于除去铁锈。填补腻子的常用刮漆工具有硬刮具和软刮具两种。硬刮具有括灰刀、牛角刮刀、层压胶板刮刀、环氧板刮刀以及钢皮刮刀等，通常用于平面及大面积凹坑；软刮具一般涂刮小的凹坑，刮出的腻子表面较平滑，遗留孔隙较小。

3. 打磨工具

汽车美容常用的打磨工具有垫板、磨石、橡皮块，主要使用砂布包垫板。砂纸是用黏合剂把磨料贴在特制的纸或布上制成的，用磨料粒度数码表示磨料粗细，即数码越小磨料越粗。

4. 空气压缩机

空气压缩机的功用为：为汽车美容护理作业车间所有的气动设备提供充足的压缩空气，如各种气动工具（研磨、抛光和除尘工具）、发动机和变速器的免拆清洗以及轮胎充气等。

5. 高压清洗机

高压清洗机如图 6－1 所示，它的功用为：清洗汽车外表、发动机外表、底盘和车轮等。使用普通的自来水为水源，通过其内的电动泵再加压，输出的水流压力在 0.2 ~ 1.2 MPa 范围内，并可以按需要进行调节。

高压清洗机由高压水管、水枪、调节阀、水泵、进水软管及滤网组成。使用方法：连接水管，连接电源，起动水泵，打开水枪开关即可。

6. 泡沫清洗机

泡沫清洗机如图 6－2 所示，其功用为：输出的水不但可以增压（输出压力为 0.1 ~0.5 MPa），而且还能加入专用的清洗剂，再通过压缩空气（由空气压缩机提供）使清洗剂泡沫化，然后从泡沫喷枪喷出，将泡沫状的清洗液均匀地涂敷于车身外表，通过化学反应，从而起到极佳的除尘和去油污作用。

7. 吸尘机

吸尘机可分为便携式、家用型和专业型三种。图 6－3 为专业型吸尘机。

吸尘机的用途：专用于汽车内饰及外饰特殊部位的吸尘。

工作原理：其内置的真空泵能产生很大的真空度，再配上形状不一的各种吸头，能很方便地伸进各个角落部位，快速地吸去附着于待处表面的灰尘。

图 6－1　高压清洗机

图 6－2　泡沫清洗机

图 6－3　专业型吸尘机

8. 高温蒸汽清洗机

高温蒸汽清洗机如图 6－4 所示。车身内饰和地毯等纤维绒布织品极易积聚污垢，使细菌繁殖，而吸尘机只能除尘，无法清除细菌，拆装内饰和地毯也十分麻烦，因此清洁的难度很大，需用高温 150 ℃蒸汽进行纯物理清洗才行。高温蒸汽清洗机能将水加热成高温并以雾状喷到内饰的表面，起到清洁、杀菌的目的。

图6-4　高温蒸汽清洗机

9. 打蜡机

打蜡机也称轨道抛光机，它的重量轻、转速较低，不会让抛光剂与车漆进行化学反应。

打蜡机的优点：质量小，做工精细且抛光盘面积大，比人工打蜡省时省力，而且打蜡时不易产生漆面划痕。打蜡机一般配有打蜡托盘及与打蜡托盘配套的各种盘套，如图6-5所示。

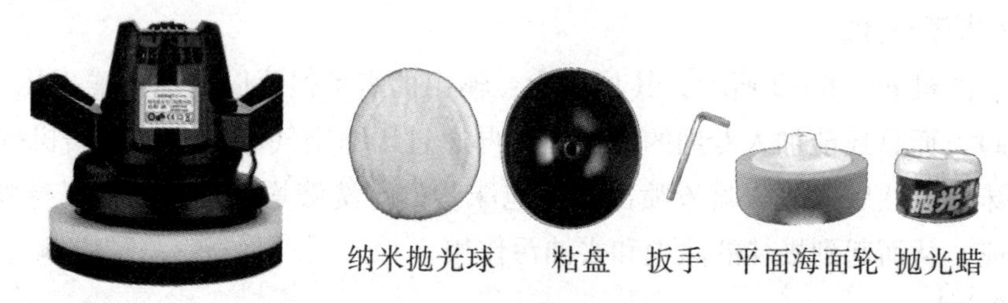

图6-5　打蜡机及其附件

10. 研磨机/抛光机

研磨机/抛光机（图6-6）是作机械式研磨、抛光及打蜡用。按动力来源划分，研磨机/抛光机可分为电动研磨机/抛光机及气动研磨机/抛光机两种。

工作原理：作为研磨用时，电动机或压缩空气带动抛光盘高速旋转，与待抛表面进行摩擦，达到擦除漆面污染、氧化层、浅痕的目的；作为抛光用时，利用高速旋转产生的摩擦使车蜡渗透到漆面里面。

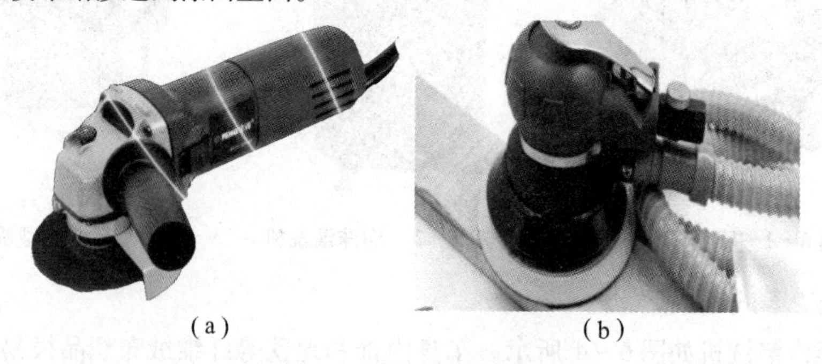

(a)　(b)

图6-6　研磨机/抛光机

(a) 电动研磨机/抛光机；(b) 气动研磨机/抛光机。

（三）汽车常用护理用品

1. 车身清洗剂

1）不脱蜡清洗剂

不脱蜡清洗剂又称汽车香波、清洁香波，也称洗车液。

日常洗车液基本不含碱性盐类，pH 值为 7.0，呈中性，主要成分是非离子表面活性剂。洗车液具有很强的分解能力，能除去油污和尘垢之类的污物，具有性质温和、不破坏蜡膜、不腐蚀漆面、使用方便且经济等特点。

2）脱蜡清洗剂

当新车需要开蜡或旧车需要重新上蜡时，应先使用脱蜡清洗剂对汽车进行清洗。此类清洗剂含柔和性溶剂，具有较强的溶解功能，不仅可以去除车身油垢，而且能把车身表面以前的蜡洗掉。

3）二合一清洗剂

“二合一”是指清洁、护理合二为一，既有清洗功能，又有上蜡功效，可以满足快速清洗兼打蜡的要求。

4）专用清洗剂

（1）焦油沥青去除剂：该清洗剂具有很强的乳化分解能力，能快速除去车身表面的焦油沥青污物。

（2）树胶清洗剂：该清洗剂以其特有的软化功能，使鸟粪、树胶与漆面“脱离”。

2. 汽车内室清洗剂

根据所要清洗对象的不同可分为丝绒清洁保护剂、化纤清洗剂、塑料清洁上光剂、真皮清洁增光剂、多功能内室光亮剂。

3. 发动机清洗剂

发动机清洗剂包括发动机外部清洗剂、燃油喷射系统清洁剂、润滑系统清洁剂、散热器清洗剂、进气系统清洗剂、三元催化器清洗剂等。

4. 汽车蜡

汽车蜡的主要成分是聚乙烯乳液或硅酮类高分子化合物、油脂和其他添加成分。

汽车蜡的功用为：上光作用、研磨抛光作用、防水作用、抗高温作用、防静电作用、防紫外线作用。

汽车蜡的分类：

（1）按其成分划分，分为：石蜡、树脂蜡、合成蜡。

（2）按其物理状态的不同划分，分为：液体蜡、膏状蜡、固体蜡、喷雾蜡、原车保护蜡。

（3）膏状蜡按功能划分，分为：上光保护蜡、抛光蜡、研磨蜡。

（4）按其作用不同划分，分为：防水蜡、防高温蜡、防静电蜡、防紫外线蜡。

（5）按装饰效果不同划分，分为：无色上光蜡、有色上光蜡。

一般的汽车保护蜡属油性物质，在漆面上形成保护油膜，结合力差，保护时间短，漆面上的水滴呈半球状。高级汽车美容蜡含有渗透剂，与漆面结合力强，保护时间长，漆面上的水滴呈扁平状。

（四）整车清洗美容作业

清洗车辆是汽车保养的最基本作业，它可保护汽车漆面，使汽车清洁亮丽、光彩如新。车身表面污垢如果不及时洗掉，污垢会不断沉积、腐蚀、渗透，使车漆褪色、失去光泽，使油漆表面形成氧化层。

1. 整车清洗注意事项

（1）使用专用洗车液（中性，pH 值为 7.0）。

（2）冲水水压≤7 kg/cm^2。

（3）不要在暴晒、严寒环境中洗车。

（4）洗车工序：先清洗车辆上部，然后清洗车辆下部。车身侧边要沿一个方向清洗，不能忽左忽右。

（5）清洗引擎室时要注意电器保护，不能直接向电器冲水。

2. 车身清洗的方法

车身清洗常用的洗车方法有高压水枪洗车、电动洗车、非接触式洗车、无水洗车（环保洗车机）等。

高压水枪洗车过程：冲洗→泡沫清洗→冲洗→擦干。

（1）冲洗：先用高压水枪将整车冲湿，然后用水枪冲洗车身上的树叶、泥沙等污物。①冲洗顺序：车顶、前盖、车身、车裙、轮胎、底盘。②冲洗方向：45°角度、距车身表面30～60 cm距离，保持一个方向进行。③冲洗水压：车辆前栅栏、车身进行低压冲洗，底盘可进行高压冲洗。

（2）泡沫清洗：将配制好的清洗液喷涂于车身表面，待表面油漆吸收 5 min 后用海绵进行擦拭。

（3）冲洗：擦洗完毕待泡沫消失后，再用高压水枪将车身表面泡沫及污水冲洗干净。

（4）擦干：首先用不脱毛纯棉毛巾（半湿毛巾＋干毛巾）沿车前后擦两遍，吸去多余水分，然后擦干车门内边、保险杠、发动机盖、行李厢边沿及油箱盖内侧等处的多余水分，最后用气枪把缝隙和接口处的水分吹干。

（五）车室美容作业

1. 车室去除污垢的方法

（1）高温蒸汽：高温蒸汽可以使极难去除的污垢在清洗之前先软化，为手工清洁部件上的污渍做好准备。

（2）水：可去除水溶性污垢。

（3）清洁剂：能去除轻油脂及重油脂类污垢，帮助水分渗入内饰丝绒化纤制品。

（4）作用力：清洗车室内的物件时，拍打、刷洗、挤压等都有助于去除污垢。

2. 车室清洗护理工艺

1）室内除尘

除尘、吸尘是车室清洗护理的第一步，专业的车内清洁步骤如下：

（1）将车内的脚垫和杂物取出，抖去尘粒，倒掉烟灰。

（2）对于汽车内的制动踏板、离合器踏板等部件，要清除上面的油脂类污垢，可以用小牙刷或沾有清洗剂的抹布进行刷洗。

（3）用真空吸尘机进行细致吸尘。应遵循从高到低的原则；地板的吸尘要分两次操作，第一次吸掉沙粒，第二次更换带刷子的吸头，边刷边吸，主要吸掉灰尘，注意地板拐角部位的尘垢。

2）内饰清洁与护理

汽车内饰件除尘结束后进行清洁与护理的步骤如下：

（1）全车“桑拿”（选用）。内饰清洁与护理前可以用蒸汽清洗机对汽车各内饰件进行蒸汽喷敷，以增加污物的活性，使之在清洁时容易从载体上分离。

具体方法：用蒸汽清洗机对车内除顶棚和仪表板外的部位（包括行李厢）进行蒸汽喷敷，同时也可去除车内的异味。

（2）顶棚的清洁与护理。顶棚多由毛料或纤维绒布制成，能吸附烟雾、粉尘及人体头部的油脂，一般用人工清除操作。对于化纤织物，应选用专用的化纤织物清洁剂，不能使用碱性较强的洗衣粉或洗洁精。

具体方法：将化纤织物清洁剂喷到污垢处，稍停片刻，用干的洁净纯棉布或毛巾将顶棚中的丝绒清洁剂污液吸出，再从污迹边缘向中心进行擦拭。

（3）门饰板、仪表板等塑胶件的清洁护理。清洁方法一般是先用湿毛巾擦拭，再使用专用塑胶护理上光剂处理。只需轻轻擦拭，清洁、上光一次完成。

（4）座椅的清洁护理。对不同的座椅表面材质（化纤织物、人造革或真皮制品），采用相应的清洗剂进行清洁护理。常用的清洗剂有化纤织物清洁剂、皮革清洁护理剂、真皮上光保护剂。在首次使用某些品牌的清洁剂时，应先进行试用，确认无褪色后，才能正式大面积使用。

（5）安全带的清洗。拆下脏的安全带，用中性肥皂水或温水擦洗，不可选用染色剂或漂白剂作为清洗剂，否则将降低安全带的强度。

清洗安全带时应注意：①安全带一定要保持清洁；②卷带前，安全带必须完全干透；③不能用化学清洗剂擦洗安全带。

（6）地毯和脚垫的清洁。可拆卸的地毯，直接拿到车外进行水洗或干洗；不可拆卸的地毯，应用电热式喷水/吸尘/吸水多功能清洗机清洁，或用蒸汽清洗机进行消毒处理，最后喷涂保护剂和光亮剂。

（六）漆面打蜡作业

1. 漆面打蜡步骤

汽车漆面打蜡的程序：清洗→上蜡→抛光→完饰，如图 6－7 所示。

1）车身清洗

汽车打蜡前，必须对车辆进行彻底清洗，去除污渍，将车身清洗、擦干。如果车身表面的油漆已经褪色或氧化，必须进行研磨，清除掉旧油漆后才能打蜡。

2）上蜡

漆面上蜡分手工上蜡和机械上蜡两种，用画小圆圈的方式（1/4 ~ 1/5 重叠）涂蜡或用打蜡机转动（200 r/min）涂蜡。

3）抛光

一般漆面上蜡 5 ~ 10 min 后蜡表面开始发白，用手背感觉车蜡的干燥程度，当车蜡刚刚干燥而不粘手时即可进行抛光作业。

抛光可以用手工抛光或抛光机抛光，用纯棉毛巾往复直线擦拭进行抛光或用抛光机（1000 r/min）进行抛光。抛光时遵循先上蜡先抛光的原则，以防车身部分表面上蜡后忘记抛光作业，对漆面造成损伤。

4）完饰

检查打蜡效果，整理后喷上护车素。

步骤一：打蜡前清洗车身。

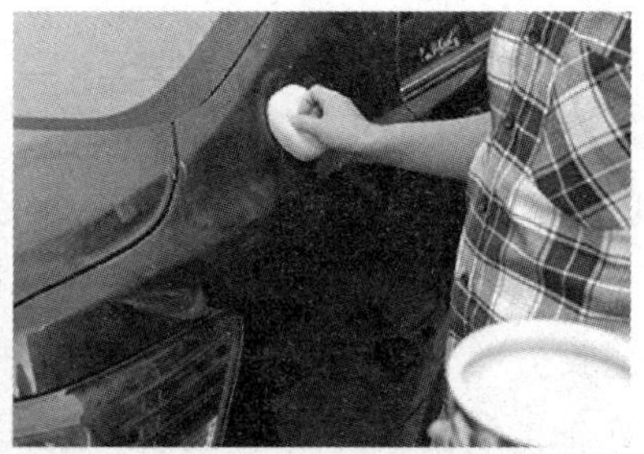

步骤二：车身风干后用海绵适量沾取车蜡，薄薄地涂于车身。

步骤三：5~10 min后用布轻轻擦拭抛光。

步骤四：完成后即可显示亮丽表面。

图 6－7　漆面打蜡步骤

2. 漆面打蜡注意事项

（1）掌握好上蜡的频率。一般在良好道路上行驶的车辆，每 3 ~ 4 个月打蜡 1 次，或者通过目视或用手触摸车身，感觉发涩无光滑感就可再次打蜡。

（2）打蜡前应使用专业洗车液清洗车身。一定要用专业洗车液清洗车身外表的泥土和灰尘，切记不能盲目使用洗涤灵或肥皂水。

（3）在打蜡作业中要防止烤漆面被刮伤。在打蜡作业前最好将穿戴的金属物品全部摘下来。

（4）应在环境清洁、阴凉且无风沙处给汽车打蜡。漆面过热或强烈阳光直射时不可打蜡。打蜡场所及周围环境不清洁，沙尘会在车身上附着，不但会影响打蜡质量，而且极易产生划痕。

（5）打蜡作业要按顺序连续完成。打蜡时，一次作业要连续完成，不可涂涂停停；应该用打蜡海绵块按顺序在车体上直线往复进行，不可把蜡液倒在车上乱涂。

（6）抛光作业要在规定时间内进行。切记不要刚打上蜡就抛光，要让车蜡能够在车漆表面有一定的凝固时间（按照产品说明书上规定的时间），且抛光运动也是直线往复。未抛光的车辆绝不允许上路行驶，否则再进行抛光，易造成漆面划伤。

（7）如发现漆面破损应停止打蜡。打蜡时，若打蜡海绵上出现与车漆相同的颜色，可能是漆面已经破损，应立即停止打蜡，必须在清除掉褪色和氧化漆后，才能进行打蜡作业。

（8）应采用柔软的海绵涂蜡。采用柔软的海绵、软质的不脱毛毛巾或棉布进行均匀涂抹。

（9）不可在玻璃上涂蜡。玻璃上形成的油膜很难擦干净。

（10）打蜡作业结束时应仔细清除残蜡。抛光结束要仔细检查，清除厂牌、标识内空隙及钥匙孔周围、纤细的边缘或转角部分、铁板与铁板之间、橡胶制品的边条缝、车牌、车灯、门边等处的残存车蜡，防止产生腐蚀。

（11）正确选择车蜡。应根据车蜡的作用特点、车辆的新旧程度、车漆颜色及行驶环境等因素综合考虑选择车蜡。名贵轿车选蜡时更应慎重，新的车蜡都是水性物质，擦后光亮爽洁、不易粘尘、耐久性长。

（七）实验技术标准及规范

（1）GB/T 15746—1995《汽车修理质量检查评分标准》。

（2）GB/T 3799—2005《商用汽车发动机大修竣工出厂技术条件》。

（3）GB/T 7258—2017《机动车运行安全技术条件》。

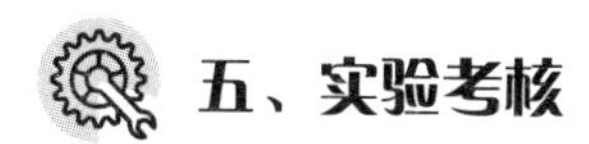

五、实验考核

1. 实验考核项目与评分方法

汽车美容实验的考核项目与评分方法见表 6 – 1。

表6－1　汽车美容的考核项目与评分方法

序号	考核项目	标准得分	评分标准	考核记录	扣分	得分
1	仪器设备的正确操作使用	20	操作不当每次扣5分			
2	汽车美容设备的熟悉程度	10	设备功能不熟悉、操作不当每次扣5分			
3	汽车美容产品的熟悉程度	10	美容产品不熟悉、使用方法不正确每次扣5分			
4	汽车的外部清洗	10	操作方法不正确每项扣5分			
5	汽车的内室清洗	10	操作方法不正确每项扣5分			
6	汽车漆面的研磨、打蜡美容	20	操作方法不正确每项扣5分、实际美容效果酌情扣分			
7	实验场地安全用电，防火，无人身、设备事故	20	因操作不当发生重大事故，此次实验成绩按0分计			
8	项目总分	100				

2. 实验报告内容要求

（1）说出汽车美容的具体项目内容有哪些。

（2）说出汽车清洗的步骤及注意事项。

（3）说出汽车内饰美容的具体内容有哪些。

（4）说出漆面打蜡的方法及要点。

实验二　乘用车电气设备改装实验

一、实验目的和要求

对旧型乘用车电气设备进行改装，使整车电器性能得以提高，并使汽车使用方便、操作简单；同时进一步加深对相关电器设备原理、功能的了解；把最新技术成果应用到老旧车型上，提高整车的性能水平及档次。

实验具体要求：

（1）掌握汽车倒车雷达的安装与使用。

（2）掌握汽车行车记录仪的安装与使用。

（3）掌握汽车 LED 灯（前照灯、小灯、日行灯、刹车灯）的安装与使用。

（4）掌握汽车轮胎气压检测仪的安装与使用。

二、实验工具和设备

（1）实验轿车 1 辆。

（2）汽车倒车雷达装置 1 套。

（3）后视镜行车记录仪 1 套。

（4）分体式 WiFi 行车记录仪 1 套。

（5）无线胎压监测仪器 1 套。

（6）汽车 LED 前照灯 1 套。

（7）汽车 LED 小灯 1 套。

（8）汽车 LED 日行灯 1 套。

（9）汽车 LED 曝闪刹车灯 1 套。

三、实验注意事项

（1）操作人员及实验学生必须遵守实验室安全守则，严格遵守设备安全使用操作规程。

（2）实验车辆必须装备齐全、安全可靠，未经许可不得起动和移动车辆。

（3）改装电气设备前必须认真阅读产品的使用说明书，严格按操作说明书的要求进行操作。

（4）所改装电器及线路必须符合原车性能要求及安全消防要求，防止因改装而导致安全事故的发生。

四、实验内容与方法

（一）汽车倒车雷达的安装与使用

1. 倒车雷达功能

倒车雷达是汽车倒车的辅助装置，也叫泊车辅助装置，它能以声音或者更为直观的图像将汽车的大体或准确位置显示给驾驶员，使驾驶员能够快速、安全、准确地倒车，如图6－8所示。倒车雷达分超声波倒车装置、雷达倒车装置两类。

2. 超声波倒车雷达的工作原理

根据超声波测距原理，超声波传感器发送超声波遇到障碍物时产生的回波信号，经控制器进行数据处理，判断出障碍物的位置。

新型的倒车雷达（多媒体）——倒车影像，还提供声音提示以及显示车前、车后的情景，体现距离并判断方位。

3. 倒车雷达的组成

超声波倒车雷达由超声波传感器（探头）、控制器和显示器（或蜂鸣器）等部分组成，如图6－9所示。

图6－8　倒车雷达

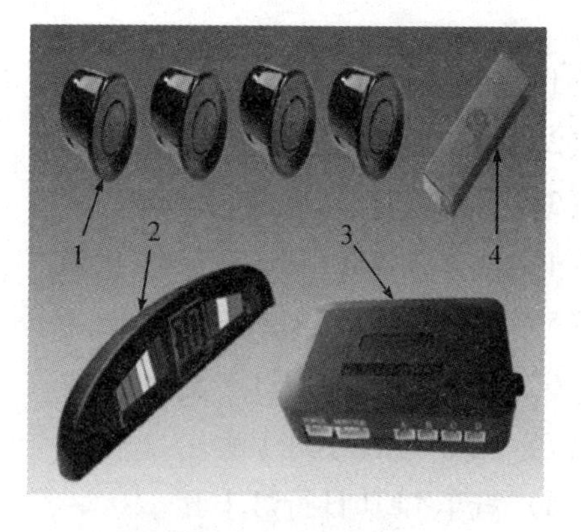

图6－9　倒车雷达组成

1—探头；2—显示器；3—控制器；4—安装工具。

倒车雷达的分类：倒车雷达与车型有一定的匹配适应性，一般要结合车型进行选购，倒车雷达配制分类如下：

（1）按超声波感应器安放位置，分为内置式和外置式。

（2）按探头数量，分为单个或多个的探头，前、后多探头。

（3）按显示方式，分为声音缓急提示、距离数字显示、液晶图像显示。

4. 倒车雷达发展历史

第一代倒车喇叭提醒声：“倒车请注意”声，用于小商务车、卡车等。

第二代倒车轰鸣器提示：当车后1.8～1.5 m处有障碍物，轰鸣器就会开始工作。轰鸣声越急，表示车辆离障碍物越近。

第三代数码波段显示：能显示距离数字，波段显示产品由三种颜色来区别：绿色代表安全距离有0.8 m以上；黄色代表警告距离0.6～0.8 m；红色代表危险距离，不到0.6 m的距离。

第四代液晶荧屏显示：荧屏显示动态倒车场景，只要发动汽车，显示器上就会出现汽车图案以及车辆周围障碍物的距离。

第五代魔幻镜倒车雷达：仿生超声雷达技术，配以高速电脑控制，可全天候准确地测知2 m以内的障碍物。它把后视镜、倒车雷达、免提电话、温度显示和车内空气污染显示等多项功能整合在一起，并设计了语音功能。

第六代无线倒车雷达：车后主机和显示器之间无线连接，方便快捷，融无线连接、倒车雷达、彩色液晶显示、BP警示音于一体。

5. 开孔式倒车雷达的安装

（1）选择安装点。后保险杠上一般要安装A、B、C、D四个探头。

（2）探头距地面高度为45～65 cm，推荐高度为50 cm。

（3）探头须选在汽车保险杠垂直、平整且无金属构件的地方。

（4）为确保系统的最佳探测角度，A、D两个探头应在距角边两侧8～13 cm处选点，推荐距离为11 cm。

（5）根据车型取合适的值，确定A、D两个探头的钻孔位，并做相应标记。

（6）测量A、D两探头距离L的值。

（7）将L三等分，A、D中间的两个等分点为B、C探头的位置，做上标记。

（8）先用丝锥或钻头打点定位，以防钻头滑位。

（9）使用原配置的金属开孔钻头，对准定位点进行钻孔。

（10）把探头逐个塞入孔内，并预留大约10 cm的探头线。

（11）根据各种车型，进行隐蔽铺线。

（12）把显示器底座黏贴在车前仪表板上方的平台上。

（13）控制器安装于后行李箱内安全、不热、不潮、无溅水的位置。

（14）引出倒车灯电源，把控制器中的倒车线与倒车灯电源线并接。

（15）将各控制线与控制器一一对牢、接固，最后接上电源线。

（16）安装完毕进行测试。

6. 倒车雷达性能指标

倒车雷达的性能指标主要有以下几个：

1）探测范围

一般倒车雷达的探测范围为0.4～1.5 m，性能好的倒车雷达的探测范围能达到0.2～3.0 m。

2）探测准确性

一是看显示的分辨率，一般产品为10 cm，好的产品能达到1 cm；二是看探测误差，即显示距离与实际距离之间的误差，可以用直径10 cm的管子，放在1 m左右的位置上进行比较，好产品的探测误差应低于 3 cm；三是扫描高度误差，离开高度要求不低于 45 cm；四是障碍物方位显示 。

3）显示稳定性

显示稳定性是指在障碍物反射面不太好的情况下，能否始终捕捉到并稳定地显示出障碍物的距离。

4）捕捉目标速度

捕捉目标速度反映倒车雷达对移动物体的捕捉能力，捕捉目标速度越快越好。

（二）汽车行车记录仪的安装与使用

1. 行车记录仪的功能

行车记录仪能在汽车行驶时随时记录车前、车后发生的一切情况，记录事件、还原真相、防碰瓷、防小偷等，可以为交通事故鉴定提供证据，如图 6－10 所示。

图 6－10　行车记录仪记录范围

一般行车记录仪都具有录像、储存、紧急刹车拍照、倒车可视、高清夜视、循环录像、防抖动、防炫目等功能。

2. 行车记录仪的组成

行车记录仪的常见类型：单镜头迷你记录仪、双镜头后视镜式记录仪、分体式微型 WiFi 记录仪，各类型结构如图 6－11～图 6－13 所示。

图 6－11　单镜头迷你记录仪

图 6－12　双镜头后视镜式记录仪

图 6－13　分体式 WiFi 记录仪

3. 行车记录仪的性能参数（表 6－2）

表 6－2　行车记录仪性能参数表

记录仪安装类型	后视镜式	分体式
品牌	anywalk/安尼沃科	MATEGO

（续表）

记录仪安装类型	后视镜式	分体式
型号	A68	XP1
主镜头光圈	F2. 0	F1. 8
影像分辨率	1080p	1080p
拍照像素	1200 万	1200 万
摄像像素	500 万	1200 万
核心数	四核	双核
画面视角	170°	150°
运行内存	512 MB	1 GB
镜头数量	前后双镜头	单镜头
屏幕尺寸	4. 3 英寸	无屏幕
颜色分类	天蓝色	黑色
功能	循环录像；画面畸形修正；移动侦测	循环录像；移动侦测；WiFi；停车监控

4. 行车记录仪的安装

双镜头后视镜式行车记录仪后镜头安装在后车牌上框，一般有两种走线方式：一是从车顶部走线，另一种是从车底部走线，如图 6－14 所示。

图 6－14　后镜头的安装（①车顶走线，②车底走线）

前后双镜头后视镜记录仪的安装如下（隐藏式 WiFi 记录仪同样适用）：

主机安装在室内后视镜上，用专用扎带进行固定，按如下步骤完成电源线的安装，如图 6－15 所示。

安装完成后，通过产品标配的点烟器车充线连接汽车点烟器来提供电（请按图 6－15 的步骤一～步骤六顺序安装）。

5. 行车记录仪的操作使用

1）后视镜式行车记录仪

（1）开机按电源键，蓝色指示灯亮，开始录像，摄像图标红点闪动。

（2）行车遇到急刹自动拍照。

（3）停车前有移动物时，能自动记录整个移动过程。

（4）按模式键 M/菜单键，可在摄像、拍照、回放功能间切换，按 OK 键确定。

2）分体式 WiFi 行车记录仪

设备连接：

（1）打开手机，下载应用软件 APP－MATEGO。

步骤一：在USB端口插记录仪，将记录仪的电源线按自左到右的方向塞进顶棚内。

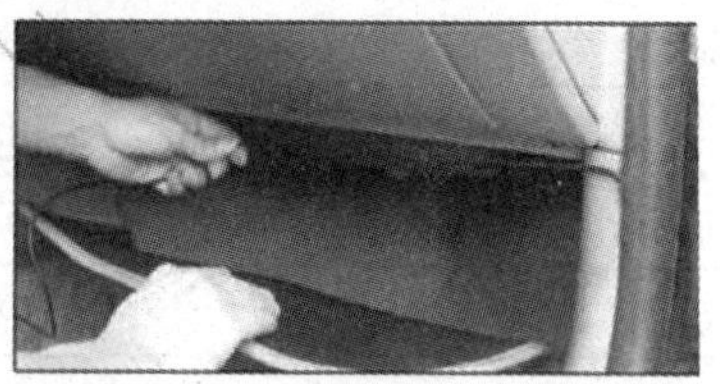

步骤五：将电源线夹于足垫缝隙下。

步骤二：将电源线夹于车体密封胶缝隙内。

步骤三：将电源线夹于车体密封胶缝隙内沿着胶带往下走。

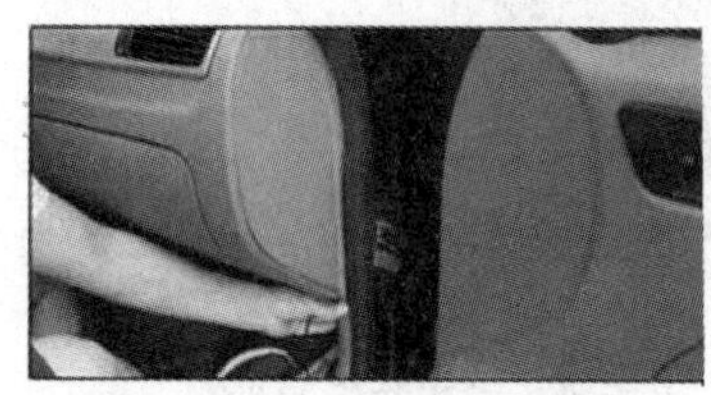

步骤四：到了车门边时需把封门胶带用手拨开后塞进去，这一步很简单，沿着胶带继续往下走。

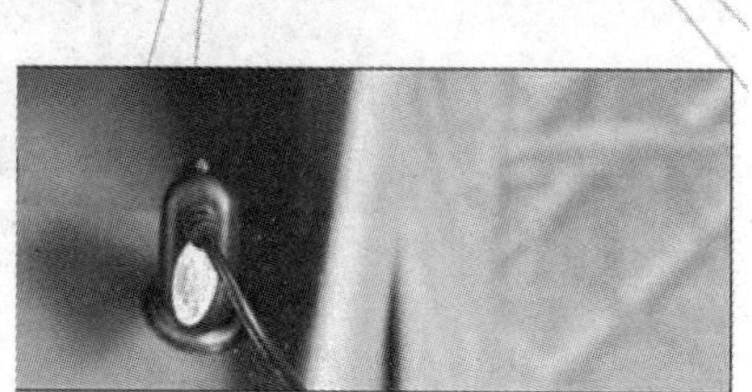

步骤六：将电源线充电器插在点烟器上，安装完成。

图 6－15　前后双镜头后视镜记录仪电源线的安装

（2）打开手机 WiFi 连接，寻找 WiFi 热点WiFi－DV－＊＊＊＊，输入密码 12345678 连接。蓝色指示灯恒亮，连接成功；蓝色指示灯点闪，表示连接不成功。

（3）点击手机 APP － MATEGO，点击设置键＊，格式化存储卡 TF 后，便可使用仪器。

（4）可通过手机端控制拍照、录像、下载视频播放（红点 LED 点闪，录像中；红点 LED 快闪，无卡或卡错误；红点 LED 恒亮，通过 APP 手动将录像停止）。

（5）点击回放键，找到相应视频文件（PICT＊＊＊＊. MOV 为普通视频，EVEN

＊＊＊＊. MOV 为触发紧急录像文件，PICT＊＊＊＊. JPG 为照片文件）。

（三）汽车 LED 灯的安装与使用

1. LED 灯的基本结构与原理

LED 灯的基本结构是一块电磁发光的半导体材料，置于一个有引线的架子上，四周用环氧树脂密封，起到保护内部芯线的作用。

LED 工作原理：LED 的核心部分是由 P 型半导体和 N 型半导体组成的晶片，在 P 型半导体和 N 型半导体之间有一个过渡层，称为 P—N 结。在某些半导体材料的 P—N 结中，注入的少数载流子与多数载流子复合时会把多余的能量以光的形式释放出来，从而把电能直接转换为光能。P—N 结加反向电压，少数载流子难以注入，故不发光。当它处于正向工作状态（即两端加上正向电压）时，电流从 LED 阳极流向阴极，半导体晶体就发出从紫外到红外不同颜色的光线，光的强弱与电流有关。

2. LED 灯源的优越性

LED 灯源在汽车照明系统中有广泛的应用，它与普通卤素灯相比，优点如下：

（1）发热少、损耗小、高效节能，比普通灯省电 80% 以上。

（2）不含汞元素，绿色环保、无辐射，利于健康。

（3）光线柔和，无频闪，保护视力。

（4）清静舒适，没有噪声。

（5）寿命长，为普通电光源灯具寿命的 20 倍以上。

3. LED 灯在汽车照明系统中的改造

1）LED 前照灯的安装

车用 LED 前照灯外形如图 6－16 所示，根据原车前照灯的型号（常见的前照灯分为 H1、H4、H7 型）进行安装。

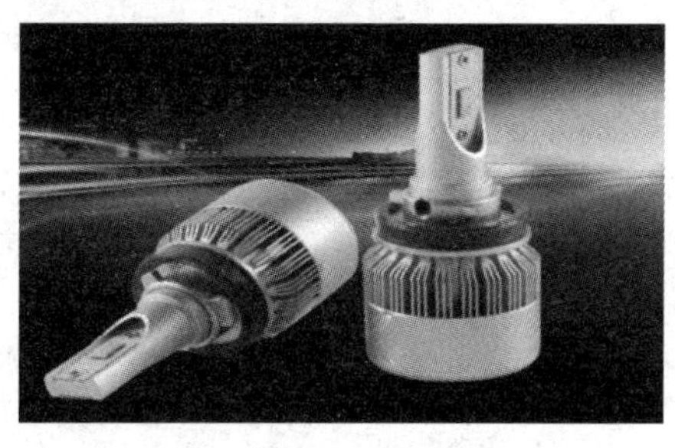

图 6－16　LED 前照灯

汽车 LED 前照灯的优势：

（1）比传统卤素灯节能，更省电。

（2）亮度与氙气灯接近，但 LED 前照灯点亮无延时，可增强行车安全；LED 前照灯起动也没有瞬间强电流冲击，能有效保护汽车自带电池，提高电池寿命 30% 以上。

（3）散热快，外观设计先进，常见的分为电扇散热及自身散热件散热两种。

（4）供电模式采用直接电瓶供电或用电源驱动采用宽压恒流模式，架构简单。

（5）发热温度低，保护爱车（氙气灯工作温度高达800～1000℃，是汽车自燃的主要原因）。

（6）结构简单，零件比氙气灯少，可靠性高。

（7）色温均衡，而氙气灯同一对灯泡中色差明显（约600 K左右）。

图6－17是普通卤素灯与LED前照灯的效果比较图，可以看出LED前照灯在亮度、射距上比普通卤素灯有明显的提高。

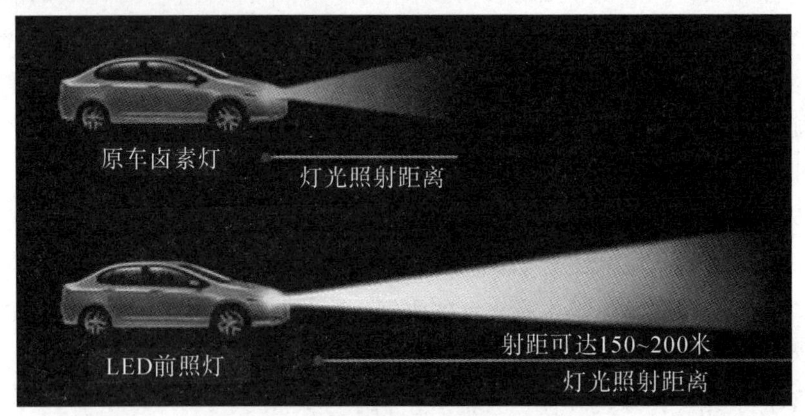

图6－17　LED前照灯与卤素灯效果比较

LED前照灯的安装步骤如图6－18所示。

步骤一：打开机车头盖，找到原车灯位置。

步骤二：拔掉原车灯电源线。

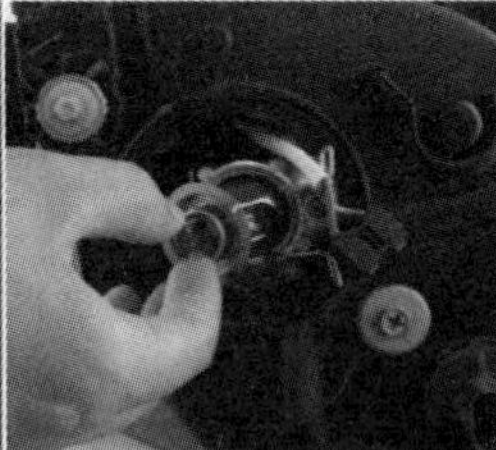

步骤三：旋转，直接取出原卤素灯。

步骤四：先安装LED汽车前照灯卡座，固定好。

步骤五：固定卡座。

步骤六：将防尘罩套在LED前照灯上。

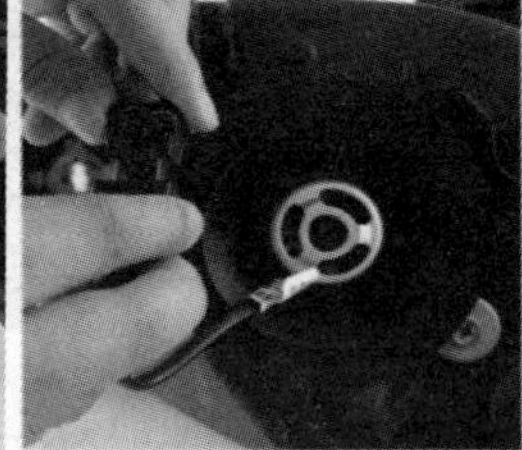

步骤七：对应卡扣位置旋转LED前照灯完成固定。

步骤八：将LED前照灯电源线与原车电源线对接好，安装完成。

图6－18　LED前照灯的安装

2）LED小灯、LED刹车灯的安装

（1）LED小灯。LED小灯也称示宽灯，它具有高亮度、耐用、稳定、防水、防高温、一体式电路板等特点，同时可选择多种发光颜色（白色、冰蓝、宝蓝、绿色、红色等），深受广大车友喜欢，如图6－19所示。

（2）LED爆闪刹车灯。LED爆闪刹车灯如图6－20所示，一般只有白光或红光两种颜色。它具有以下优点：①颜色鲜艳，亮度给力，灯光时尚，爆闪功能炫酷；②消除原车卤素灯的设计隐患，保护行车电脑；③节能省油，大功率，高亮，发热量低；④光源可靠，高品质，质量稳定，寿命超长。

（3）安装方式。无损安装，直接替换原车灯泡，无需接线，即插即用（只要选择与原小灯、刹车灯一样的灯座型号，常见的有T型、1156型、1157型）。

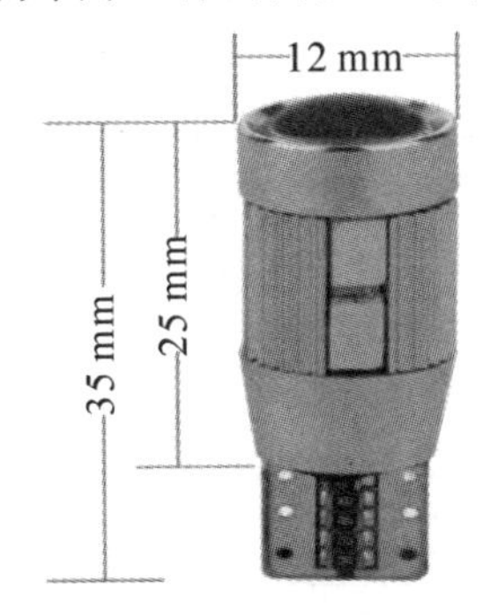

图6－19 LED小灯

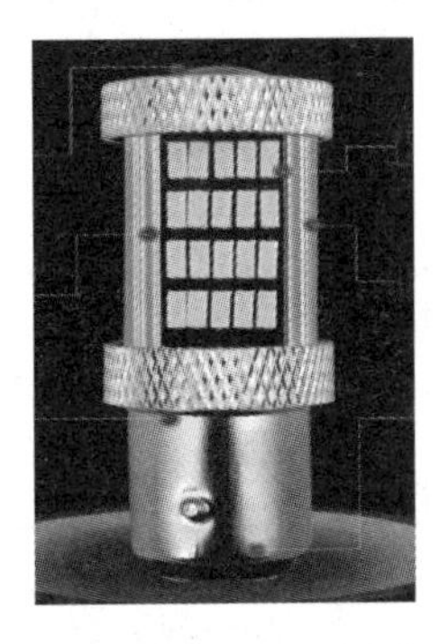

图6－20 LED刹车灯

3）LED日行灯的安装

LED日行灯由多颗发光的LED芯片组成，可任意弯曲，背面自带双面胶，一撕即贴，可固定在凹凸面上，如图6－21所示。LED日行灯的颜色有红色、蓝色、白色、黄色、绿色、粉红色。

LED日行灯电源线长20～50 cm，电压在9～12 V即可点亮，品质稳定，能承受车体电流的浮动，防水性强。

安装方式：该LED灯分正负极，在安装的时候，电源可接在原来的示宽灯电源上，也可以接在转向灯电源上做辅助转向灯使用。

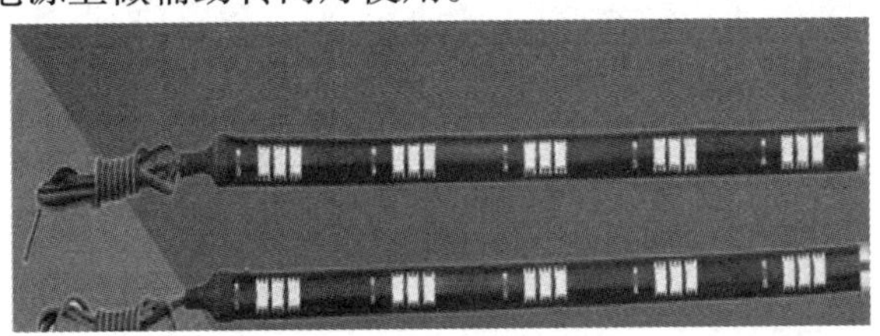

图6－21 LED日行灯

（四）汽车轮胎气压检测仪的安装与使用

汽车轮胎气压检测仪由主机和传感器（内/外）组成，如图6－22所示。汽车轮胎气压检测仪能准确检测轮胎的气压和温度，防止爆胎的发生，同时还可减少轮胎的磨损，减少悬架系统的磨损，降低汽车的油耗，确保行车安全，防止交通事故的发生。胎压监测将成为汽车的强制性标准配置。

图6－22 汽车轮胎气压检测仪

汽车轮胎气压检测仪的安装方法如图 6－23 所示。

①安装显示器

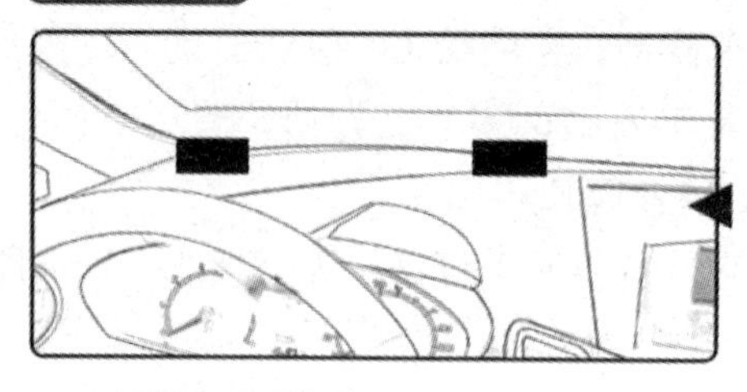

②安装传感器

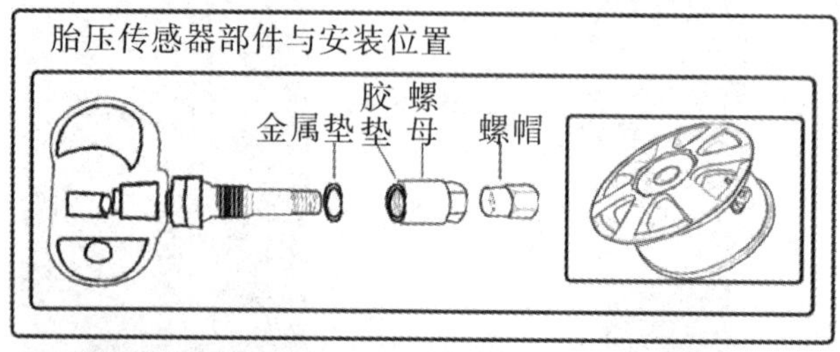

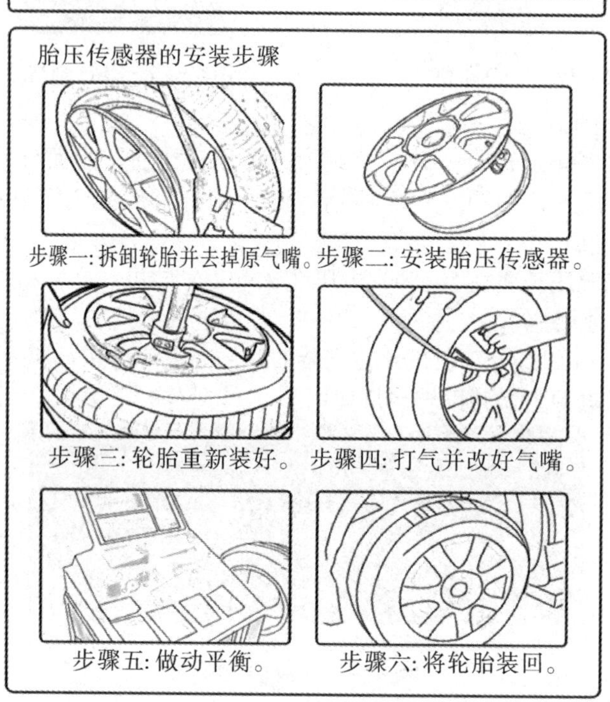

图 6－23　轮胎气压检测仪的安装方法

（五）实验技术标准及规范

（1）GB/T 15746—1995《汽车修理质量检查评分标准》。

（2）GB/T 3799—2005《商用汽车发动机大修竣工出厂技术条件》。

（3）GB/T 7258—2017《机动车运行安全技术条件》。

五、实验考核

1. 实验考核项目与评分方法

乘用车电气设备改装实验的考核项目与评分方法见表6－3。

表6－3 乘用车电气设备改装的考核项目与评分方法

序号	考核项目	标准得分	评分标准	考核记录	扣分	得分
1	汽车电器的正确拆装	20	操作不当每次扣5分，方法错误导致车辆损伤得0分			
2	汽车倒车雷达的安装	15	设备安装方法不正确扣5分、安装不成功扣10分			
3	汽车行车记录仪的安装	15	设备安装方法不正确扣5分、安装不成功扣10分			
4	掌握汽车LED灯（前照灯、小灯、日行灯、刹车灯）的安装	15	设备安装方法不正确每项扣5分、安装不成功每项扣5分			
5	掌握汽车轮胎气压检测仪的安装	15	设备安装方法不正确每项扣5分、安装不成功每项扣5分			
6	实验场地安全用电，防火，无人身、设备事故	20	因操作不当发生重大事故，此次实验成绩按0分计			
7	项目总分	100				

2. 实验报告内容要求

（1）要求写出实验目的、实验设备、实验原理、实验内容（过程、设备）、实验数据记录及数据结果分析。

（2）要求写出各项装置的功能及特点、工作原理、结构组成、安装方法、操作简介等内容，可用相关的图片组织说明。

实验三　测量车轮拖印计算制动车速实验

一、实验目的和要求

（1）掌握在交通安全工作中，通过测量制动时的车轮印痕计算汽车制动时车速的方法。

（2）掌握初步的交通事故勘测技能：了解车轮印痕测量截取长度、路面种类、路面摩擦系数、汽车载重质量等因素影响车速计算结果的规律。

二、实验工具和设备

（1）实验汽车 1 辆。

（2）30 m 皮尺 1 卷。

（3）数码相机 1 部。

三、实验注意事项

（1）实验车辆要求：①必须装备齐全，车辆的操纵、制动、转向装置安全可靠，实验前必须仔细检查确认，并对车辆进行必要的准备与预热。实验车辆的轮胎性能正常，轮胎气压充至厂家规定值。②实验车辆选择无 ABS 车辆（装有 ABS 的汽车，实验前必须让汽车的 ABS 装置处于失效状态）。

（2）路试制动由有效质检员（检验员）或指定的有关人员负责，必须是具有正规驾照、多年驾龄、处理突发事故经验丰富的操作人员，其他驾驶员不得路试制动。

（3）实验场所路面要求：路面尺寸要求长度大于 300 m、宽度大于 5 m；路面为干净、平整、坡度不大于 1% 的硬路面，路面附着系数不宜小于 0.7。

（4）实验天气要求：天气晴朗、无雨雪，实验时风速应小于 5 m/s，气温 0 ~ 35℃。

（5）在实验场内或实验道路驾驶车辆，必须按交通标志、标线行驶，严格控制车速。实验路段确保临时交通管制，严禁其他车辆进入。

四、实验内容与方法

（一）实验基本原理

假设汽车在平路上制动时，车轮制动力大于车辆与地面的附着力，车轮抱死不转，并在路面上向汽车行驶的方向滑移，在这种制动状况下，附着系数与制动拖印起点车

速、制动拖印长度之间的关系为

$$\varphi = V_a^2/(254S) \tag{6-1}$$

式中 φ——附着系数；

S——制动拖印长度（m）；

V_a——制动拖印起点车速（km/h）。

对于汽车在坡度为 i 的坡道上制动的情形，则将式（6－1）中的 φ 换为坡道附着系数 φ_i，即

$$\varphi_i = \cos\theta\varphi + \sin\theta \approx \varphi + i \tag{6-2}$$

式中 i——上坡为正，下坡为负（%）；

θ——坡道与地平面之间的角度。

（二）实验方法与步骤

1．实验车辆准备

（1）关闭发动机舱门并牢固挂放“试刹车”标志牌。

（2）实验前将车窗玻璃向车辆前方推紧并扣好，车厢内地板盖盖紧。

（3）驾驶室附近物品（水桶、油罐、工具等）放置稳固，防止物件前冲伤人。

（4）检验员检查制动、离合器、油门三个踏掌以及方向盘，本人鞋底不能有油污。

（5）凡制动系统维修后试制动，起步后马上低速制动一下，判断制动效能基本正常后，先进行一般性制动试验，然后再进行紧急制动试验。

（6）实验前，汽车应充分预热，以 0.8～0.9U_{amax} 行驶 1 h 以上（U_{amax} 为汽车行驶最高车速）。

2．实验过程规定

（1）在车辆行驶过程中，随车人员必须坐好扶稳，随时做好车辆紧急制动的思想准备。

（2）在车辆紧急制动前，驾驶员应提醒随车人员做好准备。

（3）实验车辆行驶中，应遵守 5 km/h 的车速规定，进入路试区域内方能提速前行，实验车速不得超过 50 km/h，制动气压为 0.6～0.8 MPa。

（4）车辆路试制动时，必须指定人员在路试区域附近做好监控、指挥工作。

路试制动过程中，严禁以下行为：

（1）无有效质检员证人员进行路试制动。

（2）在路试区域范围以外进行制动试车。

（3）在视线不清或转弯位置处急剧提速。

（4）在前方行人、车辆动态不明确的情况下制动试车。

（5）两台以上车辆同时在区域内制动试车。

（6）制动过程轮胎骑压路面标志线。

（7）制动试车后，倒车观察制动拖痕。

在制动后，车上人员下车观察制动拖痕时，必须注意：

（1）车辆已实行有效驻车制动。

（2）下车前，确认后方无车辆超越。

（3）车辆路试后，严禁在路试区域和行车通道内进行检修（包含制动系统的简易调较）。

3. 实验步骤

（1）将车辆开到实验场地内，当被检汽车加速到 30 ~ 50 km/h 的车速时进行紧急制动（车辆挡位空挡，双手紧握方向盘，左脚踩离合器，右脚迅速将制动踏板踩到底），使车辆的车轮由于制动而抱死，但车辆由于惯性作用向前继续移动，导致车辆轮胎与路面产生摩擦，在路面上留下黑色的制动拖痕。

（2）观察车辆制动印痕，并对制动印痕进行截取，做好制动初始标记、制动终止标记，用卷尺进行测量与记录，如图 6－24 所示。

（3）查手册获得被检汽车（如奥迪 100）的质量、路面摩擦系数等参数。

（a）

（b）

图 6－24　测量车轮拖印计算制动车速检测现场

（a）车辆拖印；（b）测量拖印。

（三）实验数据的处理

用有关交通安全理论计算被检汽车（如奥迪 100）紧急制动时的车速，即通过实际检测数据，采取“半理论、半实验”的方法，获得实际车速，这是工程中常用的手段。

根据现场记录的实验车辆的制动印痕长度、车辆的质量，查找实验工况时路面摩擦系数等参数，输入公式 $\varphi = V_a^2/(254S)$ ，就可计算出实验时车辆紧急制动前的车速。

（四）实验技术标准及规范

（1）GB 18565—2016《道路运输车辆综合性能要求和检验方法》。

（2）GB 7258—2017《机动车运行安全技术条件》。

五、实验考核

1. 实验考核项目与评分方法

测量车轮拖印计算制动车速实验的考核项目与评分方法见表6－4。

表6－4　测量车轮拖印计算制动车速的考核项目与评分方法

序号	考核项目	标准得分	评分标准	考核记录	扣分	得分
1	测量工具的正确使用	10	操作不当每次扣2分、数据不正确每次扣5分			
2	实验车辆安全装置的检查	10	安全装置不全每项扣5分			
3	车辆紧急制动工况	20	操作方法不正确每次扣5分			
4	实验数据截取与记录	20	测量方法错误每次扣5分、数据不准确酌情扣分			
5	实验数据处理	20	数据处理结果有误酌情扣分			
6	实验场地交通安全，无人身、设备事故	20	因操作不当发生重大交通或机务事故，此次实验成绩按0分计			
7	项目总分	100				

2. 实验报告内容要求

（1）说出实验目的、实验原理、实验过程注意事项。

（2）根据测量与查找的数据，计算出实验车辆制动时的初速度。

（3）说出实验体会（改进事项）。

（4）实验报告须附有实验原始记录（照片）凭证。

实验四　汽车路试制动检测实验

一、实验目的和要求

（1）掌握汽车制动性能路试检测的方法及步骤。

（2）掌握汽车路试制动效能评价指标（制动距离、制动稳定性、制动减速度、制动协调时间）的分析与处理方法。

二、实验工具和设备

（1）实验汽车 1 辆（丰田普锐斯）。

（2）第五轮仪 1 台（TM—2002A/B）。

（3）30 m 皮尺 1 卷。

（4）数码相机 1 部。

三、实验注意事项

（1）实验路面要求：应为干燥、平整、清洁的混凝土或具有相同附着系数的其他路面，在路面纵向任意 50 m 的长度上的坡度应小于 1%，路拱坡度应小于 2%。在实验路面上应画出标准中规定的制动稳定性要求相应宽度试车道的边线（路面尺寸要求长度大于 200 m、双向路面宽度为 5 m）。

（2）实验天气要求：天气晴朗、无雨雪，风速应小于 5 m/s，气温 0 ~ 35℃。

（3）实验车辆要求：①实验前应调整好车辆的制动系统，制动器应磨合好。轮胎性能满足要求，轮胎气压充至厂家规定值，胎压偏差不超过 ±10 kPa；轮胎花纹深度不少于原深度的 20%。②空载实验时，汽车燃油加至厂家规定油箱容积的 90%，加满冷却液和润滑油，携带随车工具和备胎，另包括 200 kg 质量（驾驶员、一名实验员和仪器质量）。③满载实验时，实验车辆处于厂家规定的最大总质量状态，载荷均匀分布，所装货物应均匀地置于车厢内，不能超高、超宽、超长、超重，不应因装载影响汽车的质心位置。实验中货物不能移动，质量不能有损失。④轴载质量的分配按制造厂的规定。若装载质量在各桥之间的分配有多种方案，车辆最大总质量在各桥之间的分配必须保证各桥载质量与其最大允许载质量的比值相同。

（4）车辆驾驶人员要求：路试制动由有效质检员（检验员）或指定的有关人员负责，必须是具有正规驾照、多年驾龄、处理突发事故经验丰富的操作人员，其他驾驶员不得路试制动。

（5）在实验场内或实验道路驾驶车辆，必须按交通标志、标线行驶，严格控制车速。实验路段确保临时交通管制，严禁其他车辆进入。

四、实验内容与方法

（一）五轮仪介绍

车辆制动路试检测的主要设备是第五轮仪（简称五轮仪），如图 6－25 所示。目前新生产的五轮仪一般都具有以高性能 16 位单片微型计算机为核心的智能化测试功能，用以测试汽车动力性能及制动性能等。

五轮仪的特点：整机设计符合人机工程学，便于操控；系统采用 240×128 大屏幕液晶显示，汉字提示，实时显示多项测试数据、曲线，清晰直观；测试项目采用菜单式操作，简单易用；系统自动存储传感器系数以及测试参数等数据，掉电不丢失，无需重复输入；系统内置 40 列微型打印机，可方便地将测试结果、测试数据以及动态曲线等打印出来；配有标准 RS232 接口，可将测试结果发往其他计算机，也可由系统机进行控制，完成整个测试项目，用户利用系统机或笔记本电脑可以方便地对该数据进行二次分析处理或存储。

图 6－25　五轮仪

五轮仪的主要测试项目：

（1）制动实验：制动初速、制动距离、制动时间、减速度、平均减速度、MFDD（充分发出的平均减速度）。

（2）滑行实验：滑行初速、滑行距离、滑行时间。

（3）车速实验：实验距离、实验时间、平均车速（稳定车速）。

（4）加速实验：加速距离、加速时间、加速末速，以及换挡开始和结束时的速度、距离、时间。

（二）实验基本原理

汽车制动性能检测方法主要有台试法和路试法。利用实验仪器在道路上对汽车制动性能进行检测的方法叫路试法。路试法是检验汽车制动性能最基本、最真实、最可靠的检测方法。传统的拖印法检测车辆制动距离，测量方法简单、测量误差大、可靠性差，不能真正反映车辆的制动性能；另外，当对制动检验台检测车辆制动的结果发生争议时，可以用汽车路试检测进行复检，并以满载状态汽车路试结果为准。

行车制动性能是在规定的条件下，通过在初速度下测试相应的制动距离和充分发出的平均减速度来确定的。制动初速度是指驾驶员开始促动制动控制装置时车辆的速度，在实验中，制动初速度应不低于规定值的98%。制动距离是指驾驶员开始促动制动控制装置时起到车辆停止时止，车辆驶过的距离。制动充分发出的平均减速度（MFDD）按式(6-4)来计算。

路试法检测制动的性能指标：制动距离、制动稳定性、制动减速度、制动协调时间等。

路试法检测制动的办法是：被测车辆沿着实验车道的中线行驶至高于规定的初速度后，置变速器于空挡。当车辆滑行到规定的初速度时急踩制动踏板，使车辆停住。用速度计、第五轮仪或其他测试方法测量车辆的制动距离，用速度计、制动减速度仪或其他测试方法测量车辆充分发出的平均减速度与制动协调时间。

制动性能路试实测，关键是要测准制动距离、制动减速度和车辆的侧向路径偏移量。测量制动距离时，首先要测准制动的起始时刻。制动初速度在极限偏差为3%的范围内，制动距离可以按式（6-1）修正，即

$$L = L'(v/v')^2 \tag{6-3}$$

式中 L——校正后的制动距离（m）；

L'——测定的制动距离（m）；

v——初速度的规定值（km/h）；

v'——初速度的测定值（km/h）。

（三）实验技术标准及规范

1）技术标准

（1）GB 18565-2016《道路运输车辆综合性能要求和检验方法》。

（2）GB 7258-2017《机动车运行安全技术条件》。

2）主要内容

机动车在规定的初速度下的制动距离和制动稳定性要求应符合表6-5的规定。对空载检验的制动距离有质疑时，可用表6-5规定的满载检验制动距离要求进行。

制动稳定性要求是指制动过程中机动车的任何部位（不计入车宽的部位除外）不超出规定宽度实验通道的边缘线。

表6－5　制动距离和制动稳定性要求

机动车类型	制动初速度 /（km/h）	空载检验制动距离要求/m	满载检验制动距离要求/m	实验通道宽度/m
三轮汽车	20	≤5.0		2.5
乘用车	50	≤19.0	≤20.0	2.5
总质量不大于3500 kg的低速货车	30	≤8.0	≤9.0	2.5
其他总质量不大于3500 kg的汽车	50	≤21.0	≤22.0	2.5
铰接客车、铰接式无轨电车、汽车列车	30	≤9.5	≤10.5	3.0
其他汽车	30	≤9.0	≤10.0	3.0
两轮普通摩托车	30	≤7.0		——
边三轮摩托车	30	≤8.0		2.5
正三轮摩托车	30	≤7.5		2.3
轻便摩托车	20	≤4.0		——
轮式拖拉机运输机组	20	≤6.0	≤6.5	3.0
手扶变型运输机	20	≤6.5		2.3

汽车在规定的初速度下急踩制动时充分发出的平均减速度及制动稳定性要求应符合表6－6的规定。对空载检验充分发出的平均减速度有质疑时，可用表6－6中规定的满载检验充分发出的平均减速度要求进行。

表6－6　制动减速度和制动稳定性要求

机动车类型	制动初速度 /（km/h）	空载检验充分发出的平均减速度/(m/s^2)	满载检验充分发出的平均减速度/(m/s^2)	实验通道宽度/m
三轮汽车	20	≤3.8		2.5
乘用车	50	≥6.2	≥5.9	2.5
总质量不大于3500 kg的低速货车	30	≥5.6	≥5.2	2.5
其他总质量不大于3500 kg的汽车	50	≥5.8	≥5.4	2.5
铰接客车、铰接式无轨电车、汽车列车	30	≥5.0	≥4.5	3.0
其他汽车	30	≥5.4	≥5.0	3.0

制动减速度的测量有两种方法：一种是采用减速度计；另一种是采用第五轮仪的速度信号微分。减速度计的选择要注意频率响应特性、灵敏度和噪声。依据GB 7258—

2017，采用充分发出的平均减速度（m/s^2），即

$$MFDD=\frac{(u_b^2-u_e^2)}{25.92\ (s_e-s_b)} \tag{6-4}$$

式中 u_b —— $0.8u_0$ 的车速（km/h）；

u_0 ——起始制动车速（km/h）；

u_e ——$0.1\ u_0$ 的车速（km/h）；

s_b —— u_0 到 u_b 车辆经过的距离（m）；

s_e ——u_0 到 u_e 车辆经过的距离（m）。

侧向路径偏离量的测量有两种方法：一种方法是采用皮尺测量汽车相对行驶航道的偏离，最大测量误差为0.05 m；另一种方法是采用航向陀螺测量偏航角。

制动协调时间：是指在急踩制动时，从脚接触制动踏板（或手触动制动手柄）时起至机动车减速度（或制动力）达到表6－6规定的机动车充分发出的平均减速度的75%时所需的时间。制动协调时间对液压制动的汽车应小于等于0.35 s，对气压制动的汽车应小于等于0.60 s，对汽车列车、铰接客车和铰接式无轨电车应小于等于0.80 s。

（四）实验方法与步骤

1.路试车辆准备

（1）关闭发动机舱门并牢固挂放“试刹车”标志牌。

（2）实验前将车窗玻璃向车辆前方推紧并扣好，车厢内地板盖盖紧。

（3）驾驶室附近物品（水桶、油罐、工具等）放置稳固，防止物件前冲伤人。

（4）检验员检查刹车、离合、油门三个踏掌以及方向盘，本人鞋底不能有油污。

（5）凡制动系统维修后制动，起步后马上低速制动一下，判断制动效能基本正常后，先进行一般制动试验，然后再进行紧急制动试验。

（6）实验前，汽车应充分预热，以0.8～0.9 U_{amax}行驶1h以上（U_{amax}为汽车最高行驶速度）。

（7）在被测汽车的制动踏板上安装提供信号用的踏板套，在汽车适当位置装上第五轮仪。

2.路试过程规定

（1）车辆行驶过程中，随车人员必须坐好扶稳，随时做好车辆紧急制动的思想准备。

（2）车辆紧急制动前，驾驶员应提醒随车人员做好准备。

（3）路试车辆行驶中，应遵守5 km/h的车速规定，进入路试区域内方能提速前行，路试车速不得超过60 km/h，制动气压为0.6～0.8 MPa。

（4）车辆路试制动时，必须指定人员在路试区域附近做好监控，指挥工作。

路试制动过程中，严禁以下行为：

（1）无有效质检员证人员进行路试制动。

（2）在路试区域范围以外进行制动试车。

（3）在视线不清或转弯位置处急剧提速。

（4）在前方行人、车辆动态不明确的情况下制动试车。

（5）两台以上车辆同时在区域内制动试车。

（6）制动过程轮胎骑压路面标志线。

（7）制动试车后，倒车观察制动拖痕。

图 6－26 为路试制动实测现场图。

图 6－26　路试制动实测现场

3. 路试制动检测步骤

（1）将被测汽车沿着实验车道的中线行驶至高于规定的初速度后，置变速器于空挡（自动变速汽车可置变速器于 D 挡），当滑行到规定的初速度时，急踩制动，使汽车停住，同时操作第五轮仪，利用第五轮仪打印出汽车的制动距离。

（2）在紧急制动的同时，检查汽车制动的稳定性，看制动的汽车是否超出试车道边线，同时测取制动踏板力。

（3）测出性能参数：制动初速、制动距离、制动时间、平均减速度、平均减速度 MFDD、制动偏离值。

（4）重复上面步骤 5 次。

制动距离测试路试的特点：能直观、简便、真实地反映汽车实际行驶过程中的动态制动性能；能综合反映汽车其他东西的结构性能对汽车制动性能的影响；只能反映整车制动性能的好坏，不能定量反映各车轮的制动状况及制动力分配，其检测结果不能为制动系统故障诊断提供可靠依据；制动距离的长短对制动的初始车速以及驾驶员的操作方法依赖性较高；要求有良好的道路条件和气候条件。

4. 注意事项

（1）检测制动性能应在同一路段的正反两个方向上进行，测得的制动距离及其他参数取平均值。汽车倒车时，应将传感器部分的充气车轮转向 180°或由专人提离地面。

（2）路试结束后，关闭记录仪电源，拆卸电源线、信号线和脚踏开关，并从车身上拆下传感器部分。

（五）实验数据的分析与处理

根据实验测出各性能参数（制动初速、制动距离、制动时间、平均减速度、平均减速度 MFDD、制动偏离值）的值，整理成表格（表 6－7），并绘制出对应关系图。

表 6－7　路试制动实测数据

实测次数	初速度测定值 v'／（km/h）	制动距离测定值 L'／m	制动时间／s	平均减速度／（m/s^2）	平均减速度 MFDD／（m/s^2）	制动偏离值/m
1						
2						
3						
4						
5						

行车制动性能要求：

必须在车轮不抱死、任何部位不偏离出 3.7 m 通道且无异常制动的情况下获得（当车速低于 15 km/h 时，允许车轮抱死），最大控制力不得超过规定值。

车辆路试制动性能判定：

（1）机动车在规定的初速度下的制动距离和制动稳定性要求应符合表 6－5 的规定。

（2）机动车在规定的初速度下急踩制动踏板测量车辆充分发出的平均减速度与制动稳定性要求应符合表 6－6 的规定，且制动协调时间应符合规定值。

汽车的路试制动性能检验如能符合上述两项要求之一者，就可认为车辆制动性能合格。

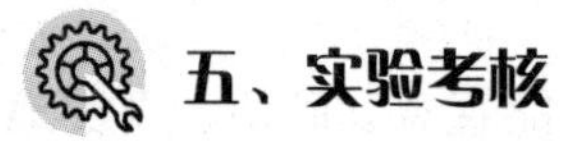

五、实验考核

1. 实验考核项目与评分方法

汽车路试制动检测实验的考核项目与评分方法见表 6－8。

表 6－8　汽车路试制动检测的考核项目与评分方法

序号	考核项目	标准得分	评分标准	考核记录	扣分	得分
1	测量仪器的正确使用	10	操作不当每次扣 2 分、数据不正确每次扣 5 分			
2	实验车辆安全装置的检查	10	安全装置不全每项扣 5 分			

（续表）

序号	考核项目	标准得分	评分标准	考核记录	扣分	得分
3	车辆紧急制动工况	20	操作方法不正确每次扣5分			
4	实验数据截取与记录	20	测量方法错误每次扣5分、数据不准确酌情扣分			
5	实验数据处理	20	判定结果有误酌情扣分			
6	实验场地交通安全，无人身、设备事故	20	因操作不当发生重大交通或机务事故，此次实验成绩按0分计			
7	项目总分	100				

2. 实验报告内容要求

（1）说出实验原理及实验过程。

（2）根据实验记录的原始数据进行数据分析，绘制出车速随时间变化的曲线图。

（3）根据实验记录的原始数据进行数据分析，绘制出踏板力随时间变化的曲线图。

（4）根据实验记录的原始数据进行数据分析，绘制出时间和制动距离变化的曲线图。

（5）根据实验记录的原始数据，画出充分发出的平均减速度（MFDD）与实验次数的关系。

（6）根据实验记录的原始数据，画出充分发出的制动距离与实验次数的关系。

实验五　汽车白车身静态弯曲、扭转刚度测试实验

一、实验目的和要求

（1）熟悉汽车车身刚度测试系统的基本组成结构和工作原理。

（2）掌握汽车白车身静态弯曲刚度测试的内容和方法。

（3）掌握汽车白车身静态扭转刚度测试的内容和方法。

二、实验主要仪器设备

（1）汽车车身刚度实验台1台。

（2）计算机测试系统1套。

三、实验注意事项

（1）实验人员必须遵守实验室安全规定、设备使用操作规程。

（2）实验设备必须按要求进行开机前的准备，使用水平仪校准，使车身处于水平位置。

（3）实验前需打开软件对传感器进行校验，连接调整加载机构位置，操作人员在实验过程中应注意控制加载力的大小。

（4）实验过程中若发生设备异常，应立即停机终止实验，查找原因，防止人身事故与设备损失。

四、实验内容与方法

现代汽车车身结构设计过程中的刚度分析对汽车车身的结构设计有着关键性指导作用，车身静刚度是衡量整车性能的重要指标之一，车身静刚度实验是评价、验证车身静刚度的主要方法。

（一）实验装置介绍

汽车车身刚度实验台主要用于汽车车身静刚度实验，如图6－27所示。该实验台在设计的过程中将计算机技术、传感器原理和检测技术、自动控制、液压或伺服控制等有机地融合为一体，组成一套精度高、工作可靠、数据处理方便的测量测试系统，符合国内行业标准要求，为汽车车身静刚度实验提供平台。

图 6 - 27　汽车车身刚度实验台

（二）汽车车身刚度实验台结构组成与工作原理

1. 白车身

由各种各样的板件和骨架件通过焊接拼装而成的汽车车身，也就是行业俗称的“白车身”。在建立模型时，忽略车身外蒙皮，仅考虑骨架和内蒙皮部分。车身骨架总成包括顶盖骨架、地板骨架、车架、前围骨架及后围骨架、左侧围骨架、右侧围骨架，各骨架主要采用型钢焊接而成。实验台选用轿车白车身为实验对象。

2. 固定支撑台架和夹具

车身固定支撑台架是根据车身刚度实验标准、相关实验要求和实验方法而设计加工的实验台架，是固定车身、放置传感器、施加载荷等功能的载体，如图 6 - 28 所示。

整个实验过程的便捷、稳定和安全都受车身固定夹具的影响，它要尽可能接近车身实际行驶中的受力情况。车身前部通过前减振器支座固定在扭转横梁上，后部通过后减振器支座与支撑台架相连，以模拟车身受力。车身前、后减振器支座与车身固定夹具连接杆用球铰连接，连接杆与前部扭转梁和后部固定台架通过销轴连接，形成非过约束式固定，避免过约束载荷的影响。

图 6 - 28　固定支撑台架和夹具

3. 电动伺服加载系统

电动伺服加载系统是由 4 个各自独立的电动伺服加载单元组成，如图 6 – 29 所示。每一加载单元均由伺服电机、减速器、传动丝杆作为施力源。其中 1 个加载单元用于扭转加载，3 个加载单元用于弯曲加载（分别对发动机舱、客厢和行李厢加载，载荷为均匀分布方式），通过特制安装设备实现其功能。加载过程为分级加载，即通过改变伺服电机的脉冲数量来实现的。其中力传感器作为信号反馈元件，与伺服电机的编码器构成闭环系统，由计算机程序控制。

图 6 – 29　电动伺服加载系统

4. 计算机测试系统

1）控制柜

控制柜中安装系统配电设备和工控机。工控机采用研华 IPC – 610L 4U 工业机箱，配置前置风扇，采用工业控制计算机 CPU 2.4 G，内存 512 M，硬盘容量 80 G，能够运行系统相应软件，完成数据采集及处理工作，符合系统功能要求。

2）传感器

系统配置若干位移传感器、力传感器。

（1）位移传感器：

DH – 20（量程 20 mm）精度：0.1%；

全程输出：10000 με；

校正系数：0.005 mm/με；

桥路电阻：75 Ω；

外型尺寸：205 mm × 38 mm × 25 mm；

自重：150 g；

测量反力：1.0 ~ 2.5 N；

应用对象：位移测量。

（2）力传感器：

额定载核：1000 ~ 6000 N，精度：0.1%；

非线性：≤ ±0.02% F. S；

滞后：≤ ±0.02% F.S；

重复性：≤ ±0.02% F.S；

零点输出：%F.S < ±1；

零点温度系数：%F.S ≤0.002；

允许过载：%F.S 150。

3）计算机测试软件

实验设备必须按要求进行前期准备后，再起动计算机测试软件，进入主界面，如图6－30所示。在主界面选择实验项目、测试对象等内容，按实验要求进行相应的实验测试。

图 6－30 计算机测试软件主界面

5. 白车身扭转刚度实验原理

在车身刚度实验台架上安装好轿车白车身，把四个车门、两个车盖和前后风挡玻璃卸下来。根据白车身在实车上的安装方式，在前后悬架连接点处通过支架和夹具进行刚性连接固定，然后通过加力装置在车身前悬架连接点施加扭矩，如图 6－31 所示。

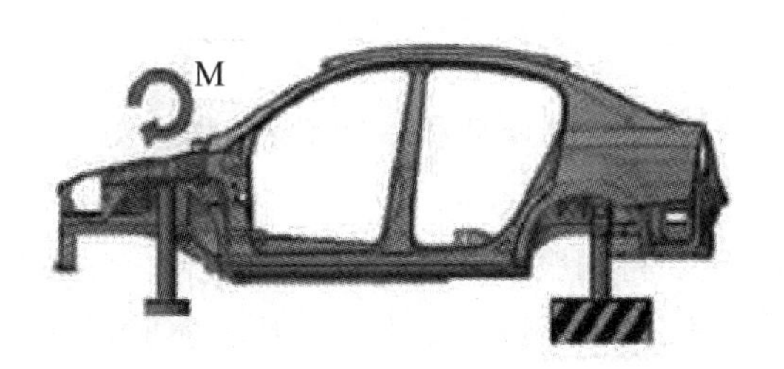

图 6－31 白车身扭转刚度加载示意图

扭转刚度测量时，测量点主要分布在车身底部和门窗位置，其中车身底部的位移测量点主要布置在前后纵梁和门槛梁等承载件上，间隔距离为 300～350 mm，每个测量点上布置一个位移传感器，如图 6－32 所示。此外，在前后风窗和前后车门的对角线上各交叉布置一对位移传感器，用来测量门窗的变形量。

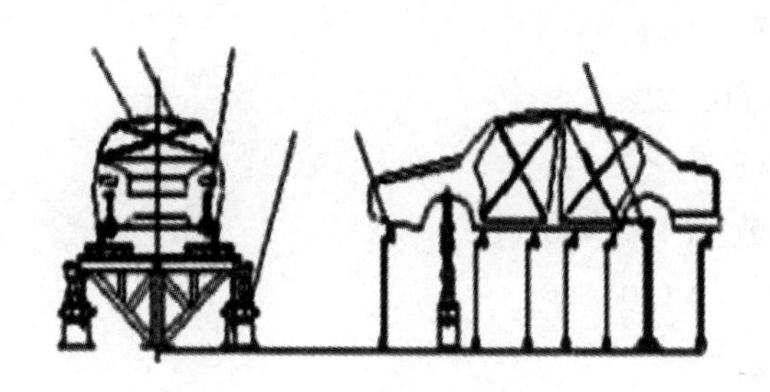

图6－32　传感器分布示意图

6. 白车身弯曲刚度实验原理

弯曲刚度测量时，仍将轿车白车身放置在实验台架上，但需要约束前后悬架连接点处的所有自由度，然后进行加载，其加载方式可以采用按乘员载荷加载和中央一点加载两种方式。一般采用按乘员载荷加载的方式，即分别在前座椅和后座椅及后备厢处施加载荷，如图6－33所示。通过对各测点垂直位移的测量，可得到车身底部前后梁和门槛梁的变形分布图。

图6－33　白车身弯曲刚度加载示意图

车身底部测量点的位置选择与扭转刚度测量时相同，同样选择在前后纵梁和门槛梁等承载件上。采取按乘员载荷加载的方法进行加载，采集各测点垂直位移，再根据最大加载力和最大弯曲挠度值之间的计算得到轿车白车身的弯曲刚度值。

（三）实验内容与方法、步骤

1. 白车身静态扭转刚度实验

1）实验设备调试

（1）车身的调整。安装好前悬支架和后悬支架，约束好车身。用水平仪调整车身，使车身处于水平位置。

（2）加载装置的固定。将伺服电机移动到适当位置，使加载点的连接销和加载体上耳环垂直，并将伺服电机固定在铁地板上。左扭转实验时，需要拔出右边安装体上的连接销；右扭转实验时，需要拔出左边安装体上的连接销（以驾驶员视角分辨左右）。

（3）传感器调试。打开软件，点击“通道测试”按钮进行检测，观察安装好的位移传感器，传感器的初始值应该在10～15 mm（该位移传感器的量程为20 mm，所以设置其初始值为10～15 mm比较合理），若有传感器不在此范围内，将其调整到正常范围，结果如图6－34所示（仅左右一到十五是位移传感器）。

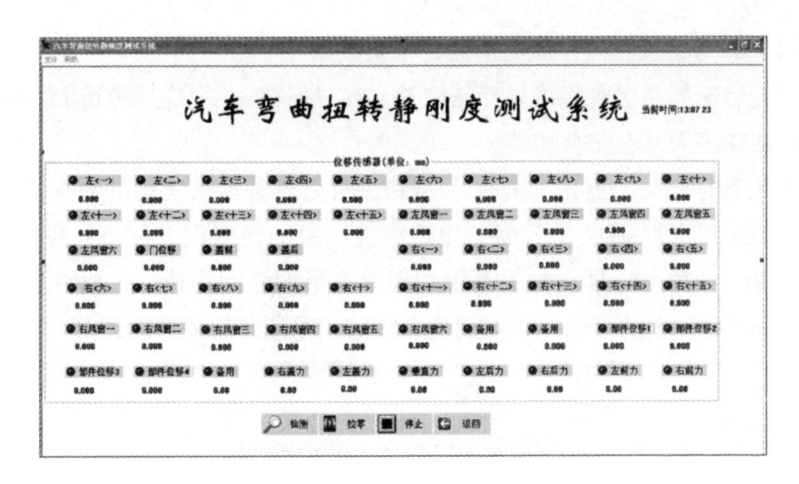

图 6－34　传感器调试

2）实验

（1）预加载。做扭转刚度实验预加载的加载顺序为左右交替加载，左右各加载 3 次，以消除间隙。实验加载力为 3000 N·m，预加载的力为 3000 ~ 1500 N·m，在“参数设置”里设置，如图 6－35 所示。注意：扭转刚度实验预加载参数设置只与最大力矩（N·m）相关。

图 6－35　预加载参数设置

加载力到达后会停止 5 min，需要更长时间可在参数设置界面进行设置。若填写 300 s，那等待时间为 10 min，填写 600 s，等待时间为 15 min。完成等待时间后会自动卸载。完成后等待 15 ~ 60 min 做下次预加载，等待是为了让白车身中上次加载的残余应力消散，从而使得测试数据更加精准，如图 6－36 所示。

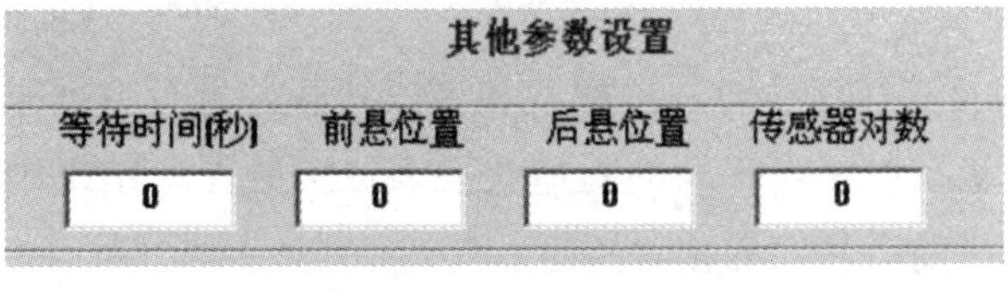

其他参数设置
等待时间(秒)　前悬位置　后悬位置　传感器对数
0　0　0　0

图 6－36　等待时间设置

（2）加载过程。先检查参数设置，设置扭矩实验最大扭矩为 3000 N·m，返回并点击“开始实验”按钮。最大扭矩 $T_1 = 3000$ N·m；最小扭矩 $T_2 = T_1/4 = 750$ N·m。

加载流程如下：

加载到 T_2，等待设置的停顿时间后，采集数据；

加载到 $2 \times T_2$，等待设置的停顿时间后，采集数据；

加载到 $3 \times T_2$，等待设置的停顿时间后，采集数据；

加载到 T_1，等待设置的停顿时间后，采集数据。

完成实验后选择左扭实验结果存储位置，点“保存”。完成后等待 15 ~60 min 做下次加载，加载顺序为左右交替加载。

（3）查看数据结果。点击“查看”按钮，可以查看本次实验的数据结果（图 6 - 37），点击“曲线图”，返回主界面会出现本次实验的数据图（图 6 - 38）。点击“切换”可以在相对扭角与测量点的关系图和风窗变形图之间切换。Y 轴的 + 或 - 是对图形的放大或缩小，X 轴的 + 或 - 是对测量点数的加或减，最多可以到 15 个点。

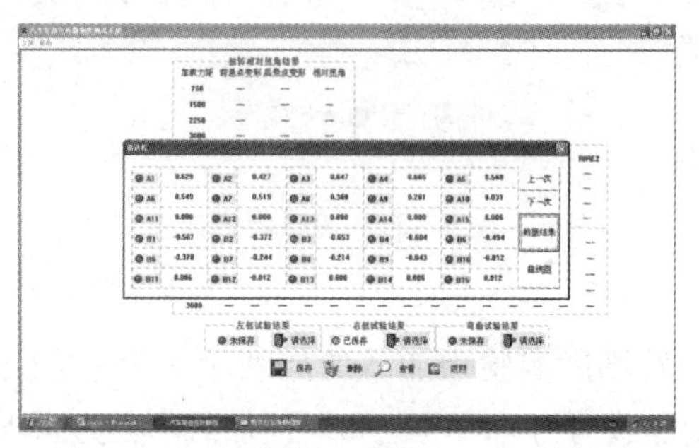

图 6 - 37　白车身扭转静刚度实验数据

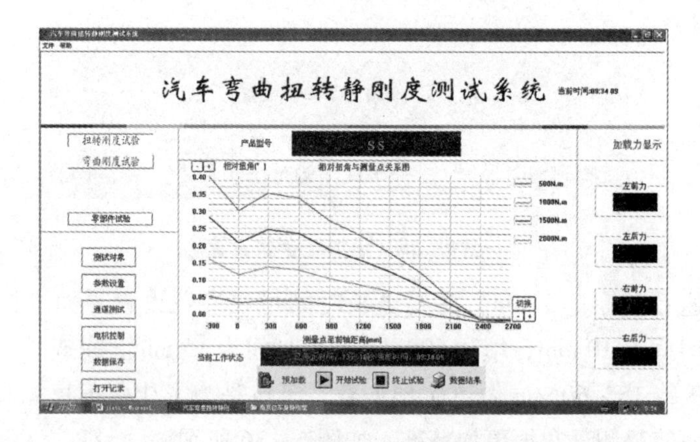

图 6 - 38　白车身扭转静刚度实验图形

（4）实验数据及其计算。通过预加载和正式加载并进行数据采集后，可得出该车型的白车身加载力矩与各测点扭角的对应关系表，实验图形结果中可以更直观地反映出实验结果，并算出前后悬架的相对扭角。

轿车车身平均扭转刚度的计算公式为

$$Kt = T/\alpha \tag{6-5}$$

式中　Kt——扭转刚度（N·m/°）；

T ——扭转加载扭矩（N·m）；

α ——前后轴相对扭角（°）。

2. 白车身静态弯曲刚度实验

1）实验设备调试

（1）车身调整。安装好前悬支架和后悬支架，并用两个支撑架固定住前悬支架的两端，约束车身的自由度。用水平仪调整车身，使车身处于水平位置。

（2）加载装置的固定。将伺服电机移动到两根横梁两端加载环的正下方，并分别将其固定在铁地板上。

（3）传感器调试。打开传感器调试软件，利用“通道测试”检测，把传感器的初始值调整到合适范围。

2）实验

（1）预加载。做弯曲刚度实验预加载的加载方式为同时加载，左右各加载 3 次，以消除间隙。实验加载力为 3000 N，预加载的力为 3000 ~ 1500 N，在“参数设置”里设置。注意：弯曲刚度实验预加载参数设置只与最大力（N）相关。

加载力到达后会停止 5 min，需要更长时间可在参数设置里进行设置，完成后等待 15 ~ 60 min 做下次预加载。

（2）加载过程。先检查参数设置，设置扭矩实验最大扭矩为 3000 N，返回并点击“开始实验”按钮。

最大力 $F_1 = 3000$ N；

最小力 $F_2 = F_1/4 = 750$ N。

加载流程如下：

加载到 F_2，等待设置的停顿时间后，采集数据；

加载到 $2 \times F_2$，等待设置的停顿时间后，采集数据；

加载到 $3 \times F_2$，等待设置的停顿时间后，采集数据；

加载到 F_1，等待设置的停顿时间后，采集数据。

完成实验后选择弯曲实验结果存储位置，点保存。完成后等待 15 ~ 60 min 做下次加载，按如上步骤做 3 次实验。

（3）查看数据结果。点击“查看”按钮，可查看数据结果；若想查看门槛梁变形曲线图则选择“曲线图”，返回主界面会出现图形（图 6 - 39）。

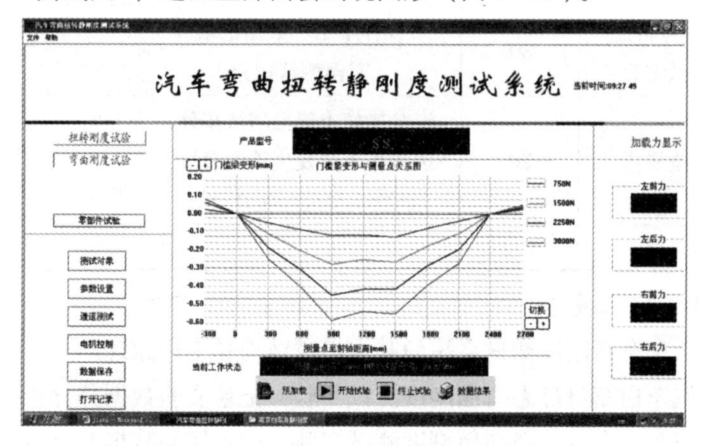

图 6 - 39　白车身弯曲静刚度实验图形

（4）实验数据及其计算。通过之前实验的预加载和正式加载并采集了实验数据后，可以得出该车型的白车身加载力与门槛梁各测点变形量的对应关系表，在实验图形结果中可更直观反映实验结果。

轿车车身弯曲刚度的计算公式为

$$K_b = T/\alpha \tag{6-6}$$

式中 K_b——弯曲刚度（N/mm）。

根据数据可以算出最大的弯曲挠度值为ΔZ，可算出此车车身弯曲刚度为

$$K_{b1} = F/\Delta Z \tag{6-7}$$

式中 F——最大载荷（N）；

ΔZ——最大弯曲挠度值（mm）。

根据三次实验的计算结果可以计算出此车车身的平均弯曲刚度为

$$K_b = (K_{b1} + K_{b2} + K_{b3})/3 \tag{6-8}$$

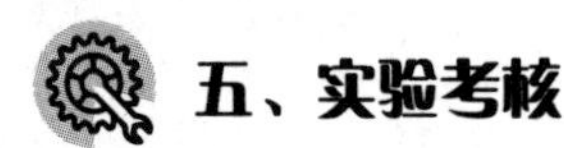

五、实验考核

1. 实验考核项目与评分方法

汽车白车身静态弯曲、扭转刚度测试实验的考核项目与评分方法见表6－9。

表6－9 汽车白车身静态弯曲、扭转刚度测试实验考核项目与评分方法

序号	考核项目	标准得分	评分标准	记录	扣分	得分
1	汽车车身刚度测试系统结构组成与原理	10	原理理解不清楚酌情扣分			
2	系统开机准备、调试基本操作	10	基本操作有误每项扣5分			
3	汽车白车身静态弯曲测试实验	30	操作不当、数据记录有误酌情扣分			
4	汽车白车身静态扭转测试实验	30	操作不当、数据记录有误酌情扣分			
6	实验安全操作	20	安全操作不规范酌情扣分，因操作不当发生重大事故，此次实验成绩按0分计			
7	项目总分	100				

2. 实验报告内容要求

（1）说明汽车车身刚度测试系统的基本组成结构和工作原理。

（2）进行汽车白车身静态弯曲刚度测试实验，记录实验数据并分析。

（3）进行汽车白车身静态扭转刚度测试实验，记录实验数据并分析。

（4）撰写实验心得与体会。

模块七

新能源汽车技术篇

实验一　油电混合动力汽车认识实验

一、实验目的和要求

（1）了解油电混合动力汽车的基本结构组成、功能与工作原理。

（2）掌握油电混合动力汽车的动力总成及其主要部件的结构与功能。

（3）掌握油电混合动力实验装置的功能及操作方法。

（4）了解油电混合动力汽车的基本操作方法。

二、实验主要仪器设备

（1）NJLG - HHDLZ - 02 油电混合动力实验装置 1 台。

（2）丰田普锐斯 PSHEV 油电混合动力汽车 1 辆。

三、实验注意事项

（1）操作人员及实验学生必须遵守实验室安全守则，严格执行设备安全使用操作规程。

（2）实验设备必须按使用说明书的要求进行开机前的准备、预热，按操作说明书的要求进行操作。

（3）实验车辆必须装备齐全、安全可靠，并进行必要的预热。

（4）操作人员在测试过程中应严肃认真，并注意有无异常现象，如异味、异响、异常振动等。

（5）实验过程中一旦发生车辆及检测设备异常，立即停止实验查找原因，防止人身事故与设备事故的发生。

四、实验内容与方法

（一）实验装置介绍

1. 油电混合动力实验装置

油电混合动力实验装置（图7－1）由丰田普锐斯型油电混合动力发动机、变速器、电涡流测功机台架及电器控制柜等部分组成，内设计算机控制系统，故障设置模块，通过机械、键盘和网络可以设置与排除发动机常见故障等实验教学功能。

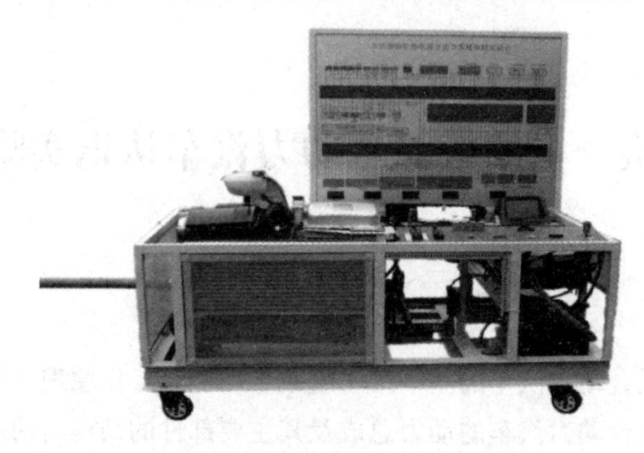

图7－1　油电混合动力实验装置

油电混合动力实验装置由下列各部件组成：发动机总成和发动机控制单元，变速器，M_1、M_2 电机，HV 蓄电池，仪表总成，冷却液温度传感器，进气温度传感器，节气门控制总成，空气质量计，氧传感器，点火开关，整套散热机构，汽油箱和汽油泵总成，蓄电池，五个数字电压表，电涡流测功机，带有完整彩色电路的原理图面板，外接式检测端子，智能故障设置盒总成，可移动台架等。

技术参数如下：

台架尺寸：1860 mm×1060 mm×1800 mm（长×宽×高）；控制柜尺寸：1200 mm×200 mm×970 mm（长×宽×高）；使用环境：温度－5～40 ℃，湿度≤80%；发动机类型：丰田普锐斯 1.5 L，77 马力 L4 发动机；混合动力的电动机，最大功率：50 kW/1200～1540 rpm，最大扭矩：400 N·m/0～1200 rpm；动力电池：201.6 V；电机电压：500 V；变速器：M_1、M_2 发电机/电动机；蓄电池：免维护蓄电池。

2. 丰田普锐斯油电混合动力汽车

丰田普锐斯油电混合动力汽车为2012 年款新能源汽车（图7－2），整车技术参数见表7－1。

图 7-2 丰田普锐斯油电混合动力汽车

表 7-1 2012 年款丰田普锐斯油电混合动力汽车的技术参数

尺寸及质量		发动机	
长/mm	4460	发动机型号	5ZR
宽/mm	1745	形式	四缸直列顶置双凸轮轴电喷 16 气门（VVT-i）
高/mm	1510	排量/mL	1798
轴距（前/后）/mm	2700	最大功率/kW	73
轮距（前/后）/mm	1525/1520	最大马力/Ps	99
最小离地间隙（空载）/mm	160	最大扭矩/N·m	142
最小转弯半径/m	5.1	最大扭矩转速/rpm	4000
整备质量/kg	1385	缸径×行程/mm×mm	80.5×88.3
总质量/kg	1805	压缩比	13
轮胎规格	195/65 R15	配气机构	DOHC
		百千米油耗/L	4.3
电动机		制动、悬架、驱动方式	
形式	同步交流电动机（永磁型）	制动系统（前/后）	通风盘式/盘式
最大功率/kW	60	悬架系统（前）	麦弗逊式独立悬架
最大转矩/N·m	400	悬架系统（后）	拖拽臂式
		驱动方式	前轮驱动

（二）实验工作原理（油电混合动力汽车）

油电混合动力汽车是指采用传统燃油发动机，同时配以电动机来改善低速动力输出和燃油消耗的车型。按照燃料种类的不同，油电混合动力汽车又可以分为汽油混合动力和柴油混合动力两种。目前国内市场上，混合动力车辆的主流都是汽油混合动力车型，而国际市场上柴油混合动力车型的发展也很快。

1. 油电混合动力汽车的特点

油电混合动力汽车是一种新能源汽车，比一般纯燃油汽车具有较大的优点：

（1）采用混合动力后可按平均需用的功率来确定内燃机的最大功率，此时处于油耗低、污染少的最优工况下工作。需要大功率内燃机功率不足时，由电池来补充；负荷少时，富余的功率可发电给电池充电。由于内燃机可持续工作，电池又可以不断得到充电，故其行程和普通汽车一样。

（2）因为有了电池，可以十分方便地回收制动时、下坡时、怠速时的能量。

（3）在繁华市区，可关停内燃机，由电池单独驱动，实现“零”排放。

（4）有了内燃机，可以方便地解决耗能大的空调、取暖、除霜等纯电动汽车遇到的难题。

（5）可以利用现有的加油站加油，不必再投资其他设施。

（6）可让电池保持在良好的工作状态，不发生过充、过放，延长使用寿命，降低成本。

混合动力汽车的缺点：长距离高速行驶不能省油。

2. 油电混合动力汽车的分类

混合动力汽车的分类方法有很多，典型的分类方法如下：

1）按动力传动系统布置分类

目前世界各国研究开发的混合动力汽车有不同的结构形式，根据其动力传动系统的配置和组合方式的不同，分为串联式、并联式和混联式三种组合方式，各自的结构形式和特点如下。

（1）串联式混合动力驱动系统（SHEV）。

串联式混合动力驱动系统的示意图如图 7－3 所示。串联式动力由发动机、发电机和电动机三部分动力总成组成，它们之间用串联方式组成 SHEV 动力单元系统，发动机驱动发电机发电，电能通过控制器输送到电池或电动机，由电动机通过变速机构驱动汽车。小负荷时由电池驱动电动机进而驱动车轮，大负荷时由发动机带动发电机发电驱动电动机。当车辆处于起动、加速、爬坡工况时，发动机—发电机组和电池组共同向电动机提供电能；当电动车处于低速、滑行、怠速的工况时，则由电池组驱动电动机，当电池组缺电时则由发动机—发电机组向电池组充电。串联式结构适用于城市内频繁起步和低速运行工况，可以将发动机调整在最佳工况点附近稳定运转，通过调整电池和电动机的输出来达到调整车速的目的，使发动机避免了怠速和低速运转的工况，从而提高了发动机的效率，减少了废气排放。

串联式结构的不足：发动机的输出需全部转化为电能再变为驱动汽车的机械能，由于机电能量转换和电池充放点的效率较低，使得燃油能量的利用率比较低。

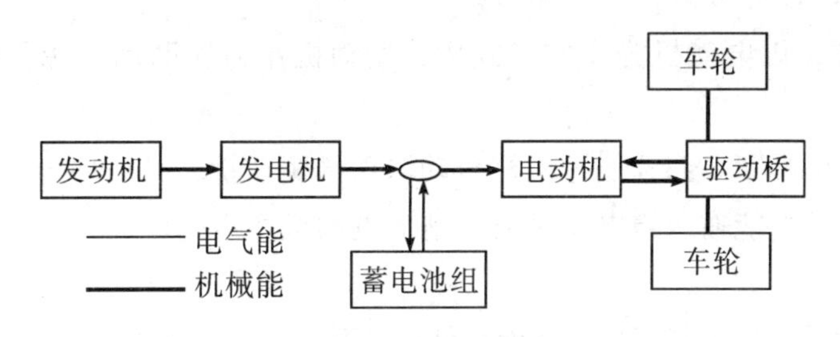

图7－3　串联式混合动力驱动系统

（2）并联式混合动力驱动系统（PHEV）。

并联式混合动力驱动系统的示意图如图7－4所示。并联式装置的发动机和电动机共同驱动汽车，发动机与电动机分属两套系统，可以分别独立地向汽车传动系统提供扭矩，在不同的路面上既可以共同驱动又可以单独驱动。当汽车加速爬坡时，电动机和发动机能够同时向传动机构提供动力，一旦汽车车速达到巡航速度，汽车将仅仅依靠发动机维持该速度。电动机既可以作电动机又可以作发电机使用，又称为电动—发电机组。由于没有单独的发电机，发动机可以直接通过传动机构驱动车轮，这种装置更接近传统的汽车驱动系统，机械效率损耗与普通汽车差不多，因此得到比较广泛的应用。

与串联式混合动力车结构相比，发动机通过机械传动机构直接驱动汽车，其能量的利用率相对较高，这使得并联式的燃油经济性比串联式高。相比串联式结构形式，并联式结构需要变速装置和动力复合装置，传动机构较为复杂。

并联式驱动系统最适合于汽车在城市间公路和高速公路上稳定行驶的工况。由于并联式驱动系统的发动机工况要受汽车行驶工况的影响，因此不适于汽车行驶工况变化较多、较大的路况。

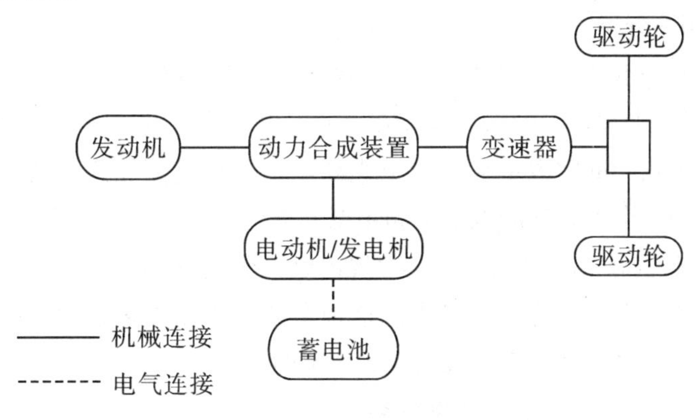

图7－4　并联式混合动力驱动系统

（3）混联式混合动力驱动系统（PSHEV）。

混联式混合动力驱动系统的示意图如图7－5所示。混联式装置包含了串联式和并联式的特点，动力系统包括发动机、发电机和电动机，根据助力装置不同，它又分为发动机为主和电动机为主两种。以发动机为主的形式中，发动机作为主动力源，电动机为辅助动力源；以电动机为主的形式中，发动机作为辅助动力源，电动机为主动力源。

发动机发出的功率一部分通过机械传动输送给驱动桥，另一部分则驱动发电机发电。发电机发出的电能输送给电动机或电池，电动机产生的驱动力矩通过动力复合装置传送给驱动桥。

混联式驱动系统的控制策略：在汽车低速行驶时，驱动系统主要以串联方式工作；当汽车高速稳定行驶时，驱动系统则主要以并联工作方式工作。

混联式驱动系统充分发挥了串联式和并联式的优点，能够使发动机、发电机、电动机等部件进行更多的优化匹配，从而在结构上保证了在更复杂的工况下使系统处于最优状态下工作，所以更容易实现排放和油耗的控制目标，因此是最具影响力的辅助动力单元。与并联式相比，混联式的动力复合形式更复杂，因此对动力复合装置的要求更高。目前的混联式结构一般以行星齿轮作为动力复合装置的基本结构。

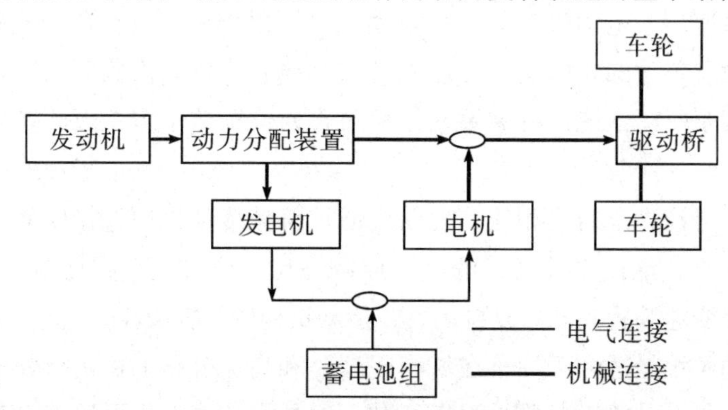

图 7－5　混联式混合动力驱动系统

2）按使用用途分类

（1）续驶里程延长型混合动力汽车。在纯电动汽车基础上增加了常规的辅助能量单元（APU），以提供额外的牵引功率或在需要时给电池充电。由于 APU 的油箱成了电池能量的补充，导致辅助动力单元续驶里程和驱动功率显著提高。续驶里程延长型混合动力汽车一般由一个大容量的电池组和小型发电机组组成。

（2）动力辅助型混合动力汽车。在常规内燃机驱动汽车的基础上增加了辅助电驱动和能量存储系统，以优化能量的管理。这种车的主要能源来自内燃机带动的发电机组，故功率辅助型混合动力汽车一般由较大功率的发电机组和较小容量的电池组组成。

3）按电动机与内燃机的搭配比例分类

按照使用的电动机峰值功率与发动机额定功率的比值将混合动力汽车分为微混混合动力汽车、轻混混合动力汽车、中混混合动力汽车、强混混合动力汽车，电动机峰值功率/发动机额定功率分别为≤5%、5%～15%、15%～40%、≥40%。

（1）微混混合动力汽车。有时也叫“启－停混合（Start－Stop）”，依靠电动机的功率比例很小，车辆的驱动功率主要由内燃机提供。在微混合系统中，电动机仅作为内燃机的起动机/发电机使用，其工作模式为：如遇到红灯或交通阻塞等情况车辆需短时停车怠速时，使内燃机熄火取消怠速，而当车辆再次行驶时，立即重新起动内燃机；在制动时转变为发电机，实现制动能量回收。微混合可实现5%～10%的节油效果。

（2）轻混混合动力汽车。与微混合系统相比，驱动车辆的两种动力源中依靠电动机功率的比例增大，内燃机功率的比例相对减小。在车辆加速、爬坡等工况下，电动机可向内燃机提供辅助的驱动力矩，但不能单独驱动车辆行驶，这种系统同样具有制动能量回收、发动机熄火/重起动等功能。轻混合系统节油可达10%～15%。

（3）中混混合动力汽车。与轻混合系统相比，驱动车辆的两种动力源中依靠电动机功率的比例进一步增大，内燃机功率的比例进一步减小。与轻混合系统不同，中混合系统采用的是高压电动机。另外，中混合系统还增加了一个功能：在汽车处于加速或者大负荷工况时，电动机能够辅助驱动车轮，从而补充发动机本身动力输出的不足，从而更好地提高整车性能。中混合系统节油可大于15%。

（4）强混混合动力汽车。与中混合系统相比，驱动车辆的两种动力源中依靠电动机功率的比例更大，内燃机功率的比例更小。强混合车辆，电动机和内燃机都可以独立或一同驱动车辆，因此在低速行驶、缓加速行驶、车辆起步行驶和倒车等情况下，车辆可以纯电动行驶；急加速时电动机和内燃机一起驱动车辆，并有制动能量回收的能力。实验工况下的节油达30%～50%，但实际节油效果随车辆结构设计、行驶工况、开车操作细节而变化。

3. 典型油电混合动力总成系统

油电混合动力汽车的车身、底盘、电器设备与传统汽车一样，没有大的区别，区别最大的是它的混合动力系统，它的性能直接关系到混合动力汽车的整车性能。经过十多年的发展，混合动力系统总成已从原来发动机与电动机离散结构向发动机、电动机和变速箱一体化结构发展，即集成化混合动力总成系统。

典型油电混合动力汽车的主要组成包括发动机、电动机和电池。

1）发动机

混合动力汽车可以广泛地采用四冲程内燃机（包括汽油机和柴油机）、二冲程内燃机（包括汽油机和柴油机）、转子发动机、燃气轮机和斯特林发动机等。一般转子发动机和燃气轮机的燃烧效率比较高，排放也比较洁净。采用不同的发动机就可以组成不同的混合动力汽车。

2）电动机

混合动力汽车可以采用直流电动机、交流感应电动机、永磁电动机和开关磁阻电动机等。随着混合动力汽车的发展，直流电动机已经很少采用，多数采用了感应电动机和永磁电动机，开关磁阻电动机应用也得到重视，还可以采用特种电动机为混合动力汽车的驱动电动机。采用不同的电动机就可以组成不同的混合动力汽车。

3）电池

混合动力汽车可以采用各种不同的蓄电池、燃料电池、储能器和超级电容器等作为辅助能源，一般电池是作为混合动力汽车的常用辅助能源，只有在混合动力汽车用电动机起动发动机或电动机辅助驱动时才使用。

4. 油电混合动力的控制系统

油电混合动力汽车的控制系统是整车技术含量最为复杂和关键的地方，目前在混合动力汽车上普遍地采用以计算机为核心的现代计算机技术和自动控制技术，各种智能控制技术包括自适应控制、模糊控制、专家控制、神经网络控制等也逐渐应用到混合动力汽车上，使混合动力汽车更加安全、节能、环保和舒适。

1）油电混合控制系统的功能

（1）使混合动力汽车的动力性能能够达到或接近现代内燃机汽车的水平，逐步实现混合动力汽车的使用比。

（2）最大限度地发挥了电动及驱动的辅助作用，使混合动力汽车的燃油消耗量尽量降低，实现发动机的节能化。目前混合动力汽车燃油消耗量已达到 3 L/100 km 左右的水平。

（3）在环保方面，达到“最低污染”的环保标准。

（4）在混合动力汽车上实现多能源动力控制，混合动力汽车关键的控制技术是对内燃机驱动系统和电动机驱动系统实现双重控制。发动机与电动机的动力系统应进行最有效的组合和实现最佳匹配，发动机和驱动系统、电动机和驱动系统都能具有高效率，能够回收再生制动能量，延长混合动力汽车的行驶里程，改进混合动力汽车的节能性。

（5）在操纵装置和操纵方法上继承或沿用内燃机汽车主要的操纵装置和操纵方法以适应驾驶员的操作习惯，使操作简单化和规范化。在整车控制系统中，采用全自动、机电一体化控制系统，达到安全、可靠、节能、环保和灵活的目的。

油电混合动力汽车一般是内燃机汽车的替代和延伸，继承和沿用了很大一部分内燃机汽车的传动系统，保留了人们已经习惯的内燃机汽车操纵装置，包括发动机控制装置加速踏板、制动踏板、离合器、自动离合器、变速器的操纵装置等。由这些操纵装置发出控制信号，通过以计算机 CPU 为核心的中央控制器和各种控制模块，向内燃机的驱动系统或电动机驱动系统发出单独驱动指令或混合驱动指令，来获得不同的驱动模式，按照驾驶员的意图，实现混合动力汽车的起动、行驶、加速、爬坡、减速和制动时的驱动模式转换的控制。

2）油电混合控制系统的基本组成

油电混合动力汽车控制系统主要包括：

（1）控制系统，由操纵装置、中央控制器和各种控制模块共同组成；

（2）发动机和驱动系统、发动机和发动机驱动系统的控制系统；

（3）电动机和驱动系统、电动机和电动机驱动系统的控制系统；

（4）信号反馈及检测装置，包括各电量检测装置、显示装置和自诊断系统等。

3）油电混合动力汽车的控制策略

混合动力汽车控制策略设计的主要目标是开发近似优化且实际可行的管理策略，确定转矩分配方案和换挡方案，使油耗最低，同时满足下列约束：

（1）满足驾驶员的动力要求；

（2）保持电池的充电状态；

（3）满足一定的驾驶性要求。

有多种混合动力汽车控制策略，比较简单的基于规则的混合动力汽车稳态能量管理策略的主要依据是工程经验，根据部件的稳态效率 MAP 图来确定如何进行发动机和电动机之间的动力分配。将混合动力汽车控制分成了三种模式，即正常行驶模式、充电模式及制动能量回馈模式，同时将发动机的效率 MAP 图划分为纯电动、发动机驱动和电动机功率辅助三个区域，在不同模式下，根据发动机的稳态效率 MAP 图决定发动机和电动机的动力分配方式。

基于规则的能量管理策略主要依靠工程经验和实验，限定发动机的工作区域和工作方式，达到降低燃油消耗和排放的目的，方法比较简单直观，因此更具有使用价值，在实际混合动力汽车的能量管理系统中得到了广泛的应用。

5. 油电混合动力的工作原理

混合动力汽车的动力系统主要由控制系统、驱动系统、辅助动力系统和电池组等部分构成。

以串联混合动力电动汽车为例，介绍一下混合动力电动汽车的工作原理。

在车辆行驶之初，蓄电池处于电量饱满状态，其能量输出可以满足车辆要求，辅助动力系统不需要工作。电池电量低于 60% 时，辅助动力系统起动：当车辆能量需求较大时，辅助动力系统与蓄电池组同时为驱动系统提供能量；当车辆能量需求较小时，辅助动力系统为驱动系统提供能量的同时，还给蓄电池组进行充电。由于蓄电池组的存在，使发动机工作在一个相对稳定的工况，使其排放得到改善。

混合动力汽车采用能够满足汽车巡航需要的较小发动机，依靠电动机或其他辅助装置提供加速与爬坡所需的附加动力，其结果是提高了总体效率，同时并未牺牲性能。

混合动力汽车可回收制动能量。在传统汽车中，当司机踩制动时，这种本可用来给汽车加速的能量作为热量被白白扔掉了。而混合动力汽车却能大部分回收这些能量，并将其暂时储存起来以供加速时再用。

当司机想要有最大的加速度时，汽油发动机和电动机并联工作，提供可与强大的汽油发动机相当的起步性能。在对加速性要求不太高的场合，混合动力汽车可以单靠电动机行驶，或者单靠汽油发动机行驶，或者二者结合以取得最大的效率，比如在公路上巡航时使用汽油发动机，而在低速行驶时可以单靠电动机拖动，不用汽油发动机辅助；即使在发动机关闭时电动转向助力系统仍可保持操纵功能，提供比传统液压系统更大的效率。

油电混合动力实验装置电控系统的电路原理如图 7－6 所示。

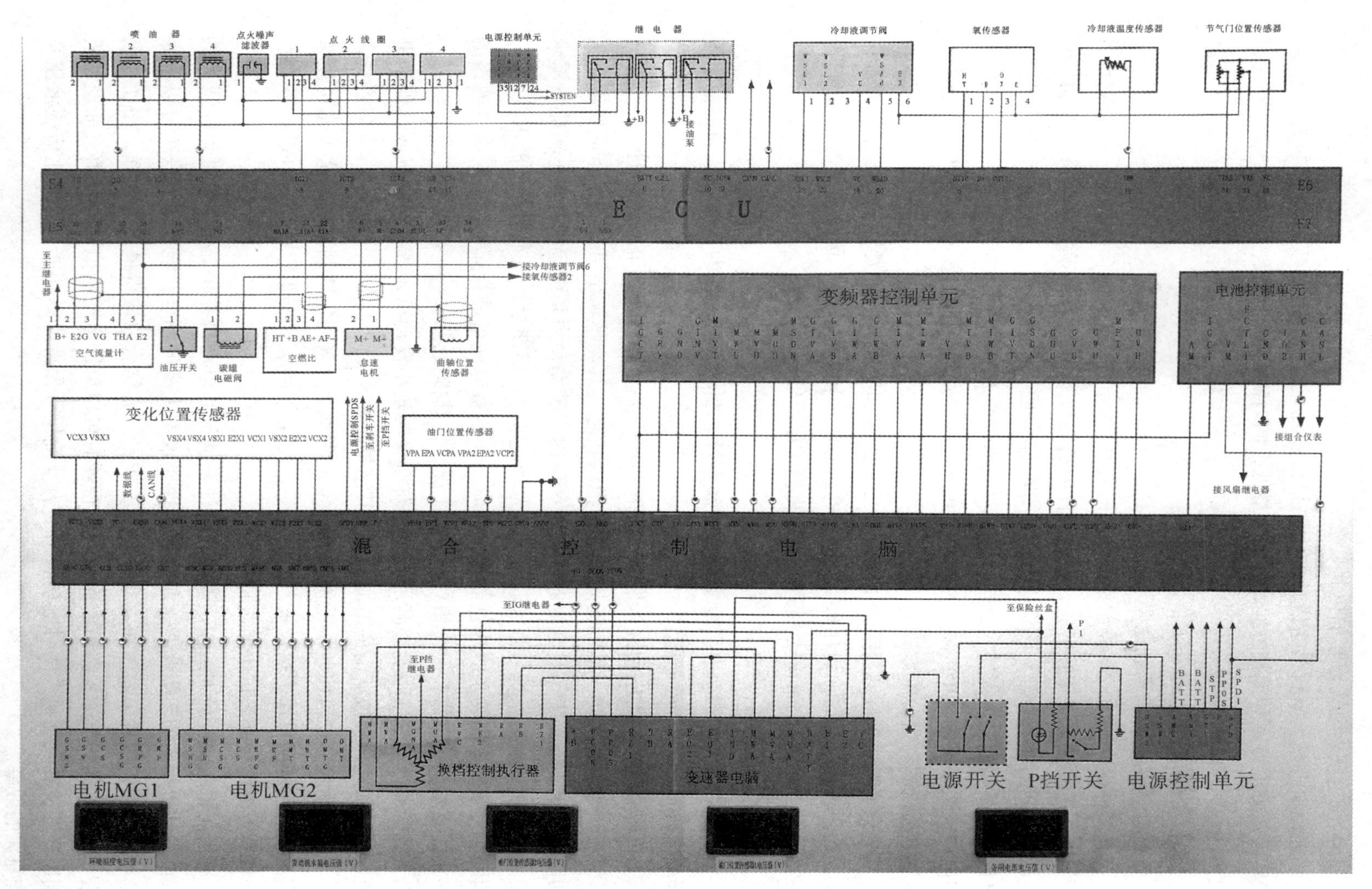

图7-6 油电混合动力实验装置电控系统的电路原理

（三）实验操作方法

1.油电混合动力实验装置的检测功能

本实验装置可使学生了解混合动力发动机的基本构造及工作原理，通过实物认识各传感器、执行器的位置及工作原理，并通过检测设备进行相关实验项目的检测。油电混合动力实验装置电控系统电路原理如图7－6所示。

（1）通过检测端子（13个：2#喷油器20/3，4#喷油器40/5，3#点火线圈IGT3/10，ECU CAN－L端，冷却液温度传感器THW/19，混合控制电脑CAN－H、CAN－L、EP1、EP2、GO、＋B1（系统工作状态中，12 V正极），PPOS，电源控制单元SW2），配合万用表检测各传感器和执行器（如节气门位置传感器、进气温度传感器、水温传感器、爆震传感器、氧传感器等）的电压及电阻值。

（2）设置发动机常见故障，通过故障设置，进行故障分析与排除、检测诊断实训，培养学生故障分析、检测、诊断的思维能力。

（3）车辆起动或低速时有电动力驱动、正常时速下燃油动力起动、加速时油电混合动力起动三种模式。加装电涡流测功机，吸收燃油和电动力系统发出的功率，可使其达到零排量效果，可在制动时使剩余能量回冲HV蓄电池。

（4）显示功能，可通过原厂组合仪表、多功能显示器，看到发动机的转速及其他指示灯的工作情况，可以通过故障显示板来显示故障数。

（5）数字表可直观地看到各个传感器等的电压随着负载不同而变化的情况，实时显示系统的动态、静态信号参数。

（6）电压表实时显示传感器变化，喷油器脉冲有LED灯显示（实时信号）。

（7）油门位置传感器1电压值（V），油门位置传感器2电压值（V），环境温度电压值（V），发动机水温电压值（V），备用电源电压值（V），可显示系统工作状态下的各项参数。

（8）串联并联方式：在起动和低速时只靠电动马达驱动行驶，当速度提高时发动机和电动马达相配合驱动，形成“串并联混合方式”，由发动机和电动马达共同高效地分担动力。

本实验装置配备电脑数据检测端口，可通过连接专用或通用型解码器进行各传感器、执行器及电控单元的信号检测与分析，对发动机电控系统进行ECU编码查询、故障码读取、故障码清除、动态数据流读取、波形分析、波形显示执行元件测试、动静态数据打印等。

油电混合动力装置可做的实验检测项目如下：发动机进气温度传感器实验；发动机水温传感器实验；发动机空气流量计实验；发动机进气压力传感器实验；发动机曲轴位置传感器实验；发动机凸轮轴位置传感器实验；发动机VVT阀实验；发动机节气门位置实验；发动机及电力起动实验；混联式实验；并联式实验；电动机起动实验；发动机起动实验；M_1电机起动实验；M_1电机发电实验；M_1电机充电实验；M_2电机起动实验；M_2电机发电实验；M_2电机充电实验；HV蓄电池放电实验；HV蓄电池充电

实验；变频器顺变实验；变频器逆变实验；电涡流制动机实验。

2. 丰田普锐斯油电混合动力汽车介绍

1）车身外部结构

丰田普锐斯油电混合动力汽车的左前、左后、车辆底部的外部结构如图 7－7 所示。

(a) 左前外形

(b) 左后外形

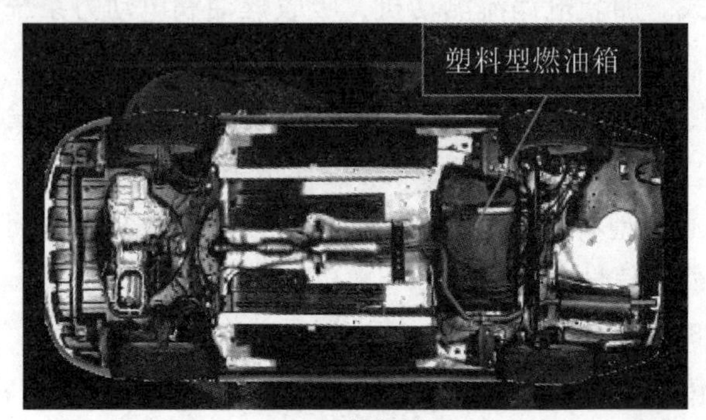

(c) 车底部

图 7－7　丰田普锐斯外观结构

2）引擎室

引擎室机仓布置如图 7－8 所示。

图 7－8　引擎室机仓布置

3）驾驶室内部

驾驶室内部仪表台及内饰如图 7－9 所示。

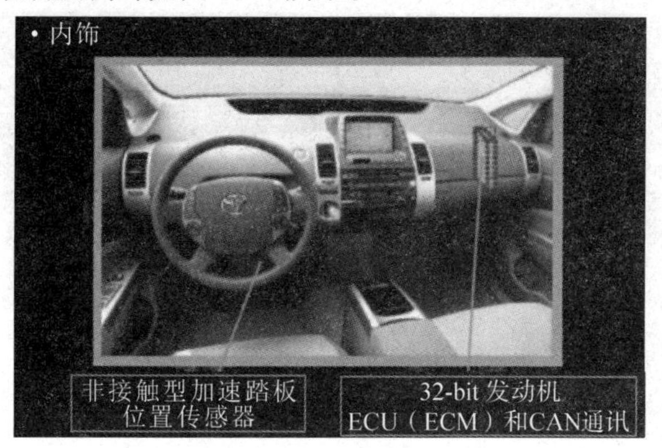

图 7－9　仪表台及内饰

4）混合动力系统布置

混合动力系统布置如图 7－10 所示。

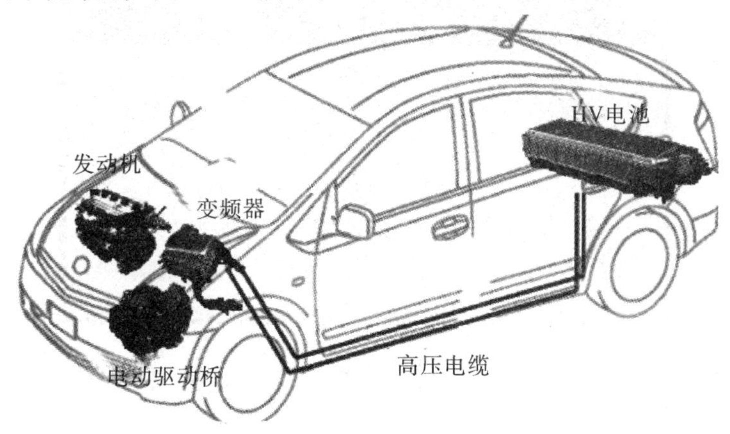

图 7－10　丰田普锐斯混合动力装置布置

5）HV 蓄电池

HV 蓄电池如图 7－11 所示。

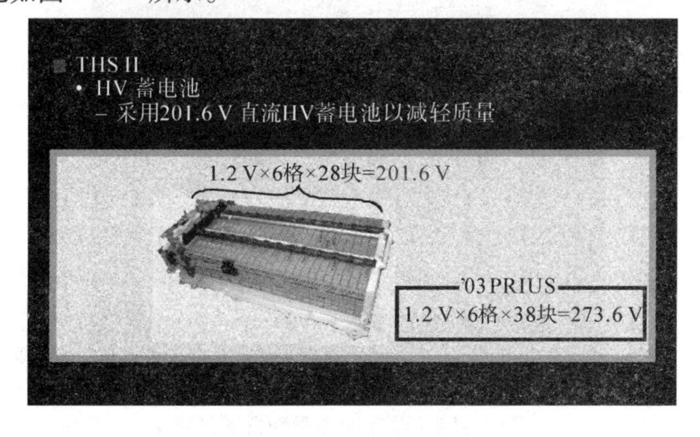

图 7－11　HV 蓄电池

6）变频器及工作过程

变频器及其工作过程如图 7－12、图 7－13 所示。

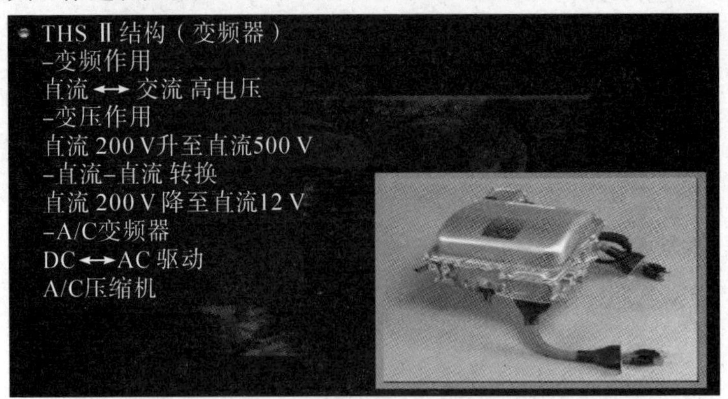

图 7－12　变频器

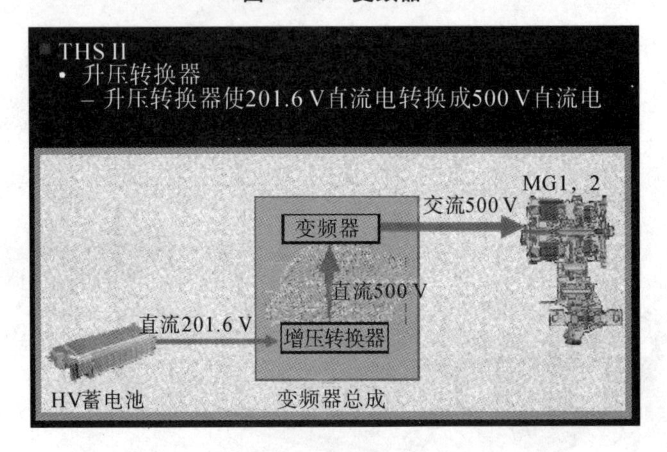

图 7－13　变频工作过程

7）驱动桥

驱动桥如图 7－14 所示。

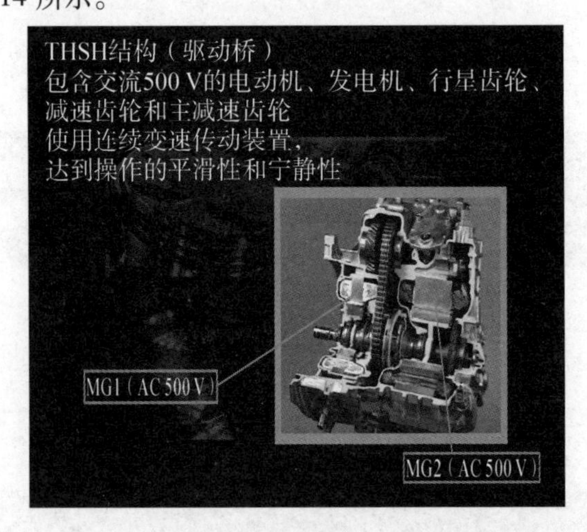

图 7－14　混合动力驱动桥解剖图

8）发动机

发动机性能及结构特点：偏置曲轴、轻量化活塞、智能可变气门正时、智能电子节气门、排放催化系统、冷却系统、燃油系统装置，如图 7－15、图 7－27 所示。

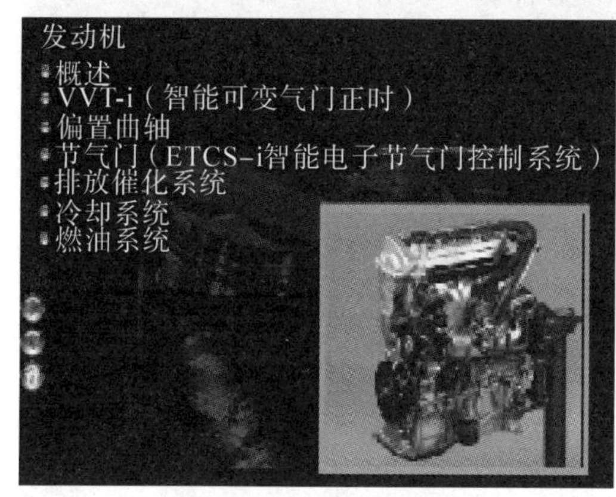

图 7－15　发动机性能特点

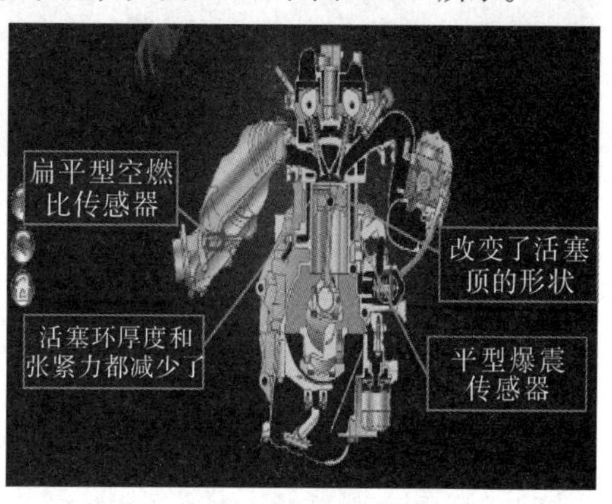

图 7－16　发动机结构特点

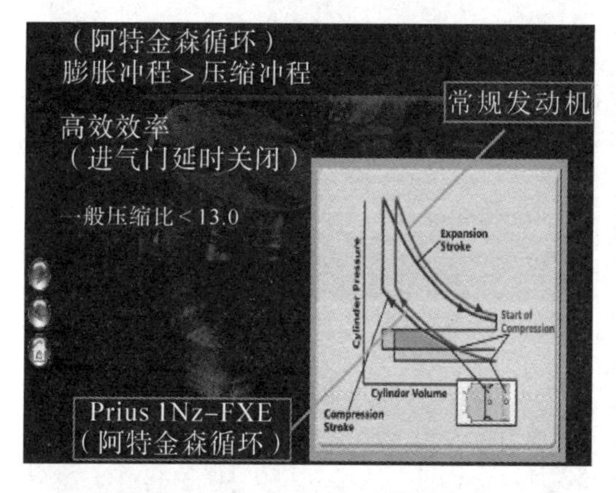

图 7－17　发动机设计特性

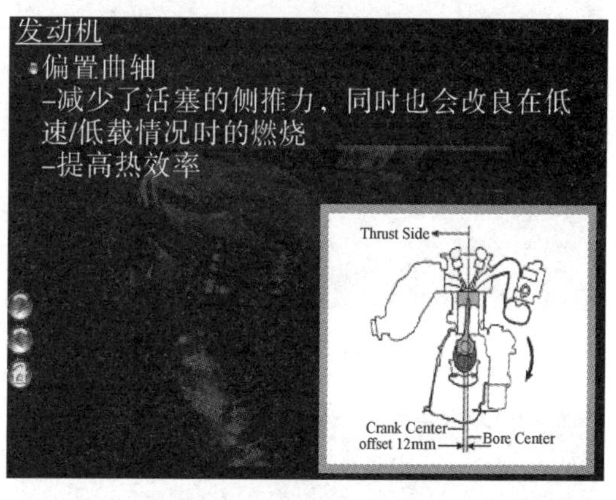

图 7－18　发动机偏置曲轴

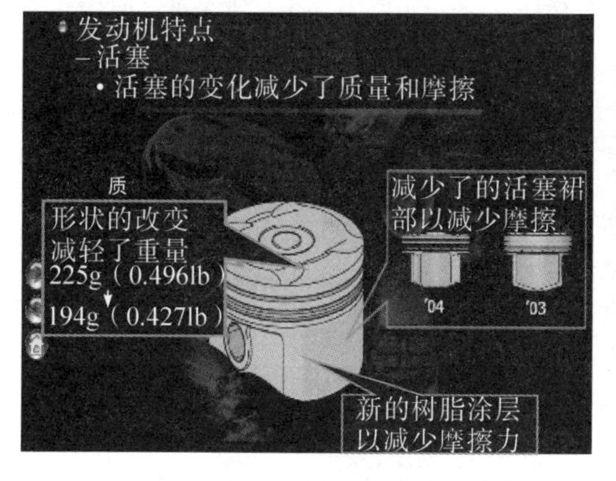

图 7－19　发动机活塞特点

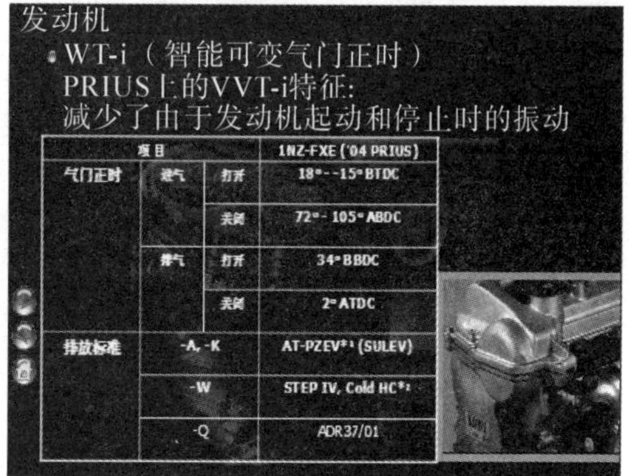

项目			1NZ-FXE ('04 PRIUS)
气门正时	进气	打开	18°--15°BTDC
		关闭	72°-105°ABDC
	排气	打开	34°BBDC
		关闭	2°ATDC
排放标准	-A, -K		AT-PZEV*1 (SULEV)
	-W		STEP IV, Cold HC*2
	-Q		ADR37/01

图 7－20　智能可变气门正时

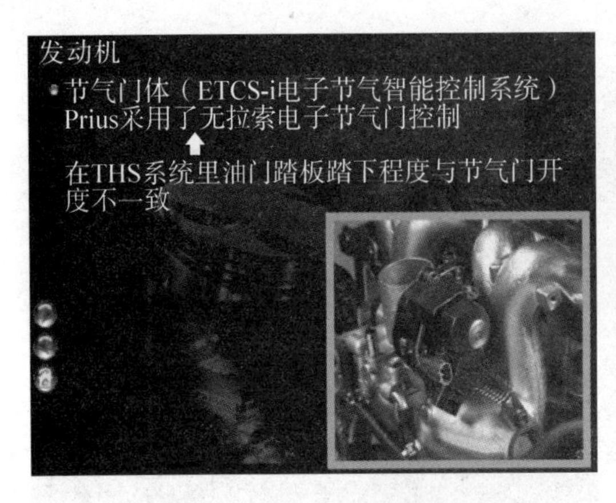

图7－21　智能电子节气门

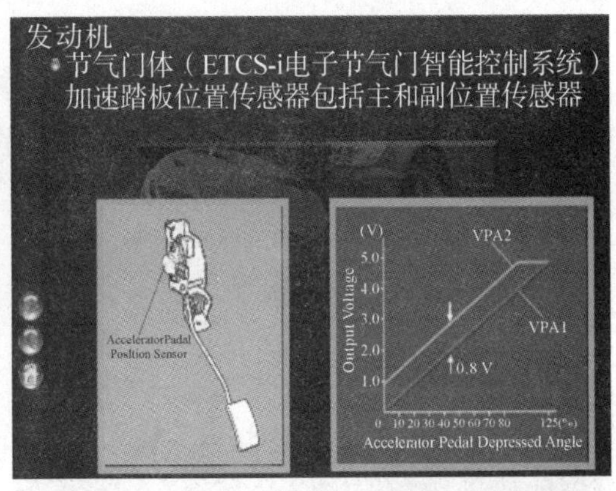

图7－22　电子油门

图7－23　微开节气门

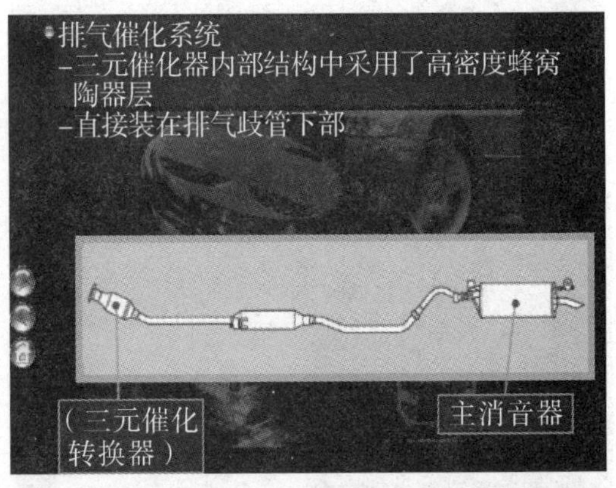

图7－24　排放催化系统

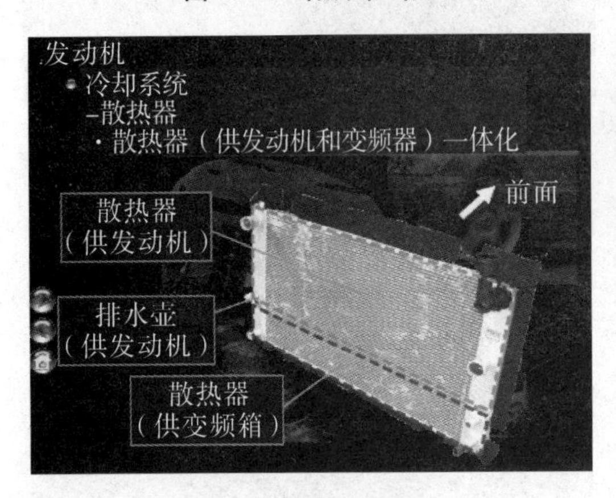

图7－25　组合散热器

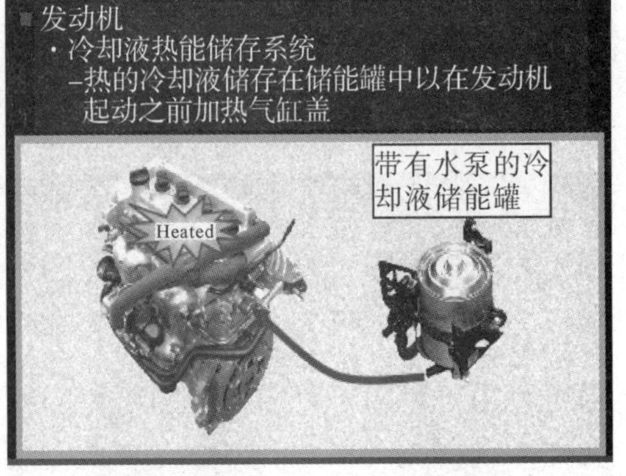

图7－26　冷却液热能储存系统

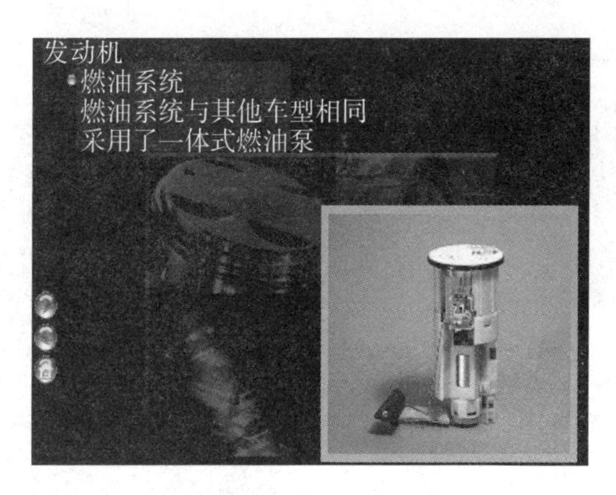

图 7－27 燃油泵

9）车身电气——智能进入及起动系统

智能进入及起动系统如图 7－28、图 7－29 所示。

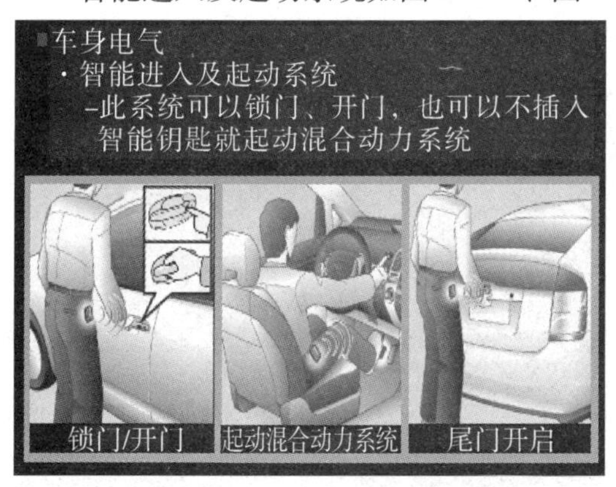

图 7－28 智能进入及起动系统

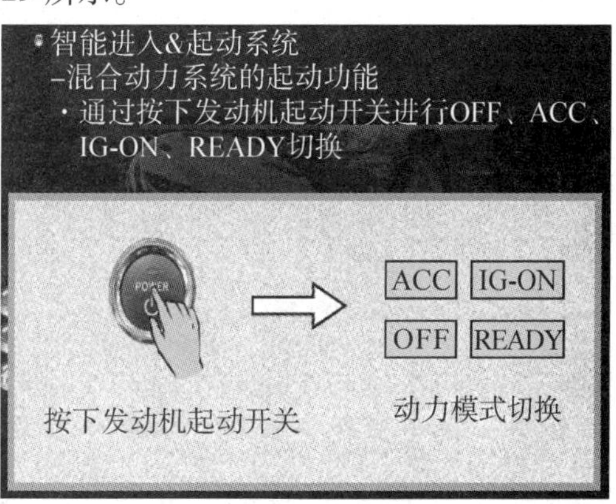

图 7－29 起动系统

10）电子换挡系统

电子换挡系统原理如图 7－30 所示。

11）EPS 电子助力转向

EPS 电子助力转向系统如图 7－31 所示。

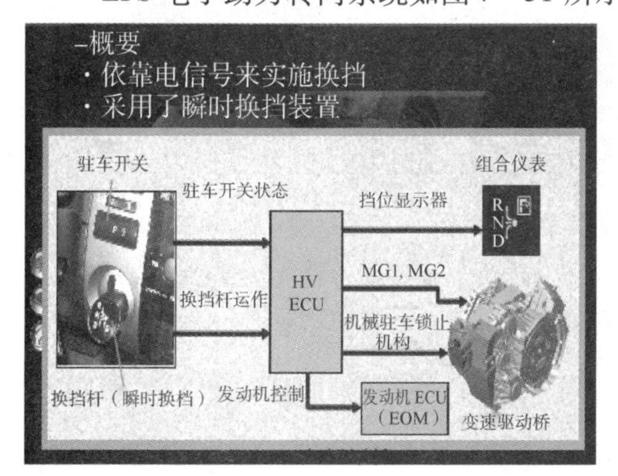

图 7－30 电子换挡系统

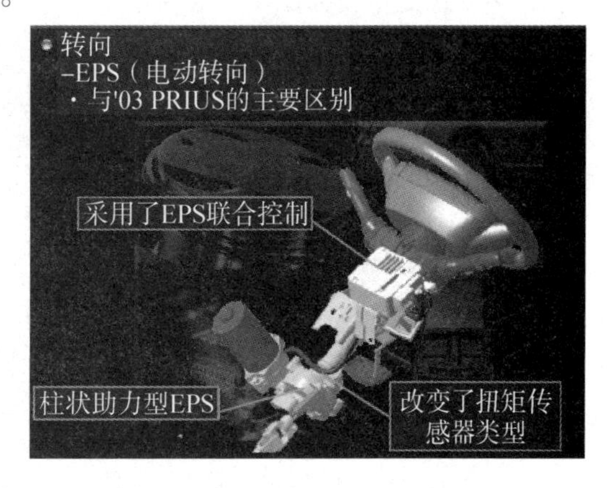

图 7－31 EPS 电子助力转向

12）ECB 电动控制制动

ECB 电动控制制动原理与组成如图 7－32、图 7－33 所示。

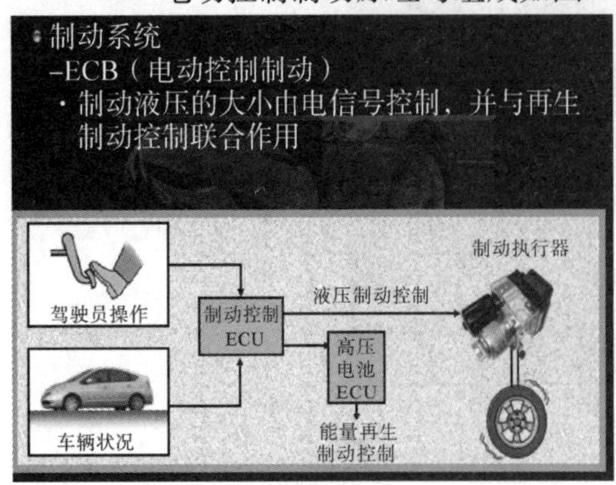

图 7－32　ECB 电动控制制动

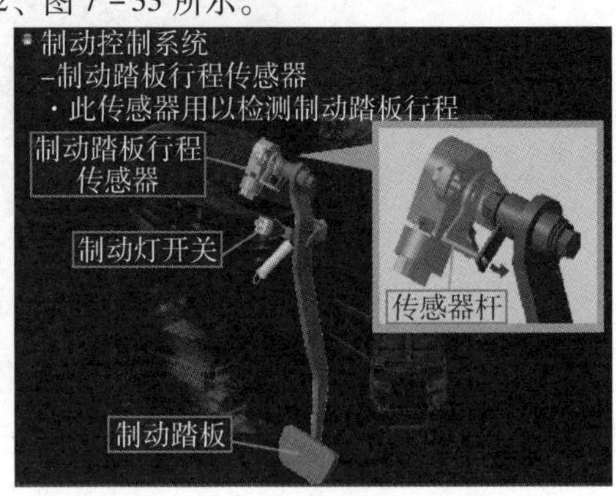

图 7－33　制动踏板行程传感器

13）EPS 控制系统

EPS 控制系统原理如图 7－34 所示。

14）空调系统

空调系统压缩机如图 7－35 所示。

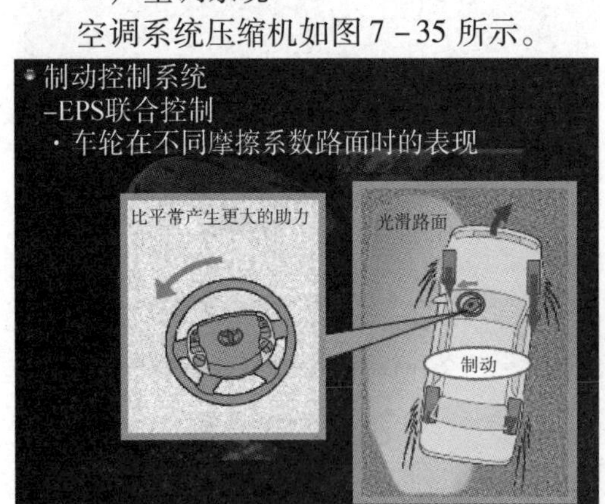

图 7－34　EPS 控制系统

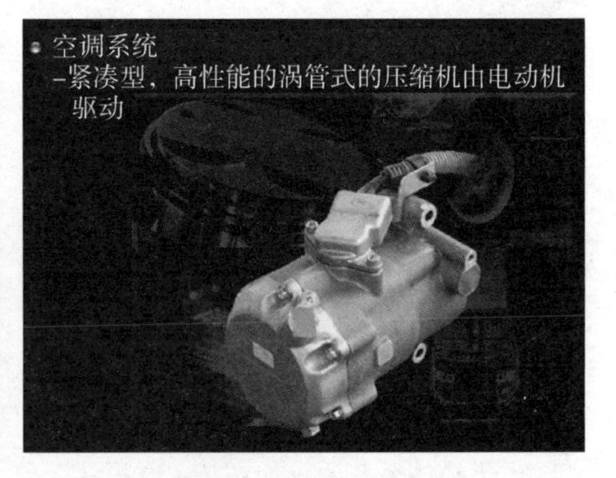

图 7－35　空调系统

15）多模式显示器

多模式显示器如图 7－36 所示。

图 7－36　多模式显示器

五、实验考核

1. 实验考核项目与评分方法

油电混合动力汽车认识实验的考核项目与评分方法见表7－2。

表7－2 油电混合动力汽车认识实验的考核项目与评分方法

序号	考核项目	标准得分	评分标准	考核记录	扣分	得分
1	油电动力混合动力汽车原理	20	混合动力原理理解不清楚酌情扣分			
2	油电混合动力实验装置结构组成认识	10	结构认识有误每项扣5分			
3	油电混合动力实验装置操作	20	操作不当每次扣5分			
4	油电混合动力汽车结构认识	15	结构认识有误每项扣5分			
5	油电混合动力汽车的操作	15	操作不当每次扣5分			
6	实验场地安全用电，防火，无人身、设备事故	20	因操作不当发生重大事故，此次实验成绩按0分计			
7	项目总分	100				

2. 实验报告内容要求

（1）通过查找资料简述油电混合动力汽车的结构、分类、特点。

（2）简述丰田普锐斯（12）EPS控制系统（图7－34）结构与工作原理。

（3）简述油电混合动力汽车动力装置总成主要部件的结构与功能、作用及特点。

（4）简述新款普锐斯油电混合动力汽车的主要性能特性（新技术及装置）。

实验二　油电混合动力汽车运行工况实验

一、实验目的和要求

（1）掌握油电混合动力装置的基本结构组成。

（2）掌握油电混合动力汽车运行工况的工作原理。

（3）掌握油电混合动力教学模拟实验台、油电混合汽车运行工况实验的操作方法。

二、实验工具和设备

（1）NJLG－HHDLM－02 汽车混合动力教学模拟实验台 1 台（图 7－37）。

（2）NJLG－HHDLZ－02 油电混合动力实验装置 1 台（图 7－1）。

（3）2012 年款丰田普锐斯 PSHEV 油电混合动力汽车 1 辆（图 7－2）。

三、实验注意事项

（1）操作人员及实验学生必须遵守实验室安全守则，严格执行设备安全使用操作规程。

（2）实验设备必须按使用说明书的要求进行开机前的准备、预热，按操作说明书的要求进行操作。

（3）实验车辆必须装备齐全、安全可靠，并进行必要的预热。

（4）操作人员在测试过程中应严肃认真，并注意有无异常现象，如异味、异响、异常振动等。

（5）实验过程中一旦发生车辆及检测设备异常，立即停止实验查找原因，防止人身事故与设备事故的发生。

四、实验内容与方法

（一）实验装置介绍

1. NJLG－HHDLM－02 汽车混合动力教学模拟实验台

图 7－37 为汽车混合动力教学模拟实验台。实验台的功能与技术参数如下：

1）实验台的功能

（1）模拟 8 种工况下的能量合成与动力传递路线。

（2）模拟混合动力汽车的负载变化。

(3）模拟混合动力汽车的能量回收。

(4）可视化显示能量合成与动力的流向，演示混合动力的工作原理及工况特性。

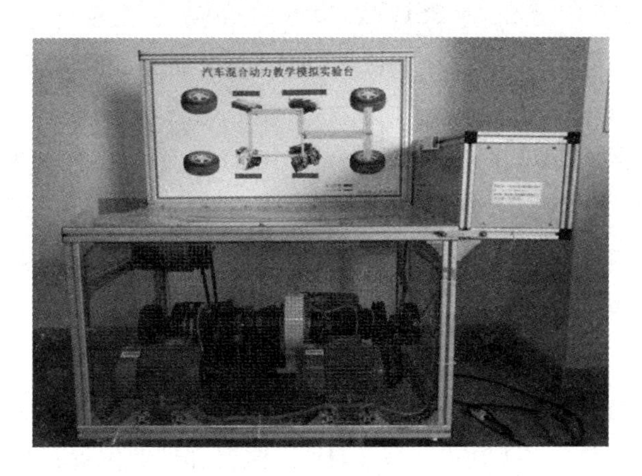

图 7－37 汽车混合动力教学模拟实验台

2）实验台的技术参数

燃油发动机（模拟热动力源——燃油发动机），功率 1.1 kW；MG_2 电动机/发电机（模拟电动力源——电动机/发电机，该电动力源驱动车辆时作为电动机使用，在能量回收时作为发电机将动能或势能转变为电能向蓄电池充电），功率 0.55 kW；电动机 3（模拟制动及下坡能量），功率 0.55 kW；MG_1 发电机（模拟汽车发电机），功率 0.2 kW；磁粉制动器（模拟负载），扭矩 50 N·m；离合器 A、B、C、D（模拟动力合成及分配机构）；电阻 A、B（模拟蓄电池）。设备外形尺寸：1050 mm×800 mm×1600 mm；质量：250 kg；电源电压：AC 220 V。

2. NJLG－HHDLZ－02 油电混合动力实验装置

图 7－1 为油电混合动力实验装置，实验装置的结构组成与技术参数如下：

1）实验装置的结构组成

实验装置由丰田普锐斯型油电混合动力发动机、变速器、电涡流测功机台架及电器控制柜等部分组成，内设智能计算机控制系统，故障设置模块，通过机械、键盘和网络可以设置与排除发动机常见故障等实验教学功能。

实验装置的具体组成零件：发动机总成和发动机控制单元，变速器，M_1、M_2 电机，HV 蓄电池，仪表总成，冷却液温度传感器，进气温度传感器，节气门控制总成，空气质量计，氧传感器，点火开关，整套散热机构，汽油箱和汽油泵总成，蓄电池，五个数字电压表，电涡流测功机，带有完整彩色电路的原理图面板，外接式检测端子，智能故障设置盒总成，可移动台架等。

2）实验装置的技术参数

台架尺寸：1860 mm×1060 mm×1800 mm（长×宽×高）；控制柜尺寸：1200 mm×200 mm×970 mm（长×宽×高）；使用环境：温度－5～40℃，湿度≤80%；发动机类型：丰田普锐斯 1.5 L，77 马力 L4 发动机；混合动力的电动机，最大功率：50 kW/

1200 ~ 1540 rpm，最大扭矩：400 N · m/0 ~ 1200 rpm；动力电池：201.6 V；电机电压：500 V；变速器：M_1、M_2 发电机/电动机；蓄电池：免维护蓄电池。

3. 2012 年款丰田普锐斯 PSHEV 油电混合动力汽车

图 7 – 2 为丰田 PRIUS – 普锐斯 2012 年款 PSHEV 油电混合动力汽车。整车的基本参数如下：

整车基本尺寸：4460 mm × 1745 mm × 1510 mm；1.8 L 直列四缸汽油机功率为 73 kW；驱动电机为 500 V、永磁无刷电机，功率为 60 kW；电动机/发电机为永磁同步交流电动机；201 V 镍 – 氢动力电池重 75 kg（由 250 个单体电池串联，每个 1.2 V）；整车质量 1385 kg；最高车速 180 km/h；油耗 4.3 L/100 km。

（二）混合动力装置的基本结构组成与工作原理

1. 混联式油电混合动力汽车动力总成主要部件的结构

混联式油电混合动力汽车动力总成（THS）主要部件的位置布置如图 7 – 38 所示。

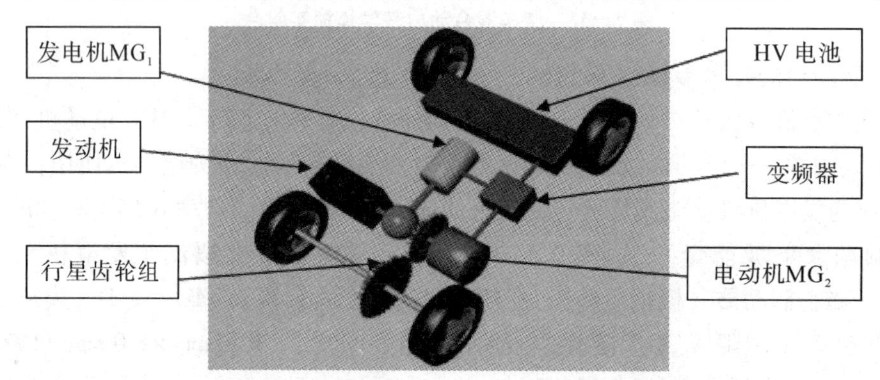

图 7 – 38　丰田普锐斯 THS II 混合动力系统结构图

丰田混联式油电混合动力汽车动力总成（THS）的主要部件如下：

1）发动机

发动机总成如图 7 – 39 所示，为直列/4 缸 16 气门双顶置凸轮轴 1.5 L /1.8 L 汽油发动机，采用 Atkinson 工作循环，其热效率高，膨胀比大。Atkinson 循环的汽油机采用延迟进气门关闭时刻的方法，增大膨胀比。在压缩冲程的起始阶段，部分进入气缸的空气回流到进气歧管，有效地延迟了压缩起始点，故膨胀比增大，而实际的压缩比并没有增大。由于用这种方法能增大节气门开度，在部门负荷时可减小进气管负压，从而减小进气损失。

2）HV 驱动桥

混合动力车辆（HV）变速驱动桥由发电机（MG_1）、电动机（MG_2）和行星齿轮组组成，如图 7 – 40 所示。电动机均为 AC500 V 的永磁铁电动机，需用冷却水冷却散热。

（1）发电机（MG_1）。发电机（MG_1）由发动机带动旋转产生高压电以操作电动机（MG_2）或为 HV 蓄电池充电。同时，它还可以作为电动机起动发动机。

（2）电动机（MG_2）。电动机由发电机（MG_1）或 HV 蓄电池的电能驱动，产生车辆动力。制动期间或制动踏板未被踩下时，它产生电能为 HV 蓄电池再次充电。

（3）行星齿轮组。行星齿轮组以适当的比例分配发动机驱动力来直接驱动车辆和发电机。

3）HV 电池

采用 201.6 V 直流 HV 全封闭的镍－氢（Ni－MH）蓄电池以减轻质量，安装于后备箱内后排座位下，如图 7－41 所示。

4）变频器

变频器如图 7－42 所示。变频器的作用：

（1）变频作用：直流 DC ↔ 交流 AC 高电压。

（2）变压作用：直流 DC200 V 升至直流 DC500 V；直流－直流转换：直流 DC200 V 降至直流 DC12 V。

（3）A/C 变频器：直流 DC→交流 AC，驱动 A/C 压缩机。

图 7－39　发动机

图 7－40　HV 驱动桥

图 7－41　HV 电池

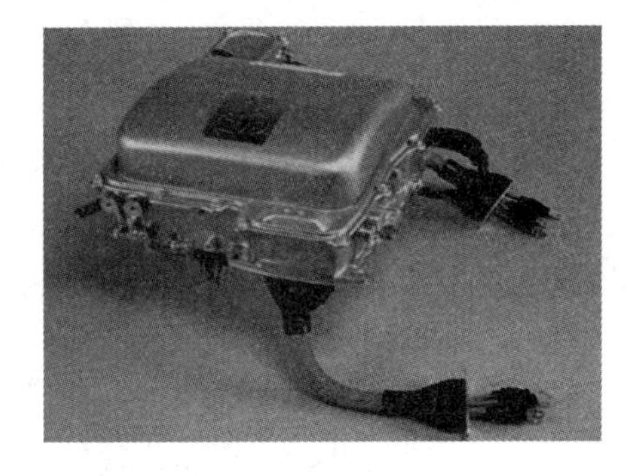

图 7－42　变频器

2. 混联式油电混合动力汽车的基本运行工况

混联式油电混合动力汽车的行驶方式：车辆可由汽油机来驱动，而无需对车辆进行充电；如果车辆电池的电量消耗，发动机会驱动发电机，对电池充电；车辆只有在“READY”灯点亮时，才可行驶；为了改善燃油经济性，当车辆停止时，发动机停机；

车辆起动后发动机的起动由系统自动控制。

油电混合动力汽车的几种典型运行工况：

1）起动发动机

READY 灯打开，车辆处于 P 挡或者倒车时，如果 HV ECU 监视的任何项目满足条件，HV ECU 起动 MG_1（太阳齿轮带动支架运转）从而起动发动机，如图 7－43 所示。

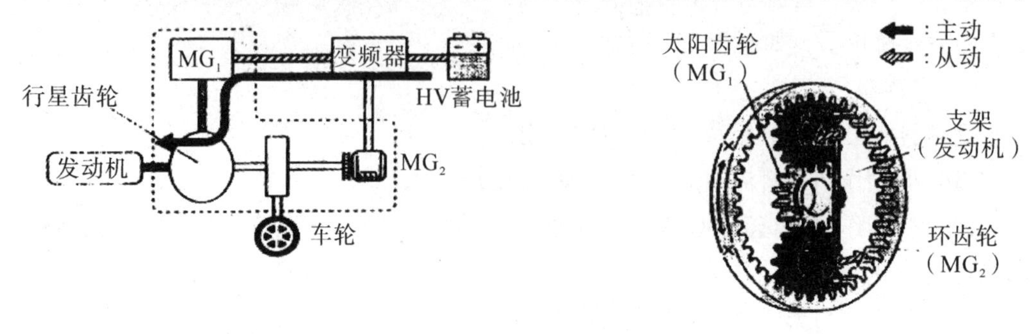

图 7－43　发动机起动状态

2）发动机为动力电池充电

当动力电池容量低于额定值时，发动机自动为 HV 蓄电池充电，如图 7－44 所示。

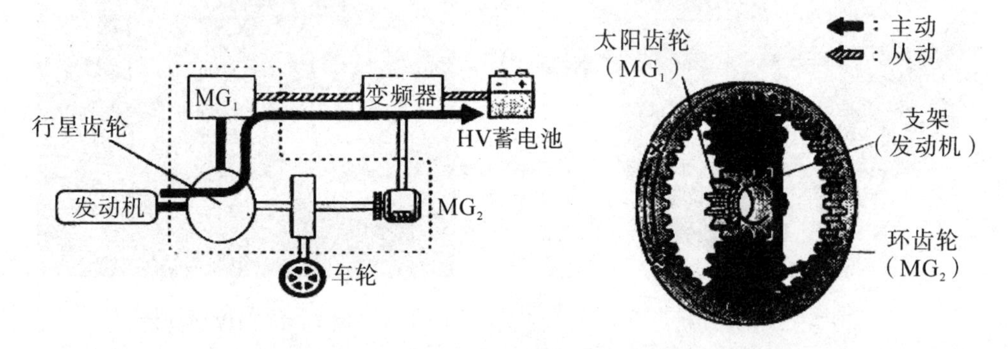

图 7－44　HV 蓄电池充电

3）起步与低速行驶

汽车由静止开始低速行驶时，由驱动电机推动汽车前进（如图 7－45 所示）。车速到达一定值时，“电动机/发电机”处于电动机状态，起动发动机（如图 7－46 所示）；发动机起动后，“电动机/发电机”处于发电机状态，向 HC 蓄电池充电（如图 7－47 所示）。

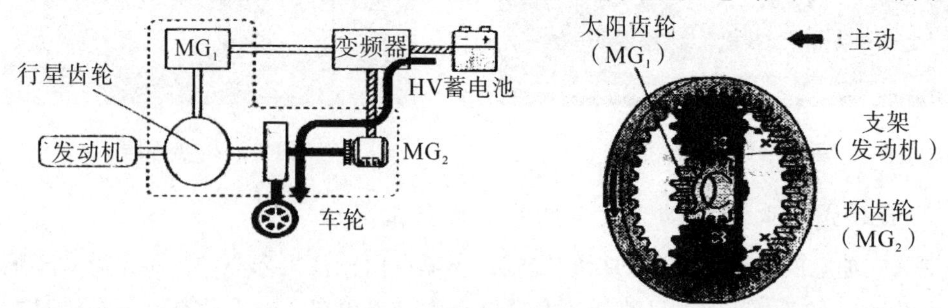

图 7－45　汽车起步工况

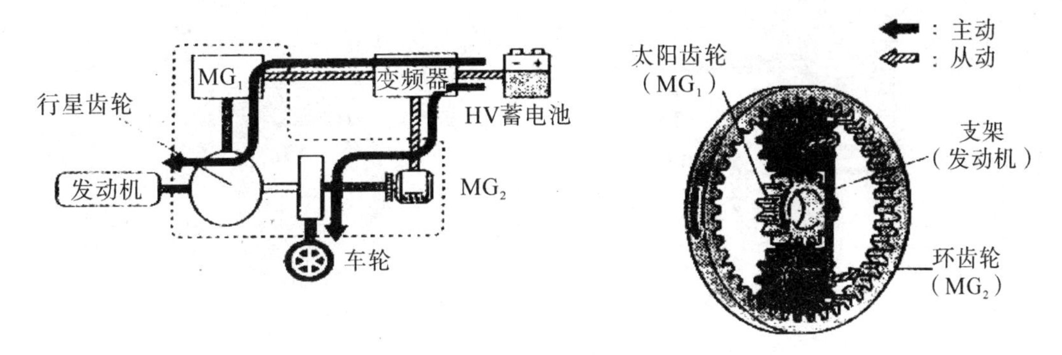

图 7－46 汽车起步后发动机起动

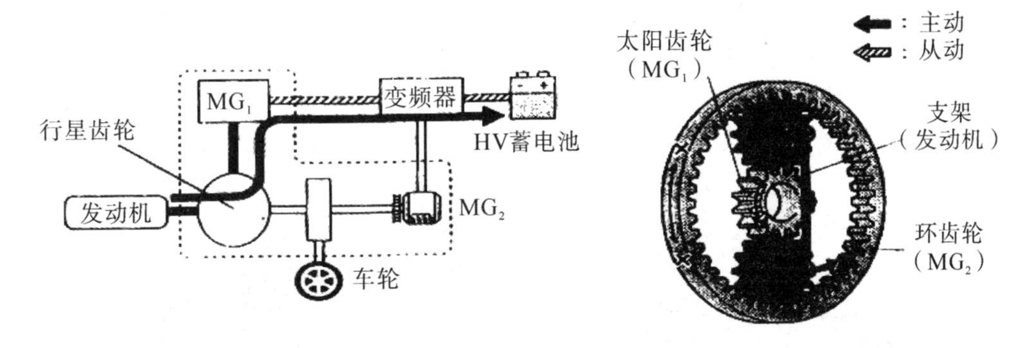

图 7－47 发动机驱动发电机向动力电池充电

4）发动机稍微加速工况（图 7－48）

发动机稍微加速时，发动机的动力由行星齿轮分配，其中一部分动力直接输出，剩余动力用于 MG_1 发电，通过变频器的电动传输，电力输送到 MG_2，作为 MG_2 的输出动力。

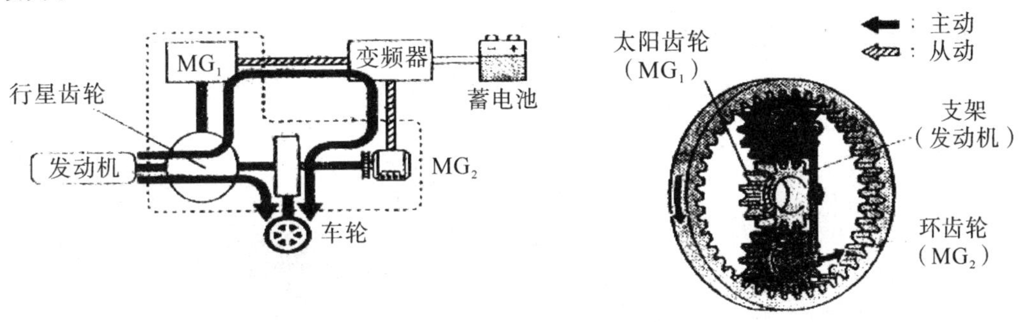

图 7－48 稍微加速工况

5）正常时速行驶（图 7－49）

汽车由发动机驱动，车辆以低载荷正常行驶时，发动机的动力由行星齿轮分配，其中一部分动力直接输出，剩余动力用于 MG_1 发电，通过变频器的电动传输，电力输送到 MG_2，作为 MG_2 的输出动力。

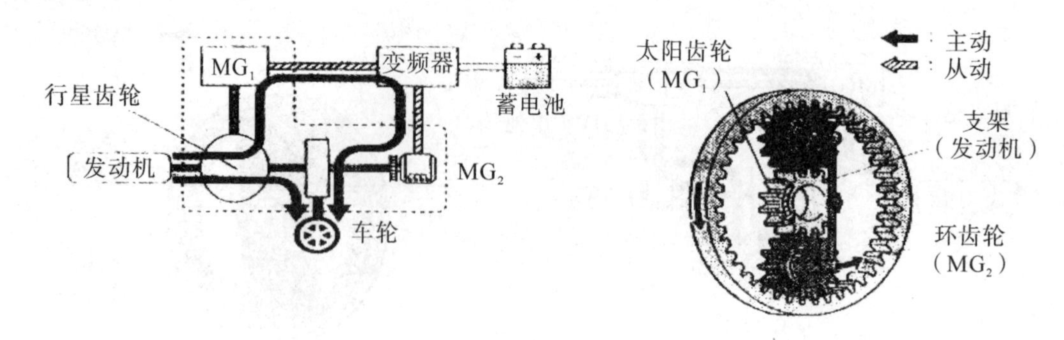

图 7－49　正常行驶工况

6）加速、节气门全开行驶（图 7－50）

发动机节气门全开；发动机－驱动电机混合驱动。发动机动力传递路线：发动机→THS 混合动力系统→车轮；动力电池动力传递路线：HV 蓄电池→变频器→驱动电机→THS 混合动力系统→车轮；发动机－驱动电机的动力在 THS 混合动力系统上混合。

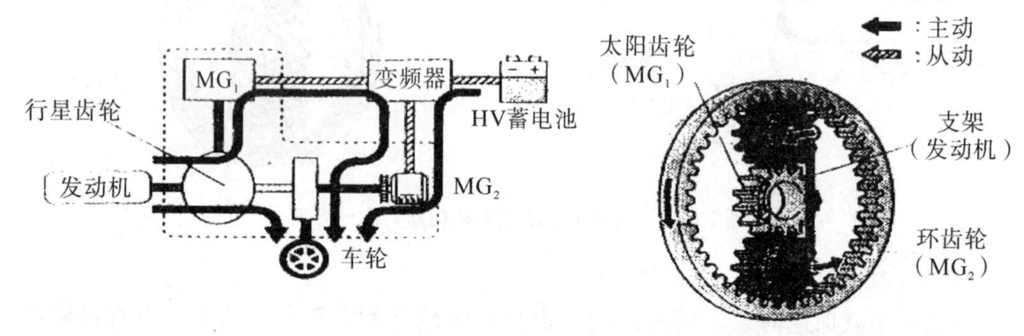

图 7－50　节气门全开加速工况

7）减速行驶

（1）D 挡减速（图 7－51）。

车辆以 D 挡减速行驶时，发动机停止工作，动力为零，这时车轮驱动 MG_2 使 MG_2 作为发电机运行并为 HV 蓄电池充电。

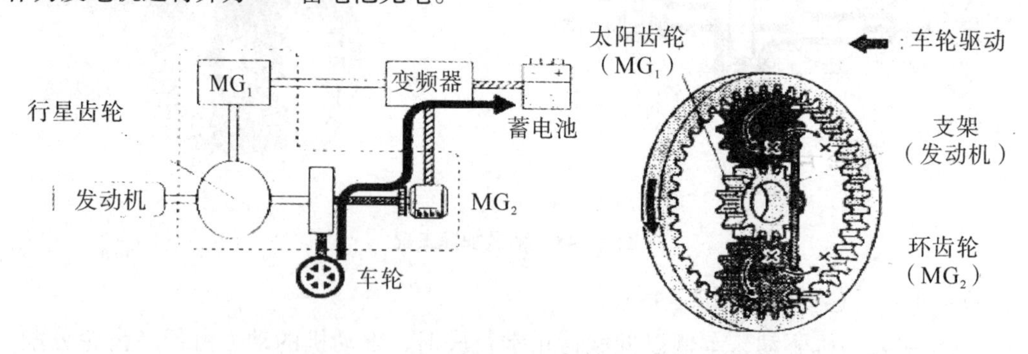

图 7－51　D 挡减速行驶、制动工况

（2）B 挡减速（图 7－52）。

车辆以 B 挡减速行驶时，车轮驱动 MG_2 使 MG_2 作为发电机运行并为蓄电池充电，

为 MG_1 供电，这样，MG_1 保持发动机转速并施加发动机制动，此时，发动机燃油供给被切断。

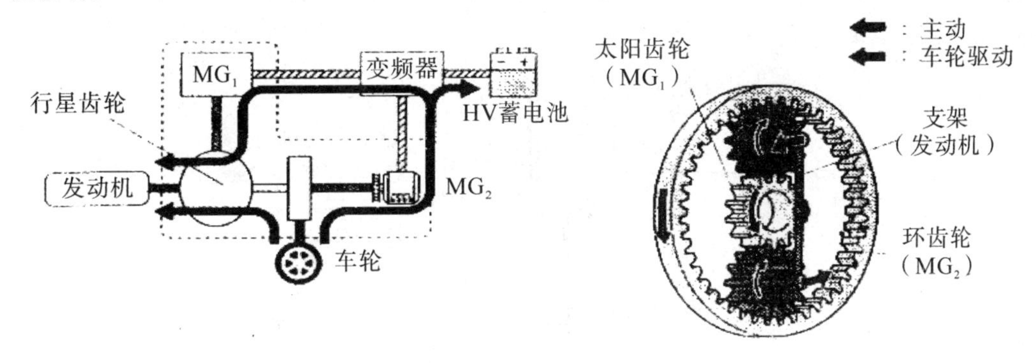

图 7-52　B 挡减速工况

8）制动工况

车辆减速时，如果驾驶员踩下制动踏板，制动防滑控制 ECU 计算所需的再生制动力并将信号发送到 HV ECU。接收到信号后，HV ECU 在符合所需再生制动力的范围内增加再生制动力，这样，可以控制 MG_2 产生充足的电能向动力电池充电，如图 7-51 所示。

9）倒车工况

倒车工况时，车辆由 MG_2 驱动行驶，如图 7-53 所示。

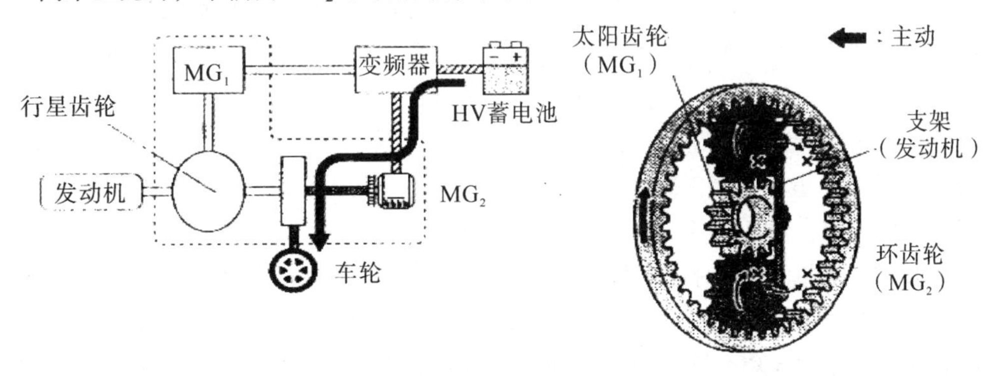

图 7-53　倒车工况

（三）实验方法、步骤

1. NJLG-HHDLM-02 汽车混合动力教学模拟实验台操作

NJLG-HHDLM-02 汽车混合动力教学模拟实验台的结构组成如图 7-54 所示。

实验台操作步骤如下：

（1）运行准备：合上主电源开关。

（2）实验步骤：

①停驶工况：燃油发动机、MG_2 电动机/发电机停止工作，离合器 A、B、C、D 均分离。

②起动工况：合上工况 2 电机运行开关，此时燃油发动机不工作，MG_2 电动机/发电机工作，离合器 A、B、C、D 均分离，磁粉制动器轴未转动。结束时断开电机运行开关。

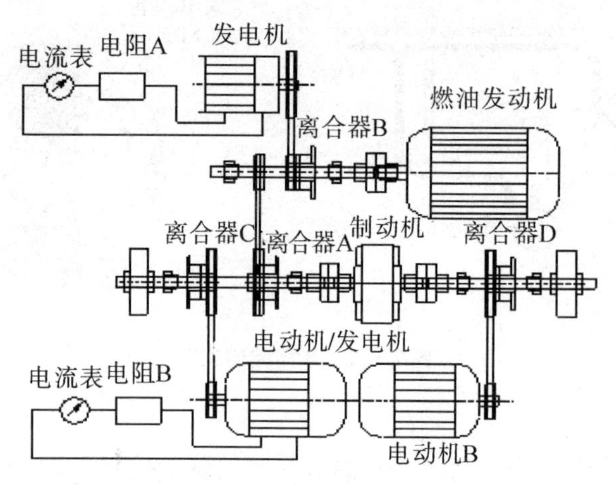

图 7 - 54　汽车混合动力教学模拟实验台结构

③低速行驶工况：先合上工况 3 电机运行开关，再合上工况 3 离合器 C 开关，此时燃油发动机不工作，MG_2 电动机/发电机工作，离合器 C 结合，磁粉制动器轴转动，离合器 A、B、D 分离。结束时依次断开离合器 C 开关和电机运行开关。

④正常时速行驶工况：先合上工况 4 电机运行开关，再合上工况 4 离合器 A 开关，此时燃油发动机工作，MG_2 电动机/发电机不工作，离合器 A 结合，磁粉制动器轴转动，离合器 B、C、D 分离。结束时依次断开离合器 A 开关和电机运行开关。

⑤正常时速行驶/剩余能量充电工况：先合上工况 5 电机运行开关，再合上工况 5 离合器 A 开关，最后合上工况 5 离合器 B 开关，此时燃油发动机工作，MG_2 电动机/发电机不工作，离合器 A 结合，磁粉制动器轴转动，离合器 B 结合，MG_1 发电机工作，离合器 C、D 分离。结束时依次断开离合器 A 开关、离合器 B 开关和电机运行开关。

⑥加速/重载行驶工况：先合上工况 6 电机运行开关，再合上工况 6 离合器 A 开关，最后合上工况 6 离合器 C 开关，此时燃油发动机工作，MG_2 电动机/发电机工作，离合器 A、C 结合，磁粉制动器轴转动，离合器 B、D 分离。结束时依次断开离合器 A 开关、离合器 C 开关和电机运行开关。

⑦减速/下坡能量回收：先合上工况 7 电机运行开关，再合上工况 7 离合器 D 开关，最后合上工况 7 离合器 C 开关，此时燃油发动机不工作，MG_2 电动机/发电机工作，电动机 3 工作，离合器 D、C 结合，磁粉制动器轴转动，离合器 A、B 分离。结束时依次断开离合器 D 开关、离合器 C 开关和电机运行开关。

⑧停驶充电：先合上工况 8 电机运行开关，再合上工况 8 离合器 B 开关，此时燃油发动机工作，MG_2 电动机/发电机不工作，离合器 B 结合，MG_1 发电机工作，离合器 A、C、D 分离。结束时依次断开离合器 B 开关和电机运行开关。

2. NJLG－HHDLZ－02 油电混合动力实验装置及油电混合汽车的工况演示

1）实验装置运行工况操作

（1）运行准备：合上主电源开关（起动开关及电制动力矩器开关），将点火钥匙插入起动插座。

（2）实验步骤、方法：

①右脚踩制动踏板，按下 POWER 开关，READY 灯点亮，仪表屏转速显示“0 km/h”。

②操作换挡开关置前进 D 挡，发动机运转，通过加减油门踏板，进入各种工况运行：低速时电动力驱动、正常时速下燃油动力起动、加速时油电混合动力起动三种模式。加装电涡流测功机，吸收燃油和电动力系统发出的功率，可达到零排量效果。可在制动时使剩余能量回冲 HV 蓄电池。

2）油电混合动力汽车运行工况操作

（1）带点火钥匙进入驾驶室，换挡开关置 P 挡，按起动 POWER 开关，汽车仪表屏显示 READY，转速显示“0 km/h”。

（2）脚踩制动踏板，操作换挡开关置相应挡位 D 挡或 R 挡，车辆将会在电机拖动下向前或向后移动。

（3）低速运行工况模式（车速 < 5 km/h），观察动力电机、发动机运行情况及显示屏工况示意图。

（4）正常速度运行工况模式，观察动力电机、发动机运行情况及显示屏工况示意图。

（5）加速运行工况模式，观察动力电机、发动机运行情况及显示屏工况示意图。

（6）减速运行工况模式，观察动力电机、发动机运行情况及显示屏工况示意图。

（7）制动运行工况模式，观察动力电机、发动机运行情况及显示屏工况示意图。

（8）下坡运行工况模式，观察动力电机、发动机运行情况及显示屏工况示意图。

图 7－55 、图 7－56、图 7－57 分别为正常行驶工况、电机驱动工况、混合动力驱动行驶工况实测图。

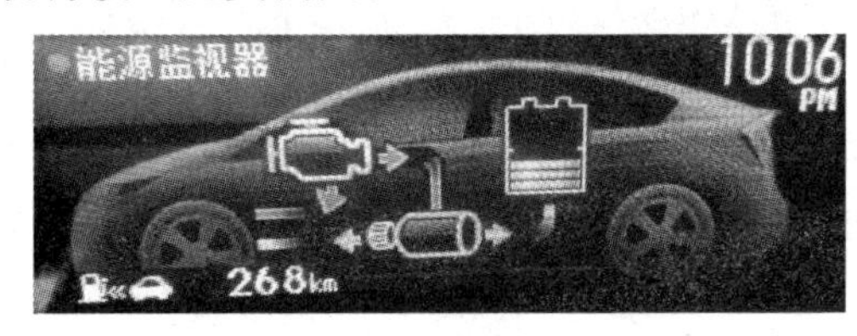

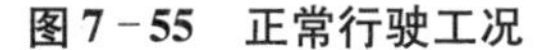
图 7－55　正常行驶工况

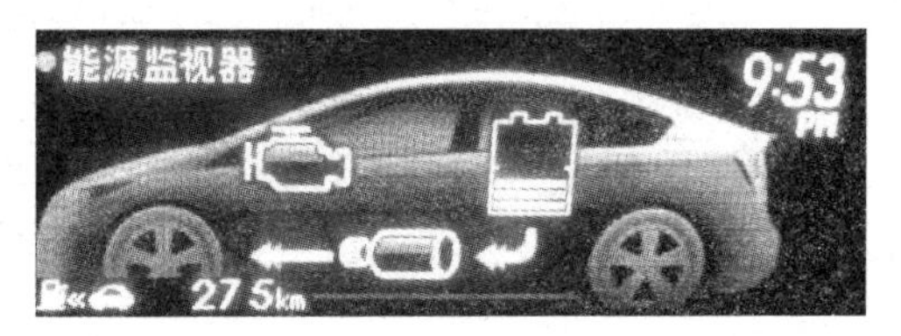

图 7－56　电机驱动工况

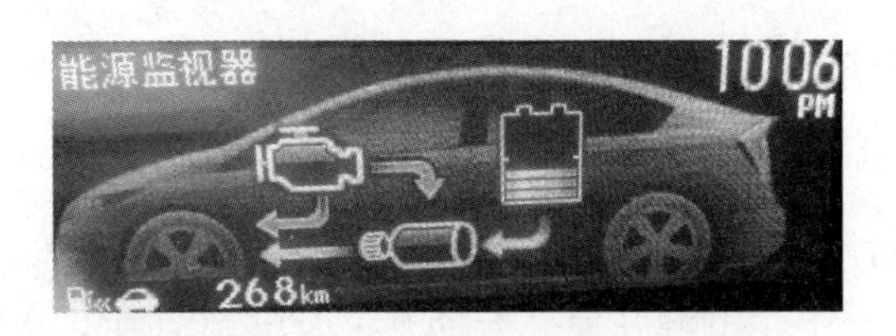

图7－57　混合动力驱动行驶工况

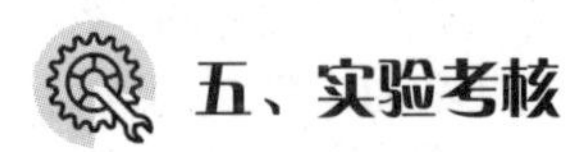

五、实验考核

1. 实验考核项目与评分方法

油电混合动力汽车运行工况实验的考核项目与评分方法见表7－3。

表7－3　油电混合动力汽车运行工况实验的考核项目与评分方法

序号	考核项目	标准得分	评分标准	考核记录	扣分	得分
1	油电混合动力汽车原理	20	混合动力原理理解不清楚酌情扣分			
2	汽车混合动力教学模拟实验台及汽车结构组成认识	10	结构认识有误每项扣5分			
3	起步工况操作与记录	10	操作不当每项扣5分、工况记录有误每项扣5分			
4	正常行驶工况操作与记录	10	操作不当每项扣5分、工况记录有误每项扣5分			
5	制动、减速工况操作与记录	10	操作不当每项扣5分、工况记录有误每项扣5分			
6	下坡行驶工况操作与记录	10	操作不当每项扣5分、工况记录有误每项扣5分			
7	加速行驶工况操作与记录	10	操作不当每项扣5分、工况记录有误每项扣5分			
8	实验场地安全用电，防火，无人身、设备事故	20	因操作不当发生重大事故，此次实验成绩按0分计			
9	项目总分	100				

2. 实验报告内容要求

(1) 通过在汽车混合动力教学模拟实验台进行实验，说明混合动力汽车的主要工况及特点。

(2) 附图详细说明丰田普锐斯油电混合动力汽车动力总成及其主要部件的结构与功能、作用及特点。

(3) 拍照记录油电混合动力汽车燃油动力 - 电动力实验装置实验中的运行工况图，分析不同运行工况的动力传递过程及特点。

实验三　纯电动汽车结构与动力系统参数检测实验

一、实验目的和要求

（1）熟悉纯电动汽车的基本组成结构和工作原理。

（2）掌握纯电动汽车动力系统参数测试系统的组成与测试内容和方法。

（3）进行纯电动汽车动力系统参数测试实验，记录、分析实验数据并总结。

二、实验工具和设备

（1）电动汽车驱动电机－控制器实验台1套。

（2）奇瑞 QQ3－EV 纯电动汽车1台。

（3）计算机测试系统1套。

三、实验注意事项

（1）实验人员必须遵守实验室安全规定、设备使用操作规程。

（2）实验设备必须按要求进行开机前的准备、预热与检查操作。

（3）操作人员在实验过程中应严格按设备说明使用操作，按实验内容步骤流程进行。

（4）实验过程中一旦发现设备异常，应立即停机终止实验，查找原因，防止人身事故与设备事故的发生。

四、实验内容与方法

（一）实验装置介绍

奇瑞 QQ3－EV 纯电动汽车如图7－58所示，是在奇瑞公司 QQ3 原车的基础上更换动力系统的一款小型纯电动轿车，整车搭载了60 V/6 kW 电驱动系统，配备了150 A·h 高性能胶体硅元免维护动力蓄电池，其最大行驶速度为80 km/h，充电时间在8～10 h，续航里程在120 km 左右整车参数如表7－4所示。

图7－58　奇瑞 QQ3－EV 纯电动汽车

表 7－4　QQ3－EV 纯电动汽车整车参数表

整车参数	
经济车速/km/h	50
最大爬坡度/%	15～20
续驶里程（匀速 30 km/h）/km	120
百千米耗电量（匀速 30 km/h）/kWh	10
变速形式	自动挡（无级电子变速）
动力电池	
类型型号	胶体硅元电池
额定容量/A·h	150
标称电压/V	60
驱动电机	
型号	永磁同步电机
工作电压/V	60
额定功率/kW	6
峰值功率/kW	12
最大扭矩/N·m	72
车载充电器	
输入电压（交流）/V	220
输出功率/kW	1.5
充电时间/h	8～10
制动、悬架、驱动方式	
制动系统（前/后）	盘式/鼓式/电子真空助力式对角线双回路制动系统
悬架系统（前/后）	前悬架：麦弗逊式独立悬架，圆柱螺旋弹簧，双向作用筒式减振器； 后悬架：纵向拖曳臂式非独立悬架，圆柱螺旋弹簧，双向作用筒式减振器
驱动方式	前驱

（二）纯电动汽车结构与原理

1. 纯电动汽车

纯电动汽车（Battery Electric Vehicle，BEV）是指以车载电源为动力，用电机驱动车轮行驶，符合道路交通、安全法规各项要求的车辆。纯电动汽车的基本结构由电机驱动子系统、主能源子系统和辅助控制子系统构成，如图 7－59 所示。电机驱动子系统由控制系统、驱动电机、传动装置和车轮等构成；主能源子系统由主电源（可充电电池包括铅酸电池、镍镉电池、镍氢电池、锂电池等）和能量管理系统组成，能量管理系统的作用是实现能源监控、能量再生、协调控制等功能的关键部件；辅助控制子系统为电动汽车供应所需辅助控制电源电量、车辆的动力转向、电池充电等功能。纯电动汽车在结构布置方面多种多样，比较灵活，以电机布置位置来分主要分为两种形式：电动机中央驱动和电动机轮驱动。

图 7－59　纯电动汽车组成结构图

（三）奇瑞 QQ3－EV 纯电动汽车

1. 电池

图 7－60　胶体硅元电池组

奇瑞 QQ3－EV 纯电动汽车的动力电池采用 5 组 12 V 胶体硅元免维护动力电池并联安装于车内，如图 7－60 所示。该电池与普通的蓄电池不同，主要是在电解液中注入二氧化硅，让硫酸成为胶体，这样电解质浓度低，对极板的腐蚀作用相对减弱；也因浓度均匀，电解液不会出现分层现象，与其他铅酸蓄电池相比，这种电池行驶里程大大增加。因为采用凝胶状电解质，内部无游离液体存在，体积相等的情况下电解质容量大，热容量大，但热消散能力较强，能避免产生热失控现象，因此该电池具备绿色环保、质量轻、安全性高、稳定性高等特点。

这 5 组 60 V/150 A 胶体硅元电池是为电动车提供动力来源的电源，在门控等小电流用途中，奇瑞 QQ3－EV 使用一块 12 V/45 A 的普通铅酸蓄电池。

2. 驱动电机

奇瑞 QQ3－EV 纯电动汽车的驱动电机安装于前舱位置，为三相永磁同步电机，如图 7－61 所示。这种电机具有结构简单、体积小、质量轻、效率高等特点，又因为其本身电流和定子电阻损耗小、转子参数可测、定转子气隙大、控制性能好而成为纯电动汽车电驱动系统的首选。在控制器的控制下，电机可以在很宽的转速范围内工作，以满足纯电动汽车的运行条件。三相永磁同步电机为转子磁钢内嵌式结构，电机内置一个旋转变压器，用于检测转子的转速和位置，以实现对电机的矢量控制。

3. 直流变换器

DC/DC 变换器即为直流变换器，安装于前舱位置，如图 7－62 所示，其主要功能是在行车过程中控制动力电池给低压 12 V 蓄电池充电和保证正常行车时低压用电设备能正常工作。

图 7-61 永磁同步电机

图 7-62 DC/DC 变换器

4. 电机控制器

电机控制器由上海电驱动公司为奇瑞纯电动轿车研发，为风冷式结构，母线输入，三相线输出，可实现电机的控制算法，还具备运行控制、参数设置和工作状态监视等功能，如图 7-63 所示。驱动电机控制器可通过操作键盘、控制端子和通信程序设定控制命令、运行频率，修改相关功能码参数，监控控制器工作状态及故障信息。其主要功能有：控制电动模式下的电机工作电流、运行转速；驱动控制直流母线电压为 60 V 的永磁同步电机的运行；电机输出转矩的分配比例管理；具备 CAN 通信接口。

图 7-63 电机控制器

5. 动力系统参数检测系统

为完成奇瑞 QQ3-EV 动力系统参数检测实验，有针对性地安装了外置式计算机测试设备以检测奇瑞 QQ3-EV 纯电动汽车主要性能的关键参数，包括电机转速、电机电压、电流、电池状态参数等，从而计算出电机扭矩、功率等。计算机测试系统由传感器、数据采集卡、计算机与测控软件组成。

1）直流电压隔离变送器

直流电压隔离变送器的原理与电磁隔离相似，是一种电压隔离式传感器，传感器输出直流信号 0 到 10 V，输出信号与输入信号间有完全的线性关系。直流电压隔离变送器主要用于直流系统的数据采集，完成电压信号的实时检测，如图 7-64 所示。

2）电感式接近开关

电感式接近开关由振荡器、开关电路及放大输出电路三部分组成，如图 7-65 所示。振荡器产生一个交变磁场，当金属目标接近这一磁场并达到感应距离时，在金属目标内产生涡流，从而导致振荡衰减，以至停振。振荡器振荡及停振的变化被后级放大电路处理并转换成开关信号，触发驱动控制器件，从而达到非接触式的检测目的。电感式接近开关通过进行脉冲计数，可进行速度检测，也可供二次开发时对加速度、里程进行测量。

图7-64　直流电压隔离变送器

图7-65　电感式接近开关

3）霍尔式电流传感器

霍尔式电流传感器基于磁平衡式霍尔原理，即闭环原理。当电流产生的磁通通过磁芯集中在磁路中，霍尔元件固定在气隙中检测磁通，通过绕在磁芯上的多匝线圈输出反向的补偿电流，用于抵消电流产生的磁通，使得磁路中磁通始终保持为零。经过特殊电路的处理，传感器输出端能够输出精确反映电流变化的信号，如图7-66所示。

图7-66　霍尔式电流传感器

4）数据采集卡

数据采集卡如图7-67所示，即实现数据采集（DAQ）功能的计算机扩展卡，可以通过USB总线接入计算机。数据采集卡采用NI公司的USB-6008，具体参数如下：1个32位计数器，8路模拟输入、12路模拟输出，10 KS/s采样速率、12位精度，12路数字I/O，支持USB 2.0，无需外部电源。

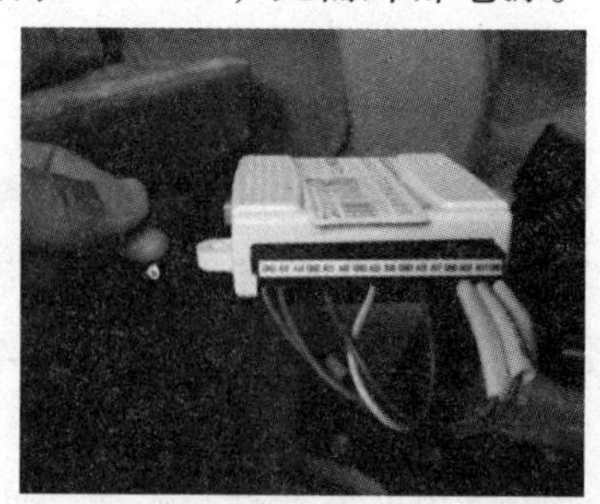

图7-67　数据采集卡与计算机工作台

5）测控软件

测控软件安装于便携式笔记本电脑，它放置在车内工作台与数据采集卡相连，用于显示与记录数据，可显示电动车系统的不同工况（起动、怠速、匀速、加速、减速、停车及爬坡等），并实时、自适应、智能调节负载大小。同时，负载变化可采用自动调节或手动调节进行切换。

测控软件界面如图 7－68 所示，软件左侧上端的是三相 SPWM 驱动等效正弦波，主要测试驱动电机调速信号，它是通过等效正弦波的形式显示出来；中间是驱动电机参数的实时显示；下端是车速、功率、转矩的变化曲线，其中瞬时功率 P = 母线电流 $I\times$ 母线电压 U，实时转矩 $T=9550\times$ 瞬时功率 P/瞬时转速 n；软件右侧是模拟转速表、电池剩余电量监控显示和计算机控制按钮（可以模拟油门控制起动和算法控制起动）。

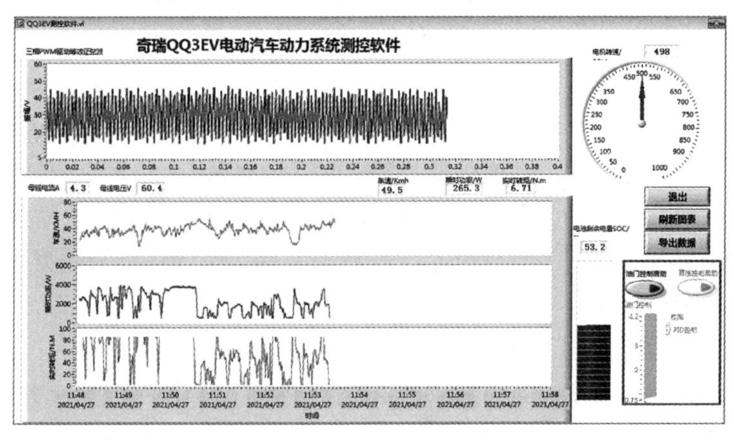

图 7－68　测控软件界面

（四）实验方法、步骤

对奇瑞 QQ3－EV 实车的动力性能测试，可进行空载测试和道路测试。空载测试和道路测试能模拟车辆在各种工况下的行驶运行状态，反映车辆驱动电机、电池系统、车速等实时数据的变化规律。

1. 空载电机调速测试

空载测试是测试车辆在无负载情况下即驱动轮空转运行时的工况数据，实验在实验室内部进行，无需车辆道路测试，这样可以保证车辆在无外界干扰的情况下，通过测控软件与整车相连，通过软件中的油门控制起动来调节驱动电机的转速，从而实际测量被测车辆的调速特性。

测试的方法步骤：

（1）用千斤顶将测试车辆前轮悬空，同时稳固车身；

（2）检查各传感器状况，确保其处于工作状态，然后将计算机与数据采集卡通过数据线连接，打开测控软件；

（3）将油门控制线与数据采集卡总线连接，起动点火钥匙打到“ON”，等待车辆自检完成；

（4）将电动车挡位挂到“D”挡位，操控测控软件上的“油门控制”按钮，缓慢调节其大小，然后观察曲线图及数据变化；

（5）实验完成后，点击右侧“导出数据”，然后将软件界面曲线图截屏。

实验数据分析：通过控制软件“油门控制”按钮，调节油门大小得到多个不同空载转速下的数据。将软件界面SPWM驱动等效正弦波，转速波形曲线图截屏记录，导出全部数据。从SPWM驱动等效正弦波图可以看出，在空载状态下，实验记录的波形稳定，干扰很小。由于直流电机调速采用的是闭环控制，通过变换周期性SPWM的疏密、幅值来进行速度大小的控制：幅值较小，正弦波比较稀疏，说明转速较小；幅值较大，正弦波紧密，说明转速较大。在恒定转速条件下，车速与电动机转速变化成正比，且与正弦波信号变化相似；电机调速时，车速随之变化，跟随性较好且变化范围较稳定。

2. 道路测试

道路测试主要是为了测试实验车在不同运行工况（起动、怠速、匀速、加速、减速、停车及爬坡等）下的动力性能参数。测试的方法步骤：

（1）选择一条多工况的公路，暂定为环校园公路；

（2）检查各传感器状况，确保处于工作状态，然后将计算机与数据采集卡通过数据线连接，打开测控软件；

（3）起动点火钥匙打到“ON”，等待车辆自检完成；

（4）将电动车挡位挂到“D”挡位，操控油门踏板，使汽车在测试道路上运行。

（5）使实验车在不同运行工况（起动、怠速、匀速、加速、减速、停车及爬坡等）下运行，观察动力性能参数曲线图及数据变化，记录不同状态下的数据。

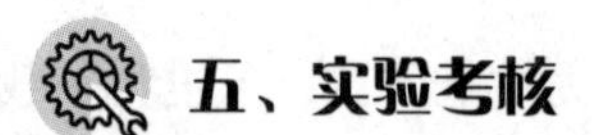

五、实验考核

1. 实验考核项目与评分方法

纯电动汽车结构与动力系统参数检测实验的考核项目与评分方法见表7-5。

表7-5 纯电动汽车结构与动力系统参数检测实验的考核项目与评分方法

序号	考核项目	标准得分	评分标准	记录	扣分	得分
1	纯电动汽车结构原理	10	结构原理理解不清楚酌情扣分			
2	奇瑞QQ3-EV纯电动汽车结构组成认识	10	结构组成认识有误每项扣5分			
3	计算机测控系统组成部件及工作原理	10	计算机测控系统组成部件认识有误每项扣5分，工作原理理解不清楚酌情扣分			

（续表）

序号	考核项目	标准得分	评分标准	记录	扣分	得分
4	计算机测控系统开机准备	10	操作不当酌情扣分			
5	空载 PWM 电机调速项目测试操作与记录	20	操作不当每项扣 5 分、数据记录有误每项扣 5 分			
6	道路测试项目操作与记录	20	操作不当每项扣 5 分、数据记录有误每项扣 5 分			
7	实验安全操作	20	安全操作规范性酌情扣分，因操作不当发生重大事故，此次实验成绩按 0 分计			
8	项目总分	100				

2. 实验报告内容要求

（1）观察实物，附图说明纯电动汽车的基本结构组成和工作原理。

（2）说明纯电动汽车动力系统参数测试系统的组成与测试内容和方法。

（3）通过实验测试记录实验数据，结合图表数据进一步思考、分析测试数据并加以总结。

（4）写出实验心得与体会。

实验四　增程式电动汽车结构与系统参数检测匹配实验

一、实验目的和要求

（1）熟悉增程式电动汽车的组成部件和原理。

（2）掌握增程式电动汽车驱动实验台的操作方法。

（3）熟悉增程器控制器上位机测控软件，检测匹配增程器的最佳工作参数。

二、实验工具和设备

（1）增程式电动汽车驱动实验台 1 台。

（2）计算机测试系统 1 套。

三、实验注意事项

（1）实验人员必须遵守实验室安全规定、设备使用操作规程。

（2）实验设备必须按要求进行开机前的准备、预热与检查操作。

（3）操作人员在实验过程中应严格按设备说明使用操作，按实验内容步骤流程进行。

（4）发动机排气管在运行后温度很高，注意不要让身体的任何部位直接接触发烫的排气管。

（5）实验过程中一旦发现设备异常，应立即停机终止实验，查找原因，防止人身事故与设备事故的发生。

四、实验内容与方法

（一）实验装置介绍

增程式电动汽车驱动实验台是按增程式电动汽车原理搭建的增程式电动汽车动力系统实验台架，可用于测试增程式电动汽车的特性参数并分析其变化规律。

实验台可分为硬件部分和控制部分。硬件部分又分为增程器、辅助设备和仿真设备。仿真设备主要包含永磁直流电机、转矩转速传感器、磁粉制动器（负载）等。辅助设备包含电池和水泵。控制部分就是控制柜和计算机及测控软件。如图 7－69 所示为实验台硬件部分。

仿真设备中电机代表电动汽车的驱动电机，由电池组直接供电；磁粉制动器代表负载，通过改变磁粉制动器的电流以改变负载大小，用以模拟爬坡、重载等工况，电机带动磁粉制动器转动；转矩转速传感器实时监控电机的转速、转矩数据，将信息发送给位于控制箱内的上位机。增程器的电力输出线直接与电池组相连，通过测量各组数据的实时变化做出启停判断。

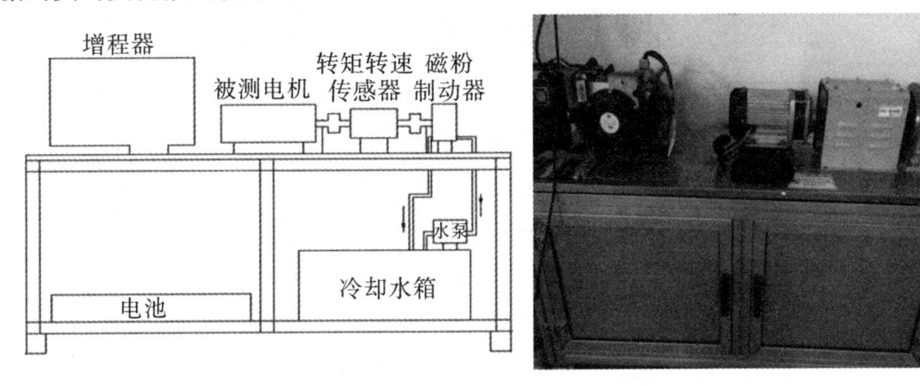

图 7-69 增程式电动汽车驱动实验台硬件

（二）增程式电动汽车的结构与原理

1. 增程式电动汽车的结构与原理

如图 7-70 所示，增程式电动汽车与传统的混合动力汽车不同的是，发动机输出的动力不直接参与驱动车轮，而是全部用来发电并向电池充电，从而达到增加可行驶里程的作用。

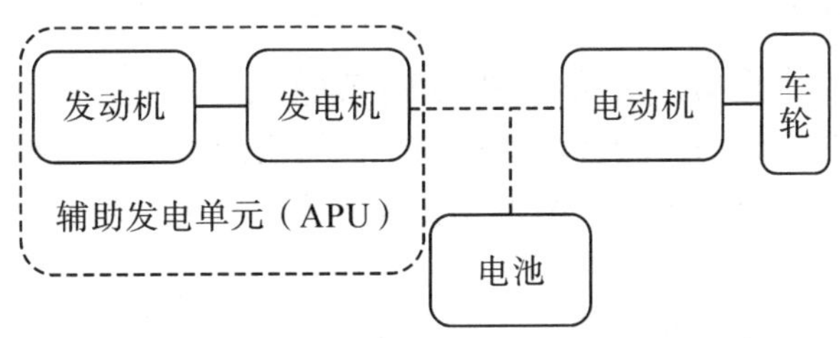

图 7-70 增程式电动汽车结构与原理图

当电动车处于正常非欠电、非重载状态下时，增程器不工作，电动车仅靠电池提供的电能运行。当电池的电量低于设定值，或者电动车处于爬坡、重载状态时，增程器控制器会控制增程器工作，向电池供电，直至电池电量达到设定值，或者离开重载状态后，增程器控制器会控制增程器停止工作。

2. 增程器控制器的工作原理

增程器由三部分组成：发动机、发电机和控制器。

增程器控制器是增程式电动车的核心部分，它通过采集电池、发动机、发电机等的各种参数，进行电池电量、工况分析，从而对发动机、发电机的启停起到控制作用。如图7-71所示。

增程器控制器可进行丰富的参数设置，大致可分为三类：

（1）起动条件类。当电池电压低于设定值时，控制器会根据“起动电压”控制增程器起动。但是电池电压低有两种情况：一是电池电量低，增程器需要给电池充电；二是车辆处于重载或者爬坡状态，增程器需要给电机提供辅助电能。另外，控制器会根据“起动时间”所设置的时间进行延迟起动，避免增程器频繁启停。

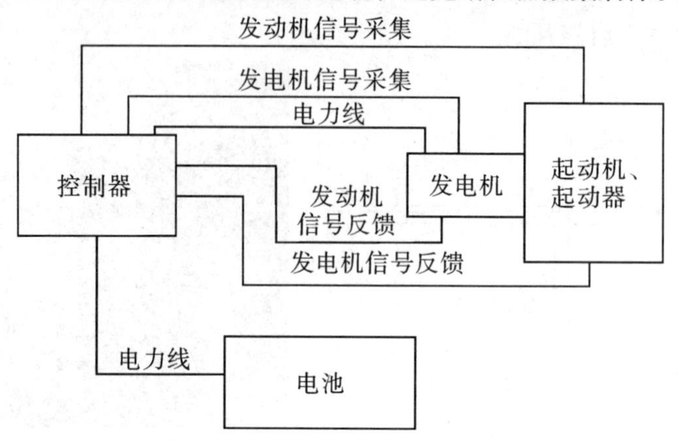

图 7-71　增程器控制器原理图

（2）停止条件类。停止条件分为两类：第一类是条件停止，即当电池电量达到标定数值或达到节能目的而自行停止，可通过“停止电压”等进行设置；第二类是故障保护停止，即当增程器发生故障或者在恶劣条件下保护自身而自行停止，主要有“停止发电温度”等。

（3）发电参数类。此款增程器控制器提供了较多的发电参数设置，包括发电功率、高温降功率等多项设置。

（三）实验台计算机测试系统的结构与原理

与增程式电动汽车驱动实验台配套使用。计算机测试系统由控制柜和控制计算机及测控软件组成。控制柜用于系统配电、安装测控仪器和计算机，上面布置系统工作的常用操作开关按钮。

增程器控制器可以使用上位机软件实时监控增程器的各项数据，并且可以修改相关控制参数。如图 7-72 所示，增程器控制器的主界面可分成五个区域：1 为仪表显示区域，主要用于显示发电机的各项实时参数；2 为增程器控制器累计信息区域；3 为曲线显示区域；4 为快捷选项区域；5 为串口状态显示区域。

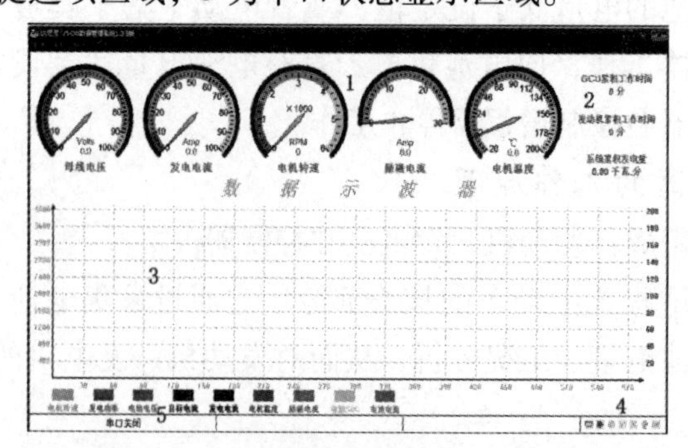

图 7-72　增程器控制器测试软件主界面

（四）实验方法、步骤

检查实验台各连线、结构是否完整。连接12 V和60 V电源，此处注意，增程器控制器和发动机起动机为12 V供电，切勿接错。打开电源开关。打开PC。

1. 电机启停、正反转和加负载操作

（1）打开电池和电机控制器之间的电源，将磁粉制动器控制旋钮调至最低。

（2）在面板上找到电位器旋钮，慢慢旋转旋钮，电机慢慢加速。完成电机正转起动操作。

（3）将电机电位器调至最低，待电机完全停转后，拨动反转按钮，重复步骤2，完成电机反转操作。注意：禁止在电机转动过程中拨动正反转按钮，否则有将电机烧坏的风险！

（4）待电机起动后，慢慢旋转磁粉制动器控制旋钮，慢慢加大磁粉制动器的电流，此时磁粉制动器逐渐产生制动力，电机负载加大。

2. 上位机操作

（1）打开PC，打开上位机软件。连接增程器控制器和PC之间的串口线，保证插头不松动、不虚触。

（2）右键单击“我的电脑”，进入设备管理器，查看并记录串口名称。

（3）因为此平台使用的是铅酸电池，所以需选择电池类型。打开主界面，找到“系统” >GCU类别选择>II代或III代铅酸GCU，完成电池类型选择。

（4）下面对串口进行设置。在主界面找到系统>串口设定，在弹出的界面中选择刚刚记录的串口名称，并将波特率设置为38400 bit/s。

（5）单击“系统” >起动测试，开始数据采集。此时主界面会显示增程器和电池组当前的实时参数，并且会在上位机软件的Monitor Files文件夹中实时保存数据。

（6）若要保存折线图，只需双击折线图区域，便可保存当前图形。

（7）对仪表盘刻度的设定。双击仪表盘的任意区域，便可对当前一个表盘的刻度进行设置。

（8）增程器控制器参数设置。打开系统>标定参数设定，此时显示的为增程器控制器中现有的参数设定。双击各参数的“设定值”列，便可对参数进行设置。

3. 开机运行

（1）若此时增程器没有起动，按下面板上的增程器手动起动按钮，增程器会进入手动起动运行模式，发动机起动，但有可能会很快进入怠速模式。

（2）观察上位机主面板上此时的信息显示，注意母线电压、电机转速、电机温度等参数随时间的变化。

（3）期间可以起动电机，慢慢加大磁粉制动器的电流，增大负载，观察主界面参数的变化。

（4）不断变化负载大小，双击折线图，保存当前曲线。运行10分钟左右，再按下手动起动按钮，增程器停止运转。

（5）拷贝 Monitor Files 中产生的 Excel 文档。

4. 工况模拟测试与增程器参数匹配

1）工况模拟测试

整个系统开机调试正常后，调节电机调速、磁粉制动器旋钮，通过负载电机转速变化、负载大小变化模拟汽车加减速、上下坡等工况，观察记录各工况下电压、电流、转矩、功率等数据变化并加以分析，如图 7－73 所示。

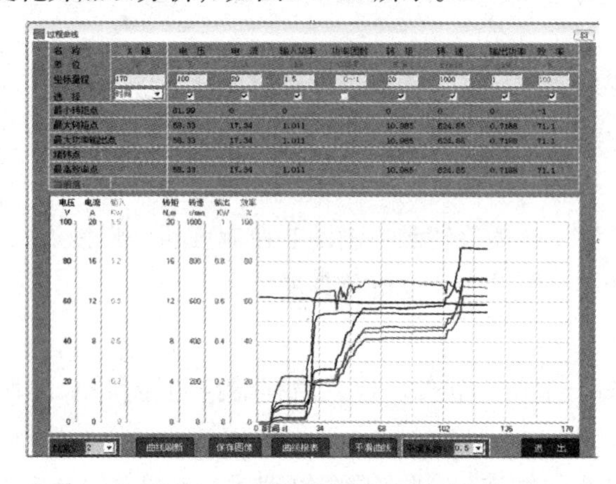

图 7－73　上位机电参数测试软件主界面

2）增程器参数匹配

起动系统，记录增程器工作时发电电流、励磁电流、电机转速、发电功率等反映增程器工作状态的主要数据。

通过如图 7－74 所示的增程器控制器标定软件设置增程器的起动电压和停止电压，增程器在电池电压低于起动电压时开始工作给电池充电，电池电压达到停止电压时增程器就会停止工作不再给电池充电。掌握增程器起动条件参数、调节参数的方法，匹配最佳参数使增程器达到最佳工作状态，进一步研究增程式电动汽车的控制策略。

图 7－74　增程器控制器标定软件主界面

五、实验考核

1. 实验考核项目与评分方法

增程式电动汽车结构与系统参数检测匹配实验的考核项目与评分方法见表7－6。

表7－6 增程式电动汽车结构与系统参数检测匹配实验的考核项目与评分方法

序号	考核项目	标准得分	评分标准	记录	扣分	得分
1	增程式电动汽车结构原理	10	结构原理理解不清楚酌情扣分			
2	增程式电动汽车驱动实验台结构组成的认识	10	结构组成认识有误每项扣5分			
3	计算机测控系统组成部件及工作原理	10	计算机测控系统组成部件认识有误每项扣5分，工作原理理解不清楚酌情扣分			
4	汽车不同运行工况数据测试项目的操作与记录	20	操作不当每项扣5分、数据记录有误每项扣5分			
5	增程器工作点参数匹配项目的操作与记录	30	操作不当每项扣5分、数据记录有误每项扣5分			
7	实验安全操作	20	安全操作不规范酌情扣分，因操作不当发生重大事故，此次实验成绩按0分计			
8	项目总分	100				

2. 实验报告内容要求

（1）观察实物，记录说明增程式电动汽车的基本结构组成和工作原理。

（2）起动实验台，操作计算机测控系统，模拟汽车的不同运行工况，记录实验数据，分析测试数据内涵。

（3）设置增程器的起动电压和停止电压，记录增程器起动条件参数，制作以时间为 x 轴的折线图，匹配增程器最佳工作点。

（4）写出实验心得与体会。

实验五　新能源汽车锂电池管理系统实验

一、实验目的和要求

（1）熟悉电动汽车锂离子电池组及其管理系统的基本组成结构和工作原理。

（2）掌握电动汽车锂离子电池组管理系统的设置、检测、过程分析和故障排除的内容和方法。

（3）了解锂电池组的充放电和电池均衡操作，加深对锂电池组特性的了解。

二、实验主要仪器设备

（1）电动汽车动力电池管理系统实验台 1 台。

（2）计算机测试系统 1 套。

三、实验注意事项

（1）实验人员必须遵守实验室安全规定、设备使用操作规程。

（2）实验设备必须按要求进行开机前的准备、预热与检查操作。

（3）操作人员在实验过程中应严格按设备说明使用操作，按实验内容步骤流程进行。

（4）实验过程中一旦发现设备异常，应立即停机终止实验，查找原因，防止人身事故与设备事故的发生。

四、实验内容与方法

（一）实验装置介绍

电动汽车动力电池管理系统实验台是一款用于模拟锂离子电池应用于新能源汽车的科研与教学实验系统，如图 7 – 75 所示。系统通过检测终端单元对电池各种参数（如电压、电流、温度等）实时采集，运用 CAN 总线通信技术，将终端单元检测信息传递到 BMS 主控单元，同时显示模块将电池的运行状态信息实时展示。显示屏的动态变化信息能形象反映电池组的工作原理和动态特性，上位机软件能对 BMS 参数进行设置和管理。另外，系统具有电池均衡功能，可有效提高电池的效率，延长电池的使用寿命。

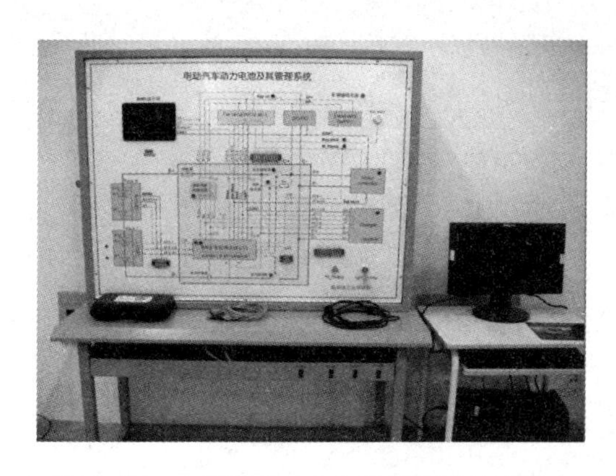

图 7－75　电动汽车动力电池管理系统实验台

（二）电动汽车动力电池管理系统结构组成与工作原理

1. 电动汽车动力电池管理系统概述

锂离子电池以其高能量密度、高工作电压、无记忆效应、循环寿命长、无污染、质量轻、自放电小等特点已成为纯电动和混合动力汽车的理想能源。

电池管理系统实验台主要技术参数见表 7－7。

表 7－7　电池管理系统实验台主要技术参数表

序号	部件名称	技术参数
1	电池组额定电压	26 V
2	充电最高电压	29 V
3	放电最低电压	20 V
4	显示屏	7 英寸触摸显示屏，外形尺寸：189.3（W）×131.8（H）×43.6（T）
5	充电机	市电输入：AC220 V ±10%，50 Hz ±10%；直流输出（max）：24 VDC，≥4 A
6	总正继电器/总负继电器	20 A
7	检测模块	耗电：2 mA；电压精度：0.005 V；温度精度：1℃
8	中控模块	总电压精度：0.2%；总电流精度：1%；工作温度：－40～85℃
9	电池组负载	电压：24 V；功率：≥60 W

电池单体是最基本的电池单元，为了方便安装、运输、使用，一般将 10 个左右的电池单体串联构成电池模块。电池模块构成电池组的方式有串联、并联和同时采用串联和并联的混联方式。电池单体、模块和电池组的性能有显著差异，锂离子电池单体、模块和电池组在质量能量密度和质量功率密度上都有差别。从电池单体到模块再到电池组，性能有明显衰减，衰减的原因主要来源于电池单体之间的不一致性。在使用电动汽车动力电池时，须使电池工作在合理的电压、电流、温度范围内，所以电动汽车上动力电池的使用需要有效管理，如果管理不善，不仅会显著缩短电池的使用寿命，还可能引起着火等严重安全事故。电动汽车上对电池实施管理的具体设备就是电池管理系统（Battery Management System，BMS）。电池管理系统是电池组热管理和 SOC 估计等技术的应用平台。BMS 对于电池组的安全、优化使用和整车能量管理策略的执行都是必要的。

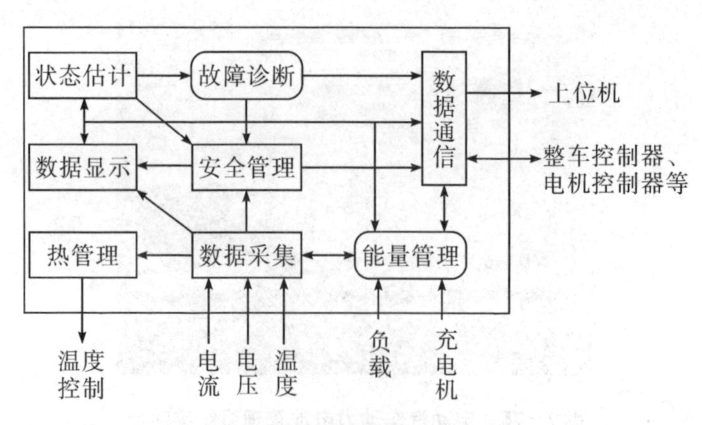

图 7－76　电池管理系统功能框图

如图 7－76 所示，电池管理系统的功能主要包括数据采集、数据显示、状态估计、热管理、数据通信、安全管理、能量管理和故障诊断，其中前六项为电池管理系统的基本功能。数据采集是电池管理系统所有功能的基础，需要采集的信息有电池组总电压、电流、电池模块电压和温度。电池状态估计包括 SOC 估计和 SOH 估计，SOC 提供电池剩余电量的信息，SOH 提供电池健康状态的信息。目前的电池管理系统都实现了 SOC 估计功能，SOH 估计技术尚不成熟。热管理指 BMS 根据热管理控制策略控制电池组热管理系统工作，以使电池组处于最优工作温度范围。数据通信是指电池管理系统与整车控制器、电机控制器等车载设备及上位机等非车载设备进行数据交换的功能。安全管理指电池管理系统在电池组的电压、电流、温度、SOC 等出现不安全状态时给予及时报警并进行断路等紧急处理。能量管理是指对电池组充放电过程的控制，其中包括对电池组内单体或模块进行电量均衡。故障诊断是使用相关技术及时发现电池组内出现故障的单体或模块。

2. 电动汽车动力电池管理系统实验台

1）实验台系统组成

本实验台系统由五个主要部分构成：锂离子蓄电池组、电池管理系统、显示平台、充电机和负载电机、电阻。其组成结构如图 7－77 所示。

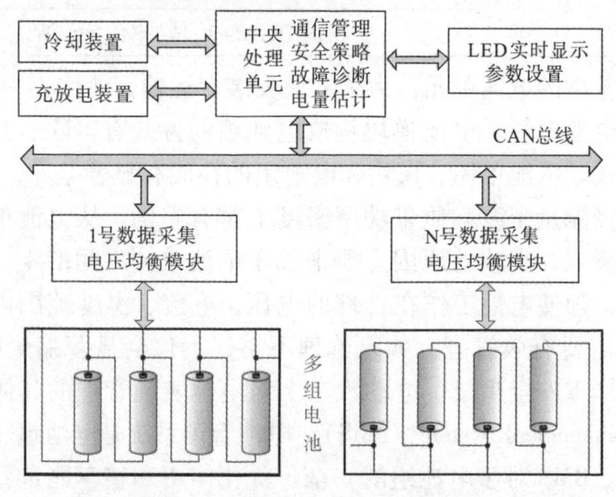

图 7－77　实验台系统组成结构图

2）锂离子蓄电池组

实验台所选用的锂离子蓄电池为正极使用磷酸铁锂、负极使用石墨以及采用多孔质高分子隔膜和六氟磷酸锂电解液的密封蓄电池，标称电压为3.2 V。电池组采用两个12.5 A·h电芯并联为25 A·h组，再8组串联安装于一只电池包内，构成26 V 25 A·h电池包。电池包内除了电池组，还有1个LECU（终端模块）、6只NTC温度传感器、1个冷却风扇，电池包箱体上设有一个低压航插，用于连接12 VDC工作电源、CAN通信以及其他I/O等低压信号。如图7－78所示。

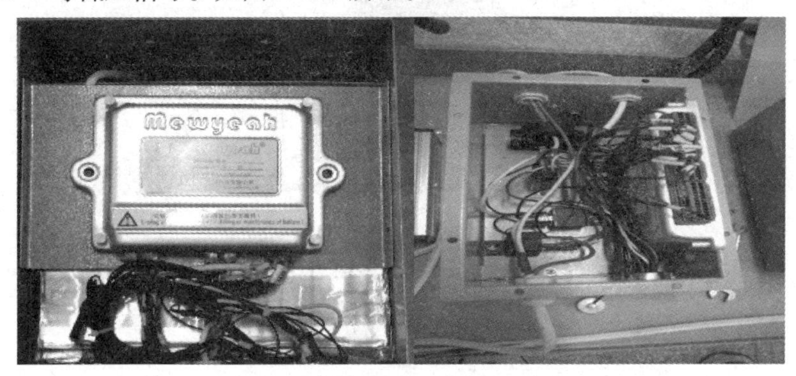

图7－78　锂离子蓄电池组与控制模块

3）电池管理系统

电池管理系统是根据锂离子蓄电池的电池特性及整车的要求设计的，它能够在整车的运行过程中，对锂离子蓄电池进行全方位的实时监控、管理和保护。其主要功能有：

（1）蓄电池组的运行状态监控，包括电池组荷电状态、电池组及单体电压、电流、温度；

（2）蓄电池故障的自检诊断及报警；

（3）蓄电池组的冷却通风等温度调节控制；

（4）电池系统的高压漏电保护；

（5）实现电池管理系统与整车多能源管理系统的通信。

管理系统由一个BCU（中控模块）、一个LECU（终端模块）以及一块显示屏组成。BCU选用了秒益DK101V2中控模块；终端模块LECU实时监测8组25 A·h电池的电压和温度，并根据单体一致性偏差动态启用均衡；模块DK101V2负责监测电池组总电压、工作电流和绝缘电阻，估算SOC，与LECU通信，进行故障诊断和报警，控制总正继电器、总负继电器、预充电路以及冷却风扇。

7寸显示屏与BMS之间CAN通信，获取并实时显示和定时保存当前实测的电池组运行数据和状态信息；显示总电压、充放电电流、SOC、最高/最低单体电压、最高/最低单体温度；翻屏查看每个25 A·h电池的电压和温度的当前实测值。显示屏上可以显示很多信息，包括总电压、各电池的电压、总电流、电池温度、剩余电量等。如图7－79所示。

BMS的CAN通信的主要功能有：

（1）BCU 与 LECU 之间通过 CAN0 进行通信，获取 8 组 25 A · h 电池的电压和温度等数据；

（2）BCU 与充电机之间通过 CAN1 进行通信，按 BCU 设定电压和电流，对电池组进行充电；

（3）BCU 与显示屏之间通过 CAN1 进行通信，定时上报电池组的状态信息；

（4）CAN0 和 CAN1 接口规范：CAN2. 0B 扩展帧，波特率 250 kb/s。

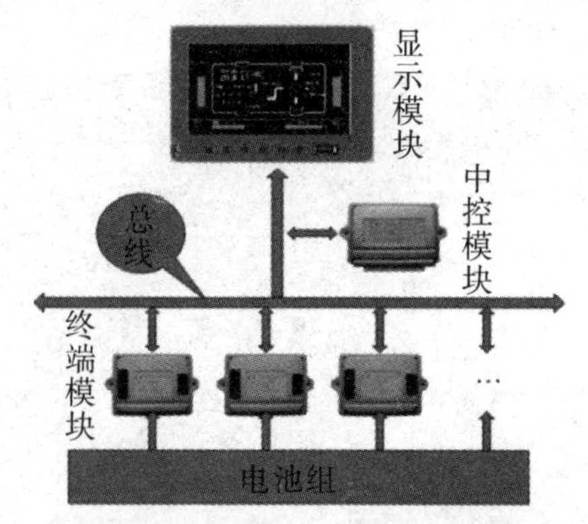

图 7 - 79　电池管理系统网络组成

4）显示平台

根据具体操作，观察电路回路及各指示灯的亮灭，指示灯亮代表相应开关或继电器闭合。操作时，可翻看显示屏查询各锂电池的状态。如图 7 - 80 所示。

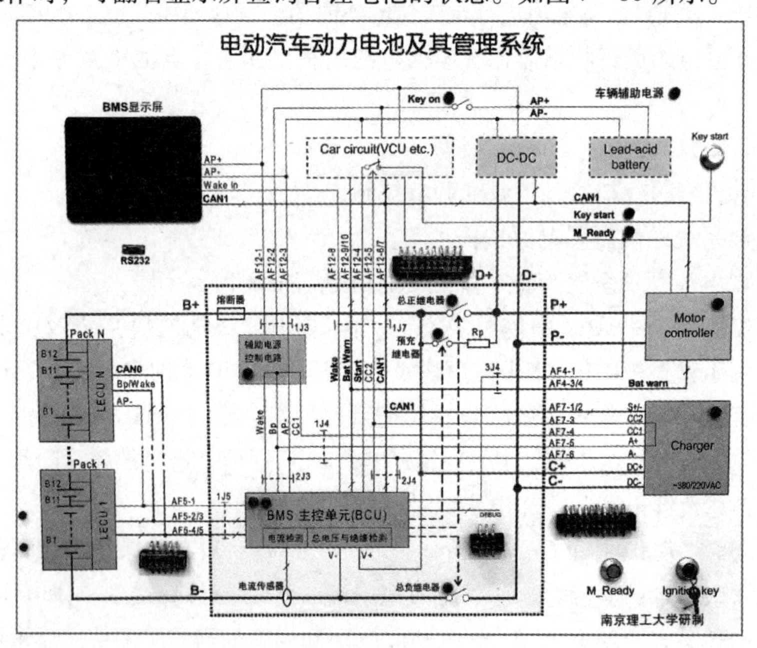

图 7 - 80　显示平台

5）充电机

充电机为锂电池电容量不足时向电池充电的装置。充电机选用便携式电动自行车充电器，参数 AC220 V ±10%，50 Hz ±10%；直流输出（max）：24 VDC，≥4 A。

6）负载电机、电阻

负载电机和电阻为锂电池组放电装置。放电时，首先打开电机开关，此时放电电流较小。若要获取较大放电电流，可依次打开其余三个负载电阻。电机额定功率为 60 W，电阻规格为 75 W10R，如图 7-81 所示。

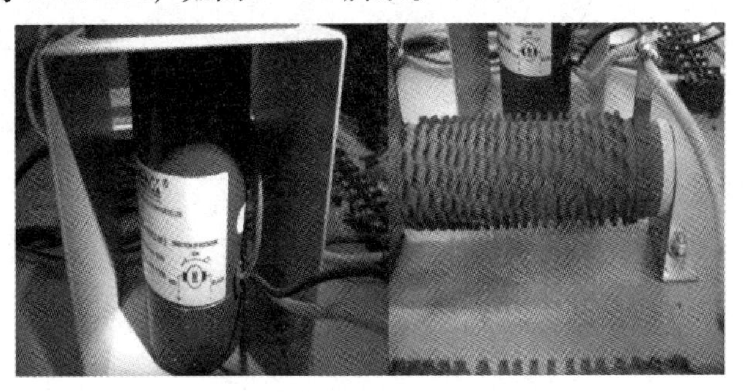

图 7-81 负载电机、电阻

（三）实验内容与方法、步骤

1. 系统供电

系统供电采用 220 VAC，在右侧用线接上电源。设左侧绿色 AP 电源空开，空开合上后，经 AC-DC 开关电源输出 12 VDC 给 AP+和 AP-，模拟车辆辅助电源灯亮，此时表明系统得电。在电动汽车系统中，辅助电源通常采用 24 VDC，本系统采用的是 12 VDC。

2. 模拟行车操作

1）点火开关 key on

向右旋转钥匙开关，key on 灯亮，辅助电源控制电路灯亮，BMS 得电自检，显示屏得电起动。BCU 灯为双色灯，一般故障时为黄色，严重故障时为红色，BCU 未检测到限制级故障时，吸合总负继电器，总负灯亮。

2）起动开关 key start

按一下 key start 按钮，key start 灯点亮，BMS 检测到起动信号，吸合预充继电器，同时预充继电器灯亮，松开 key start 按钮（不带自锁开关），key start 灯灭，预充继电器灯不灭。

3）电机 M_ Ready

在正常的电动汽车系统中，当电机检测到母线电压达到一定值时，将 M_ Ready 信号传递给 BMS，然后总正继电器吸合。系统专设一个 M_ Ready 模拟按钮，按下 M_ Ready 模拟按钮，M_ Ready 灯亮，高电平有效（AP+），BCU 检测到该信号，吸合总正继电器（灯亮），预充继电器断开（灯灭）。

4）电机运行控制

本系统在下侧面板设置一个电机电源开关（动力负载 1）和三个负载电阻开关

（动力负载2、3、4），用于人为控制电机开停机和负载电阻加入。当完成上述1）~3）操作后，合上开关1，电机旋转；合上开关2、3、4，加大负载；或者在上述的任何一个过程中，在总正继电器吸合前合上开关，则当总正总负继电器吸合时，负载加入，电机立即运转。

本系统在演示基本功能时，一般不需要放电，当总正总负继电器全部吸合，合上任意负载开关，电机显示灯亮，此时电池处于放电状态。若合上开关1，电机得电旋转，打开开关2、3、4，加入负载电阻，加大放电电流，通过显示屏可以清晰地看到放电电流的大小。

5）结束模拟行车

按下 M_ Ready 按钮，将钥匙开关向左旋转，切断 BMS 电源，系统运行停止。在此之前，除非 BMS 检测到极限故障，否则 BCU 将不会主动断开总正和总负继电器，期间如操作 key start 和 M_ Ready 按钮，将不起任何控制作用。

3. 充电操作

右侧总线接入 220 VAC 电源，先打开左侧绿色 AP 电源开关，车辆辅助电源灯亮，此时表明系统得电；再打开左侧红色充电插入开关，BMS 得电自检，BCU 未检测到限制级故障时，吸合总负继电器（灯亮）；BCU 根据 CC2 信号确认与充电机连接成功，然后握手通信执行充电。CC2 信号同时被送至仪表盘，充电指示灯点亮，电池开始充电，在此期间，BMS 只要不检测到限制级故障，充电不会中断。若要显示充电电流，按下 M_ Ready 开关即可。

4. 模拟故障操作

本系统是为教学设计，模拟实际工况操作，为了更好地反映 BMS 的故障保护工作原理，系统设置了故障模拟开关和调节手段，主要有单体电压故障、电流模拟调节、漏电故障以及温度模拟调节。

通过以上故障模拟开关和调节操作，BMS 应能够检测到故障，面板上的相应故障指示灯点亮指示，并且 LCD 屏发出警报。在这些故障中，除了漏电故障，其他故障模拟一旦升级为3级故障，BMS 将会开启保护功能，停止充电或切断主继电器停止电机运行。

5. 上位机电池管理软件

通过 PC 的 USB 通用接口，用 USB/RS232 接线与电池管理系统相连接。在 PC 上安装驱动程序与上位机电池管理软件，选择正确的串式 COM 口，设置波特率参数为 115200 bit/s，点击软件 LCD 显示电池的实时参数。

点 BMS 进入参数设置界面，登陆 ADMIN，密码 123。进入 BMS 参数设置界面后，设置模块编号为2，点击“连接”，再点击“取参数”，便可取得 BMS 系统当前设置的参数，修改完成后，点击“发送参数”将参数发送到 BMS 系统，点击“存文件”可以在计算机上保存当前设置的参数。

进入电池组实时参数的显示界面，可以通过点击右侧相应的内容选择需要显示的内容，如显示电池组中各个单体电池的电压数据。

6. 电池系统故障诊断及安全保护内容

本系统故障一共分为两个级别：1 级故障（一般故障）和 3 级故障（严重故障），详见表 7－8。

表 7－8 电池系统故障诊断及安全保护参数表

序号	故障状态	BMS 故障诊断项目及分级	BMS 报警/保护动作
1	电池温度＞60 ℃	3 级故障：电池温度极高	严重报警，断总正总负继电器
2	电池温度＞50 ℃	1 级故障：电池温度过高	一般报警
3	电池温度＜0 ℃	1 级故障：电池温度过低	一般报警
4	电池温度＜－15 ℃	3 级故障：电池温度太低	严重报警
5	电池系统内部温差＞5 ℃	1 级故障：温差过大	一般报警
6	电池系统内部温差＞10 ℃	3 级故障：温差太大	严重报警
7	单体电压＞3.8 V	单体过压，BMS 内部极限故障	严重报警，断总正总负继电器
8	单体电压＞3.7 V	3 级故障：单体电压太高	严重报警
9	单体电压＞3.6 V	1 级故障：单体电压过大	一般报警
10	单体电压＜3.0 V	1 级故障：单体电压过低	一般报警
11	单体电压＜2.8 V	3 级故障：单体电压太低	严重报警
12	单体电压＜2.6 V	单体欠压，BMS 内部极限故障	严重报警，断总正总负继电器
13	单体电压一致性偏差＞50 mV	1 级故障：单体一致性偏差过大	一般报警
14	单体电压一致性偏差＞300 mV	3 级故障：单体一致性偏差太大	严重报警
15	总电压＜24 V	1 级故障：总电压过低	一般报警
16	总电压＞29 V	1 级故障：总电压过高	一般报警
17	总电压＜22 V	3 级故障：总电压太低	严重报警，断总正总负继电器
18	放电电流＞30 A	1 级故障：放电电流过大	一般报警
19	放电电流＞50 A	3 级故障：放电电流太大	严重报警，断总正总负继电器
20	充电电流＞30 A	3 级故障：充电电流太大	严重报警，断总正总负继电器
21	SOC＜15%	1 级故障：SOC 过低	一般报警
22	SOC＜5%	3 级故障：SOC 太低	严重报警
23	绝缘电阻＜100 kΩ	1 级故障：绝缘薄弱	一般报警
24	绝缘电阻＜10 kΩ	3 级故障：严重绝缘薄弱	严重报警

当 BMS 报警时，BMS 会通过仪表盘发出警报，且故障不消除则持续报警。表中参数均可通过上位机软件重新设定。当 BMS 检测到需要执行保护动作的严重故障时，且在所设定的保护动作延时时间内故障未消除，BMS 将通过断开总正总负继电器的方式来控制关断直流动力回路，从而保护电池。在本系统中，BMS 保护动作的延时时间通

过上位机 BMS 界面的“过充控制延时”来更改设定，“过放控制延时”值无效。

7. 实验测试

（1）检查各传感器状况，确保处于工作状态，然后将计算机与实验台通过数据线连接，打开测控软件。

（2）打开实验台电源，检查各项参数。

（3）确认无误后起动钥匙打到“ON”。

（4）起动负载电机和所有负载电阻，记录电流、电压、温度等相关数据。

（5）打开电流故障模拟开关，先把旋钮调到低，记录相关数据；再把旋钮调到高，测量并记录数据。

（6）打开电压故障模拟开关，先把旋钮调到低，记录相关数据；再把旋钮调到高，测量并记录数据。

（7）打开温度故障模拟开关，先把旋钮调到低，记录相关数据；再把旋钮调到高，测量并记录数据。

（8）打开漏电故障模拟开关，记录相关数据。

（9）钥匙打到“OFF”，关闭实验台和电源。

（10）整理并分析数据，得出结论。

五、实验考核

1. 实验考核项目与评分方法

新能源汽车锂电池管理系统实验的考核项目与评分方法见表 7－9。

表 7－9　新能源汽车锂电池管理系统实验的考核项目与评分方法

序号	考核项目	标准得分	评分标准	记录	扣分	得分
1	新能源汽车锂电池管理系统结构组成与原理	10	原理理解不清楚酌情扣分			
2	实验台组成与基本操作	20	结构认识、基本操作有误每项扣 5 分			
3	系统开机准备	10	操作不当酌情扣分			
4	系统正常工况操作与数据记录	20	操作不当、数据记录有误酌情扣分			
5	系统故障模拟工况操作与数据记录	20	操作不当、数据记录有误酌情扣分			

（续表）

序号	考核项目	标准得分	评分标准	记录	扣分	得分
6	实验安全操作	20	安全操作不规范酌情扣分，因操作不当发生重大事故，此次实验成绩按0分计			
7	项目总分	100				

2. 实验报告要求

（1）观察实验台，附图说明纯电动汽车锂离子电池组及其管理系统的基本组成结构和工作原理。

（2）通过实验，观察记录正常工作电流、电压、温度等数据的变化，解释其变化的规律。

（3）观察记录故障模拟后，系统相应的数据变化；找出故障产生后系统采取的相应措施；解释实际应用中故障产生的原因和解决方案。

（4）写出实验心得与体会。

实验六　燃料电池原理与性能检测实验

一、实验目的和要求

（1）熟悉以氢为燃料的燃料电池的基本构成和工作原理。

（2）测试负载变化后燃料电池发电的主要参数，分析规律，掌握其工作性能。

二、实验工具和设备

（1）燃料电池仿真实验台1台。

（2）计算机测试系统1套。

三、实验注意事项

（1）实验人员必须遵守实验室安全规定、设备使用操作规程。

（2）实验设备必须按要求进行开机前的准备、预热与氢气泄漏检查操作。

（3）燃料电池系统正常工作，氢气压力必须保持在0.04 MPa到0.05 MPa之间，气压过高或过低将会损坏燃料电池。

（4）操作人员在实验过程中应严格按设备使用说明操作，按实验内容步骤流程进行。

（5）实验过程中一旦发现设备异常，应立即停机终止实验，查找原因，防止人身事故与设备事故的发生。

四、实验内容与方法

（一）实验装置介绍

燃料电池仿真实验台如图7－82所示，它选用质子交换膜型燃料电池，以空冷型百瓦级PEMFC为测控对象，采用LabVIEW进行测控软件设计，利用该平台可以展现燃料电池的工作原理，测试燃料电池堆的性能和运行状态，全面监测各种参数与电池堆性能之间的关系，通过控制单元控制电池实际运行所需的工作条件。实验台包括风冷型质子交换膜燃料电池堆、供气单元、电力电子转换单元、控制单元、负载实验单元、系统控制分析软件六部分。

（二）质子交换膜燃料电池的结构与原理

1. 质子交换膜燃料电池的结构与原理

质子交换膜燃料电池，简称PEMFC，由于它具有适用范围广、无需特殊的运行条件、可靠性高等特点，使得它成为目前全球发展最迅速的一种燃料电池。

图 7－82　燃料电池仿真实验台

PEMFC 由双极板（流场板）、扩散电极和膜组成一个单电池，它的结构如图 7－83 所示。双极板常用的材料有石墨板和改性金属板，在双极板的两侧分别加工有燃料和氧化剂的流场，流场主要是引导反应剂在电池气室内流动，确保整个电极反应剂均匀分布并排出生成物。另外，双极板还具有传输电流和阻气作用。扩散电极分为两部分：扩散层和催化层。扩散层一般以碳纸或碳布为基底，并涂以具有疏水功能的聚四氟乙烯（PTFE），使其具有多孔结构。它的功能是支撑催化层、导电及为气体扩散和生成水排出提供通道。催化层由催化剂 Pt/C（或其他形式的催化剂）和（或）疏水性的 PTEF 构成，它分别是燃料和氧化剂发生电化学反应的场所。膜是电池的关键部件，目前主要采用全氟磺酸型质子交换膜（Nafion 膜），它主要担当水合 H^+ 的传输并隔离阴阳极的燃料和氧化剂。

单电池输出功率取决于单电池的输出电压和工作电流。由于单电池功率较小，无法直接驱动负载，在实际应用中都是由多个单电池串联构成不同等级功率的电堆，以适应不同负载的需要。电堆功率的大小由单电池的个数和功率决定。图 7－84 为实际电堆图。

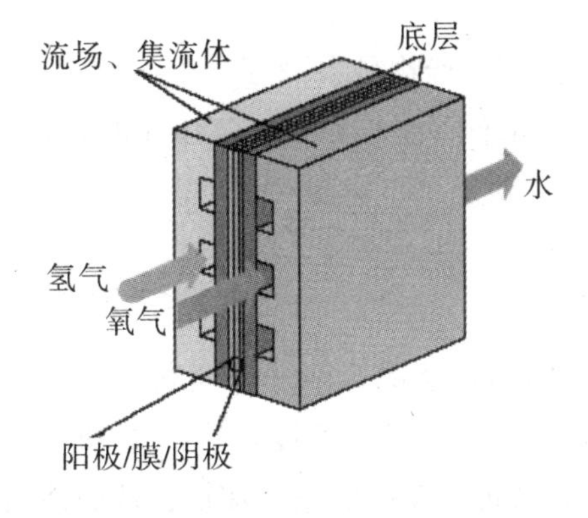

图 7－83　质子交换膜燃料单电池结构原理图

图 7－84　质子交换膜燃料电池电堆

PEMFC 单电池的工作原理如图 7－85 所示。

燃料 H_2 和氧化剂 O_2（或空气）分别送入阳极流道和阴极流道，H_2 和氧化剂分别通过阳极和阴极扩散层到达各自的催化层，阳极 H_2 在催化剂的作用下发生电极反应为

$$H_2 \Rightarrow 2H^+ + 2e^- + Heat$$

生成的 H^+ 穿过电解质膜到达阴极，同时产生的电子经过外电路也到达阴极。此时阴极的氧化剂同样在 Pt 催化剂作用下和 H^+ 及电子发生反应生成水，水通过电极随反应尾气排出。阴极反应式为

$$2H^+ + 2e^- + \frac{1}{2}O_2 + H_2O$$

则总化学反应为

$$H_2 + \frac{1}{2}O_2 \Rightarrow H_2O + Heat + Electrical\ energy$$

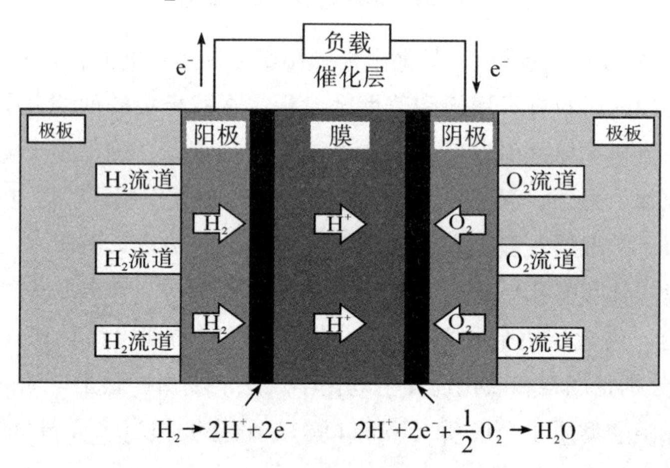

图 7-85　质子交换膜燃料电池工作原理图

PEMFC 具有以下主要特点：

(1) 可在室温条件下运行，且起动迅速；

(2) 能量转化效率高。效率高达 50% ~60%，通过对余热的二次利用，总效率可高达 80% ~85%，是普通内燃机的 2 ~3 倍；

(3) 无污染，可实现零排放。工作过程的唯一产物是水；

(4) 运行噪声低，可靠性高。无机械运动部件，工作时仅有气体和水的流动；

(5) 成本高。

2. PEMFC 电堆性能主要影响因素分析

1) 电堆工作温度对电池性能的影响

在一定的电流密度下，电堆工作温度对电池性能的影响非常显著，提高温度有利于改善电池性能：① 电催化剂铂的活性提高，电化学反应速度加快；② 质子交换膜中的水扩散系数增大，阴极 O_2 电化学反应生成水向阳极扩散速度加快，从而使质子交换膜内水分布均匀，质子传递速度加快，膜电阻减小；③ 有利于生成水且以气态方式排出，电极淹没问题不会出现，但是温度过高也会引起干膜问题，缩短电池的使用寿命。

图7－86是在同一电极条件下，电流密度与温度之间的关系，电池性能随温度升高而升高，但由于电解质膜是一种有机膜，其耐温程度有限，电池的操作温度不宜高于100℃。

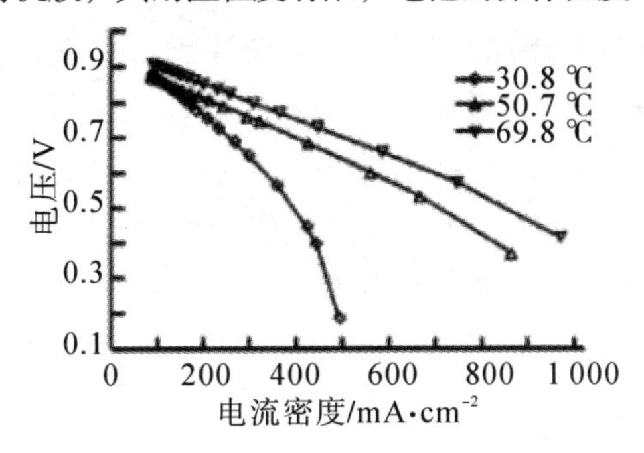

图7－86　电池工作温度对电池伏安特性曲线的影响

2）反应气体工作压力对电池性能的影响

提高反应气体压力，有利于提高电池工作性能：① 提高 H_2 和 O_2 的压力有利于增大电池可逆电势，改善电池性能；② 有利于提高交换电流密度，降低极化过电位；③ 反应气体压力增大，影响反应气体在电极扩散层和催化层内传质，即意味着催化层内反应物浓度的增大，有利于进行电极反应。但是加压对电池的密封性提出了更高的要求，如图7－87所示。

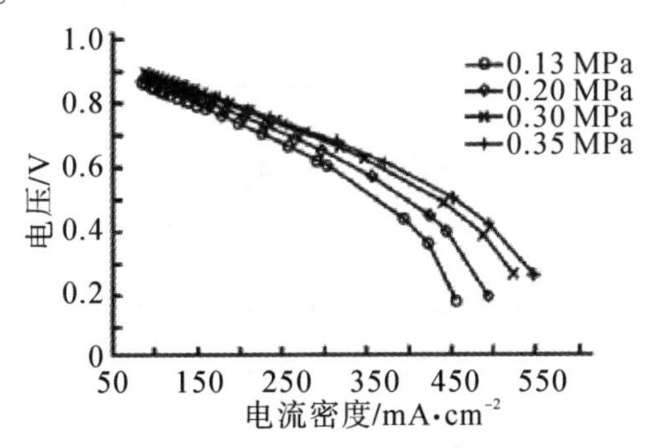

图7－87　反应气体压力对电池伏安特性曲线的影响

3）反应气体湿度对电池性能的影响

对于外增湿的升温增湿方式来讲，反应气体湿度完全取决于增湿器的温度，通常要求增湿器的温度比电池工作温度高10～15℃，这样可使膜更好地处于水合状态，维持较高的离子导电率。当高温增湿气体进入电池时，接触到较冷的界面，会有少量的水冷凝而淹没电极。随着电极温度升高，水会进一步蒸发，但是当电池快速起动或负载突然大幅度变化时，增湿不能及时与之同步响应。反应气体湿度小时，无法达到湿润膜的目的，反应气体湿度过大时，又容易造成阴极淹没问题，氧气浓度减小，产生电压降。

（三）氢燃料电池实验内容

1. 燃料电池发电系统平台

燃料电池仿真实验台发电系统平台如图7－88所示，平台主要包括氢气瓶、两级减压阀、压力调节阀、气体流量计、压力传感器、风冷电扇、燃料电池堆、尾气排放阀、温度传感器、负载。

系统展示燃料电池的工作原理包括一个 PEM 燃料电池，一个流量计显示氢气流速，一个减压阀显示进气压力，系统由一个风扇冷却和供气。控制器自动地监视所有主要参数，并使系统操作安全，包括故障报警、误操作时的独立切断；数码管显示系统的氢气流量、输出功率、电堆温度、输出电压、负载电流。

与计算机测试系统连接，可通过平台数据采集记录 $V-I$、$P-I$、$P-V$ 的动态变化曲线，检测曲线上不同参数及各种参数间的作用，可在软件上设定负载的动态变化过程并检测相应的性能参数。

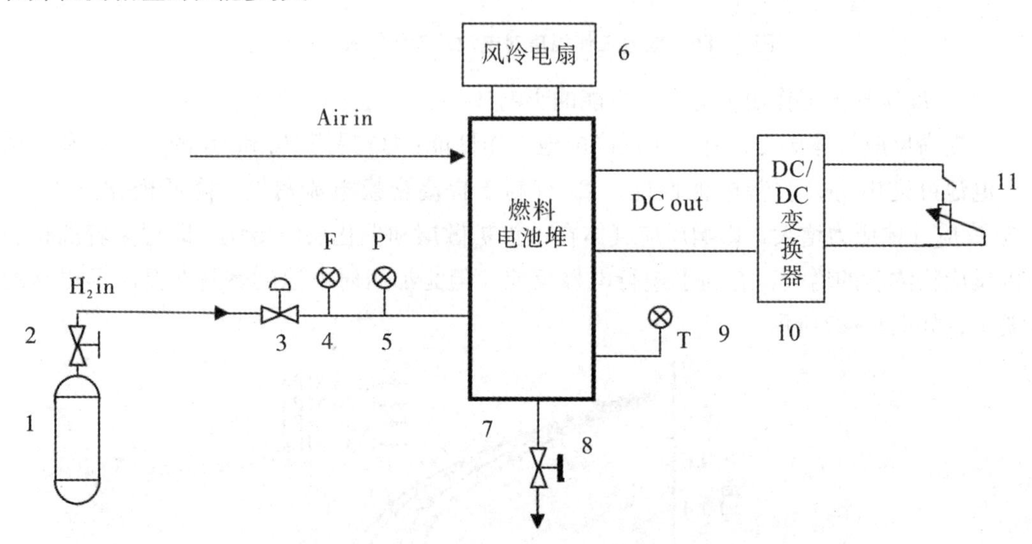

图 7-88　燃料电池仿真实验台发电系统平台

1—氢气瓶；2—减压阀；3—压力调节器；4—气体流量计；5—压力传感器；6—风冷电扇；
7—燃料电池堆；8—尾气排放阀；9—温度传感器；10—DC/DC 变换器；11—负载。

2. 燃料电池发电操作

（1）检查燃料电池负载电路，确认电路处于断路状态。检查气路是否连接正确；检查两级减压阀的调节旋钮，确认处于松开位置（高压室与低压室处于关断状态）；检查流量计是否关闭（向右旋紧）。

（2）在把气路的另一端（和连接氢气瓶的一端相对）连接到燃料电池系统的进气口之前，请先用氢气清扫一下连接氢气瓶与减压阀进口的管路。具体步骤如下：顺时针缓慢旋转两级减压阀的调节开关，使得高低压室连通，当低压压力达到 0.2 MPa 时停止旋转，3 秒钟后停止吹扫，逆时针旋转两级减压阀的调节开关，释放低压室的氢气。

（3）把气路的另一端连接到减压阀的进气口，顺时针旋转两级减压阀的调节开关，使得低压表的指针位于 0.7 ~ 1 MPa 处，停止旋转。

（4）观察减压阀的输出压力维持在 0.045 MPa，打开流量计（向左旋开），燃料电池系统开始工作。当电压达到 12 V 时燃料电池风扇就开始工作。不允许在电池开始工作时就加上负载（即闭合电源开关）。

（5）风扇工作 2 秒后，就可以连接负载。如果使用电子负载，请逐渐加大负载，电流增加跨度最好不超过 1 A，电流最大值不超过 5 A。

（6）关闭燃料电池系统时，应先关掉负载再关掉氢气阀。在关掉氢气阀 5 秒后，可直接关闭流量计，缩短电池欠氢工作的时间。电扇会一直工作到电池反应堆中的氢气被用完。

（7）逆时针旋转两级减压阀的调节开关，使得低压表的指针逐渐恢复到 0 MPa 处。

3. 测控软件操作

1）测试操作

进入系统起动界面后，先选择“用户类型”为“注册用户”，点击“登录”进入“测控系统”主界面。界面如图 7－89 所示，主要包括左下方的控制区、左上方的数值显示区与右侧的图形显示区。其中，图形显示区包括动画演示主界面、数据采集界面、$V-I$ 关系图、$P-I$ 关系图四部分，可使用下面放置的对应按钮切换或使用控制区的“切换界面”按钮切换。

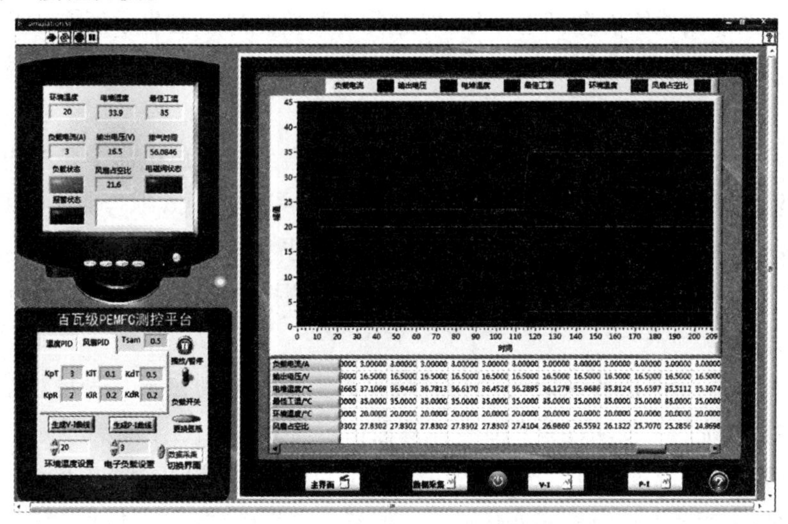

图 7－89　测控软件数据采集界面

控制区的“风扇转速 PID 控制参数”用以调节风扇转速随电堆温度的变化规律，建议默认值为：KpT = 3，KiT = 0.1，KdT = 0.5（微调参数）；KpR = 2，KiR = 0.2，KdR = 0.2（粗调参数）。Tsam 为 PID 控制的采样时间，近似等于数据的采样周期。

当燃料电池开始工作后即可运行程序，若电池未工作即运行程序，因无法实现上下位机的通信，会提示出错。单击左上角的“运行”按钮运行程序，然后单击“负载开关”从而打开负载，但需注意刚运行时负载尽量为空载或负载较小（不大于 0.5 A），因为刚运行时电堆性能未达到最佳，负载过大会导致输出电压迅速下降直至电堆停止工作，影响电池寿命。

“测室温”“测电堆温度”“测负载电流”“测输出电压”四个按钮用于测量单个参

数的实时数据，测量值即为数值显示区的“测量值”。因为室温传感器集成于下位机电路板上，其测量值会因电路板发热而不断提高，因此为保证其准确性，默认只在第一次采集时采集室温，再次单击“测室温”后会更新室温数据。“停止”按钮用于停止程序的运行。

数值显示区为实时采集到的各参数信息，以及负载状态、排气电磁阀状态和报警信息。若出现电堆温度过高（大于48℃）、负载电流过大（大于5.2 A）、采集数据失败、开闭负载失败等情况时，报警灯亮，报警声响起，并给出具体报警信息。若电堆温度连续十次测量值均过高，则会自动关闭负载，负载电流大于5.2 A时会立刻关闭负载。采集数据失败不会自动关闭负载，因为通常会自动恢复，若始终采集数据失败，可手动点击“负载开关”按钮。

动画演示主界面会动画演示质子交换膜燃料电池的工作过程，并用虚拟仪表实时显示所采集到的数据。“电堆入口氢气压力”为固定值，因为其基本维持在0.045 MPa。

数据采集界面为采集到的各参数的变化曲线图，并用表格记录其数值信息。其中，变化曲线图的图形信息及数值信息均可导出，方法是在图形区右键，然后选择“导出”，可导出图形或数值信息至Excel。勾选自动调整标尺，会显示所有采集到的图形信息，否则会实时滚动显示。在上方的图例区，单击各图例可以更改曲线的颜色和样式。

在$V-I$界面中，单击“生成$V-I$曲线”按钮会生成输出电压－负载电流关系曲线，但需至少采集三个不同的I值才能生成，关系曲线为多项式拟合曲线，可调整多项式阶数，多项式系数会随之变化。$P-I$界面与$V-I$界面类似，可生成输出功率－负载电流变化曲线。单击右下角“帮助”按钮，可查看测控系统使用说明。

2）仿真操作

如图7－89所示的仿真系统与测控系统界面类似，区别在于其采集数据为模拟数据，因此仿真系统的主要功能是PID控制算法仿真与PEMFC工作原理演示。

在控制区中，“温度PID”选项卡中的P、I、D三个参数可调节电堆温度的变化规律，采样间隔可调节电堆温度的变化速率，值越小，变化越慢。“风扇PID”选项卡中的各参数设置类似于测控系统，可调节风扇转速随电堆温度的变化规律。

4. 负载实验操作

实验前先打开平台右侧的电源总开关，使相关电气仪表能够工作，同时打开平台左侧小门，取出USB连接线连接至上位机电脑，打开上位机测控软件。操作燃料电池发电，运行上位机软件，待电池堆工作平稳后，进行不同负载实验，记录实验数据。

1）LED灯负载实验（小负载）

（1）按LED灯负载的连接方式连接好电路；

（2）按下电源开关和负载开关1，LED灯亮，观察电源输出电压、电流及负载功率的变化情况，在上位机记录相应的数据和曲线；

（3）实验完成后关闭负载开关1和电源开关，转做其他实验或关闭电源（先关负载）。

2）变阻器负载实验（中负载）

（1）按变阻器负载的连接方式连接好电路；

（2）按下电源开关和负载开关1，调节变阻器大小，观察电源输出电压、电流及负载功率的变化情况，在上位机记录相应的数据和曲线；

（3）实验完成后关闭负载开关1和电源开关，转做其他实验或关闭电源（先关负载）。

3）直流电机负载实验（大负载）

（1）按直流电机负载的连接方式连接好电路；

（2）按下电源开关和负载开关2，电机旋转，调节调速旋钮，可实现电机升、降速，观察电源输出电压、电流及负载功率的变化情况，在上位机记录相应的数据和曲线；

（3）实验完成后关闭负载开关2和电源开关，转做其他实验或关闭电源（先关负载）。

4）电子负载实验（变负载）

（1）按直流电机负载的连接方式连接好电路；

（2）可选择四种工作模式：定电压/定功率/定电流/定电阻，进行负载类型和大小的选择，观察电源输出电压、电流及负载功率的变化情况，在上位机记录相应的数据和曲线；

（3）实验完成后转做其他实验或关闭电源（先关负载）。

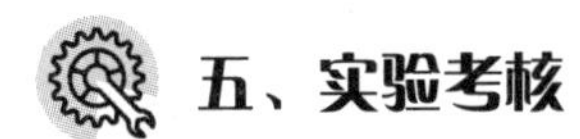

五、实验考核

1. 实验考核项目与评分方法

燃料电池原理与性能检测实验的考核项目与评分方法见表7-10。

表7-10　燃料电池原理与性能检测实验的考核项目与评分方法

序号	考核项目	标准得分	评分标准	记录	扣分	得分
1	氢质子交换膜燃料电池的结构与工作原理	10	结构原理理解不清楚酌情扣分			
2	燃料电池仿真实验台与计算机测试系统基本操作	10	操作有误每次扣5分			
3	不同负载实验	40	燃料电池正常发电后，进行不同负载下实验数据的记录与分析，操作、数据记录有误每项扣5分			
4	电堆温度PID控制算法仿真	20	操作不当每项扣5分、数据记录有误每项扣5分			

（续表）

序号	考核项目	标准得分	评分标准	记录	扣分	得分
5	实验安全操作	20	安全操作不规范酌情扣分，因操作不当发生重大事故，此次实验成绩按0分计			
6	项目总分	100				

2. 实验报告内容要求

（1）观察实物，记录说明氢质子交换膜燃料电池的结构与工作原理。

（2）起动实验台，观察不同负载下燃料电池的发电特性，记录实验数据，画出曲线并做进一步分析。

（3）进行PID控制算法数值仿真，研究PID参数变化电堆温度的调节规律。

（4）写出实验心得与体会。

实验七　电动汽车动力电池性能检测实验

一、实验目的和要求

（1）熟悉车用锂离子电池性能测试的主要内容和方法。

（2）掌握动力电池单体电池性能检测的方法。

（3）掌握动力电池电池组均衡一致性检测的方法。

二、实验工具和设备

（1）瑞能 RePower CTS－5V5A 单体电池充放电机 1 台。

（2）瑞能 RePower CDS－60V10A 电池组充放电机 1 台。

（3）锂离子电池 1 组。

（4）测试计算机 1 台。

三、实验注意事项

（1）实验人员必须遵守实验室安全规定、设备使用操作规程。

（2）实验设备必须按要求进行开机前的准备、预热与检查操作。

（3）操作人员在实验过程中应严格按设备说明使用操作，按实验内容步骤流程进行。

（4）实验过程中注意电气连接安全，防止短路、断路；注意控制充放电电压、电流。

（5）实验过程中一旦发现设备异常，应立即停机终止实验，查找原因，防止人身事故与设备事故的发生。

四、实验内容与方法

（一）实验装置介绍

本实验装置主要由瑞能 RePower 电池充放电机、锂离子电池组与测试计算机构成。

瑞能 RePower CTS 单体电池充放电机，主要应用于电池包生产中的寿命老化测试和智能电池数据训练以及质量控制。CTS 的充放电机台硬件部分为模块化设计，每 8 个独立信道为一个模块，可根据需要单独与被测试的电池包连接。设备采用 R/S 232 通信模式与测试计算机通信。

瑞能 RePower CDS 电池组充放电机主要应用于动力电池或电池组的老化测试和质量控制。CDS 的充放电机台硬件部分为模块化设计，可根据需要单独与被测试的电池包连接。设备采用 R/S 232 通信模式与测试计算机通信。

图 7 – 90 中左边是 MTV 设备，主要检测电池组中单体电池的电压变化和温度变化；右边分别是 CTS 和 CDS 设备。上面的 CTS 用来对单体电池进行测试，下面的 CDS 和 MTV 设备是一起用来对电池组进行测试的。其中 CDS 的最大测试电压是 60 V，最大测试电流是 10 A。实验测试的电池选用车用动力锂电池，额定电压为 3.6 V，额定容量为 5 A · h，截止电压为 2 V，最高电压为 4.2 V。电池组由 16 节单体电池组成，分别串联在一起组成一个电池包。

图 7 – 90 瑞能 RePower 电池充放电机与锂离子电池组

（二）锂离子电池原理

锂电池具有体积小、质量轻、循环寿命长、自放电率低、无记忆效应、低污染等优点，在新能源领域尤其是电动汽车领域占据重要位置。当然相关研究也指出锂电池应用于电动汽车可能存在一些问题，比如安全性能、循环寿命、工作温度和材料供应等。因此针对锂电池组的电池在线监测技术和充放电管理技术尤为重要。

1. 锂电池的结构与工作原理

1）结构

锂电池是一类由锂金属或锂合金为负极材料、使用非水电解质溶液的电池。常见的锂电池以碳为阳极，以碳酸乙烯酯和碳酸二甲酯溶解六氟磷酸锂溶液为电解液，以二氧化锰酸锂为阴极，如图 7 – 91 所示。

锂电池可以按外形、负极材料等进行分类：

（1）按外部形状，可分为方形（如常用的手机电池）和柱形（如 18650 电池）；

（2）按包装材料，可分为软包电池、铅壳钮电池、钢壳锂电池；

（3）按电极材料（添加剂），可分为锰酸锂（LiMn204）电池、钴酸锂（$LiCoO_2$）电池、磷酸铁锂电池、一次性二氧化锰锂电池。

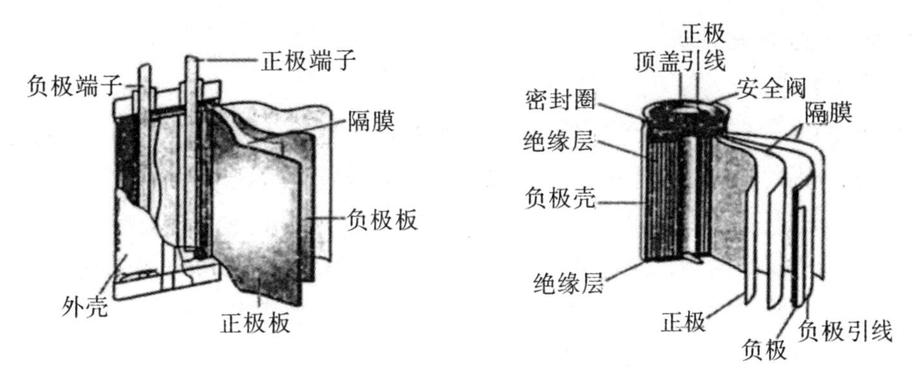

图 7-91 锂电池结构图

2）工作原理

目前电动汽车用锂离子电池的基本工作原理相似，实质上是一种离子浓度差电池，充电时，阳离子 Li^+ 从正极材料中脱离出来，经过电解液后再进入到负极材料中，此时负极就处在富锂离子状态，而正极处在少锂离子的状态，与此同时，在外电路上，补偿电荷的电子从外电路供给到碳正极，这样可以保持负极的电平衡。相反的，放电时过程逆向进行，即锂离子 Li^+ 从负极脱离出来，经过电解质后进入到正极，使得正极处于富锂离子状态，负极处于少锂离子状态，如图 7-92 所示。在正常充放电情况下，锂离子在层状结构的碳材料和金属氧化物之间嵌入和脱出，一般只引起层间距变化。

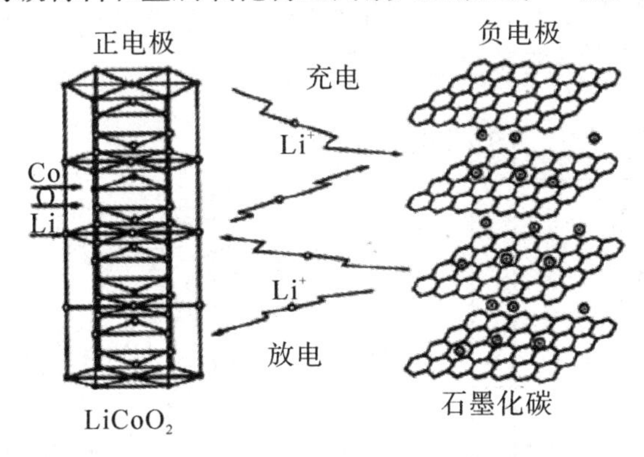

图 7-92 锂电池的工作原理图

锂电池的电化学反应式如下：

正极反应：

$$Li_{1-x}M_yX_z \leftrightarrow Li_{1-x-\delta}M_yX_z + \delta Li^+ + \delta e^-$$

负极反应：

$$Li_xC_n + \delta Li^+ + \delta e^- \leftrightarrow Li_{x+\delta}C_n$$

电池总反应：

$$Li_{1-x}M_yX_z + LiC_n \leftrightarrow Li_{1-x-\delta}M_yX_z + Li_{x+\delta}C_n$$

2. 锂电池特性分析

1）充电特性

锂电池的寿命会受到电压值的影响，严重情况下电池物质的分解、电池的安全性均不能保证，因此锂电池充电时要控制电池电压。因磷酸铁锂动力电池安全性好并且循环性良好，故具备了大规模生产的条件，是纯电动车常用的锂电池类型。

以磷酸铁锂电池为例，充电电压为3.7 V并采用恒压限流的模式进行充电。4.2 V就是过充电，电池可能失效，3.8 V会影响电池寿命。因此锂电池的实际充电过程一般情况下会分为三个阶段，如图7－93所示。

第一阶段预充电，在电池电压较低时，用较小的电流进行浮充，这一过程可以看做锂电池的过放电的修复。

第二阶段恒流充电，当电池电压达3.0 V时，大电流充电。但电压的最高电压值（4.0～4.2 V）和最高温度值（55～60 ℃）应作为保护值，电池达到任一限定值即停止充电。

第三阶段恒压充电，电池电压达到3.7 V，应采用恒压充电，恒压充电的电流是缓慢变小的，是对前一个阶段恒流充电的补充，也可以使电池容量进一步提升。

2）放电特性

磷酸铁锂电池的放电特性与锰酸锂和钴酸锂等锂离子电池的区别主要在于放电后期的电压比较平稳。但是它们有一个共同规律：当电压低于3.0 V时，电压的下降速率变大，如图7－94所示为磷酸铁锂电池的放电曲线图。

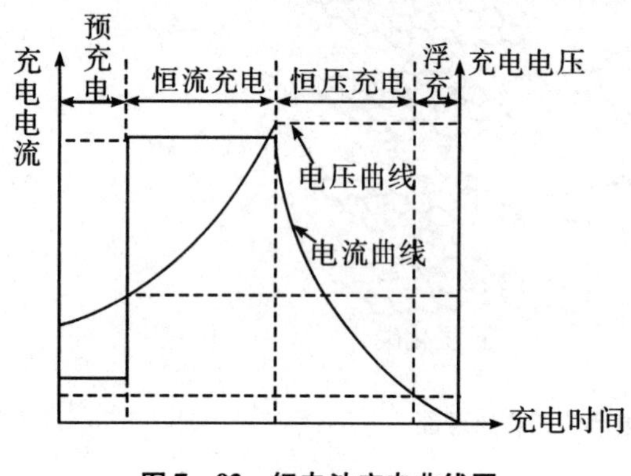

图7－93　锂电池充电曲线图

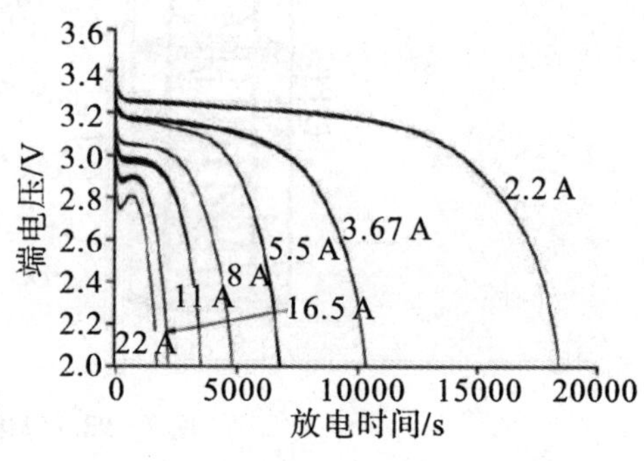

图7－94　磷酸铁锂电池放电曲线图

3）电池的温度特性

锂电池的充电温度要在0～60℃之间，因充电时电池内部会产生一定的热量，电池内部温度过高会破坏电池内部结构，严重时会爆炸。为保证安全性，锂电池充电过程中对电池的温度要实时监测，超过一定数值时应报警。而低温时，虽对安全影响不大，但影响充电效率。

（三）动力电池测试

1. 测试的一般指标

在评价一款动力电池的好坏时，往往要从性能指标入手，通过测试动力电池的主要参数来确定电池的好坏。动力电池测试的主要参数指标如下：

1）电压

截止电压：破坏电池化学活性物质情况下的最低工作电压。在低于电池截止电压的情况下继续放电即过放，会加速电池老化，进而减少电池的使用寿命。

2）电池容量

实际容量：以特定电流放电所放出的容量，等于放电电流与放电持续时间的乘积。

额定容量：按照一定标准放电时，电池所放出的容量。

3）内阻

电池内阻可作为电池的荷电状态以及电池老化与否的评判标准。

4）寿命

电池的工作其实是一个充放电循环过程，电池的寿命可以用充放电的循环次数来表示。在一个反复的循环充放电过程里，电池内部的化学活性物质逐渐老化变质，导致电池的充放电效率降低。

5）电池荷电保持能力

电池在外部不加任何负载时，静置一段时间后的电池容量与额定容量的比，也可以用自放电率来表示。

2. QC/T 743—2006 电动汽车用锂离子电池行业标准

为了使我国动力锂电池的生产适应电动汽车市场的要求，全国汽车标准化技术委员会结合我国锂离子动力电池行业现状与电动汽车特定安全要求，制定了《QC/T 743—2006 电动汽车用锂离子电池标准》，于2006年8月正式实施，适用于电动汽车用标称电压3.6 V单体锂离子蓄电池以及此类电池 $n\times3.6$（n 为蓄电池数量）组成的锂离子蓄电池模块。

标准规范了电动汽车用锂离子电池的生产，除外观、极性、工艺质量等内容，主要测试项目有：

1）单体电池测试项目

（1）性能测试：±20℃放电容量、55℃放电容量、20℃倍率放电容量、常温/高温荷电保持能力及容量恢复能力、储存、循环寿命；

（2）电气安全测试：过充电、过放电、短路；

（3）机械安全测试：跌落、加热、挤压、针刺。

2）电池模块测试项目

（1）性能测试：20℃放电容量、简单工况模拟下的一致性、耐振性；

（2）电气安全测试：过充电、过放电、短路；

（3）机械安全测试：跌落、加热、挤压、针刺。

3）充放电操作方法

（1）蓄电池充电。按厂家提供的专用规程进行充电。若厂家未提供充电器，在20 ℃ ±5 ℃条件下，蓄电池以 $1I_3$（A）电流放电，至蓄电池电压达到3.0 V（或企业技术条件中规定的放电终止电压）时停止放电，静置 1 h。然后在 20℃ ±5℃条件下以 1 I_3（A）恒流充电，至蓄电池电压达 4.2 V（或企业技术条件中规定的充电终止电压）时转恒压充电，至充电电流降至 0.1 I_3时停止充电，充电后静置 1 h。

（2）能量型蓄电池。蓄电池先按上述方法充电，然后在 15～25℃下以 4.5 I_3（A）电流放电，至蓄电池电压达到 3.0 V（或企业技术条件中规定的放电终止电压）时停止放电，最后用放电电流值和放电时间数据计算容量（以 A·h 计），并表达为额定容量的百分数。

（3）功率型蓄电池。蓄电池先按上述方法充电，然后在 20℃ ±5℃以 12 I_3（A）电流放电，至蓄电池电压达到 2.8 V（或企业技术条件中规定的放电终止电压）时停止放电，最后用放电电流值和放电时间数据计算容量（以 A·h 计），并表达为额定容量的百分数。

（4）蓄电池模块测试要求（部分）。按厂家提供的专用规程进行充电。若厂家未提供充电器，在 20℃ ±5℃条件下，蓄电池模块以 1 I_3（A）电流放电，至蓄电池模块电压达到 $n\times3.0$ V 时或单体蓄电池电压低于 2.5 V 时停止放电，然后在 20℃ ±5℃条件下以 1 I_3（A）恒流充电，至蓄电池模块电压达到 $n\times4.2$ V 时转恒压充电。充电电流降至 0.1 I_3时停止充电，若充电过程中有单体蓄电池电压达到 4.3 V 时则停止充电。充电后静置 1 h。

（5）过放电。蓄电池模块按上述方法充电。蓄电池模块在 20 ℃ ± 5 ℃下以 1 I_3（A）电流放电（如果有保护线路，应暂时除去放电保护线路），直至某一单体蓄电池达到 0 V 结束实验。

（6）过充电。蓄电池模块按上述方法充电。然后可按两种充电方式进行实验：一种是以 3 I_3（A）电流充电，直至某一单体蓄电池电压达到 5 V 或充电时间达到 90 min（其中一个条件优先达到即停止实验）；另一种是以 9 I_3（A）电流充电，至某一单体蓄电池电压达到 10 V 即停止实验。

（四）实验方法、步骤

1. 单体电池性能测试实验

选择锂离子电池中若干节单体电池与 CTS－5 V 5 A 单体电池充放电机连接，连接 CTS 与计算机，检查连接是否正确。打开设备电源、计算机 CTS 测试软件。

1）计算机 CTS 测试软件操作

软件登录：打开软件后的第一步是登录用户，鼠标选择菜单栏“管理”→“管理登录”。初始密码是 admin，与用户名相同，单击“确定”对软件进行操作。

联机设置：正确登录后，首先查看 CTS 设备与计算机的联机情况。鼠标选择菜单栏的“选项”→“优化自动联机”，单击“确认”后弹出界面。“箱号”设定范围要包含联机的实际设备箱号，则联机的设备全部检测到。设定“串行口”端口号。“自动优化联机”设定好后单击“确定”。软件的右下角显示自动联机结果。

数据文件保存设置：单击快捷栏的数据文件保存路径图标，会弹出一个对话框用以选择数据所要保存的路径，进行数据文件保存设置。

工作模式设定：正确连接电池箱号是01 的5 V 5 A 的CTS 设备，软件界面弹出箱号是001 的八个通道示意图，根据实验的需要选择其中一个或者几个通道进行充放电实验。

2）单体电池恒流充电实验

恒流充电是指以一个恒定的电流值对电池进行充电，直至充到一个终止电压。恒流充电的电流值不同，充电效果也不同。

实验步骤：我们选择3 个以上的单体电池进行充电实验，实验前先将进行实验的电池放电至相同的电压，将静置的保护电压设置在1.980 ~4.21 V，然后对每个单体电池分别以1.25 A、2.5 A、3.75 A、5 A 的恒定电流进行5 ~10 min 的恒流充电实验。记录下实验过程和数据，通过Excel 绘制折线图，比较分析不同充电电流下的变化规律。

3）单体电池恒流放电实验

恒流放电是指以一个恒定的电流对电池进行放电，直至放至一个终止电压为止。以不同的电流进行放电得到的结果不同。

实验步骤：我们选择3 个以上的单体电池进行放电实验，实验前先将进行实验的电池恒流充电到相同的电压，将静置的保护电压设置在1.980 ~4.21 V，然后对每个单体电池分别以1 A、2 A、3 A、4 A、5 A 的恒定电流进行5 ~10 min 的恒流放电实验。记录下实验过程和数据，通过Excel 绘制折线图，比较分析不同放电电流下的变化规律。

4）单体电池极限放电实验

实验步骤：我们选择3 个以上的单体电池进行极限放电实验，实验前先将进行实验的电池恒流充电到3.5 V，然后设置成以3.5 A的电流进行恒流放电，不设置放电时间。为了防止过度放电导致电池损坏，设置截止电压为1.96 V。记录下实验过程和数据，通过Excel 绘制折线图，比较分析放电时间的变化规律，根据结果判断、比较电池性能的优劣。

2. 电池组性能测试实验

选择锂离子电池组与CDS－60 V 10 A 电池组充放电机连接，连接CDS 与计算机，检查连接是否正确。打开设备电源、计算机CDS 测试软件。

1）计算机CDS 测试软件操作

首先确认CDS 测试设备与计算机正确连接，打开CDS 设备电源，并连接好待检测电池组。登录：打开CDS 测试软件，打开软件后，会显示1 个横向的菜单栏和一个纵向的快捷图标栏。打开软件后第一步登录用户，只有正确登录，才能对软件进行操作，鼠标选择菜单栏“管理”→“管理登录”。

联机设置：登录后，首先要查看CDS 设备与计算机的联机情况。鼠标选择菜单栏的“选项”→“优化自动联机”，单击“确认”后弹出界面。设置CDS 设备与计算机连接的COM 口，“MTV 联机设置”：“COM”即MTV 设备与计算机连接的COM 口，Min－Max 标示设定范围要包含联机的实际MTV 设备箱号。“优化自动联机”设定好后单击“确定”。CDS－MTV 系统设置：CDS 与 MTV 相互关联，需要进行配置设置。鼠标选择菜单栏的“选项”→“CDS－MTV 系统设置”。标示 CDS 箱号和通道号，通过下拉选取需要测试的通道。

2）电池组均衡一致性检测

充放电过程中电池的容量、开路电压、内阻、自放电等参数会发生变化，单体电池间的差异会逐渐变大，这种不平衡称为不均衡。电池组中，指标变坏的单体电池被称为落后电池。同一个电池组中，电池失去均衡是损坏的开始。

实验步骤：将设备设置好，然后进行工作模式设置。第一步设置为静置，具有欠压和过压保护功能，静置的保护电压设置为 35.5～59.3 V。第二步开始对电池组恒流放电，放电电流为 5.5 A，放电时间为 10 min。为了防止电压下降过快导致过电压保护，终止电压为 36 V。再进行电池组恒流恒压充电 10 min，充电电流为 5 A，终止电压为 58 V。

MTV 设备设置：要统计电池组里的每个电池块的电压变化数据，就要对充放电时候的 MTV 进行比对设置，此功能同时连接 MTV 设备才有效。根据电池的性能，将电压设置为 2～4.2 V，选取多个电池进行对比检测。

对比通道范围：对比通道选择，通道数字可根据 MTVS 界面显示填写。连续的通道间用“－”连接，不连续的通道在英文输入法下输入逗号。选中 CDS 界面上一个通道，按 Tab 键或者选择“菜单栏－视图－显示 MTV”，界面切换到 MTV 界面。蓝色表示有参与比对的数据，比对结果正常，红色表示比对结果异常。电压值范围，min：比对项（电压、流量、压力）的最小值，只要某一个通道数值连续小于此数值三次（该数值会用红色字体显示），CDS 会接收到 MTVS 发送的 NG 或 Stop 信息；max：比对项（电压、流量、压力）的最大值，只要某一个通道数值连续大于此数值三次（该数值会用红色字体显示），CDS 会接收到 MTVS 发送的 NG 或 Stop 信息，此信息会在数据文件的“查看测试日志”中体现，以及 MTVS 界面可实时显示红色框圈中的最高值、蓝色框圈中的最低值，界面最下方显示实时的 Balance 值，当此值超出设定的所有比对通道允许的最大极差值时会用红色字体显示。

电池均衡性放电测试图如图 7－95 所示。

在实验过程中，MTV 对比通道实时反映着电池电压的变化情况。记录电池组中的电池电压变化，在充放电的时间内每 2 min 对 MTV 对比通道截图一次，在实验结束之后，将截图中电池块的电压变化统计到 Excel 表格中，通过 Excel 绘制折线图，比较不同电池的电压变化曲线来分析电池组在充放电过程中的均衡一致性。

通过均衡一致性实验，从充放电时候电池组中单体电池的电压变化曲线是否一致来判断是否是均衡性变差，以及找出导致均衡性变差的落后电池进行更换，可以防止电池组进一步被损坏，延长动力电池的使用寿命。

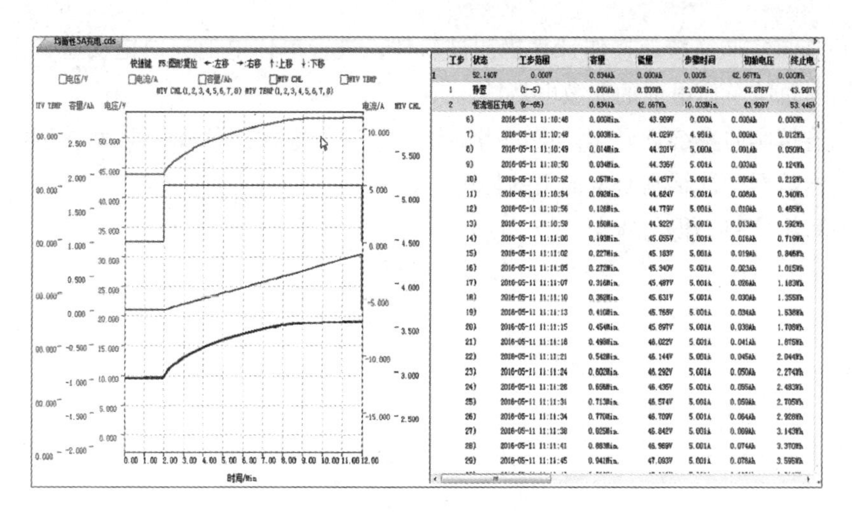

图 7－95 均衡性放电测试图

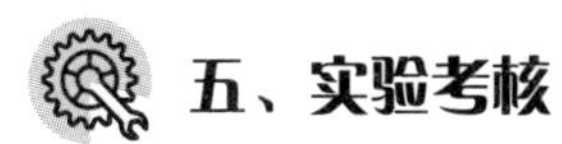

五、实验考核

1. 实验考核项目与评分方法

电动汽车动力电池性能检测实验的考核项目与评分方法见表 7－11。

表 7－11 电动汽车动力电池性能检测实验的考核项目与评分方法

序号	考核项目	标准得分	评分标准	记录	扣分	得分
1	电动汽车动力锂电池结构原理、一般测试内容	10	原理、内容理解不清楚酌情扣分			
2	电池充放电机与计算机测试软件使用操作	10	使用操作不当每项扣 5 分			
3	单体电池性能测试项目操作与记录	30	操作不当每项扣 5 分、数据记录有误每项扣 5 分			
4	电池组性能测试项目操作与记录	30	操作不当每项扣 5 分、数据记录有误每项扣 5 分			
5	实验安全操作	20	安全操作不规范酌情扣分，因操作不当发生重大事故，此次实验成绩按 0 分计			
6	项目总分	100				

2. 实验报告内容要求

（1）说明电动汽车动力锂电池的结构、原理、性能的主要内容和测试方法。

（2）连接实验系统，操作计算机测试软件，进行单体电池充放电实验，记录分析实验数据，总结单体电池的充放电特性。

（3）连接实验系统，操作计算机测试软件，进行电池组均衡一致性检测实验，记录分析实验数据，总结判断电池组的均衡一致性。

（4）写出实验心得与体会。

附录 A

DW 系列电涡流测功机使用说明书

 一、主要用途及适用范围

DW 系列盘式电涡流测功机是用来测量动力旋转机械的各种特性的实验仪器。本机适用于中小型功率电机、汽车、内燃机、燃气轮机、水轮机、工程机械、林业、矿山、石油钻采等机械的性能实验，也可作为其他动力设备的吸功装置。它具有测试精度高、动态反应快、稳定性好，并能符合自动、半自动隔室操作控制的需要，是目前国内外普遍采用的新型测功设备。

 二、产品使用的工作条件和环境条件

测功机励磁电源：DC 0 ~ 80 V，0 ~ 100 V，0 ~ 180 V。

测功机励磁电流：DC 0 ~ 3 A，0 ~ 5 A，0 ~ 10 A。

测功机冷却水：淡水。

冷却水压：0.04 ~ 0.1 MPa。

环境温度：0 ~ 40 ℃。

相对湿度：20% ~ 90% RH。

 三、主要技术参数

1. 技术参数

额定吸收功率：见表 A－1。

主机允许最高转速：见表 A－1。

额定制动扭矩：见表 A－1。

最大励磁电压：DW10 ~ 40，DC80 V；DW63 ~ 250，DC100 V；DW400 ~ 630，DC180 V。

最大励磁电流：DW10 ~ 40，3 A；DW63 ~ 250，5 A；DW400 ~ 630，10 A。

冷却水水压：0.04 ~ 0.1 MPa，根据出水温度调节水压，当出水温度升高时，必须

加大水压，保证使出水温度低于55℃。

冷却水流量：400～10000 L/h。

冷却水出水口温度：小于55℃。

工作方向：左旋或右旋，连续工作。

表 A－1　测功机参数表

型号	额定吸收功率/kW	额定扭矩/N·m	最高转速/（r/min）	额定扭矩转速/（r/min）
DW10	10	50	10000	2000
DW16	16	70	10000	2200
DW25	25	120	9000	1990
DW40	40	160	8000	2380
DW63	63	250	7500	2400
DW100	100	400	7000	2380
DW160	160	600	6500	2540
DW250	250	1100	5000	2170
DW400	400	2200	4500	1730

2. 测功范围

DW 系列电涡流测功机特性曲线表示测功机在不同转速下所能吸收的最大功率，它由 *OABCD* 四段限线组成（图 A－1）。

AB——最大扭矩线。当最大扭矩为常数时，随转速变化，测功机所吸收的为最大功率。

BC——最大功率线。测功机在工作时不应超过的最大吸收功率。

CD——最高转速线。测功机在工作时允许的最高转速。

上述三段限线所包围的区域为测功机的工作范围。在此区域内，测功机所吸收的功率可以随励磁电流任意调整。凡被测动力和机械的特性曲线落在这个区域内，均能用本机进行实验。用户选购测功机时务必注意这一点。

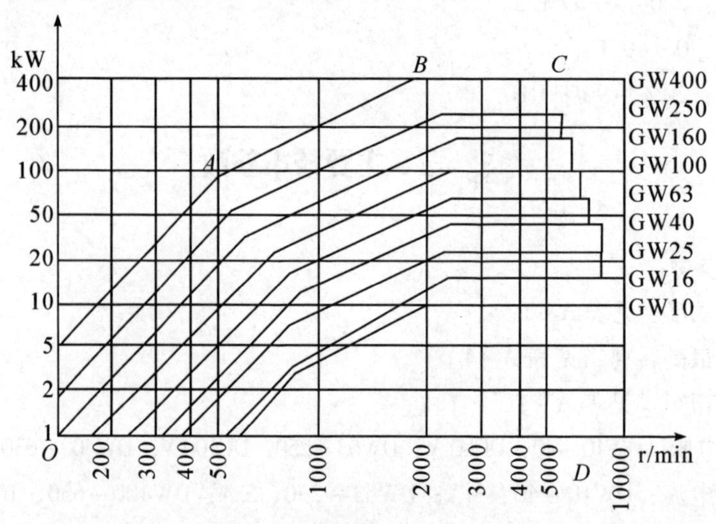

图 A－1　DW 系列电涡流测功机工作特性曲线

3. 扭矩测量

扭矩测量精确度：±0.4% FS。

4. 转速测量

转速测量精确度：±1 r/min。

四、产品主要结构

电涡流测功机主要由旋转部分（感应盘）、摆动部分（电抠和励磁绕组）、测力部分和校正部分组成。其结构简图见图 A－2。

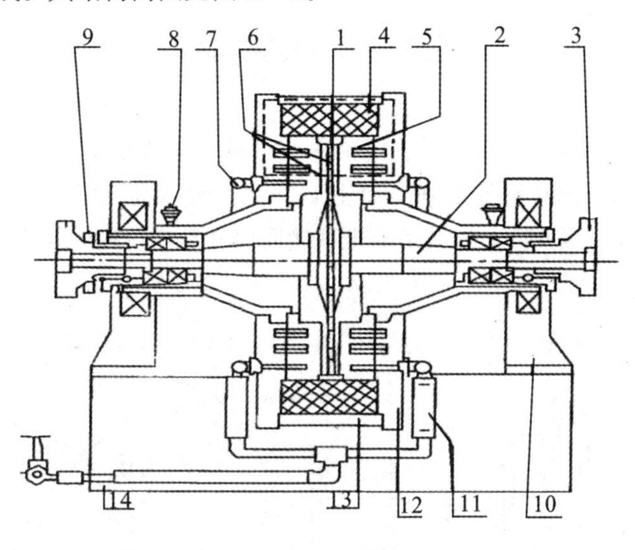

图 A－2　电涡流测功机结构示意图

1—感应盘；2—主轴；3—连轴器；4—励磁线圈；5—冷却室（涡流环左、右）；6—气隙；7—出水管道；8—油杯；9—测速传感器；10—轴承座；11—进水管路；12—支撑环（左、右）；13—外衬环（外壳）；14—底座。

五、工作原理

由涡流测功机结构图 A－2 可知，盘式涡流测功机主要由旋转部分（感应盘）和摆动部分（电抠和励磁绕组）组成。感应盘的形状犹如直齿轮，产生涡流的地方是冷却室壁。

图 A－2 中的虚线表示磁通的路线。当给励磁绕组通上直流电以后，围绕励磁绕组产生一个闭合磁通（虚线所示）。当感应盘被原动机拖动旋转时，气隙磁密随感应盘的旋转而必然发生周期变化。由此，在冷却室壁的表面及一定的深度范围内将产生涡流电势，并产生涡流，该涡流所产生的磁场又与气隙磁场相互作用，于是就产生了制动转矩。因此，当原动机拖动感应盘旋转时，装有涡流环（冷却室）的电抠就通过传力臂把它所产生的制动转矩传至测力装置上，从而达到测转矩的目的。

在转速测量上，本机采用非接触式的磁电式转速传感器，将转速信号转换成电信号输出。

六、吊装及保管

（1）测功机底座上有两对穿孔，起吊时，在孔中插入两根钢棒，棒的两端挂钢丝绳起吊，注意钢丝绳不能碰到拉压力传感器。

（2）产品在运输过程中应避免淋雨、倒置、冲击等。

（3）产品应保管于干燥通风、无腐蚀性气体的库房中。

七、安装与调试

（1）测功机的基础应足够坚固，既能承受动载，又能承受静载，而且也能防止从原动机传来的振动。测功机安装在基础上后，应在测功机底座平面上用水平仪校正，下部用地脚螺栓或压板紧固。安装后应把联接底座和感应盘的固定角钢卸掉（安装尺寸见图 A－3）。

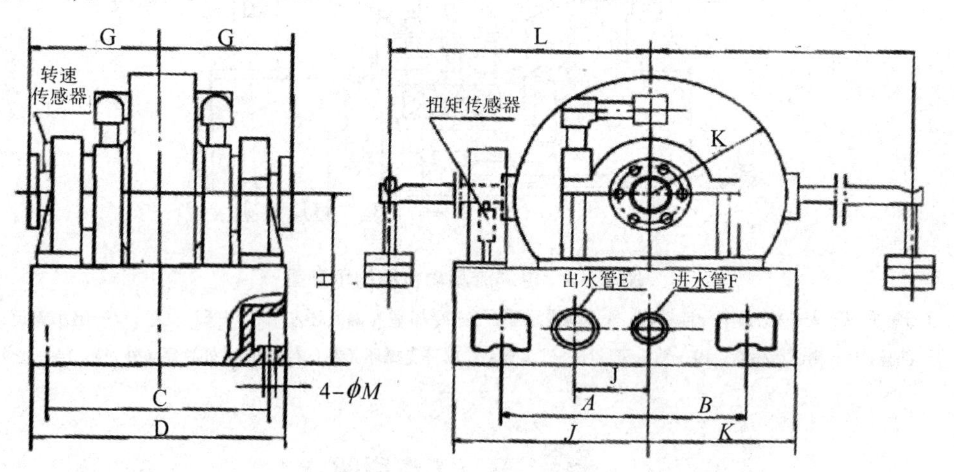

图 A－3　外形及安装图

（2）接线。按 KW－1 控制柜接线图分别连接好励磁绕组、拉压力传感器及测速装置的缆线。

（3）管路连接和水质要求。

①冷却水是电涡流测功机的第一安全保障，使用测功机时应首先注重的是水压、水流量。在安装时一定要把规定直径的管子接到测功机的进水口，进水口接通水源，并要试通水，检查水系统是否漏水，水压、水流量是否正常。

②水的质量对测功机有很大影响，为了延长使用寿命，推荐在水中加入 GI 阻垢剂，以防电涡流测功机冷却室内积垢，并安装过滤器，防止异物混入。所用的冷却水不能是海水或井水，要用淡水，如城市用水和工业用水，用循环水加阻垢剂效果更好

(GI 阻垢剂为江苏省启东县海洋化工厂生产)。

(4) 测功机工作时,其主轴不能承受轴向力,因此与被测机的连接方式应采用弹性连接(或两端刚性连接而中间空套,用键或花键传递扭矩的万向联轴器),测功机主轴与被测机主轴应严格同轴。

(5) 校正标定。

①测功机使用前应进行严格校准,为保证测量精确度,每半年必须定期进行校准检查。

②校准步骤:首先检查与测功机配套的二次表(如 GYW2 功率油耗仪、KW-1 显示单元,NX-1 扭矩显示仪)扭矩显示是否为零,若不为零,右调节二次仪表的扭矩调零电位器,使扭矩显示值为零。

在测功机壳体两侧插入专用销子,套上校正臂拧紧螺母。本测功机可正反方向吸功,两侧均可加砝码标定,但为了与实际工作时一致,应在与被测机旋转方向一致侧加砝码标定,另一侧增减些质量,使扭矩初始显示值为零。

校正臂托盘上加砝码,稳定后使显示值与输入扭矩值相等,然后将不同质量的砝码依次反复增减,各显示值与输入扭矩值之差不应大于 ±0.4% FS,校正臂力臂长度为 L。本机所备砝码精度为国家标准四等精度。

本产品砝码以力值单位 N 为计量单位,采用标准重力加速度进行标定(一般情况下,重力加速度引起误差极少,忽略不计)。由于各地重力加速度不相同,若用户需要更精确标定,可对砝码按用户所在地的重力加速度进行修正。

八、使用与操作

(1) 在起动被测机械前,应使 KW-1 测功机的控制单元处于恒电流或恒扭矩控制,把设定值设置为 0 或控制单元处于恒转速控制,设定值设置为最大,设定电位器指示为 10,此时电涡流测功机的励磁电流为零,被测机械在接近于零负荷下起动。

(2) 打开进水阀门,冷却水通过进水阀和电接点压力表进入测功机的冷却室。由于电接点压力表的保护作用,当水压低于 0.02 MPa 时,励磁电流是不可能加到测功机的励磁线圈上的,故测功机是不可能吸功和测功的。

(3) 根据被测机械的实验规范,改变 KW-1 控制单元的三种控制方式和设定电位器的设定指示值,电涡流测功机会自动地根据励磁电流的大小改变负荷,起到吸功测功的目的。

(4) 当负荷增大时,应注意检查测功机出水温度不超过 55℃,若温度超过 55℃ 容易烧坏励磁线圈,此时应适当加大进水量或增大进水压力,降低排水温度。

(5) 实验完毕应使励磁电流为零,卸去负荷后(当测功机剩余负荷小于转距的 5%),再关闭被测机械,待测功机脱开后关闭进水阀门,停止供水系统的循环。

九、维护和保护

（1）检查指导。

（2）维修保养指导。

附录 B

HZB2000 油耗仪用户手册

忠告：

（1）燃油进入油耗仪前，必须先经过滤清器，对含杂质较多的油须加入多节滤清器，并定期更换滤清器，否则杂质易堵塞油路阀体，影响测量精度，导致出油不畅，直接影响发动机运转。故此故障不在保修之内。

（2）提供给本仪器的 AC 220 V 电源座，必须是国际标准的三芯电源座，并有良好的接地，以确保仪器正常使用和安全性。

（3）油耗仪重复开机间隔不得小于 10 s，高频率的重复开机会损害仪器。

 一、工作原理与特点

油耗仪是一种专门对内燃机燃油消耗率进行自动精密计量的智能仪表。本油耗仪基于称重法的原理，应用先进的单片机技术对数字信号进行处理，获得高精度的数据。油路的切换采用德国进口电磁阀，以确保高可靠性。用柴油作为开口油杯，便于方便地清除油垢杂质。

由于采用单个电磁阀控制进油，故在断电状态下油耗仪油路是断开的，此时起动发动机则需人工转换油路，这一点提醒用户在选购、使用时注意。在通电状态下油耗仪是自动充油的，故不存在这个问题。

1. 油耗仪内部结构

油耗仪由油杯、质量传感器、进口电磁阀、电子电路以及壳体等部分组成，如图 B－1所示。

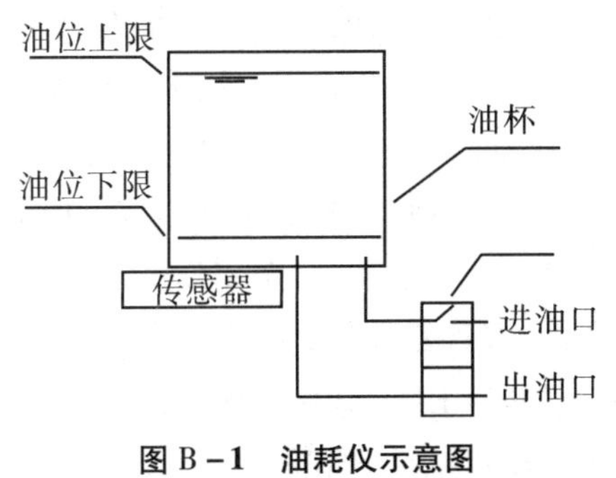

图 B－1　油耗仪示意图

油耗仪进油管连到供油箱，出油管连到发动机进油口上，发动机的回油管再与进油管相连接。

2. 油耗仪的工作方式

油耗仪有两种工作方式：一是定时方式，二是定重方式。定时方式是在规定的时间 T 内，测出二次重量差 ΔW，从而折算出油耗量。同理，定重方式是在规定的质量 W 内，测出二次时间差 ΔT，也可以折算出油耗量。

二、油耗仪的安装与使用

1. 油耗仪的安装

油耗仪须摆放在托架上，托架安装位置要尽可能避开发动机的振动，以免引起油耗仪的测量误差；油耗仪上部盖板必须盖住，因为在风吹下也会引起数字跳变而带来误差；托架必须坚固耐用，目测油耗仪箱体应保持水平。按照图 B－2 所示接上油管，再接上电源线、信号线就可以通电使用了。

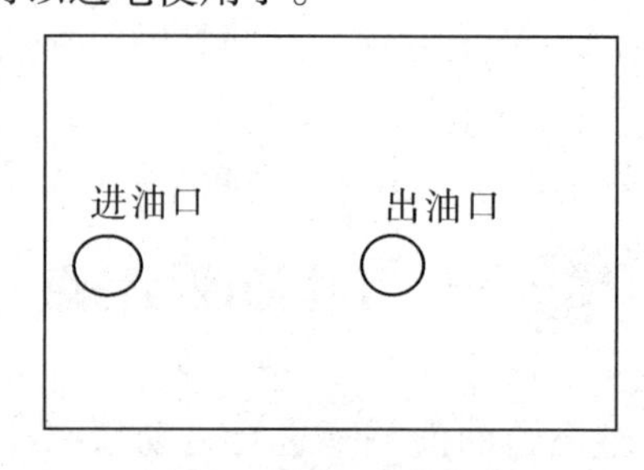

图 B－2　油耗仪侧面图

2. 油耗仪的使用

1）油耗仪的设置

设置油耗仪须待油耗仪通电 10 分钟后在稳定状态下进行。

油耗仪通上电后，进入自检倒计数，必须在此期间同时按下“起动”“校验”两个键，才可以进入设置状态，此时“起动”“校验”两个键转换为第二功能键（“起动”键称为左键，“校验”键称为右键），左键的功能是右移，右键的功能是数字增 1 和确定键。设置状态的操作规则和流程，具体说明如下：

（1）显示“P0”菜单。本菜单的功能为设置测量方式为定时或定重，并设置定时时间或定重质量。按右键，显示“P0－0”，本菜单的子菜单包括 P0－0，P0－1，P0－E，按左键可以在此三个子菜单间切换；显示“P0－0”时，确定测量方式为定时方式，按右键开始设置定时时间，按左键移位，按右键在当前位加 1，当移位至最后位后，再按左键完成时间设置回到“P0－1”；显示“P0－1”时按右键，确定测量方式为定重方式，按右键开始设置定重质量，按左键移位，按右键在当前位加 1，当移位至最后位后，再按左键完成质量设置回到“P0－E”；显示“P0－E”时按右键，回到主菜单“P0”。

（2）“P1_ ”菜单。无需设置跳过即可。

（3）“P2_ ”菜单。显示“P1_ ”时按左键切换到“P2_ ”菜单。本菜单的功能为设置当前油杯质量为零点（即校验设置第一步）。按右键进入本功能菜单的子菜单 P2－0，P2－1，P2－E，按左键可以在子菜单间切换；显示“P2－0”时按右键，进入设置零点状态（油杯为空），窗口显示“0000”且最左边位闪烁，按左键显示此时油杯质量的 AD 值并闪烁，等 AD 值稳定后按右键即零点设置完成（设置零点前应尽量将油放干净，使油杯为空，AD 值的数值为 1300 左右）。显示“P2－1”，按左键切换到“P2－E”时，按右键，退回到主菜单“P2_ ”。

（4）“P3_ ”菜单。显示“P2_ ”时按左键切换到“P3_ ”菜单。本菜单的功能为校验当前油杯质量（即校验设置第二步）。按右键进入本功能菜单的子菜单 P3－0，P3－1，P3－E，按左键可以在此三个子菜单间切换；当设置完零点后才可以进入本菜单。显示“P3－0”时按右键，设置当前质量显示值，使显示值与所加砝码的质量一致，按左键移位，按右键在当前位加 1，当移位至最后位后，再按左键完成质量显示值设置；显示“P3－1”时按右键，进入校验设置状态（油杯质量），窗口显示“0000”且最左边位闪烁，按左键显示此时油杯质量的 AD 值并闪烁，在油杯上放上砝码（砝码的质量必须与设置质量显示值一致）。等校验的 AD 值稳定后按右键即校验设置完成。校验的 AD 值的数值不能超过 9999。使测量电信号与质量显示值相对应，即比例设置完成；显示“P3－E”时按右键，退回到主菜单“P3_ ”。

（5）“P4_ ”菜单。显示“P3_ ”时按左键切换到“P4_ ”菜单。显示“P4_ ”时按左键切换到“P0_ ”菜单，按右键显示“P4－0”，再按右键退出设置，进入测量状态。

设置简表（表 B－1）如下所示：

表 B－1　油耗仪设置表

代　号	功　能
P0－0	定时方式设定
P0－1	定重方式设定
P0－E	退出 P0 菜单
P1－0	显示缺省（跳过）
P1－1	显示缺省（跳过）
P1－E	退出 P1 菜单
P2－0	油杯零点设定
P2－1	显示缺省（跳过）
P2－E	退出 P2 菜单
P3－0	校正砝码质量设定
P3－1	比例设定
P3－E	退出 P3 菜单
P4－0	退出设置状态
P4－1	退出设置状态
P4－E	切换到 P0

2）油耗仪的测量

工作过程（以定时为例）：当接通电源，油耗仪进入自检，自检完成后首先判断油杯内的剩油质量是否低于下限值（500 g），当低于下限值时，窗口显示油杯内的剩油质量，“充油”指示灯亮。电磁阀接通电源后开始向油杯内充油，充到上限值（1500 g）时，关闭充油电磁阀，显示定时时间。如果油耗仪自检结束后油杯内的剩油质量高于下限值（500 g）时，显示定时时间。当按下“起动”键，进入测量状态，延时 10 s 后进入测量倒计时，计时到，分别显示消耗油质量（g）、油耗率（kg/h）、定时时间（s）。数据依次显示结束进入下一次测量。当油杯剩油低于 500 g 再次进入充油，依次循环往复。油耗仪与 EMC900 控制仪通信使用中，当控制仪向油耗仪发送一次测量信号，油耗仪当即中断此时正在进行的测量，重新开始测量，测量完即向 EMC900 发送参数。EMC900 发送的测量信号的优先权高于油耗仪平时的测量状态，这是为了减少等待时间。

油耗仪通电自检完成后，按一下“起动”键就进入测量状态。充油结束后要等待 10 s 才开始测量。在测量过程中，如按下“校验”键可以在观察测量结果的同时，监视油杯里燃油的变化，当测量结束时显示数据，延时一段时间又恢复显示油杯质量，再按一次校验键又恢复正常显示。如不与 EMC900 通信，按“起动”键有起动/终止测量两种功能，按一下起动测量，再按一下终止测量。

3）注意点

（1）建议用户在设定量程时，应根据发动机耗油量的大小来选择合适的量程：对波动大、耗油量小的发动机，设定定时方式时，应适当地用定时长一些的量程，如 36 s；对波动小、耗油量大的发动机定时量程可以短一些，如 20 s。这样能更好地保持重复性。

（2）由于油耗仪充油速度取决于供油压力，安装时要考虑油箱与油耗仪之间的高度差（油位差），以保证理想的充油时间。

（3）油耗仪出厂前都经过质量标定，用户在使用一段时间后若发现油耗量偏大或偏小，可以自行检查标定。

标定的砝码每次都须放在油杯顶部中间同一位置，以免引起标定误差。在标定前宜先放空燃油使其呈空杯状态。如在有燃油的情况下，标定砝码的质量加上油杯的重量不应超过油耗仪的上限值（油耗仪上限值为 1500 g）。

油耗仪与 EMC900 操纵台（柜）通信时，只有当按了 EMC900 油耗测量键，测量的数据才会传到 EMC900 上，不按 EMC900 油耗测量键，仅在油耗仪上显示测量结果。

油耗仪在测量中燃油到达下限（500 g）时，会中断本次测量判为无效（不显示时间或质量），待充油到上限继续完成本次测量。遇到这种情况，测量的时间会延长。

油耗仪的通信格式：波特率为 1200 bit/s。

油耗仪发送数据的格式：第一字节：0AAH；第二字节：055 H；第三字节：时间高八位；第四字节：时间低八位；第五字节：质量高八位；第六字节：质量低八位。

油耗仪接收数据的格式：接收数据后判别是否为0EEH，如为0EEH则开始测量。

油耗仪（RS232－9孔）通信口如图B－3所示。

RS232通信口

5 3 2

地 接收 发送

图B－3 油耗仪通信口

（4）非故障现象。

①偏差大。测量时须在发动机到达某一工况且稳定时才能反映实际值，在变工况过程中或者工况不稳定的情况下，测出的结果偏差大。

②重复性差。发动机在供油（或者有回油）过程中，应经常检查是否有跑冒漏滴现象，管路内是否有气泡产生（似火车状一节一节的），这些都是引起重复性差的关键原因。特别在不可见的管道中更应引起注意。

（5）油耗仪的检查。

①电磁阀检查。按下“校验”键，油耗仪显示油杯质量，堵住出油口，看显示是否增加，如质量在增加，说明阀在渗油，则需要清除阀内杂质。

②传感器检查。按下“校验”键，油耗仪显示油杯质量，加上100 g砝码，看显示值是否与原质量加上砝码重量之和一致，即可知道传感器的好坏。也可轻轻按下油杯顶部再放手，通过看是否回到原来的质量、看重复性来判断传感器的好坏。

（6）不出油问题。首先打开油耗仪上盖，检查油杯里是否有油，油耗仪油杯出口是直通的，遇到不出油的情况，一般都是因为燃油管内有大量空气泡，排掉气泡即可。另外也和油耗仪油位与发动机进油口落差太小有关。

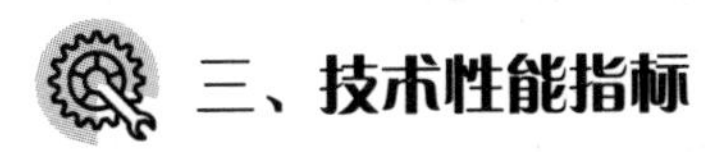

三、技术性能指标

1. 技术指标

测量范围：10～350 kg/h。

测量精度：优于±1% FS。

分辨率：时间0.1 s，质量1 g。

整机质量：30 kg。

2. 使用条件

环境温度：5～40 ℃。

环境湿度：≤85%。

电源电压：AC 220 V±10%，50 Hz±1 Hz。

功耗：≤80 W。

无强磁场干扰：无振动，无腐蚀性气体。

附录 C

EMC900 发动机测试控制仪的操作规程

（1）电源：按下操纵台椭圆形“ON”按钮，指示灯亮，仪器（计算机）进入起动阶段，起动完毕进入100秒预热状态，待100秒预热结束才可起动发动机。关闭仪器按“OFF”。

（2）打开工控机电源，进入WINDOWS后，双击桌面上的“test”上位机监控界面。

（3）起动水箱补水泵、发动机循环水泵。根据运行柴油机或汽油机切换发动机水循环系统的阀门。

（4）检查柴油机或汽油机与测功机的连接，保证一个连、一个断。

（5）打开水油门绿色推动开关，指示灯亮，执行器动作才有效。按动升降键，转动编码器旋钮，都可操作水油门的升降动作。各键功能如下：

发动机单元：P——油门恒位置控制；

n——油门恒转速。

测功机单元：P——水门恒位置控制；

M——恒扭矩；

n——水门恒转速（外特性），当按下此功能时，油门自动回到位置功能上；

油耗——油耗起动键，按一下在油耗率窗口闪烁一下，表示已向油耗仪发送测量信号，过20秒（油耗仪定时）向操纵台发送数据；

突卸——在任何情况下，按一下水门油门全部回到零位置。

切换功能键须在水油门窗口都回到“PΣξξξ”才有效。

（6）起动发动机时，应打开“发动机供电”按钮，打开“整流开”按钮，点“起动”按钮，起动成功后关闭“整流关”按钮。

（7）发动机上油门推杆连接油门执行器时应尽量都放在起始位置，即发动机上油门推杆在最小位置对应油门在零位。如油门推杆转动角度较小时可选择油门执行器上低位的几个孔，增加推拉力，这样更便于控制。

（8）关闭发动机（关闭“发动机供电”按钮）前按“突卸”按钮把功能切换到 P 油门位置状态、P 水门位置状态，否则在发动机停下时，油门恒转速状态要自动打到最大，造成油门推杆弯曲变形。

（9）发动机停下后关闭水油门推动开关（绿色按钮指示灯）。

（10）试车完毕后，保存数据到数据库，双击桌面上的“data - pro”上位机界面，导出 Excel，绘制曲线。正常关闭工控机电源，正常关闭 EMC900 电源。关闭水箱补水泵，关闭发动机循环水泵等。

参考文献

[1] 邹玉清，白秀秀. 汽车拆装技术与操作[M]. 北京：北京理工大学出版社，2016.
[2] 伊广德. 汽车曲柄机构与配气机构维修[M]. 上海：上海科学技术出版社，2007.
[3] 唐晓丹. 汽车冷却系与润滑系维修[M]. 上海：上海科学技术出版社，2007.
[4] 陈焕江. 汽车检测与诊断[M]. 北京：机械工业出版社，2001.
[5] 司传胜. 汽车故障诊断与维修实验教程[M]. 北京：中国电力出版社，2007.
[6] 马立峰. 汽车维修标准与规范[M]. 北京：机械工业出版社，2005.
[7] 丛守智. 汽车维修技术及设备[M]. 北京：机械工业出版社，2002.
[8] 张金柱. 汽车维修工程[M]. 北京：机械工业出版社，2005.
[9] 吴明. 汽车维修工程[M]. 北京：机械工业出版社，2009.
[10] 司传胜. 汽车维修工程实习指导[M]. 北京：机械工业出版社，2005.
[11] 夏怀成，许金花. 汽车养护与美容[M]. 北京：机械工业出版社，2010.
[12] 宋孟辉. 汽车美容与保养[M]. 北京：人民邮电出版社，2009.